让 我 们 一 起 追 寻

LIFE
AND
DEATH
IN
THE THIRD REICH

第 三 帝 国 的
生 与 死

PETER FRITZSCHE

〔美〕彼得·弗里切　著
扈喜林　译

社会科学文献出版社
SOCIAL SCIENCES ACADEMIC PRESS (CHINA)

目　录

序　言

在这本书的开篇处，我要介绍纳粹党怎样让社区、家庭和
个人分为观点不同的两派。20 世纪 30 年代，德国人在国家社
会主义问题上摇摆不定。虽然很多德国人鄙视纳粹党，但他们
一再妥协。然而，大多数德国人支持第三帝国，他们认为纳粹
党医治了德国历史留下的创伤。在战争结束之后，德国人很难
面对他们最初对纳粹党的政治热情和后来那种背叛的感觉，也
很难说清他们自己和其他德国公民在建设单一种族社会
（racial community）、发动战争、实施种族屠杀，甚至在推崇国
家社会主义基本的革命目标中扮演了什么角色。战争结束之
后，很多德国家庭对这些问题进行了深入的辩论和讨论，这场
辩论和讨论持续数十年，一直延续到下一代人。我对此非常了
解，因为我的父母亲就出生于魏玛共和国时期的柏林。现在，
这些交流已经成为历史记录的一部分。反过来，这些历史记录
认可了一代又一代各种背景的德国人最终反思其过去的努力。
这是一件艰难的事情，但同时也是令人敬佩的，甚至是可以作
为榜样的事情。

鉴于我的家庭与德国的关系背景，这本书的酝酿和写作耗
费数十年。在最后几年的资料调查和写作过程中，我有幸得到
了康斯坦茨大学（University of Konstanz）、伊利诺伊州立大学

高级研修中心（Center for Advanced Study）、伊利诺伊州立大学研究委员会（Research Board）的支持。我要感谢我教过的学生吉姆·弗佐斯克（Jim Wrzosek），感谢他在资料研究方面的帮助。我还要感谢伊利诺伊州德国问题讨论会（German Colloquium）的宝贵批评，感谢杰夫·海顿（Jeff Hayton）、乔纳森·许内尔（Jonathan Huener）通读书稿，感谢2007年冬季佛蒙特大学（University of Vermont）乔纳森本科班的学生为本书投入的宝贵时间，尤其要感谢凯瑟琳·伦德尔（Katherine Rendall）、杰茜卡－琳恩·韦杰（Jessica-Lyn Wagar）与我进行深入交流。感谢我的学生安娜玛丽·斯通（Annamarie Stone）、埃琳·布莱兹（Erin Blaze）、杰西·格利姆（Jesse Glim），他们勇气可嘉，在厄巴纳（Urbana）的课堂上当着老师的面带头讨论其中一章的手稿。我的妻子卡伦·休伊特（Karen Hewitt）也在阅读手稿之后提出了宝贵意见。哈佛大学出版社给这本书指派了严格的一流审稿人，提供了宝贵的专家级编辑建议。总而言之，从芝加哥到费城、特拉维夫、伯克利（Berkeley）、柏林，我要感谢很多人在专业方面的帮助。因此，我谨将这本书献给过去四十年来对我的学习研究起到关键作用的几位老师——鲁思·马克斯（Ruth Marx）、安妮·惠勒（Anne Wheeler）、厄尔·贝尔（Earl Bell）、托马斯·查尔德斯（Thomas Childers）、杰拉尔德·费尔德曼（Gerald Feldman）。

引　言

1940 年在德国出版的一本畅销书描述了第二次世界大战
中那场种族屠杀早期阶段的一些内容。它详细记述了军人对平
民的残暴行为，揭示了那些作恶者的心理动态。书中描述的内
容发生在战争开始之际，在当局派军人将周边地区严密控制起
来，为人们发放了区分其政治可靠程度、标有不同颜色的通行
证（分红色、粉色和白色三种颜色）之后。一座教堂被点燃，
赶来的军人将集市上的男人、女人、儿童聚集在一起，把他们
运往东方。守卫没收了这些被驱逐者所有值钱的东西。他们将
这些平民锁在几个谷仓里，然后扬言要放火烧掉这些谷仓。在
某一刻，士兵们争论向女人开枪是否有悖道德，一名士兵明确
表明不执行这一命令。一些士兵向儿童开枪，理由是"十年
后，他们就会长大成人"。后来，那些军人"清除"了队尾那
些跟不上队伍的人。人们惊慌地互相低语："摘下你的眼镜！"
原因是带头的军人要"消灭整个知识分子阶层"，采取的手段
就是杀掉戴眼镜的人。两队因犯相遇时，他们中的一个人说：
"看看我们这副样子……可惜没有人看到。"很显然，外面世
界的舆论没有注意到这些被驱逐者的困境。这本书详细描述了
其他族群的人（ethnic groups）怎样蓄意用推搡、殴打等方式
虐待落到他们手上的那些因犯。

在带有虚构色彩的报告文学《波兰的屠杀》（*Death in*

Poland）里，埃德温·埃里希·德温格尔（Edwin Erich Dwinger）
预见了在德军入侵苏联之后（从 1941 年夏季开始），党卫军
（Schutzstaffel，SS）指挥下的流动行刑队（Einsatzkommandos）
有组织、有计划的屠杀行为的很多细节。德温格尔在书中描述
了德军占领波兰后的一些重要事件，如囚禁和处决知识分子。
然而，《波兰的屠杀》一书描述的主体不是作为杀戮者的德
军，而是被波兰军人和准军事人员驱逐和屠杀的德意志裔人
（ethnic Germans）。虽然他描述的 1939 年 9 月 3 日（德军入侵
波兰的两天之后）在比得哥什（Bydgoszcz，德文音译是"布
龙贝格"，Bromberg）的"血腥星期日"，以及之后发生的波
兰人针对德意志裔人的暴行几乎完全是虚构的，但是德温格尔
定义这场现代战争为以平民为主要对象的典型性种族屠杀。一
个被德国国防军（Wehrmacht）从波兰军队手中解救下来的德
意志裔平民在思考未来波兰可能发生的事情时说："不管这个
国家的城市是否会被完全摧毁，不管这个国家的知识分子阶层
是否会在战斗中被消灭，不管这个国家的三分之一人口是否会
中弹身亡——我想不到任何这场战争带来的可以称之为不公正
的结果。"当然，甚至在读者翻开德温格尔的这本书之前，入
侵波兰的德军就已经在很大程度上实现上述目标。

在某种程度上，《波兰的屠杀》将个别暴行说成战争的总
体情况，进而为德国毁灭波兰提供辩护。德温格尔的这部著作
成了纳粹的精英士兵，即党卫军用以动员德军士兵进攻波兰和
苏联的各种研讨会上的明星文章。在 1940 年的一场研讨会上，
关于德温格尔这本书的发言内容是："这些暴行的背后不仅仅
是平民百姓，波兰的知识分子也参与其中，教会的代表也放纵
不管。结论：真正的罪魁祸首是英格兰（犹太人）。德国人在

东方采取的任何手段，不论多么严厉，都情有可原。必须在思　　　3
想和情感两方面进行严厉惩处！"[1] 处决目标从波兰知识分子向
"犹太人"的转变预示着德国对欧洲的国家和民族战争的升
级。因为德军实际上几乎实施了德温格尔笔下波兰军队的所有
残暴行径，所以《波兰的屠杀》仿佛成了教德军杀人的操作
手册。德温格尔认真全面地分析了杀人者屠杀平民的心理因
素。从这个角度来看，他写了一本对德国侵略军极为有用
的书。

　　然而，《波兰的屠杀》还特意加入了一套德国人是受害者
的牵强说法。在书中，德国人将自己想象成他们后来对波兰
人、苏联人、犹太人实施的那些犯罪行为的受害者。这本书独
特的德国背景是我们需要注意的地方。虽然德温格尔最初因为
详细记录了 1918～1921 年他在苏俄内战期间亲身经历的那些
"日记"备受称赞，但是他没有使用 1918 年以前记录的材料。
在《波兰的屠杀》一书的重要人物中，有一个以德温格尔自
己为原型创作的人物。这是一个"西伯利亚老人"，他认为他
在苏俄内战期间目睹的迁移活动在本质上不同于 20 年后他自
己在波兰受到的迫害：苏俄军队"射杀了数千人，让上万人
死亡。这里得强调'让'这个单词。传染病……这是一个很
大的不同之处"。那个老年人还说，一个"犹太 - 布尔什维
克"下了命令，要求给他抓到的那个受伤的"白人"包扎伤
口："你从波兰人的口中听到过这种事情吗？"[2]

　　鉴于 1940 年时《苏德互不侵犯条约》仍然有效，所以这
里的重点不是德温格尔有意不去谴责苏联执政者，而是渲染出
一个专门仇视德国人的作恶者。《波兰的屠杀》简要地讲述了
德国纳粹党版本的一战后德国历史。纳粹党认为，波兰、《凡

尔赛和约》（该条约重新划定了德国边界，将很多地方划归波兰）、政治和社会冲突、人种退化（1918 年德国的意外战败暴露了这些冲突和退化的存在）对德国构成了军事和地缘政治方面的极大威胁。纳粹党认为，他们的历史使命就是振兴德国，将这个国家建设成自愿性契约基础上的民族国家（racial compact），让 1914 年那样的民族团结永远持续下去，让德国警惕再次遭遇 1918 年那样的"背后捅刀"。

纳粹党用粗俗的社会达尔文主义来诠释政治，将政治视为民族之间不间断的斗争，这成为他们 1939～1945 年在整个欧洲发动征服和抢掠战争的前提。但是，将政治看作斗争无法体现纳粹对身边环境的激进看法。正如《波兰的屠杀》所述，第三帝国内外的德国人认为他们面临的危险极大，并且和特定的历史背景有关。德国在一战中的失败和后来爆发的 1918 年"十一月革命"让纳粹党焦虑不安。即使他们建立了一个几乎不惧任何对手的单一种族国家，他们的脑海里也总是浮现出德国灭亡于波兰、布尔什维克、犹太人等敌人之手的情景。无数德国人可能被敌人消灭或灰飞烟灭，这样的数字经常见诸纳粹党的宣传。[3]这种时刻备战的历史观——纳粹党和很多德国人都持这种看法——有助于解释纳粹党那种极端暴力的倾向。纳粹党完全将自身立足的基层大众动员了起来。

在第三帝国，生与死密切地纠缠在一起。纳粹党向民众宣传理想生活的方式与他们认为的 1918 年的德国灭亡危机紧紧地联系在一起。纳粹党要把德国人将面临的灭国命运加诸敌国身上。纳粹的暴力手段如此极端，他们的良心如此不受传统道德准则的谴责，以至于他们的任何解释都显得苍白无力。然而，在德国灭亡这种可怕预感背景下，作恶者思维（mindset of perpetrators) 就显得很容易理解了。1941 年，德国入侵苏联，纳粹党发动了一场几乎与其极端理论完全一致的战争。它用最激进的语言，提出了生与死、国家生存与灭亡的问题。然而，在第三帝国存在的 12 年里，军事征服与危险可怕地如影随形。政治活动建立在极端自信和可怕的担心上。这两种心态同时存在，让纳粹党的各项政策越来越激进。"可以如此"被"必须如此"掩盖起来。随着数百万德国人参与修复、保护和维持国家等公共事务中，这种结合释放了巨大的能量。同时，纳粹党的迫切心情增加了这些政策的破坏性，因为他们认为，保护"有价值"的生命的唯一途径就是消灭那些他们认为"没有价值"的生命，包括那些基因上"不健康的人"、"反社会者"和犹太人。在接下来的篇幅里，我们将探讨纳粹复兴德国的决心，以及他们相应的信念：复兴德国，就必须以持续递增的规模消灭生命。

阿道夫·希特勒和他的纳粹追随者发动了一场血腥的世界大战，逐渐扩大它的规模，直到 1945 年 5 月以惨败告终。纳粹党承诺给德国人安全富足的生活，试图通过灭亡其他国家，判决其他国家民众死刑的方式来实现这一诺言。在第二次世界大战中，4000 万欧洲人死亡，相当于这个洲总人口的 10%。死亡的这些人中，半数以上是平民，主要是东欧的平民。死难者包括 600 万犹太人，大约占 1940 年欧洲犹太人总人口的三分之二。虽然这些数字很难精确统计，但它可以说明纳粹党要实现建立大德意志帝国的目标就是通过暴力手段，将"土地和民族"改造成"空间和人种"。[4] 纳粹思想之所以这样血腥，不是因为它掌握了现代杀人工具，或者行事效率高，或者已经形成了一套官僚制度，而是它将自己看作解决德国历史问题的

6

具体方案。依据这个方案，深陷危机的德国人一定要让自己坚不可摧。[5]

作为一个社会修复和帝国征服项目，纳粹要求德国民众付出极大代价，这不仅仅体现在征税和征兵上。纳粹党设法动员德国民众争做具有自我意识的民族统一体。纳粹党致力于改变民众审视彼此的方式，希望他们认识到，作为世界历史的积极参与者，他们都是这个民族共同体（national community）的一部分。实际上，德温格尔写作那本书的一个目的就是通过揭示波兰让德国走到了生死存亡关头，宣扬德国命运高于一切。在很多方面，纳粹党在政治上的胜利取决于作为个体的德国民众是否透过"种族同志友谊"这一"棱镜"看待这个世界。因此，这不可避免地引出这本书的另一个目标，即探索德国民众认同纳粹这种新型种族秩序并在这一秩序下相互合作的程度。换句话说，在1933～1945年，德国人以纳粹党徒的身份走了多远？

"德国民众"和"纳粹党徒"这两个集体名词之间关系的本质虽然仁者见仁，智者见智，但也是一个至关重要的历史书写问题。很长时间以来，历史学家用这两个词来表示相互排斥的程度，而不是相互等同的程度。虽然历史学家一直承认确实存在一批狂热的死忠纳粹核心分子，但历史研究也确实发现，在魏玛共和国时期的选举中，德国民众对纳粹党的政治支持是很随意的，1933年之后纳粹关于建立民族共同体（people's community，Volksgemeinschaft）的要求也很空洞。学者们认为，关键的选民群体，如工人、农民，甚至是中产阶层的一部分，对新政权没有表现出什么热情。他们承认希特勒很有声望，但同时也认为纳粹党自身和纳粹党的很多社会、经济政策缺少基本的合法性。[6]从这个角度来看，纳粹党很像是掠夺者，而大多数德国民众似乎只是想借机获得政治上的好处，或者说他们的道德水准较低，但总的来说并不存在思想上的共谋。一直为历史学家不感兴趣的政治模式，如极权政治，从另一个方向得出了类似的结论。最近对纳粹时期德国社会的研究，尤其是有关"日常生活历史"的研究，表明德国民众在与纳粹当局谈判，要求获得福利、资源、喘息空间（breathing space）的过程中，二者之间会出现积极但仍旧很有限的合作。[7]即使从这一角度来看，纳粹独立于德国民众的程度也令人惊讶。纳粹领导者推行战争计划，而普通民众为自己的生活担忧。

在过去的二十年里，作为人类行为研究领域"文化转向"（cultural turn）的一部分，历史学家重新思考了"德国民众"和"纳粹党徒"在思想意识方面的联系。他们指出，二者之间共同的文化、政治倾向可以上溯到19世纪某些职业人群（尤其是生物医学领域的从业者）的自我动员、民族共同体及其种族理念的合法性。[8]最近的研究还更加关注基层民众积极建设国家社会主义的各种方式。德国社会各个群体广泛参与纳粹项目，形成了各种同谋关系。在某种程度上，辩论相当于将视角从杯子是半空的转变为杯子是半满的。虽然，纳粹成功的有限性不应该遮盖他们推动下的民众政治立场的重大改变，或短时间内民众中产生的忠诚，但是，很少有学者接受这一论据充分的说法：在"灭绝性"的反犹态度上，大多数德国民众和那些敢于实施先入之见的纳粹党首领享有共识。[9]

我倾向于上述观点的后一部分，不过，我的目标不仅仅是证明更多的德国人是纳粹分子，德国人身上的纳粹信仰比先前人们认为的更为执着。另外，也有必要分析这一时期的德国民众对纳粹革命既期望、着迷，又感到沮丧的复杂感受。作为有关社会、种族、种族复兴（racial renewal）的庞大计划，纳粹为德国民众提供了很多参与方式。除了出于对纳粹思想体系不同程度的信仰，德国民众还可能出于恐惧、投机心理和想要做一番事业的考虑，接受了纳粹政策。还可以找到很多原因，比如说民众懒惰、冷漠、无知。我们不能忽视这些动机。然而，纳粹对德国民众施加了很大的压力，要求他们信仰纳粹，相信民族共同体的优点，将彼此视为"种族同志"。纳粹党还通过制度上的安排，尤其是让数百万德国人通过集体营（community camps）的生活产生思想上的认同。这其中的作用是，他们必须自己考虑该做何改变——是否做一个纳粹党员、他们的同志、具有种族思想的德国人；是继续坚持原有的思想，还是拥抱新的转变。他们苦苦权衡随大流的重要性、附和他人的便利性、个人对集体应尽的责任。历史学者对这些动机严格区分，因为这些动机本身就是纳粹德国仔细审查的对象。对于反犹政策、安乐死、战争方式是否符合道德准则，民众中间的讨论也很多。虽然关于这些问题的思考结果个体之间差异很大，但是这一过程让他们的思想意识发生了转变。第三帝国的民众一直都为这些问题所困扰。

另外，魏玛共和国末期严峻的经济形势（600万人找不到工作，或者看不到任何稳定的未来），再加上军事失败和《凡尔赛和约》（民众普遍将该条约与德国一系列经常复发的大灾难联系在一起，如1922~1923年的"大通胀"，1930~1933年的"大萧条"），让德国民众很容易接受新的观点体系，愿意相信新的开端可能需要动用暴力。在1933年之前，已经不断有人用要么走向新生，要么灭亡这样的灾难性语言提出他们新发现的德国的两条出路。1933 年之前，就有三分之一以上的德国选民投票支持纳粹党；其他很多人参加了针对魏玛共和国的各种国家主义叛乱活动。数百万人愿意接受国家复兴的理念。

很多信件和日记为我们了解德国民众如何接触国家社会主义提供了宝贵资料。这些资料不具有代表性，但是很能说明问题。我在研究中广泛运用了这些信件和日记，因为它们体现了德国民众之间某些很有意义的日常交流。这些信件和日记流露出那个时代人们的恐惧、渴望和内心的想法，表现出人们怎样将那些纳粹词语和概念用在日常生活中。作为一种文学体裁，日记相当于纳粹在全国各地的集体营里倡导书写的自传作品。国家社会主义革命加强了自我审查。写日记或私人信件有助于强化每个人自由主义思想的"前哨站"，或者可以形成和强化心中的国家社会主义信仰。[10] 依托纳粹的政治理念，写日记和信件可以让人们进入一种可能的区域。在这方面，卡尔·杜克费尔登（Karl Dürkefälden）介绍了下萨克森州（Lower Saxon）派纳市（Peine）的社会民主党工人怎样在信中说服自己"调整"思想，信仰国家社会主义。洛尔·瓦尔布（Lore Walb）在日记中讨论了"同志"的含义。伊丽莎白·布拉施（Elisabeth Brasch）在 1940 年写的自传里深入分析了帝国劳工服务局的工作给她带来的好处和坏处。在给女儿的信中，伊丽莎白·格本斯勒本（Elisabeth Gebensleben）试图向持有怀疑态度的女儿解释迫害德国犹太人的"合理性"。她自己的儿子竭力说服自己，国家社会主义信仰与他和一个"半犹太"（Mischling，祖父母或外祖父母有一方是犹太人）女孩之间的爱情并不冲突。在日记里，埃里希·埃伯迈尔（Erich Ebermayer）解释了为什么德奥合并让他激动。弗朗茨·格尔（Franz Göll）在日记中记录了他在柏林参观"堕落的艺术"（Degenerate Art）展览时，奥托·迪克斯（Otto Dix）创作的三幅一联的《战争》（*Der Krieg*）组画给他留下的深刻印象。埃里希·玛利亚·雷马克（Erich Maria Remarque）《西线无战事》（*All Quiet on the Western Front*）一书的上市引发了人们对战争性质的无数争论。来自前线的信件确认了那场全面战争的残酷，比如长官命令士兵向无辜平民开枪。在战争结束之际，莉泽洛特·G.（Lieselotte G.）在日记中竭力控制自己，不让自己流露出对希特勒的不满。这些自传文字表现出各不相同、差别细微的个人观点，反映出这种思维过程怎样让人们不断出现相反的看法。这些日记表现了人们思想转变的纠结之处。

德国人进行的有关战争与和平的讨论尤其有趣，因为他们和那些纳粹理论家思考的是同样的历史问题，只不过是他们想到的不一定是国家社会主义这一解决方案。朋友、家人关于《西线无战事》一书的认识分歧巨大，这既说明他们怀疑雷马克关于战争残酷的描述是否依然适用（虽然纳粹已经禁了那位"和平主义者"作者出版的书），同时也说明他们渴望给以德国战败收场的那场战争找到一些救赎的含义。每当德国违反《凡尔赛和约》的某一项内容，如控制萨尔河、扩充国防军、侵略奥地利、占领苏台德地区，民众狂热的庆祝活动并没有减少民众对另一场欧洲冲突的厌恶之情。在第二次世界大战期间，德国民众迫不及待地希望战争迅速结束，但又不得不坚持下去，为的是避免类似 1918 年 11 月那样的民族浩劫。从人们的日记和信件中我们明显感觉到，尤其是 1943 年，德军在斯大林格勒战役战败后，人们交流的内容频繁提到 1918

年的可怕结果。然而，人们之所以总想到 1918 年，是因为纳粹历史观的影响，而不是当年心理创伤的遗留影响。纳粹党最重要的成就之一是统一了德国民众对"背后插刀"之说的看法。[11]

从德累斯顿一家牙医诊所候诊室里的摆设就可以看出人们关于德国历史观点的游移不定："在被强制悬挂的希特勒画像下面的书架上，摆放着一整套海涅作品，以及雷马克的《西线无战事》、上大学时参加的联谊会的花名册、一本有关某个步兵团历史的书。"在日记里记下上述场景的是犹太人维克托·克伦佩雷尔（Victor Klemperer）。他随后给出的结论是，那名医生"肯定不是纳粹党人"。不过，关于画像和书籍的摆放，实际情况可能与克伦佩雷尔说的不一样，希特勒的画像可能不是被强制悬挂的，但是，真实的一战历史和雷马克小说里的描述一样惨烈。[12] 这里以小说家海因里希·伯尔（Heinrich Böll）为例。作为一个二十几岁的魏玛共和国士兵，伯尔虽然反对安乐死，但是相较于雷马克，他更支持信奉国家主义的作家恩斯特·荣格尔（Ernst Jünger）。虽然他厌恶希特勒将他变成一个杀手，但是他仍然希望德国能打赢那场战争。1918 年11 月的革命、《凡尔赛和约》、德国扩军、希特勒发动的战争、战争的胜负未卜形成了一条特殊道路（Sonderweg），即 1933 ~1945 年让数百万德国人的人生被彻底改变的那条民族苦难的"特殊道路"。他们找到的解决方案并不总是与国家社会主义思想一致，但是，他们提出的问题表明他们将自己的命运与国家的集体命运、集体审判密切地联系在一起。这种认同为纳粹有关民族共同体的主张提供了相当程度的合理性。

谈到 1933 年形势的德国人经常提起纳粹的暴力措施，如

11

逮捕政治上的反对派、建立集中营，但是，这些措施却被解释为新鲜的，却远在地平线上的东西。那些日记和信件一般没有描述极其恐怖的形势。它们没有留下关于一个深受恐怖政策困扰的社会的痕迹。虽然这些日记提到了希特勒，说到了4月20日他的生日，往往称他为"元首"，但是对于生活在元首领导下的德国人，希特勒并不是我们所想象的中心人物。大多数日记记述的政治事件是当地国家社会主义者以及他们的附属组织的活动，如冲锋队（SA）、党卫军（SS）、各种女性组织、希特勒青年团（Hitler Youth）、帝国劳工服务局（Reich Labor Service）。这些日记注重的是纳粹的项目，而不是希特勒的领袖魅力；是纳粹的理念，而不是希特勒的所谓指导方针。

12　　　还有一件事令人印象深刻：当时无线电广播一直不间断播放。民族革命的壮观景象和声音扫荡了民族政策的怀疑者和犹太人的同情者。媒体精心设计了德国民众迫切想要得到的东西——民族政治复兴的证据。根据那个时代人们的记录，德国民众大都认为他们的邻居已经将自己动员起来，在思考并向纳粹立场靠拢，也有个别人，比如伊姆加德·科伊恩（Irmgard Keun）一本小说里的一个容易生气的人物，一听到戈林（Göring）讲话就关掉收音机，因为"我总是有一种被训斥的感觉"。[13]日记不仅描述了社会压力的影响——纳粹、犹太人，并且战争是谈话的常见主题——还描述了国家社会主义及其社会能动论的诱人之处。很多人在日记中远离公共生活的条条框框，进入一种"内心移民"状态，但是他们也添加了一些有关1918年以来德国遭遇的苦难的描绘。这些自传式文字再加上其他支持性材料，可以进一步证明不管是第三帝国，还是魏玛共和国时期，德国民众对自己所处的形势都很了解，行事都很谨慎。国家社会主义并不是通过引诱、麻痹或催眠取得成功的。对于数百万德国民众来说，国家社会主义让他们先是犹豫不定，后来感觉很有道理。实际上，"大多数人愿意……讨论政治经历"，这让身在第三帝国的很多外国人印象深刻。[14]

德国犹太人最终成了外部的旁观者，在很多方面，他们的目光要犀利、敏锐得多。他们也试图弄清楚纳粹的本质，以及它对其他德国人的吸引力所在。上文提到的写日记的维克托·克伦佩雷尔是一个年轻时皈依新教的德国犹太人，他一直在德累斯顿工业大学（Technical University in Dresden）教授法国文学，直到 1935 年，也就是他 54 岁那年，纳粹强迫他提前退休。他详细记述了他对纳粹看法的转变。虽然克伦佩雷尔越来越认为纳粹有广泛的民众支持作基础，但相较于大多数非犹太人，他在日记中更为警惕地记录下德国民众不完全拥护纳粹的细微表现和措辞。如果要给他的日记找一个前后一贯的主题，那就是克伦佩雷尔一直努力让自己与纳粹倒台之后的德国实现和解。他认识到了纳粹思想对人们的吸引力，但他也强调了恐惧、因循守旧和怀疑等元素的影响。

战争期间，克伦佩雷尔意识到纳粹德国会被打败，不过和欧洲其他地区的犹太人一样，他在日记中不确定犹太人是否能活到被解放的那一天。犹太人掌握的有关纳粹战争目标、种族屠杀的消息肯定要比大多数德国人更为全面。然而，战争将大多数欧洲犹太人与外界隔离了。他们在战争期间记录的许多日记戛然而止，无声地证明了驱逐和屠杀的发生。德国非犹太人的选择就多一些。他们甚至可以从容地做好战争结束、纳粹垮台的心理准备。想到 1943 年的汉堡大轰炸——在那场大轰炸中，他失去了所有的家当——作家汉斯·埃里希·诺萨克

13

（Hans Erich Nossack）顾不上为自己难过。"那些真正可怜的人"，他解释说，是"那些站在深渊边缘，不知道能否跨过这一深渊的人，因为他们现在仍然局限于之前在深渊另一边时的思维方式，深陷在昨天与明天之间无法自拔"。如果其他德国人仍旧和第三帝国的未来绑在一起，那么诺萨克就拥有了另一个"当下"，或者已经完全摆脱了"时间的范围"（the precincts of time）。[15]然而，在战争最后一年的某个时间点，数百万德国人确实跨过了诺萨克所说的那个深渊，终止了他们对纳粹政权、民族共同体、德国胜利的情感投入。这种转变往往伴随着耻辱，因为这意味着要彻底放弃他们持续多年在纳粹事业上的努力和投入。1945 年之后，耻辱与愤世嫉俗相结合，使得最初促使德国人发动那场灾难性战争的政治转变的战后记忆重塑之路前进得极为困难。

　　诺萨克用的"深渊"一词形象地说明了有多少德国人用其他字眼替换了有关那场战争和种族屠杀的信息。当用词谨慎的克伦佩雷尔了解关键信息的时候，诺萨克将前者看到的一切描述成无法抵御的自然灾害，最终让克伦佩雷尔空手而回。他承认，他的选择是"要么忏悔，要么遗忘，没有第三个选择"。[16]依托这些日记和信件，我可以实现写作《第三帝国的生与死》的最终目标——深入分析德国民众对于针对犹太人的大屠杀的了解情况，深入分析德国民众和犹太人对我们现在视之为反犹大屠杀的那些事件的了解情况，以及他们怎样看待这些种族屠杀。那场战争日渐接近尾声的过程中，德国民众产生了一种徒劳无功、大势已去的感觉，甚至觉得德国是受害者。德国民众经常将 1945 年的战败说成一种国家事务的"大崩溃"。直到数十年后，人们才开始从"深渊"思维中走出来，更为深入地理解纳粹关于种族国家、反犹屠杀的表述，理解民众个体为什么要积极参与国家社会主义。在很多方面，从诺曼底到柏林，第二次世界大战摧枯拉朽般的终结方式让人们很少关注反犹屠杀的研究。即使如此，"深渊"之说另一边的、特立独行的诺萨克与德温格尔的受害者思维完全不同，因为诺萨克不再像德温格尔那样仍旧借助德国历史来淡化那些灾难。这种视角让关于德国历史进程的批判性评价的出现变得更为可能。

　　"深渊""崩溃"这种说法具有迷惑性。这两个词旨在说明论述和理解种族屠杀，解释导致大规模杀戮的个体行为的总和是一件多么困难的事情。国家社会主义给西方思想一个巨大打击，像弗里德里希·尼采这样激进的思想者都想象不到这种种族屠杀。人们了解和掌握了有关纳粹针对犹太人战争的消息，但将这些消息变成有关反犹屠杀的真实历史却不是一件容易的事情。实际上，纳粹主义这一现象很难解释，因为常规的社会和政治范畴似乎很难解释清楚这件事。分析阶级关系、社会出身、物资匮乏也无法解释清楚。独裁和恐怖不能解释公众的狂热或个体的思想转变。卡尔·马克思认为，存在（Sein）决定意识（Bewusstsein），而纳粹认为这一观点反过来也成立，即，意识决定存在。[17]换句话说，对世界的认知方式决定了我们看到的是一个什么样的世界。因为纳粹重新描绘了这个世界，并且让德国民众在这条路上走了一段，所以学者们必须深入分析国家社会主义思想，及其关于社会群体、国家、种族的观点。我们一定要弄清楚当时的德国人是怎样彷徨，怎样费劲地理解这些新词语的。要理解国家社会主义，就必须结合理解国家社会主义思想（这是一种令人不安的思想）的政治前提和语言范畴。纳粹之所以令人恐怖，是因为他们在现代社会里将那些政治和道德观念延伸到了极致。

我的观点建立在先前的一个观点上，即，国家社会主义脱胎于 1914 年开始存在于德国政治中的一场社会风潮（dynamic）。在那场风潮中，战争与革命动员德国民众参与德国复兴的国家项目。[18] 魏玛共和国成立之初，这些项目增加了社会民主党和其他共和力量获胜的财富，但是，这些项目也持续引发了一场民族极端主义者的暴乱，暴乱针对的对象既有在一战中战胜德国的国家，也有没能取得最终胜利的旧君主主义精英。对新秩序的渴望主导了魏玛共和国的未来短期的政治生活，最终为国家社会主义者做了好事。他们用年轻人朝气蓬勃的方式将平民主义、种族主义、国家主义结合在一起。魏玛共和国后期政治和经济危机强化了这一看法：只有改弦易辙，才能复兴德国。

从大萧条开始的 1930 年至国家社会主义工人党（National Socialist German Workers' Party）开始执政的 1933 年，大多数改变立场的选民不是转向纳粹党（该党在 1932 年 7 月的选举中获得 37% 的峰值选票），就是转向共产党（在 1932 年 11 月最后的自由选举中，共产党获得 17% 的选票，几乎超过了社会民主党）。两党并列就是 1933 年 1 月 30 日希特勒上台之后，纳粹对共产党和其他马克思主义政党成员进行残酷迫害的背景。这种迫切的危机感还意味着纳粹必须兑现在选举时提出的"工作与面包"的承诺。纳粹解决德国严峻的政治、经济问题所采取的第一批措施是就是动用暴力攻击政敌。然而，需要注意的是，纳粹还积累了相当多的政治资本。纳粹党在 20 世纪 30 年代早期的选举中取得了压倒性的胜利，它能够赢得所有社会团体的选票，包括天主教徒和产业工人。数百万德国民众将1933年纳粹上台看作一场标志着德国历史发生根本变化的"民族革命"（national revolution）。这场革命给同情纳粹的人壮胆，让反对纳粹的人感到无力。随着1933年、1934年劳动力市场的持续发展，国家社会主义者关于民族共同体理想的描述逐渐获得了广泛的合法性。

1933年之后，越来越多的德国人参与了纳粹国家复兴的种族项目。国家社会主义者高效地将魏玛时期个体的不幸与国家的不幸（他们认为德国的不幸是因为内部和外部敌人——犹太人、共产主义者、盟军——对德国的无情打击）联系在一起。这种联系有力地让人们将国家视为一个有机的统一体，如果身处险境，该统一体的复兴就有利于社会各个阶层个体生活的改善。越来越多的德国人逐渐相信，只有民族统一（national unity）才能保证社会和平和经济稳定。因此，人们越来越开始用"共同体"这一棱镜，而不是"阶层"这一棱镜来解读社会和政治形势。在民族共同体这一憧憬的影响下，纳粹的宣传和社会能动论从法律上打破了社会地位和出身赋予人的自负，让民众产生了一种强烈的平等感。社会平等仍旧不完全，但是，社会福利和其他重建工作的强大力度加深了人们的这一认识，即国家生活可以被重塑，也应该被重塑。

然而，紧迫的形势定义了社会修复过程的每个步骤。纳粹从来不相信它可以将德国带往一个安全的庇护所。在其看来，民众仍然面临来自内部和外部的危险。这种面临危险的感觉起到了加快不安定的社会动员的作用。这有助于解释纳粹德国残酷的、有破坏性的，并最终毁灭自己的这场风潮。实际上，借助种族概念，国家社会主义夸大了国家复兴这个等式中的每个要素。一旦被赋予种族因素，那些危险因素就显得更为可怕，而解决方案就变得更为激进，他们要求的动员工作就更彻底，更可能诉诸战争。对于纳粹党来说，种族问题是一个功能强大的催化剂。

第一章"民族复兴"探索了民族共同体这一概念的影响力，并探索了有关举国欢呼通过（national acclamation）的扭曲印象既让人误解又让人着迷的各种情况。纳粹决心将这个国家宣传成一个自愿契约基础上有共同信仰的民族国家，和德国民众如何适应新的种族身份是第二章"种族修饰"（Racial Grooming）的主题。这一章将分析政治的"虚拟时态"（subjunctive tense），讲述纳粹怎样努力营造一种与"种族同志"一致的新的伦理：坚持平等主义的新标准，将"没有价值"的人隔离出去，暴力侵犯德国犹太人的利益和幸福（interests and well-being）。国家社会主义的彻底实现发生在二战期间，纳粹将国家社会主义视为日耳曼民族扩张和生存的永久状态。第三章"毁灭一切的帝国"（Empire of Destruction）分析了纳粹在其征服的波兰和苏联建立的新帝国秩序，以及最终发展为大屠杀的无条件毁灭的缘由。从纳粹的这些目标中可以看出，德国人的生即意味着死。第四章"洞察"研究了德国人和犹太人怎样看待那场战争、种族屠杀和纳粹德国失败的命运。这一章要分析历史的可理解性以及如何诠释历史的问题，讨论那些受害者看到了什么。本章还分析了德国人对犯罪的愧疚认知中恐惧与全面崩溃之间的复杂关系。

我的讨论重点是分析德国民众如何一步步变成纳粹分子。我分析了国家社会主义理念的影响力——不仅包括人们接受国家社会主义行为标准的渴望，还包括这个过程中遇到的困难——以及第三帝国的民众在某种程度上，做出的经过深思熟虑的、自主的和有知识基础的政治决定。实际上，决定的道德性是公民思想生活的一个关键主题。纳粹的目标是在德国民众中间建立一种新的民族和种族方面的自我意识，进而让他们觉察和参与后来的种族方案。这种以重新振兴德国为名义，鲁莽、杀人如麻并最终自我毁灭的"合作"是接下来各章的主题。

第一章
民族复兴

"希特勒万岁！"

　　1938 年 9 月，苏台德危机因希特勒要求吞并讲德语的捷
克斯洛伐克地区而激化之际，维克托·克伦佩雷尔和妻子伊
娃·克伦佩雷尔驾车从德累斯顿前往莱比锡。途中，他们在一
处卡车停车场里休息，"外面的车很大……里面饭菜分量也很
大"。他们走进去之际，屋里的收音机开始广播纽伦堡纳粹党
大会上的演讲。"开场行军，胜利的欢呼声，之后是戈林的讲
话，讲的是德国的伟大崛起、富足、和平、劳动者的美好前
景……不过，其中最有趣的事情是，"克伦佩雷尔说，"餐馆
里那些来来去去的顾客的行为，不论是互相打招呼还是结账都
要把'希特勒万岁'挂在嘴边。没有人听收音机里在说什么。
我也听不清收音机里在说什么，因为两个人在那里打牌，不住
地猛敲桌子，大声叫嚷。其他桌子比较安静。一个男子在一张
明信片上写着什么，一个人在订货簿上记着什么，还有一个人
在看报纸。女店主时而和服务员说话，时而和那两个打牌的人
说话。说实在的，这十几个人里，没有一个人关注收音机里在
说什么（哪怕一秒），仿佛收音机里传出的是节目过渡之间的
静音或莱比锡的狐步舞曲。""顾客的行为"——这是克伦佩
雷尔在观察德国人日常生活时苦苦思索的基本主题。他一直在
寻找能够帮助他了解德国民众对纳粹和希特勒支持情况的

"舆论"（vox populi），但是他们的语气一点也不确定。"哪些是真实的，真实的情况到底是怎么样的？"克伦佩雷尔一直在考虑第三帝国的这些情况。[1]

学者们一直在问同样的问题。维克托·克伦佩雷尔的日记在 1995 年出版之后，历史学家们看到了有关纳粹德国民众生活情况的最为详细的一手资料之一。但是，和克伦佩雷尔一样，他们不清楚该怎样看待这些证据。哪一个更能说明问题，是卡车司机们之间打招呼时下意识的"希特勒万岁"，还是他们对收音机广播的那种毫不在意？克伦佩雷尔介绍了第三帝国新的景象和声音。不过，他不清楚这些仪式性的东西是否真的改变了德国人对纳粹的态度。卡车停车场的那一幕完美地体现了关于国家社会主义的两种不同观点。一方面，历史学家强调德国非犹太人在一定程度上将纳粹视为日常生活的一个组成部分，甚至庆祝这种新秩序。另一方面，他们也举出了一些证据，说那时的德国人只是在忙自己的事情，设法尽可能地减少与纳粹体系的交集。

德国人的日常交流，以及这些交往在希特勒掌权之后的变化值得深入分析。1933 年 1 月之后的几个月里，几乎看不到一个不举起右臂高喊"希特勒万岁！"的德国人。大多数人每天要这样做好几次。柏林仍然能听到人们说"Guten Tag"，汉堡仍能听到"Moin"，巴伐利亚仍能听到"Grüss Gott"①，但是"希特勒万岁！"已经完全融入德国民众的词汇中，以至于在人们记忆中，1945 年纳粹政权终结那天就是"人们再也不用说'希特勒万岁！'的那一天"。早在 1933 年 7 月，政府就

---

① 都是你好的意思。——译者注

要求德国公务员在正式场合互相打招呼时必须使用这一祝词。学校老师要在课堂讲课之前高呼"希特勒万岁！"，德意志帝国铁路公司（Deutsche Reichsbahn）的售票员在查票时要高喊"希特勒万岁！"，邮局员工要向购买邮票的顾客高喊"希特勒万岁！"，1933 年夏季，克伦佩雷尔行走在他供职的大学的楼宇之间，看到"同事们相互之间不住地举起右臂"，他十分诧异。小说家托马斯·曼（Thomas Mann）的女儿埃丽卡·曼（Erika Mann）估计，孩子们相互高呼"希特勒万岁！"的次数大约为每天 50 次或 150 次，肯定要"比过去那种'中性'的打招呼方式频繁很多"。不过，高喊"希特勒万岁！"有什么意义呢？这种打招呼的方式、高举的手臂、张口闭口的"元首"对于第三帝国的德国民众和纳粹之间的关系，能说明什么呢？德国人与纳粹之间的距离到底有多远？[2]

要求公职人员在与人打招呼时高呼"希特勒万岁！"是纳粹政权独裁的一个体现。二战之后，很多德国人说，他们当年说"希特勒万岁！"是被强制或逼迫的。尤其是新政权刚建立的几个月里，纳粹分子立刻要求广大民众在公众场合使用这种打招呼方式。1933 年夏，在魏玛共和国的景点旅游的游客可以在商店、饭馆、旅店里看到悬挂着的指示牌——"振奋人心的命令：'德国人互相打招呼时要高喊希特勒万岁'"。1933 年 10 月，埃里希·埃伯迈尔工作的那个莱比锡剧院要求人们打招呼时必须使用"德国人的打招呼方式"。"谁敢不遵守？"他在日记里写道。对于反对纳粹的人来说，"希特勒万岁！""现在是我工作时用的打招呼方式"。随着越来越多的德国人打招呼时说"希特勒万岁！"对方很难不以相同的话回应。有鉴于此，我们很难知道人们是真的改变了自己的信仰，还是只是随大流。另外，有一点很明白，很多德国人根本不遵守这一命令。有人回忆说，有的人在街上看到熟人后，立刻横穿马路，避免和对方打招呼。还有人记得，有人用"极低的、含糊的声音和无力的手势"来弱化这种当众表忠心的方式。在德国南部天主教徒集中的地区，或者在社会民主党、共产党员集中的社区，游客打招呼时说"希特勒万岁！"的频率相对较低。一个名叫"耶和华见证人"（Jehovah's Witnesses）的教派断然拒绝采用这种打招呼的方式。有人在希特勒上台几个月后问："把食指放在嘴唇前，你知道这种打招呼的新方式吗？"[3]

22

然而，有屈服于压力的人，就有施加压力、坚持采用这种打招呼方式的人。纳粹党成员还希望调整德国人喊"希特勒万岁！"时的姿势。右手呈一定弧度向上前伸，可以以激烈的形式扩大国家社会主义者占据的公共空间。这种态度坚定的姿势伴随着明确无误的政治宣示。和简单省事的、可以解决邻居们之间分歧的"你好"不同，带有劝告性质的"希特勒万岁！"表示决心要对方与自己达成政治上的一致。"希特勒万岁！"表达了很多德国人迫切获得民族共同体的归属感，想要参与国家的复兴。毫无疑问，1933 年 4 月克伦佩雷尔的一个朋友看到的那些男女护士就属于这样的人。那些护士坐在医院候诊大厅，"围着扩音器"。"当《霍斯特·威塞尔之歌》（Horst Wessel Song）① 响起之后（每天晚上，以及其他时间），他们站起来，抬起右臂，高呼'希特勒万岁！'"[4]

"希特勒万岁！"还可以获得某种社交认可，因为它取代了日常生活中温文尔雅的问候。邮递员用夸张的语调向人们打

---

① 纳粹党歌。——译者注

招呼时，就等于向人们宣告他是"人民同志"①，和对方一样。同样，工厂老板站在餐厅门口高呼"希特勒万岁！"并将先前不被允许进入工厂餐厅的员工迎入餐厅时，他不是在消除他与员工之间的地位差别，而是在承认员工获得的新权利。即使在家庭这种私人空间里，亲友们打招呼时高呼"希特勒万岁！"也表示他们在某种程度上承认希特勒领导的民族革命在他们个人生活中的地位。伴随着手臂带有某种侵略性质的向上、向前的挥动，"希特勒万岁！"占据了新的社会和政治空间，在纳粹运动中占据了一定位置。它能让德国民众尝试获得新的政治身份和种族身份，展示对"民族革命"的支持，将犹太人排除在日常交往范围之外。如果认为只有纳粹狂热分子才会说"希特勒万岁！"我们就会忽视普通德国民众或多或少愿意接受民族共同体为他们的唯一理想。

他们高喊的是希特勒的名字，这就提出了这样一个问题：这位德国元首在营造政治共识上扮演了什么角色。对希特勒的忠诚在很多至关重要的方面巩固了纳粹政权，但是也限制了纳粹活动家的作为，因此支持希特勒并不一定意味着支持纳粹政策。换句话说，"希特勒万岁！"很可能掩盖了德国民众之间的分歧，掩盖了那些不支持纳粹党的民众的立场。然而，严格地说，有人认为"希特勒万岁！"只不过是一个日常打招呼用语，还有人用这种打招呼方式来掩饰他们内心的顾虑，这两种想法使得这种打招呼方式更为普遍，进而产生一种"全民拥戴"的氛围。在外部人士看来，好像人人都成了纳粹，这进

23

---

① Volksgenosse，缩写 Vg. 或 Vgn.，是一个德语词，最早可追溯至 1798 年用作国民的代称。纳粹时期逐渐演变为指代具备同一德国血统的社会成员，属于民族共同体的一分子。——译者注

而对没有效仿的人施加了压力。而对内部人士来说，他们一直不确信对纳粹政权的支持是出于真心实意还是三心二意。真正的信仰者和投机者之间的界限并不明显。然而，对于犹太人来说，表面上的纳粹和真正的纳粹之间的区别并不重要，因为犹太人由于相貌和其他德国人不同而无法融入其中。因为无法"假装"成普通德国人，无法像那些假装拥护纳粹的德国人"宣示"忠诚，所以他们在第三帝国里显得很惹眼。

很多证据表明，"革命动员"的第一股热潮减退之后，打招呼时高呼"希特勒万岁！"的人就少了很多。尤其在柏林，20 世纪 30 年代中期的外国游客记录了他们的惊讶：他们不像之前那样总能听到"德国人的打招呼方式"。1940 年，哥伦比亚广播公司记者威廉·夏伊勒（William Shirer）报道说，在慕尼黑，"他们根本不再说'希特勒万岁！'"[5] 这一变化是标志着人们对纳粹支持的减弱，还是意味着要恢复使用先前较为随意的打招呼方式，人们不得而知。克伦佩雷尔说，1941 年 9 月，也就是苏德战争打响后的第三个月，说"早上好""下午好"的德累斯顿人在增加。为了获得第一手资料，他去数"商店里有多少人说'希特勒万岁！'，有多少人说'下午好'"。结果是，"在奇舍勒（Zscheischler）面包店里，5 个女人打招呼时说'下午好'，2 个女人说'希特勒万岁！'，然而在厄斯那（Ölsner）杂货店里，人们打招呼时都说'希特勒万岁！'"克伦佩雷尔继续思考："人们是不是见什么人说什么话？别人说什么他们就说什么？"然而，随着德国战败的形势越来越明朗，说"下午好"的人明显多了起来。1944 年 2 月，柏林一家复印店的员工弗朗茨·戈尔（Franz Göll）私下说："现在很少能听到有人说'希特勒万岁！'了"，"有时候能听到人们开玩笑，说'治好希特勒'（Heilt Hitler），而不是'希特勒万岁'（heil Hitler）。"在"家里"说"希特勒万岁！"就会让人疾首蹙额，他补充道。当然，这让人想起戈尔的亲友先前曾用"希特勒万岁！"打招呼。[6]

"希特勒万岁！"表现出 1933 年 1 月民族革命的"强迫"和"自我强化"（self-assertive）方面的特性。这提出了有关这种拥戴的虚幻性质的问题：如果每个人都说"希特勒万岁！"，那么，这种打招呼的方式就不能真正反映人们对这一政权的支持程度了。不过，纳粹的权力建立在这种表面的一致上，而这种表面上的一致足以让那些不信纳粹的人不知所措，不由得深入反思自己的保守态度。每一个高举的右臂都让国家社会主义者这一新出现的种族群体壮大了一点点。这是不是意味着，后来柏林街头大声说"下午好"的人有所增加，就意味着人们对纳粹的支持有所减退？和克伦佩雷尔一样，历史学家还在德累斯顿奇舍勒面包店外统计用"希特勒万岁！"打招呼的人数，并且思忖，面包店的顾客打招呼不说"希特勒万岁！"，而改说"下午好"有什么深意。

德国人有多支持纳粹？

克伦佩雷尔夫妇在萨克森（Saxony）供卡车司机临时休息的停车场中途停留的几年前，哥伦比亚大学一名年轻的美国社会学家乘火车抵达柏林。1934 年 6 月下旬，西奥多·艾贝尔（Theodore Abel）住进一家公寓，随后前往热闹的波茨坦广场散步。他在气势恢宏、里面有各种民族特色餐厅的娱乐中心"祖国之家"（Haus Vaterland）喝了一杯。艾贝尔全神贯注地数着人们用"希特勒万岁！"打招呼的次数。他发现，这种打招呼的方式只限于官方场合，而"早上好"（Guten Morgen）、"再见"（Auf Wiedersehen）则广泛应用于日常交流中。[7]他前往柏林的目的就是发起一项规模庞大的纳粹研究项目。这个项目经历了一个有意思的小周折。大多数社会学家在做类似研究时，往往要根据年龄、生活年代、社会阶层从目标群体中选取样本，借此解释不同出身群体的不同政治行为。然而，艾贝尔独辟蹊径，他直接问纳粹党员，后者当初是怎样接受纳粹思想的。这种案例研究方法最初由芝加哥社会学派（Chicago School of Sociology）提出和使用。艾贝尔的办法是，他想到了一个如何联系到"老兵"的办法，也就是那些在20世纪20年代就加入纳粹党的老兵。他要求他们写下自己的经历。这个方案需要纳粹党的帮助。

起初，纳粹的宣传部（Propaganda Ministry）——艾贝尔获得联系人的机构——顾虑重重。他在日记里说，他们"担心我无法正确看待那些无法准确评估的因素、表忠心的话，而只罗列事实性的材料"。然而，艾贝尔向他们保证："我只是想了解算得上人生经历的那些无法预测其影响的事情。"换句话说，艾贝尔想要通过亲历者的讲述，而不是通过综合数据来研究纳粹现象，也不是将纳粹现象诠释成笼统的数据。后来，纳粹党内部组织了一个征文竞赛，为艾贝尔收上来数百份个人经历。艾贝尔1938年出版的《希特勒上台始末》（*Why Hitler Came to Power*）一书是他深入调查的成果。书的末尾处收录了六个纳粹党成员的详细经历。在评估德国人加入纳粹党的政治动机方面，这项研究是最为成功的尝试之一。在结论中，艾贝尔承认社会因素、经济因素扮演着重要角色，但同时，他也强调了个人思想意识方面的影响：一战经历的影响、战败的冲击、恢复德国政治结构的决心。在接受纳粹思想的过程方面，6000 万名纳粹成员并非有 6000 万种不同经历。[8]

我想借用艾贝尔的方法，使用相关的日记和信件，介绍三个人的个人经历，详细说明"希特勒万岁！"与"下午好"在第三帝国里怎样相互结合。德国北部不伦瑞克（Braunschweig）的格本斯勒本（Gebensleben）一家、派纳市附近的杜克费尔登（Dürkefälden）一家、莱比锡的埃里希·埃伯迈尔等人的经历展现了他们先是如何对纳粹敬而远之，纳粹上台后又如何趋之若鹜。维克托·克伦佩雷尔在他那极为详尽的日记里，猜测他的那些非犹太邻居如何看待纳粹党。起初，他认为纳粹政权建立在恐怖和机会主义上。后来，在未完全放弃先前观点的情况下，克伦佩雷尔认为更为基础的意识形态和文化上的紧密联系（ideological and cultural affinities）也是纳粹政权建立的因素。他认为，第三帝国给"雅利安人"提供了一种家的感觉——他提到了"我们之间"（unter uns）这个词组。通过这里引述的信件和日记，大家可以品评克伦佩雷尔的观点，分析 20 世纪 30 年代的德国人怎样讨论自己、他们与犹太人的关系，以及第三帝国的未来。

49 岁精力充沛的伊丽莎白·格本斯勒本是不伦瑞克市副市长的妻子，她坚定地支持纳粹党。她曾经为全民反对（national opposition）魏玛共和国奔走呼吁十多年。1930 年，和数百万其他德国人一样，她和丈夫改弦更张，不再追随拥护君主制的德国国家人民党（German National People's Party），而转向国家社会主义党。她说自己每次拿起报纸时，"首先翻看政治版，然后看专栏"。她的信件里充满了和政治有关的信息。在写给女儿伊姆加德〔Irmgard，又称伊默（Immo），结 27

婚后居住在荷兰〕的信中，内容尤为详细。伊丽莎白试图表达 1933 年 1 月 30 日带给她的些许兴奋，"外面悬挂起很多希特勒的旗帜"，弗里达（Frieda）可以从房间里看到那些旗子。"不一会儿，你爸爸从外面回来，手里拿着一份号外。他笑容满面，我也喜不自胜。"弄明白发生了什么事情之后，"泪水夺眶而出"，"最后，最后"，经过数年的"奋斗"，"目标终于实现了"。对于伊丽莎白，那个历史时刻尤其刻骨铭心，因为"一个曾经在战壕里殊死作战的普通人，坐在了俾斯麦先前坐过的位置上"。她相信，希特勒能够给德国带来社会和谐、政治和解的方案。⁹

对于像伊丽莎白这样主张采用强硬手段的国家主义者来说，1 月 30 日是数年政治运动的高潮。在那个月里，德国宣布以 1914 年爱国统一的名义进行的那场 1918 年叛乱式革命非法。虽然如此，伊丽莎白还是担心"马上就要到来的战争"，甚至担心希特勒掌权时间"太晚"，无法击败共产党。后来，总统颁布的法令为希特勒的新政府提供了前所未有的治安管理权力，尤其是在 1933 年 2 月 27 日夜里发生国会纵火案（Reichstag Fire）之后。全国各地的警察和纳粹的冲锋队逮捕社会民主党和共产党的活跃分子，查封其报纸和工会办公室。"在某些人看来，倾向国家主义的德国政府的严厉介入可能有些奇怪，"3 月 5 日的选举结束（结果显示纳粹联合政党获胜）之后，伊丽莎白说，"不过，首先我们要有计划地进行大规模清洗。"更有针对性的是，"必须让共产党销声匿迹，马克思主义者也是如此"，她后来纠正，说这句话指的是社会民主党，该党是当时唯一忠诚于共和国宪法的党派。因为怀疑共产党成员会"突然加入国家社会主义党"，她不欢迎先前的反对者加入"民族共同体",直到他们"在集中营度过三年观察期"。考虑到这种恐怖形势,难怪"右派革命"(Revolution from the Right)比 1918 年 11 月的"左派革命"(Revolution from the Left)表现出"更多的秩序和纪律"。[10]

随着纳粹势力的增强,政治上的分歧变得不那么明显,在恐怖形势下,全民思想的统一已经在望。1933 年春天那些盛大的庆祝活动——波茨坦庆祝会(Day of Potsdam)(在此期间,3 月 21 日召开的新国会大厦第一次会议上希特勒和兴登堡达成联合)、4 月 20 日希特勒的生日,以及新确定为国家假日以表彰劳动者,象征他们融入这个国家的五一劳动节——就是征兆。目之所及,伊丽莎白都能看到这种"全民热情"、"极度的喜悦"及"最强烈的感激"。"一个人真的能扭转乾坤,将一个先前内部分裂、经济水平低下的民族紧紧团结在一起?"[11]虽然希特勒是个重要人物,但是真正吸引伊丽莎白注意力的是有关民众团结的场面和声音、欢呼声、行进表演、纳粹万字符旗帜、无线电广播,是这一切让人们只能听到一个独一无二的共同的声音。她对国家社会主义的兴趣比对希特勒的兴趣更大。

荷兰开始出现德国犹太难民时,身在荷兰的伊默开始在信中询问"卑鄙""可怕的""针对犹太人的运动"。这不是伊丽莎白第一次被迫思考纳粹的暴力行为。针对纳粹分子残暴对待的那位社会民主党不伦瑞克市长,她将这件事归结为伴随每次"运动"的"过火行为"(虽然她的儿子承认,随着 1933 年 3 月大选结束后针对左派人士的攻击活动显著增加,德国社会出现了"大量黑点")。不伦瑞克市只有"犹太人开的商店"被打砸,"人们得出了这一结论":纳粹党应该为这件事负责。

29　然而，伊丽莎白却认为是"一些蠢孩子"打碎了犹太人商店的玻璃。然而，1933 年 4 月 1 日官方组织的针对犹太人商店的抵制活动，就需要一个像样的解释。伊丽莎白开始让步，她将发生在德国的全球性事件带给德国的"幸福"，与她对一些人"个体命运"的"同情"做比较。接着，她又恢复了先前的立场，为抵制活动辩解："那是德国人在运用手中的武器"来回应海外的"有计划的造谣中伤"。换句话说，德国人才是受害者。接下来伊丽莎白要说哪个词不难预料，因为她频繁地将关于犹太人不幸的话题切换到有关德国人的不幸，她说德国人代替"自己的儿子"进行反击是"完全可以理解的"。伊丽莎白的逻辑有问题，她认为犹太人应该对 1919 年协约国从德国瓜分东西做出补偿，即，德国应根据犹太人在德国人口中的比例，限制他们在某些专业职业中的数量，"这个比例是 1%"。另外，她还解释说："犹太人只想当老大，不想给别人干活。"证据是："你听说过犹太女人当仆人或做洗衣工吗？"（伊丽莎白这话是从弗里达口中听说的，它预示着"雅利安"雇主可能与员工联合起来一起对付犹太人。）伊丽莎白信中的话反映出她在努力成为纳粹。伊丽莎白不得不提及纳粹的恐怖行为，但犹豫片刻之后，她不是将这些证据说成偶然事件，就是用德国人过去遭遇的不幸来辩解。"今晚有希特勒的讲话，"她在结尾处说，"我一定要（从收音机上）听一听。"[12]

　　格本斯勒本一家继续思考他们作为纳粹的身份，以及他们与犹太人的关系。伊丽莎白全身心地投入纳粹党女性组织的志愿工作中，她的儿子埃贝哈德（Eberhard）加入了纳粹的冲锋队，多次被派往训练营，开始时他是一名准军事人员，后来成为经济部（Ministry of Economics）的律师。伊丽莎白的侄女加入了德国女青年联盟（League of German Girls）。领导力课程、训练营、准军事部门——这就是第三帝国想要有所发展的专业 30
技术人员应走的新型人生道路。多套制服、纳粹徽章、证件、纪念照记录了他们在行政职位上的一次次晋升。然而，在战争中，埃贝哈德爱上钢琴师赫塔·奥玲（Herta Euling）之后，他的事业开始变得岌岌可危。赫塔·奥玲比埃贝哈德大三岁，她的奶奶是犹太人。如果两人结婚的话，埃贝哈德就必须退出纳粹党。1944 年，纳粹党拒绝了他留在党内的申请，甚至启动了一项调查，研究他的党员资格是否仍旧"符合要求"。在第三帝国，一个人最需要忠诚于什么，爱情、事业，还是信仰？这让埃贝哈德纠结不已。他在书信中和家人进行了坦诚、深入的讨论。最后，他的家人反对这桩婚事，但也认为赫塔人不错。[13] 很显然，埃贝哈德是一个坚定的国家主义者。一个交往时间最长的老友因为他的这一信仰和他决裂。虽然如此，埃贝哈德慢慢发现，从不同的角度来看（首先是从赫塔的角度来看），第三帝国给人的感觉完全不同。作为一个德国军官，他还不得不从荷兰平民的角度来看待第三帝国：1941 年，伊默非要他保证，如果要去她家，他不能穿德国占领军的制服，或当着外人说德语。不论是这位纳粹和那位"半犹太"未婚妻讨论问题（她的犹太人痕迹已经完全消失），还是这位德国国防军和他的荷兰亲戚讨论问题，双方往往得不出什么确定的结论。1944 年 9 月，埃贝哈德·格本斯勒本在比利时战死。

伊丽莎白一家人全力支持纳粹党，积极参加纳粹发起的建设国家社会主义共同体的活动。作为对比，在第三帝国存在的十二年里，卡尔·杜克费尔登一直反对这个政权。杜克费尔登出生于 1902 年，他的父亲是一个工厂的领班。1932 年，杜克费尔登失业，结婚，与妻子格尔达（Gerda）住在派纳市的父母家里。也就是从那一年起，他开始坚持写日记。他的日记深入探索了当时的社会问题。他记录了魏玛共和国末期的罢工活动，描述了邻居们加入纳粹（至少和他们相安无事）的动机。后来，他将当地人有关纳粹 1938 年 11 月大肆屠杀德国犹太人的叙述整理在一起。第二次世界大战期间，他认真收集了众多目击者讲述的事情，如纳粹如何残暴对待被运到他所在地区做奴隶劳工的苏联战俘，以及德国人在德占苏联领土上杀害犹太人。卡尔用细腻的笔触描绘了工人阶层的邻里情谊，揭露了相距 25 千米的派纳市和不伦瑞克产生了同样严重的左派和右派的政治分歧。不过，杜克费尔登也记录了伊丽莎白·格本斯勒本无法记录的东西，即工人阶层立场的改变推动了大规模国家社会主义运动的出现。

相较于伊丽莎白将 1933 年 1 月看作一次胜利的"左派革命"，卡尔提及这一事件的时候更为含糊，仅说是一场突然发生的意外政变（Umwälzung）。在这场政变中，他的很多邻居来了一次迅速的政治立场转变（Umstellung），开始支持纳粹。这种政治立场的转变因家庭而异。卡尔因为父母和妹妹埃玛（Emma）一下子变成了纳粹的铁杆支持者而震惊、沮丧。3 月 21 日，他们三人甚至还前往考内酒馆（Kaune's Tavern）去听波茨坦庆祝会的现场直播。在卡尔抗议当地纳粹分子逮捕住在同一街区的年轻工人，查封一个工会办公处时，他的父亲操着方言驳斥他："人必须守规矩。"（Ordnung mot sein.）在他的父亲看来，"纳粹是不会犯错的"。后来，卡尔和妻子格尔达去看望住在汉诺威（Hanover）的格尔达的父母，"当然我们

也要谈论政治形势。他们还没有改变政治观点"。他的姐夫瓦
尔特·卡斯勒（Walter Kassler）也没有"调整看法"。但是，
从卡尔的措辞可以看出，他认识的很多人已经接受了纳粹的观
点。例如，格尔达的朋友伊尔玛（Irma）的丈夫汉斯·金内
（Hans Kinne）"现在就因工作关系加入了纳粹党，不过只是出
于表面上的应付"。派纳的理发师加入了冲锋队，不过卡尔觉
得他也只是出于"工作上的原因"。卡尔后来给那篇日记增添
的"并非如此"几个字说明他当初不相信那么多人会出于投
机之外的原因改变政治立场。直到后来他才明白，信仰确实也
起了一些作用。政治立场转变还取决于个人怎样看待未来形
势。他们家的另一个熟人赫尔曼·奥厄（Hermann Aue，他立
场偏左）认为纳粹掌权不会超过一年，因此他倾向于支持社
会民主党。不过，据说先前参加过当地冲锋队的几个共产党人
认为纳粹要红火一段时间。其中一个人说："和狼在一起，就
要和狼群一起奔跑。"[14]

在日记里，卡尔绘声绘色地记述了在派纳市举行的五一节
庆祝活动。他描述了旗子、行进表演、唱歌、表彰工人、赞颂
希特勒的发言。照例，瓦尔德斯格林的唱诗班给大家唱歌助
兴，然而，卡尔也提到纳粹已经与宣传社会主义的德国工人联
合会（German Federation of Workers）的合唱团断绝了往来。
几乎所有人都兴奋不已，街道上人山人海。不过，卡尔和格尔
达"待在厨房窗前，因为我们不想和那些人一起高声向阿道
夫·希特勒致敬。我也不想在播放《霍斯特·威塞尔之歌》时
摘下帽子"。卡尔站在屋里向外望。从政治上说，他是在从外往
里看，他的面前是一个越来越"纳粹化"的社区。现在，社区
里邻居们在注意卡尔的行为，而俱乐部的成员在调整他们的

行为。卡尔与妻子站在一起向外张望之际，他抵制的是一种向其他人的行为看齐的压力，哪怕是假装看齐。第二天，他的父亲跟他说了一番话。父亲引用了他理解的希特勒大受欢迎的五一节讲话内容："他说，对于那些明确拒绝参与的人，德国没有容纳他们的空间。"他父亲还补充说："谁也不能保持立场中立。"这一次，他不像一个铁杆纳粹在督促卡尔加入，而是像一个一直生活在小城市的父亲在告诉儿子，不这么做有多么危险。[15]

33

卡尔用"转变"（Umstellung）一词，形象地说明了派纳市民众如何进行自我思想调整。在希特勒生日的前一天，卡尔的父亲将一张印有希特勒头像的明信片贴在橱柜玻璃上。几个月后，他花了 1.5 帝国马克（Reichsmark）买回一幅带有镜框的希特勒画像。对于靠一个人的薪水生活、有好几口人的家庭来说，这是一笔不小的支出。同时，卡尔加入了纳粹冲锋队的弟弟维利（Willi）突然对卡尔在战争时期写的日记和信件产生了兴趣，他从德国爱国者的角度审视了卡尔的那些自传性文字。他们唯一担心的事情是再爆发一场战争。这是 1933 年之后的几年里，德国家庭频繁讨论的一个话题。某个星期天，埃玛新交的男朋友第一次登门拜访杜克费尔登一家。交谈过程中，那位年轻人回忆起前一年头部中弹所引起的短暂失明。后来，卡尔写道："他再也不想上战场了，他已经受够了。"最后，在 1934 年 2 月庆祝格尔达生日的另一场家庭聚会上，卡尔的岳父已经和"新方向讲和了"。汉诺威的工厂忙碌了起来，老员工被召集回去，先前只有高级管理人员才能享受的假期，现在弗里德里希·卡斯勒（Friedrich Kassler）这样的普通工人也可以享受。现在，卡尔和格尔达感到被孤立了。[16]

杜克费尔登一家的那些分歧让埃里希·埃伯迈尔非常担忧。1933 年 1 月 30 日，这位 32 岁的剧作家在小说家托马斯·曼的儿子克劳斯·曼（Klaus Mann）的陪同下一起收听了收音机里转播的柏林庆祝活动："正步行进，正步行进……《霍斯特·威塞尔之歌》奏响了……我们听到了响亮的突击队号令声、咚咚的敲鼓声、震耳欲聋的歌声。"在日记里，他痛苦地说："我们都是失败者，彻头彻尾的失败者。"和卡尔·杜克费尔登一样，埃里希也感受到纳粹的巨大力量，那股力量似乎要将他们面前的一切都席卷而去。"街头上除了'德国女青年联盟（BDM）的女孩'和希特勒青年团，什么都没有了。年轻人不再走路了，他们动辄正步行进。""不管在哪里，朋友们都宣称自己忠于希特勒。"埃里希说，待在德国，意味着"前所未有的孤立"。然而，为了"做这个时代的记录者"，埃里希会定时收听希特勒的演讲。在 1935 年 9 月纽伦堡党代会期间，他每天开着收音机，想要知道"这些先生炮制了什么可怕的东西"。那次会议颁布了《纽伦堡法令》（Nuremberg Laws）。该法律将德意志公民和犹太"非公民"区别对待。"对无辜者的搜捕规模扩大了 1000 倍，"他愤怒地说，"播下的仇恨达到 100 万倍。"[17]埃里希不是纳粹党成员。

然而，他做了一件很符合纳粹思想的事情。他一直怀念从小长大的农村，后来在巴伐利亚的农村买下了一处农舍。1934 年 4 月，他回到了家乡，即哈茨山（Harz Mountains）地区的兰德拉克（Landrak），参与复活节前的那个星期六的传统篝火节。"我们站在花园里……抬头望着火焰渐渐吞噬堆得很高的木柴……田野的清新气息……家家户户燃烧木柴的味道，弥漫在空气中……孩子们围着篝火奔跑跳舞。歌声、欢叫声、笑声

34

响彻山谷。"这一幕让他产生了这样的想法："战争、革命、通货膨胀、体制、第三帝国等完全没有改变这些延续多年的传统习俗。"[18]有意思的是，他在这里使用了纳粹常用的"体制"一词来指代他头脑中的魏玛共和国时期。在那个时期，埃里希·埃伯迈尔都不觉得孤立。实际上，他一直感觉像在家里一样轻松惬意。

这种在家的感觉让埃里希和数百万纳粹支持者有同样的感受。他也逐渐适应了国家社会主义党的节奏。波茨坦庆祝会那天，当格本斯勒本一家聚在收音机旁，杜克费尔登一家围坐在考内酒馆（Kaune's）收听庆祝会报道时，埃伯迈尔一家认为"我们难以让自己置身事外"。埃里希将"一战时期的黑白红旧旗子"从地下室拖出来，而将"鲜艳的、丢脸的、被背叛了的、从未得到应有尊重的"黑红黄色共和国旗子收了起来。这个时候，他承认，一个新的时代开始了。在楼上，他和父母一起收听庆祝会广播。他的父亲"深受感动"，他的母亲"眼含泪水"。就在前一天，埃里希还说政府在达豪（Dachau）、奥拉宁堡（Oranienburg）两个地方建了"很大的营区"。虽然如此，人们真心希望成为一个紧密团结的国家的一分子，以至于反对纳粹的埃里希也在这一愿望的驱使下加入了新出现的纳粹群体。后来，1938年3月德国吞并奥地利后，埃里希喜极而泣。他在日记里说："仅仅因为是在希特勒的领导下获得就不想要这片领土，这是非常愚蠢的。"[19]不同于始终是个局外人的卡尔·杜克费尔登，埃里希在关键时刻投入了民族共同体的怀抱。他一再将德国描述成所有德国人的精神家园。虽然他讨厌纳粹，但他热爱第三帝国。

在德国人如何看待纳粹方面，这些日记和信件能说明什么问题？在对待纳粹上，如同杜克费尔登一家人，甚至像埃里希·埃伯迈尔这样的个体等派纳市的民众明显分为两种观点。卡尔·杜克费尔登的日记尤其能说明问题，因为它说明了家人在一起时怎样经常讨论政权性质、个人行为、战争威胁。第三帝国的各个家庭会进行激烈的辩论，有人预测"希特勒上台意味着战争"，有人提出"做煎蛋饼不可避免地要打碎鸡蛋"这样的理由，还有人提出"该肯定的地方就要肯定"这种折中的观点。那些反对意见进一步说明了德国民众对纳粹的矛盾态度。在杜克费尔登的周围，谁支持纳粹，谁"调整自己的立场"，谁在《霍斯特·威塞尔之歌》响起时脱帽致敬，可以看得一清二楚。实际上，关于调整立场的过程，以及这一调整怎样算是合格，邻居们进行了深入的思索，这一点从杜克费尔登有关中立态度、他岳父的讲和说法就可以看出来。在第三帝国存续期间，还有不少人改变立场，更多的德国人像弗里德里希·卡斯勒那样加入纳粹，一些人走得更远，比如开始不信任希特勒的卡尔的妹妹埃玛。如埃里希·埃伯迈尔所说，一些个体的心态很矛盾。冲锋队员埃贝哈德·格本斯勒本在爱上赫塔之后，他也承认纳粹过于残暴，对国家社会主义的信仰开始动摇。伊默让我们看到，只要身在荷兰就可以极大地改变看问题的视角。人们的政治信仰明显模棱两可。因此，很难明确区分"纳粹党徒"与"德国民众"。提到"纳粹党徒"时，读者不但要想到伊丽莎白·格本斯勒本，还要想到赫塔·奥玲。提到非纳粹和其他"德国人"时，不但要想到卡尔·杜克费尔登，还要想到埃里希·埃伯迈尔。

　　人们所有这些关于纳粹的言论还说明了另外一件事情：很多德国人竭力为他们的立场和行为辩护。数百万德国人学习了

36

新的词语，加入了纳粹组织，他们在努力让自己成为更优秀的
国家社会主义者。那些日记和信件不仅讲述了大批亲友改变立
场支持纳粹，还描绘了一些个人如何努力成为纳粹的事情。例
如，1933 年 4 月，伊丽莎白·格本斯勒本认为，有必要在给
家人的信中解释一下纳粹组织的对犹太人店铺的抵制活动，虽
然之前在信中她一直没有提到犹太人的事情。虽然这种意识形
态方面的转变并不是每次都能成功或受人待见，新的纳粹身份
也不完整，但是大多数德国人仍然用这种或那种方式，努力转
向纳粹立场。就是因为部分德国民众在 1933 年公共生活中努
力调整立场，对 20 世纪 30 年代后期排犹新法规的趋从，以及
他们对 1941 年之后纳粹全面战争要求的遵从，使得纳粹政权
一步步变得更为牢固和激进。即便如此，思想立场的改变也是
一个夹杂着疑虑的曲折过程，而不是一件一蹴而就的事情。

37　　德国人转向国家社会主义要么出于恐惧，要么只是表面上
的转向。实际上，每个人在日记里都提到了集中营、搜捕活动
以及其他暴力行为。另外，卡尔的父亲竭力向卡尔说明，要求
民众服从于纳粹规划的压力也一直存在。和弗里德里希·卡斯
勒一样，一些德国民众转向纳粹立场，是因为他们最后相信了
纳粹的宣传，认为纳粹思想代表了德国的"新方向"，能够为
民众带来机会，所以民众应该支持。另外，相当数量的民众不
相信纳粹，误解了他们的种族思想，不满他们对教会的敌意，
但最终还是认可了 1933 年 1 月的"民族革命"及纳粹意欲实
现的所谓政治和解。在某些方面，埃里希·埃伯迈尔就属于这
种情况。人们转向纳粹立场的最后一种情况是，他们真的相信
国家社会主义那套社会和政治愿景，尤其向往关于民族共同体
的承诺。和杜克费尔登、格本斯勒本一样，大多数德国人逐渐

认为，国家社会主义医治了德国的历史创伤。国家社会主义似乎给人们描绘了一个崭新的、全面提升的德国社会。相较于过去的魏玛时代，大多数德国人更倾向于纳粹描绘的未来。虽然大多数人并未一致接受纳粹的所有政策，至少肯定不接受他们驱逐和杀害德国犹太人的政策，然而，数百万德国人热情憧憬举国团结的前景，将自己对美好、富裕生活的期望与新秩序的命运联系在一起。这样，个人的幸福慢慢地与第三帝国的整体福祉紧密结合在一起。即使在战争结束之后，认同国家社会主义整体方案的人也要比认同希特勒本人的多。[20]

大多数德国人全心支持纳粹，历史学家一直对这一观点感到不安。针对不同背景、数量众多的人所提出的宏大论断，历史学家一直谨慎对待。从那些信件和日记可以确认，德国人对纳粹政策往往心怀恐惧。他们在纳粹党带领下开展活动，或加入纳粹的外围组织时，并非完全出于信仰。频繁的社会摩擦与纳粹关于民族共同体的说法龃龉不断。纳粹也没有消除德国民众由历史或情感原因形成的对传统的保守价值观、社会民主党、宗教群体的忠诚。这些都是很重要的因素，但是这些因素很容易让人忽视纳粹在改变各个政治阵营人们的立场，激励人们复兴德国方面取得的惊人成就。正是大批民众思想的转变让杜克费尔登、埃伯迈尔感到孤立，也正是这种转变，为第三帝国提供了合理性和能量。这是需要解释的地方。

民族共同体

纳粹之所以能够长时间地在民众中间获得声望，其基本原因在于民族共同体这一理念。民族共同体不是纳粹理念，人们不认为它是强加于人的或怪异的东西。相反，纳粹一直因为最终实现了德国民众一直渴望的国家团结而广受称赞。这一点很重要，因为那些不一定支持国家社会主义的民众很怀念1933年"民族革命"取得的很多成就。希特勒及其政权获得的合理性建立在民众广泛的良好意愿的基础上。虽然纳粹党后来成为实现民族革命不可或缺的因素，但在纳粹出现之前，民族革命已经出现。

第一次世界大战以来，民族共同体代表着长期因为阶层、地域、宗教而四分五裂的德国民众之间的和解。1914年的"八月运动"（August Days）中，数千名德国人聚集街头支持国家参战，显示了德国民众对举国团结这一承诺的高度热情。当然，德国的政治没有融入这种集体的和谐。"1914"与其说是一种现实的经历，不如说是虚构的图像。虽然如此，国家团结的观点可以引起民众的共鸣，因为它能提供更多的社会公平，为劳动者提供一条融入国家事务、消除中产阶级等级观念、打破对精英阶层的顺从的道路。民主和平民主义的性质对于这一呼吁至关重要。民族共同体也是集体力量的宣示。它提出了"堡垒内部的和平"（the peace of the fortress）这一说法，意为将德国人动员起来，一起对抗一战中的外部敌人。1918年德国战败之后，这种军事方面的意义就显得尤为重要。意外的投降、战后《凡尔赛和约》重新划定的"泣血的边界"、20世纪20年代早期通货膨胀带来的巨大混乱让人们更容易理解什么叫国家苦难。在魏玛时代，民族共同体意味着德国人共同面对着列强环伺的困境，同时，国家复兴必须以实现政治统一为基础。结果，人们总是觉得民族共同体身处四面受敌的危险境地。

纳粹将民族共同体这一概念当作它最激进的解决方案。他们利用了德国人的生活充满苦难这一证据，同时浓墨重彩地描绘了德国未来的伟大复兴。他们努力赶走所有内部和外部敌人——犹太人、奸商、马克思主义者、协约国——他们说这些人将阻碍德国复兴。国家社会主义为德国复兴提供了一个很多德国民众认可的全面愿景，然而他们同时认为这一愿景存在一个很可怕的潜在问题，即国家的瓦解。在纳粹看来，1914年代表着复兴和生机，而1918年则代表着威胁，即，威胁着德国人的革命、混乱和最终的灭亡。

　　1914年和1918年之间的这种反差塑造了直到1945年的德国政治思维。纳粹提出了一种完全被列强包围的世界观，认为只有斗争才能保证生存。实际上，斗争就是生命的迹象。从这种激进的角度来看，民族共同体必定要受到威胁，且它应该采取暴力应对措施。国家社会主义者宣传的这种永远的危机状态可以解释他们及其追随者为什么会努力重建德国公民群体，调整德国民众对于思想统一、民族团结的满意度。同时，这种宣传也有助于解释为什么要在这种调整过程中，动用暴力手段将一些人排除出德国公民群体。纳粹世界观的基本组成部分包括对国家完全崩溃的极度恐惧，避免1918年混乱再次出现的强烈愿望，以及为了延续一些生命而毁掉另一些生命可能引起的道德分析，这些在第三帝国内引发了广泛讨论。上述设想绝不是纳粹世界观的全部，但是德国人在思考纳粹政策和他们自己的行为时，经常琢磨、讨论这些问题。只有冥顽不化的纳粹分子才会死守这种暴力的生存逻辑，直到1945年德国惨败。

　　国家团结这一理念说出了数百万谴责1918年"十一月革命"、对将权力交给社会民主党的魏玛共和国不信任的德国民众的心声。这一理念还吸引了那些在20世纪30年代初期的经济波动和政治动荡中受到惊吓的民众。对于共和国的支持者，尤其是对于那些一连数月或数年看不到就业前景的 600 万德国人来说，民族共同体给小说家汉斯·法拉达（Hans Fallada）痛苦地提出的问题"小人物怎么办？"找到了一个试探性的答案。而卡尔·杜克费尔登的一个失业后刚加入纳粹的朋友给出了简洁而明确的回答："必须采取某种措施。"1933 年冬季和第二年春季，数千工人也提出了同样的看法。卡尔虽然信奉社会主义，但是他也明白——"这也是事实"，他在日记中这样补充道。[21]无数德国民众将自己的贫困归因于国家的不幸，希望柏林出现强有力的领导来改变他们的命运。然而，事实依然是，在自由选举中，纳粹的票数根本无法超过社会民主党和共产党票数的总和。国家社会主义者在工人群体中影响巨大。其他党派中的一些支持他们的人士也会给他们投票。但是，要实现政治上的"大扫除"承诺，就必须瓦解社会主义者的力量。

1933 年 1 月 30 日夜，数十万德国民众簇拥着身穿制服的纳粹成员，看着他们迈着整齐的步子穿过勃兰登堡门（Brandenburg Gate），庆祝纳粹的胜利。在演奏德国国歌《德意志高于一切》（*Deutschland über Alles*）和纳粹党歌《霍斯特·威塞尔之歌》的间隙，"万岁"喊声回荡在人群上空。据说，参与活动的民众达到了人们庆祝 1871 年德国统一时的规模。从位于巴黎广场（Pariser Platz）的法国大使馆的窗户朝外望去，法国大使安德烈·弗朗索瓦 - 庞塞（André François-Poncet）描述了当时他眼前的一幕："那些身穿褐色衬衫、脚上蹬着靴子的男子，异口同声地高唱着歌曲，仿佛要冲锋陷阵。他们精神抖擞，激情澎湃。旁观的民众聚集在行进队伍的两侧，人群中不时爆发出一阵阵雷鸣般的喝彩声。"梅利塔·

马施曼（Melita Maschmann）回忆说："长长的队伍走了好几个小时。"当时她和父母、孪生弟弟正在勃兰登堡门。"我内心里突然产生一阵渴望，想要加入这些视死如归的人中间。"马施曼被纳粹运动的"社会主义倾向"吸引。她将民族共同体概念与父母的保守和矜持做了对比。不过，她的父母也去了那里。作为德国的国家主义者，而不是纳粹，他们前往市中心目睹了那一具有重大历史意义的盛事，就像他们在1925年加入爱国人群庆祝英国撤离科隆，1928年在保罗·冯·兴登堡80岁生日上赞扬后者一样。对于马施曼一家、格本斯勒本一家，对于数百万其他人，纳粹的那次胜利是酝酿多年的民族运动的高潮。因此，1933年1月30日绝不只属于纳粹。如纳粹和祝福者（well-wishers）占领公共场所之类的事在全国各地都有发生。没有人对1933年那次规模庞大的全国性集会视而不见。[22]

　　然而，就在前一天，社会民主党在历史悠久的霍亨索伦王宫（Hohenzollern Palace）的卢斯特公园（Lustgarten）组织了一场规模宏大的集会。一个星期之前，共产党在布洛广场（Bülow-platz）卡尔·李卜克内西总部大楼（Karl-Liebknecht House）前举行集会。因此，任何观察人士都没有理由认为纳粹能够代表整个国家。在那次纳粹集会之后的几天里，社会主义者对德国各地举行的针对性集会做出了回应。然而，社会民主党组织的集会参与人数迅速减少。严阵以待的警察往往倾向于国家社会主义党，限制了反纳粹队伍的游行空间。同时，纳粹暴徒捣毁了社会民主党或工会的办公室，纳粹官员查封了拥护社会主义的报纸。另外，随着紧急状态法令的颁布，允许对涉嫌威胁公共秩序的公民不经审判进行关押，针对左派的暴力

活动愈演愈烈。2 月 27 日国会纵火案发生之后，兴登堡总统
向新政府授予了前所未有、内容广泛的紧急状态处理权力，用
以保护"人民与国家"，这使得纳粹得以猖獗攻击共产党。
1933 年 3 月 5 日国家大选之后，这种恐怖活动进一步加剧。
纳粹党和他们的联盟政党（德国国家人民党）以优势微弱的
52% 选票获胜之后，纳粹冲锋队对社会民主党、共产党、犹太
人，包括这些党派和犹太裔的当选官员，进行了残酷的迫害。
数千名反对者被关进临时监狱，遭受毒打和羞辱。1933 年、
1934 年，10 万多德国人被关进达豪、奥拉宁堡等地的集中营。

43 　　这些恐怖政策是数年街头斗殴之后对左派的报复，是对
1918 年一战失败的宣泄。不过，这些疯狂的暴力行为也跟这
一事实有关：纳粹眼中只有人民同志（Volkskameraden）和人
民敌人（Volksfeinde）两种人。对于后者，他们可以"随意违
反常规"，毫不留情地折磨他们。[23] 没有什么东西比刊登在纳粹
杂志《插图观察者》（Illustrierter Beobachter）上的一组摆拍照
片更能说明这种纳粹暴力的常态化。照片里，一群孩子在玩
"牛仔与印第安人"版本的捉人游戏。照片的说明是"冲锋队
冲进卡尔·李卜克内西的家"。在照片里，几个孩子被玩伴
"关押"在一个"集中营"里。在这种精心安排的动员里，作
恶者将自己变成了由那些孩子扮演的、他们之前宣称的受害
者。1933 年 3 月在媒体热烈报道下建设的第一批集中营，集
中营（Konzentrationslager）的简称"kz"迅速变成寻常词语，
这两件事让公众意识到，就像杜克费尔登的父亲所说的，纳粹
眼里只有朋友和敌人，没有中间立场。这一情形告诉人们必须
与纳粹保持一致，不然的话就是他们的敌人。不过，这同时也
起到了相反的作用，即安慰人们，因为敌人已经都被关到集中

营里了。针对那些所谓"人民敌人"的暴力活动仍旧是德国政治的一个组成部分，这种情况一直持续到第三帝国结束。对社会主义者的搜捕贯穿了1933年夏天，预示了接下来纳粹对"反社会者"、犹太人、吉卜赛人和其他所谓妨碍民族共同体顺利发展的种族敌人的攻击。不管一个人身在民族共同体的内部还是外部，决定了其生与死的，并不总是那些可以选择的事情。

反对纳粹的那些人被纳粹精心编排的、举国拥戴的场面弄得越发无力。这种气势将越来越多的人推到纳粹组织的那些盛大活动中，而让持怀疑态度的人越来越孤立。对纳粹的支持已经够"真实"了，而纳粹还要想方设法让公众产生一种印象：公众对他们的支持率几乎是百分之百。如同高喊"希特勒万岁！"的场面和声音，那些印象往往成为无须再证明真实性的东西，让人产生一种无可逃避的感觉，让更多的人加入纳粹。另外，因为这种高度一致的印象本身就很有吸引力，因此它显得更为真实。还有，1月30日，新任内政部部长威廉·弗里克（Wilhelm Frick）强令要求全国各地的电视台台长直播柏林的人民欢呼（Volksjubel）。在那次全国广播中，被挑选的纳粹成员宣读了"普通公民"的感言。这些人来自各个阶层，他们的讲话无一例外地表达了对希特勒的支持。[24]这种对"街头民众"的"舞台管理"一次又一次地进行，其目的是营造一个没有任何分歧的德国声音，将它作为完全符合纳粹想法的回声传递给全国民众。

举国团结的壮观场面给德国民众留下了极为强烈的印象。不伦瑞克、派纳、莱比锡的人们在日记和信件中用相当多笔墨描述了波茨坦庆祝会和五一节的庆祝活动。那种热烈的气氛让

44

无论是格本斯勒本一家这样真正信仰纳粹的人，还是持怀疑态度的埃伯迈尔都感到了极大的震撼。

1933 年 3 月 21 日，在波茨坦加尼松教堂（Garnisonkirche，腓特烈大帝陵寝所在地）举行的波茨坦庆祝会上，有人将希特勒与令人敬仰的普鲁士传统、霍亨索伦王朝、六十年前德意志第二帝国的建立、在那场"伟大战争"中做出巨大牺牲的"坦嫩贝格英雄"保罗·冯·兴登堡总统相提并论（仅仅在一年前，兴登堡总统还是希特勒的竞选死敌）。数千张画有希特勒与兴登堡握手、表示新旧德国结合在一起的明信片出现在市面上。声音洪亮的军乐和教堂钟声、加尼松教堂庆祝会的亲密场面在收音机里大播特播。这是波茨坦庆祝会的意义所在：让民众感觉到所有人的思想都已和纳粹达成一致。德国民众拥有收音机的数量，尤其是 1933 年、1934 年，说明民众是多么渴望收听纳粹的盛大活动，但收音机在农村地区相当匮乏，也表明了这种动员的有限。波茨坦庆祝会结束两天后，纳粹推动国会通过了《授权法案》。纳粹获得了除社会民主党之外所有政党的支持（共产党代表被禁止投票），这为它的独裁提供了法律框架。

兴登堡总统和希特勒的密切合作让先前在 1932 年总统大选中对立的国家主义者和保守者印象深刻，但社会主义者不以为意。约瑟夫·戈培尔（Joseph Goebbels）这位刚被任命为公共启蒙和宣传部（public enlightenment and propaganda）部长的希特勒首席战略参谋，认为纳粹还没有走出传统的国家主义形象，或没有表现出新时代德国应该具备的那种特立独行的形象。波茨坦庆祝会的几天之后，希特勒接受了戈培尔的建议，宣布 5 月 1 日——1933 年的 5 月 1 日是星期一——为带薪假

日，要精心组织一个表彰德国劳动者的庆祝活动。19 世纪 80
年代以来，世界各地的社会主义者将"五一节"当作一个劳
动者的节日来庆祝。然而，在德国，社会主义者没有得到纳粹
当时承诺的官方认可。德国自由工会（German Free Trade
Unions）迫切希望实现全国思想上的统一，所以他们欢迎纳粹
的这一姿态，鼓励其成员参加庆祝活动。1933 年"五一节"
与之前的"五一节"形成鲜明对比，因为在之前的劳动节里，
工人阶层是当时体制的坚定反对者，而不是潜在的受益人。不
过，媒体对 5 月 1 日的讲话和庆祝活动热烈隆重的报道也与 5
月 2 日发生的事形成了鲜明对比。5 月 2 日，冲锋队员查封和
接管了倾向于社会党的德国自由工会，将之并入国家社会主义
党下属的德国劳工阵线（German Labor Front）。这一系列事件
是一边在行动上进行压制，一边在口头上赞扬这种典型的纳粹
手段的结合体现。

　　1933 年 5 月 1 日产生了什么样的长期影响？纳粹党知道，
如果没有工人参加，他们就无法消除 1918 年给人们留下的恐
怖阴影，也无法将德国变成一个经济和军事强国。国家社会主
义党是否能够将工人阶层吸引到它的阵营里，是对民族共同体
号召力的终极考验。年长的杜克费尔登已经是一个纳粹的内部
人，他的儿子加入了社会民主党，成为纳粹的外部人。在这对
父子之间，是逐渐接受纳粹的数百万工人。然而，大多数工人
最终认为经济恢复是纳粹的功劳，很多人宣称自己是人民同
志。1933 年 5 月 1 日，他们第一次关注民族共同体。"直到那
天，国家社会主义党才有了牢固的基础。"戈培尔十年后回
忆道。[25]

　　戈培尔给"五一节"庆祝活动提了很多建议："用新鲜的

绿植和第三帝国的旗子装饰房子、街道、城市、村庄！民族振兴的旗帜应该飘扬在每辆轿车和卡车上！德国的每列火车、电车都必须装饰有鲜花和绿植！第三帝国的旗帜应该飘扬在工厂大楼、办公楼上！所有孩子都要有黑白红三色的，或者印有万字符的小旗子！"目标是传递这样的信息："德国以劳动为荣。"[26]然而，"五一节"不是一个你想做什么就可以做什么的假日。很多如汉诺威的弗里德里希·卡斯勒这样的人必须去单位开会，然后列队前往游行地点。不过，政府希望各种基层民众会聚在一起，这样还能够起到消除中产阶层和工人阶层之间敌意的目的。

1933 年的"五一节"完全是一个工人扮演重要角色的国家在庆祝国家主义。随着柏林市民前往位于滕珀尔霍夫的游行地点，收音机里一整天一直播放着有关"矿工、农民、士兵"的歌曲，播放"劳动交响曲"，其间还会采访（事先安排好的）普通人：汉堡港的一个码头工人、东普鲁士的一个农村雇工、来自（法国占领的）萨尔地区的金属加工工人、鲁尔区的一个矿工、摩泽尔河谷（Mosel Valley）的一个酿酒工。这些人形成的纽带将所有德国人密切联系在一起。当这些"工人诗人"宣读讲稿时（下午 3∶05），他们在模仿"街头民众""真实的"声音，用感染力很强的方言宣传德国的国家主义。当天下午晚些时候，父亲是一位工程师的散文家欧根·迪泽（Eugen Diesel）用他那丰富的、充满魔力的语言描绘了一个以电线、工厂、田野等展示第三帝国活力的手工制作微缩景观（下午 6∶20）。在这个过程中，空中飞行编队飞过滕珀尔霍夫上空。在执行飞行任务的飞行员中，有当时大名鼎鼎的恩斯特·乌德特（Ernst Udet）。社会民主党员很快就认出了他，因为他之前在社会民主党的庆祝仪式上表演过。下午有一个小时的时间，德国新造的曾完成越洋飞行的齐柏林飞艇在柏林上空环绕，这是它在全国 26 小时连续飞行的一部分。这种飞艇在工人阶层中受欢迎，因为它展示了作为国家整体实力的德国工人机械技术的一部分。在那个"五一节"，希特勒讲话（晚上 8：00）之前的各种安排就已经强化了工人与国家之间、机械师和机器时代梦想之间、高超的机械技术和国家实力之间的纽带。[27]无线电广播不断从滕珀尔霍夫机场切换到齐柏林飞艇里的报道，切换到图林根（Thüringen）或法兰克尼亚（Franconia）地区人们唱的"矿工、农民、士兵之歌"、对帝国四周边远前哨站的采访，然后再切换回滕珀尔霍夫机场，营造了一个独一无二的、覆盖整个德国的新闻报道。午夜之后不久，焰火表演给"五一节"庆祝活动画上了句号。第二天，先前属于左翼报纸的《柏林晨邮报》（Berliner Morgenpost）激动地报道说，那是"有史以来规模最大的游行"。[28]

现场的大多数人没有认真听希特勒讲了些什么，但是，他的讲话透露出纳粹将设法取代社会民主党。希特勒一再提到工人，说他们是热爱祖国、建设祖国工业、为祖国而光荣参战的力量，然而一直受到死板的自由经济政策的压迫。他用理解和关切的语气，道出了劳动阶层的疾苦。讲到第一次世界大战时，他说到了过去纳粹可能与工人存在共同立场的一些情形。几个星期以后，作为这些工人中的一员维利·杜克费尔登到处寻找他的战时日记。希特勒含蓄地提到，德国将再次依靠工人，依靠"民族共同体"这一战时理念。他希望通过认可德国各阶层在德国历史上起到的重要作用来弥合未来的阶层分歧。在这方面，社会民主党与其说是纳粹的反对党，不如说是一个毫无用处的过时古董。[29]

在接下来的几年里，纳粹设法象征性地与工人阶层结成同盟。希特勒派人在柏林的工人阶层选区西门子城（Siemensstadt）登记选票。1933 年 11 月 10 日，他在西门子工厂通过无线电发表的全国讲话成了媒体大做宣传的素材。希特勒在西门子的成功启发了戈培尔，戈培尔将宣传部高级官员派到德国工厂工作。至少两个人接受了这样的任务：宣传人员沃尔夫冈·迪瓦格（Wolfgang Diewerge）被派往斯图加特（Stuttgart）附近的戴姆勒－奔驰（Daimler-Benz）工厂；广播电台节目策划主任欧根·哈达莫夫斯基（Eugen Hadamovsky）在汉堡附近的一家橡胶工厂工作了一阵子，他还将那段经历写成一本书，书名是《第 50000 个辅助工人》（Hilfsarbeiter Nr. 50000）。[30]此外，戈培尔还竭力拉拢劳动阶层中的知名人士。因为身材敦实、操一口柏林口音而为人所知的演员海因里希·乔治（Heinrich George）先前和左派来往密切，曾经在 1931 年出演电影《柏林亚历山大广场》（Berlin Alexanderplatz）。后来，他利用自己的影响力为纳粹效力，出演了《犹太人苏斯》（Jud Süss）、《科尔贝格》（Kolberg）等影片，参与拍摄了无数新闻片。对于纳粹来说，他是一个极有价值的人。

让民族共同体越来越深入人心的是纳粹动用数千人无休无止地针对全国民众进行的激进行为。在日记里，卡尔·杜克费尔登记述了日常生活的新变化。1933 年 3 月和 4 月，他的日记里记叙的是社会民主党员和共产党员怎样被冲锋队逮捕和毒打，而到了 6 月和 7 月，记叙内容就变成了邻居们怎样报名参加纳粹组织和纳粹活动："没有人想当共产党员了。"也许是出于自愿，派纳市民给冲锋队、红十字会制作三明治，筹集资金，参加冲锋队的纪念日，报名参加纳粹妇女组织和希特勒青年团。广泛进行的筹资活动让杜克费尔登家这样的穷人能够更多地投身于公共生活：纳粹活动提供免费餐饭或点心，体育比赛门票免费。1933 年 9 月，卡尔的妹妹甚至以打折价格乘车前往纽伦堡，参加在那里举行的纳粹集会。不过，压力也是显而易见的。1933 年 8 月的一个星期里，卡尔的岳父每天晚上都必须出去参加纳粹会议，否则他的花园就会被没收。类似地，瓦尔特·卡斯勒所在的体育俱乐部的主管要求他们增加出勤次数，强化军事训练，还要"守规矩"——齐唱《霍斯特·威塞尔之歌》。[31]

卡尔记录了纳粹如何挖空心思统一民众思想的过程。纳粹渗透入政治机器，以及大小城市丰富多彩的民间社交和文化生活。统一思想（Gleichschaltung）对工人阶层的社团活动影响极大。全国各地的"红色"体操协会、足球队、自行车俱乐部一下子销声匿迹了。多达百万的社会民主党和共产党运动员被迫离开运动场或体育馆。工人阶层的合唱团如果更改章程，将已加入社会民主党的活跃成员从领导岗位上清除出去，生存下来的机会就相对大一些。例如，1933 年 6 月，汉诺威－林登（Hanover-Linden）参加条顿（Teutonia）合唱团的金属加工工人投票决定是否解散早在 1877 年成立的这个合唱团，后来改变计划，决定将该合唱团改组成为全部信仰纳粹思想的"下萨克森州合唱团"（Niedersächsischen Sängerbund）。而同一个城市里的交响曲（Symphonia）合唱团就因为拒绝改变而被解散了 12 年。[32]

国家社会主义者攻击工人阶层社会主义者的"替代文化"，目的是统一他们的思想，同时也试图消除"替代"想

50

法。"替代"想法造成了德国社区典型的社区分裂（social divisions）。大多数地方和戈斯拉尔（Goslar）不一样，在戈斯拉尔有两个义务救火公司，一个是工人阶层的，另一个是中产阶层的。社会主义者和国家主义者组织的公司或协会各自为政，分裂了德国各地的社区。典型的是，小城市有两个体操协会、两个足球俱乐部、两个游泳队，这些团体一个倾向于左派，一个倾向于右派。在魏玛共和国时期，穿着军装的退伍兵协会也有两个，一个是信仰共和的"帝国战旗"（Reichsbanner），一个是信仰国家主义的"钢盔党"（Stahlhelm）。他们都警觉地奉行德国社会基本的派别思想。希特勒就想以举国思想统一的名义来统一这种丰富多彩、互有隔阂的现状。正如卡尔·杜克费尔登所说，纳粹依靠的是上面的武力和下面自愿（有时候是积极）的服从。波茨坦庆祝会和五一节说明，当时人们参与国家复兴重大活动的热情相当高。另外，德国民众正团结在纳粹周围这一印象也有自我强化的作用。越来越多的人看到别人改变了立场，与"新方向"站在一起，也开始改变观点。让希特勒、戈培尔和其他革命者惊讶的是，"一切变化都比我们预料得要快得多"。[33]

　　3月大选仅仅过了三个月之后，法国驻德国大使就向国内发回了详细报告，描述国家社会主义党"摧毁、驱散、解散、合并、吸收的社团。有一个算一个，共产党、犹太人、社会民主党、工会、钢盔党、德国民族党（German Nationalists）、屈夫霍伊泽山（Kyffhäuser）的前线战士、巴伐利亚和帝国其他地区的天主教徒、新教教会都必须服从纳粹。［希特勒］将所有警察权攥在手里。铁腕审查制度彻底控制了媒体……从他发动的那场运动中挑选出来的市长和议员管理各个城市。各州的政府和议会都控制在纳粹成员手中。整个政府官员体系都遭到清洗。其他政党都消失了……他只做一件事：打击。德国的政治体系就像纸牌屋一样倒下了"。[34]这虽然准确地概括了德国民主制度被摧残的情况，然而没有告诉我们在此之后人们在建设新秩序时的满腔热情。思想统一是一个分解和重新组织的过程。

民众陆续拥入纳粹承诺重塑德国、改善民生而为人们提供的活动领域。为了"大力解决问题"，他们确定了打扫工厂和街道、治疗肺癌、整治公共场所吸烟现象，清除"反社会者"和犹太人的目标。"人们将纳粹思想看作伟大、激进的外科手术或清洗"，因此将"那场运动看作提升国家活力的良方"。德特勒夫·波伊科特（Detlev Peukert）曾经提到可行性妄想（Machbarkeitswahn），它是一种认为现代社会一切皆有可能的思想。就是这种思想让人们将冲向未来的国家社会主义看作新时代的典范。纳粹从"医治"角度来解决政治问题，将数千名刚走入社会的技术人员纳入国家事业部门，让他们担任护士、教师、医疗机构的管理人员。广大城乡建立了很多公共医疗机构，扩大了共和国时期的社会福利成就。数百万志愿者通过国家社会主义公民福利协会（National Socialist People's Welfare），志愿帮助人种上有价值的贫困人口。该协会负责管理慈善活动，是第三帝国最大的民间机构。800万人报名参加了帝国防空联盟（Reich Air Defense League）。[35]

特别有意思的是，这些辅助组织为民众指定了半官方的任务，让他们协助筹集捐款，分发煤炭，或者参加空袭值守人的培训。纳粹时代的志愿体系给成千上万的民众分配了很小的领导职责，让他们监督管理民族共同体内他们身边的小事情。冲锋队、希特勒青年团、帝国劳工阵线也是如此，竭力从所有社会阶层中选拔新一代领导者。对于希特勒来说，最佳的做法是从天主教神父中招人。选出的领导者通过专门的研讨会、夜课、训练营来磨炼管理技巧。本书中提到的很多写日记或记录那段经历的人都被赋予这种职位，如洛尔·瓦尔布、梅利塔·马施曼，甚至卡尔·杜克费尔登也被任命，担任他所在的位于策勒（Celle）的那个金属零件加工厂的防空值守人的副手。1933年9月，埃贝哈德·格本斯勒本准备出门，参加柏林附近措森（Zossen）市的"军事体育营"（military sport camp）。埃贝哈德的母亲在写给伊默的信中说："想象一下那天深夜我们家的情形。所有东西都被打包起来，很多东西是按规定必须带的……然后给医生打电话……最后，把手提箱装好。早上7：15，他带着大大小小沉重的箱子离开了家门。"[36]第三帝国期间，数百万人怀着兴奋、紧张的心情离开家人，投身纳粹事业。

所有这些忙碌就像在进行一场和平时期的战争。无须惊讶的是，对这种没完没了的时间和金钱上的投入，人们感觉压力很大，不过他们逐渐习惯了这些新增加的工作，以及大量的规章制度、公告、禁令，认为这是管理生活的最佳方式。同时，他们希望邻居们也像他们一样投入。防毒面具、"雅利安"证书、"越冬救助"（Winter Relief）项目徽章代表着民族共同体中的人们希望彼此都坚持的有关合作、训练、技巧的新标准。

看一眼1939年夏季柏林一个工人家庭租住的廉租公寓的前厅，就可以看到德国民众为了生活下去所需要掌握的技巧。海因里希·豪泽（Heinrich Hauser）给我们介绍了屋子里的情况：

> 首先映入眼帘的是门口的一系列彩色宣传画。一张画号召人们向"母亲与孩子"基金捐款，另一张号召向"越冬救助"（Winterhilfswerk）项目捐款。第三张是纳粹党的倡议，希望大家参加反犹讲座或观看反犹电影……第四张宣传画红得刺眼，大声疾呼："同胞们，你们还没买防毒面具吗？"第五张宣传画呼吁大家不要丢弃任何废弃物品，如锡纸、空牙膏管等废金属物品，甚至包括用过的剃须刀片，要将这些东西存放在专门的容器里。[37]

用平头钉固定在公寓门口墙上的海报、标签和徽章表明了一个事实：这里几乎所有住户都加入了公民福利协会（People's Welfare）或为"越冬救助"项目捐过款。

民族共同体组织的最显眼的活动是声势浩大、由公民福利局（People's Welfare Service）指导管理的"越冬救助"项目。从10月到第二年3月，纳粹党员、希特勒青年团等其他团体的志愿者带着特制的红色箱子走上街头，走入社区，目标是筹集数百万马克，实现纳粹提出的"民族自助"口号。这些要求人们募捐的小伙子和他们手中的红色募捐箱是第三帝国最为熟悉的一景。当然，所有这些筹资活动被称作"无用功"（Duddelkram，出自战后一位家庭主妇之口），是一件令人讨厌的事情。[38]政府号召人们每个月第一个星期天只吃一锅大烩菜，将"节省"下来的几芬尼交给晚上挨家挨户上门收钱的纳粹代表。但是，总的说来，政权的"社会主义契约"（socialism of the deed）获得了合理性。纳粹领导者将每年收到的破纪录

53

捐款看作政治满意和社会拥戴的标志。在战争开始的前一年里，仅仅在"周日一锅烩"活动（除了个人，餐馆也要遵守这一规矩）筹集到的资金就高达 5000 万马克，几乎每个德国人都捐助了 1 马克。1943 年，"越冬救助"项目筹集到的资金超过了 16 亿马克。"越冬救助"项目是德国最大的煤炭采购方，鞋子、布料的购买数量仅次于德国国防军。更重要的是它在教育德国民众方面扮演的角色，它向民众灌输了作为日耳曼种族财产管理人的集体责任。[39]

54   "民族团结日"（Day of National Solidarity）将"越冬救助"项目推向高潮。12 月的第一个星期六，在假日购物季开始之际，知名的纳粹党人、演员、音乐家和军队英雄走上街头，呼吁公众捐款。报纸提前一天公布了他们各自所在的位置，比如，戈培尔将出现在阿德隆（Adlon）酒店前面，里宾特洛甫（Ribbentrop）在布里斯托尔（Bristol）酒店前面，罗森贝格（Rosenberg）将在柏林剧院前面，戈林在菩提树下大街（Unter den Linden）和大家见面。据说，后来，戈林在工人群体集中的威丁区（Wedding）受到了意想不到的欢迎，"围聚过来的人太多，多个地方募捐工作一度陷入停滞，不少女人在挤向募捐组织者时晕厥"（伦敦《泰晤士报》）。名人效应加上慈善，在两个半小时内，1938 年的募捐活动在一个人口 400 万的城市筹集到 100 万马克。[40]

然而，"越冬救助"项目基本上是普通民众的行为。德国民众佩戴一种专门的徽章，表示他们已经向该项目捐助。这些徽章成了督促其他公民尽捐助责任的象征。豪泽说："街头在为'越冬救助'项目筹集资金时，如果不在外衣上显眼位置上别着这种徽章，人们就不敢出门。"和"希特勒万岁！"一样，徽章表示并强迫集体参与。然而，正是这些意味着服从和"好行为"的徽章，后来成了第三帝国大受欢迎的收藏品。这些徽章设计新颖，定价20芬尼，"'越冬救助'徽章经常给人带来惊喜：有时候它的样式是传统服装上的一个色彩鲜艳的小瓷像，或者是绣在丝绸上的德国各州的饰章，用树脂玻璃或合成树脂制作的德国诗人、哲学家、音乐家的肖像"。仅仅在1938～1939年的筹资活动中，德国就生产制作了1.7亿枚徽章——平均到每个德国人是2～3个。民众对这些徽章的强烈需求振兴了德国处境艰难的玩具行业，这本身就是一个成就。媒体将这一过程拍成电影新闻片，让观众知道这些徽章是怎样以"惊人的速度""浇筑、吹制、缝织、剪切、除尘"并最终制作出来。[41]用这种方式，纳粹对德国民众的"牺牲"给予了某种回报。虽然第三帝国的民众经常感到"被迫自愿"，不过"被迫"和"自愿"两个词同样重要。发自内心的同意和被迫的屈从贯穿于纳粹德国的日常生活。

廉租公寓墙上的宣传画还督促柏林市民购买防毒面具。纳粹通过夸大德国防空的薄弱，成功地将自己宣传为国家安全最称职的守护人。纳粹宣传机构展示的炸弹、轰炸机，以及关于这些东西破坏力的介绍夸大了德国民众的恐惧。在此基础上，纳粹宣布要实施一个全国范围的防空项目来保卫德国。最后，纳粹通过防空联盟对德国民众进行专门训练。普通民众不仅学会了怎样站成一排传递水桶灭火，怎样戴着防毒面具工作，还接受了给他们分配的针对其公寓楼和社区的职责，就像杜克费尔登在工厂里的职责一般。到了20世纪30年代中期，德国的每条街道、每幢建筑、每个工厂都必须配备必要的防空设备。这一措施引起了民众关于德国面临的危险、纳粹提出的每个家庭应采取的预防措施的讨论。"军事准备……渗透入现代德国生活的各个方面，"一个美国观察人士确认说，"每户人家墙上都贴着一幅防空组织的宣传画。街道、媒体、收音机、报摊，甚至图书馆、教室的语言中都有一股战争的味道。"[42]

56

各种各样纳粹名词的首字母缩写词（WHW、DAF、RAD、HJ）、日常名词缩写（Bomber、Laster）和彻底被"军事化"的词语，包括特别行动队（Einsatz）、冲锋（Sturm）、奋斗（Kampf），也逐渐开始在欧洲其他地区使用，这表示人们开始用新的方式来安排日常生活。[43]纳粹不但强调德国面临的危险，也强调他们遏制这种危险的能力，借此让复制"越冬救助"活动及其广告、大张旗鼓的街头宣传、挨家挨户收集捐款、"周日一锅烩"、"民族团结日"几乎成为一件理所当然的事情。公众越来越将防空和"越冬救助"看作管理现代生活的必要新方式，这些活动成为 20 世纪德国生存和繁荣的集体组织形式。将经济机遇与阻碍经济机遇的危险（包括空袭、"反社会者"、犹太人的力量）交织在一起，"越冬救助"项目和防空活动让民族共同体变得更加真实，更加有说服力。

消费德国

如果纳粹政权不能大幅提高民众的物质生活水平，民族共同体理念就不会有说服力。1939 年战争前夕，大多数人经历的是第三帝国经济和政治都很稳定的"难忘年代"。经济和政治的稳定一直是德国民众孜孜以求的事情。埃里希·埃伯迈尔描述了克伦佩雷尔夫妇走进那个供卡车司机临时休息的路边餐馆时德国民众的心态。"没有人希望爆发战争"，埃伯迈尔在

1938 年 9 月末说。接着，他说出了一些东西，虽然这些东西不完全适用于普通德国民众，但反映出人们内心普遍存在的知足感：“人们的日子都不错！我们都在挣钱！我们有了小轿车、冰箱、录音机——打什么仗？”[44] 不过，纳粹政权是否受欢迎不仅仅取决于工资和就业水平的提高。更为重要的是，人们感觉德国已经恢复了对未来的向往，而这种感觉强化了民众的信心，让他们能够“为自己和未来几代人期盼更为美好的生活”。诺贝特·弗赖（Norbert Frei）认为，国家社会主义创造了一种“新时代”的感觉，让德国民众可以畅想任何改变，但不会想到第三帝国之外的其他政权方式。[45]

对纳粹的长期忠诚，取决于新政府是否能够为德国民众，尤其是为 1933 年 1 月失业的数百万德国工人创造一个可持续的经济繁荣的未来。翻阅纳粹政权保安部官员和被驱逐的社会民主党秘密特工提供的形势分析报告，可以得到两种不同的印象。一方面，人们对经济恢复缓慢、低工资、高物价的失望仍然广泛存在。在某种程度上，这缘于纳粹将人们的预期抬得过高。虽然 1933 年、1934 年登记失业人数时第一次出现大幅降低，从前一年的 480 万减少到后一年的 270 万，但是 1935 年仍有 220 万德国人没有工作。政府解决失业危机的办法是推出了一项规模宏大的公共建设工程计划。他们组建了很多抢工队，人们在恶劣条件下为了微薄的工资，干着繁重的体力活。1934 年，政府招募了将近 40 万这种工人，其中很多人被派去修建高速公路。对于普通劳动者，政府在 1935 年采用了工作证（Arbeitsbuch），延长了工作时间，加快了工作进度（Arbeitshetze），还限制劳动者换工作的权利。另一方面，政府还制造威胁恐吓的氛围，让人们忍气吞声。伊恩·克肖（Ian

Kershaw）这样总结：这些报告透露出，"劳动者不仅没有自由……而且他们中的大多数感觉自己没有自由，感到自己被剥削、被歧视，成了不公平的阶级压迫的牺牲品"。即使在 1937～1939 年经济繁荣的时期，"有迹象显示，纳粹进一步丧失了它在劳动者中的威信"。[46]这也许有点夸张，但是，纳粹有关经济成就的宣传无法掩盖相当数量的劳动者仍旧贫困不堪，不认同纳粹政权这一事实。

58 　　此外，这些报告也认为，一些劳动者认可希特勒，尤其认为经济恢复是他的功劳。1937 年，失业人数降到 100 万以下，抢工队人数也下降到 6 万人。20 世纪 30 年代末，劳动力短缺也为女性打开了机遇之门。虽然女性收到的报酬低于男性，但是在 1939 年，女性占了劳动力大军的 37%。这一数字包括 620 万已婚女性，比 1933 年增加了大约 400 万。虽然人们的平均收入从未明显超过 20 世纪 20 年代后期，不过安全感的获得对于他们更为重要。失业的结束"对国家社会主义政权稳定的影响再怎样强调也不过分"，一位历史学家这样说，"对于一度挣扎在贫困线以下，饥饿和匮乏已成为家常便饭的数百万人来说，这等于将他们从死亡危机中抢救回来，回到正常生活之中"。1936 年 11 月底，维克托·克伦佩雷尔走在德累斯顿的布拉格大街（Prager Strasse）上，遇到一个满面春风的年轻人。"我有工作了——三年以来的第一份工作，工作不赖，雷诺公司，薪水挺高！"他大声说。[47]

　　1937 年，德国家庭达到了大萧条开始之前的 1928 年的生活水平，但生活仍然不宽裕。"德国人习惯在黑面包上加人造黄油和四种水果做成的混合果酱，而不是黄油和香肠，"弗赖回忆说，"与英国人、法国人、美国人相比，德国人饮食更为简单，即使在战前的'好'年景里也是如此，不过一般都能吃饱。"[48]报纸大做属于消费经济里典型商品的光泽闪闪的瓷器广告，但是大多数工薪阶层家庭缺少收音机、自行车这种基本的日常用品。随着企业效益的改善和公务员队伍的壮大，中产阶层的消费支出开始有所增加。从"越冬救助"徽章、妮维雅（Nivea）护肤品、可口可乐，到收音机、照相机，这些商品开始逐渐进入普通家庭。虽然如此，战争初期的德国人还是买不起真空吸尘器，买得起纳粹承诺的象征电气化的洗衣机、电冰箱的家庭更少之又少（能买得起洗衣机、电冰箱的家庭仅占1%）。[49]发展军备占用了相当数量的资源。不过，人们相信未来的繁荣前景，眼前买不起那么多耐用品也就不那么重要了。在很大程度上，关于第三帝国的回忆，在很大程度上就是战前纳粹媒体描述的现在和将来的"好日子"。

纳粹不厌其烦地向民众描绘美好的未来。希特勒很重视的一个项目是制造普通民众消费得起的大众（Volkswagen）汽车，让德国实现机动化。虽然大多数人想的是如何尽快买一辆自行车，但是小轿车和与之相配的高速公路还是让人们向往不已。一名年长的社会民主党员用"未来的音乐"来描述这一"大众车"计划。[50]"大众车"梦想看起来就像让"民众富裕、国家美丽"的"幸福新时代"（希特勒语）。实际上，大众车成了一个人们能够对未来有盼头的象征。毫无疑问，纳粹真的预见到了即将到来的汽车时代。德国劳工阵线位于北海吕根岛（Rügen）的普洛拉度假中心即将完工的巨大度假酒店能够停放5000辆小轿车，足够前往那里度假的家庭泊车。[51]从掌权者的位子上，希特勒设想了他的帝国。在这个帝国里，通过成千

59

上万奴隶劳工修建的众多高速公路，德国人可以驾车前往克里米亚、高加索地区，而俄国人则在"远离公路、到处是尘土的小路上百无聊赖地艰难前行"。[52]甚至在斯大林格勒战役之后，希特勒依旧念念不忘每年生产 100 万辆"大众车"的繁荣的和平年代。[53]

60　　虽然工人和雇员抱怨微薄的工资，不过，20 世纪 30 年代假期从 7 天增加到 12 天还是广受欢迎。比如，说到国家社会主义党办的好事，弗里德里希·卡斯勒首先提到了假期。另外，出行体验也提升了假期延长的含金量。直到 1934 年，4.2 万名西门子员工中仍有大约 2.85 万人从来没有去过环绕那座城市的森林、湖泊以外的地方。[54]首先，德国劳工阵线有意用法西斯味道很浓的"快乐创造力量"（Strength through Joy）将休闲时间变成了一种工具。然而，随着时间的推移，"快乐创造力量"被推而广之，成为德国的"人民同志"假日旅游权利的象征。它意味着德国人应该获得的生活方式，"享受生活"是德国劳工阵线在 1936 年的口号。

　　在德国劳工阵线强制性会费的补贴下（数额是每个人工资的 1.5%），"快乐创造力量"可以为人们前往剧院、音乐会、郊外提供打折的门票或车票。对于幸运的极少数人，政府还提供两艘专门前往意大利、西班牙、挪威的优惠邮轮船票。虽然"快乐创造力量"假期提供的是低价旅游服务，比如乘坐火车三等舱前往图林根（而不是巴伐利亚）、二流旅店极为简单的饭食，但是这些假期为数百万德国民众提供了一个外出见世面、去海边或前往帝国首都的机会——柏林是"快乐创造力量"最受欢迎的旅游目的地之一。因此，这一方案大受民众欢迎。在出游人数最多的 1937 年，140 万德国人利用了

"快乐创造力量"的各种优惠，出行时间长达 3 ~ 7 天。另有
680 万人出门享受"快乐创造力量"周末。13 万人参加了媒
体大做广告的长达 21 天的"快乐创造力量"邮轮旅游。同一
年，"快乐创造力量"让 1350 万德国人前往戏院，让 350 万
人前往音乐会。[55] "快乐创造力量"不但尤其受白领员工和单
身女性青睐，也深受普通劳动者的欢迎，它成为"NSDAP 代
表的'国家社会主义'的象征"（一个信仰社会主义的知情人
士语）。[56]德国劳工阵线拟订了规模更加庞大的未来发展计划：
20 个"快乐创造力量"旅店、10 个度假中心（其中包括建在
普洛拉的一个），以及多达 60 艘"快乐创造力量"邮轮。[57]

　　"快乐创造力量"之所以具有这么大的吸引力，是因为它
为普通德国民众提供了类似休假这种他们之前没有享受过的特
殊东西。有关制作旅行剪贴簿和拍摄纪念照的推广建议说明了
纳粹对民众度假体验的重视。消费体验（Erlebnis）增强了德
国民众有关社会平等的感觉和作为人民同志的持久的获得感。
"快乐创造力量""不完全是'美丽的幻觉，'"谢利·巴拉诺
夫斯基（Shelley Baranowski）认为，"旅游途中看到的壮观场
面让民众看到了自己的幸福与纳粹将德国人改造成优秀人种这
一努力之间的因果关系。"[58]

　　通过强调幸福、衣食住行，以及比较德国人相对于其他欧
洲国家的优越之处，"快乐创造力量"将"好生活"与"新秩
序"联系在一起，强化了基于人种的民族共同体的优势。实
际上，德国消费最多的东西是德国本身。"快乐创造力量"为
人们参加一年一度的柏林汽车展和包括"堕落的艺术"在内
的宣传展提供了打折车票。在这个时期，法兰克尼亚地区的陶
伯河上游罗滕堡小镇（Rothenburg ob der Tauber）扮演了温暖

舒适的中世纪特色旅游目的地的角色（1938 年 10 月，最后两个犹太居民从那里被驱赶出去，说是与现代德国生活不谐调）。度假者还在旅程安排中增加了和国家社会主义有关的目的地：比如慕尼黑的德国艺术馆（House of German Art）、英烈祠（Temple of Honor，用于纪念 1923 年 11 月政变中牺牲的"老战士"）、纳粹党的纽伦堡会议中心、位于柏林的奥林匹克体育场、帝国航空部、新建的总理府（1938 年总理府竣工伊始，每日有数千游客前往参观）。每年，10 万游客前往兰茨贝格（Landsberg）参观希特勒 1924 年写作《我的奋斗》（*Mein Kampf*）时所在的那座巴伐利亚监狱。"快乐创造力量"度假者模仿希特勒、戈培尔的动作摆拍留念时，他们并非在嘲讽，而是在表示一种亲近。[59]

希特勒取得辉煌外交成就的时候，也是德国公民享受纳粹德国"体验"最为强烈的时刻。亚当·图兹（Adam Tooze）一针见血地将那些日历上的红色日期说成"集体大规模消费"的对象。1935 年 1 月，德国民众大张旗鼓庆祝萨尔地区并入第三帝国。在国际联盟（League of Nations）组织的全民投票中，该地区 90% 以上的人口投票支持再次并入德国。社会民主党目击者说："当晚盛大的火把游行让人想到［1933 年］1 月 30 日那天的热烈场面。"[60] 一个十几岁年轻人的日记生动描绘了那天轻松的媒体报道。它让人体会到德国民众对于国家复兴的情感投入。"萨尔地区的德国人，"洛尔·瓦尔布记述说，

> 从世界各地赶回来，通过投票宣称自己的祖国是德国。很多人来自美国，一个来自孟买，一名女性不惜远渡重洋，日夜兼程 16 天。她从上海出发，错过了轮船，坐

飞机到达西伯利亚铁路（Siberian Express）。在大雪中耽搁了两天之后，她于1月13日上午8点抵达柏林。随即，她乘坐第三帝国航空部部长戈林指派的一架专机飞往萨尔布吕肯（Saarbrücken）……这是不是一件了不起的事情？投票过程中发生了一件件感人至深的事情：一个92岁的高龄老人步行10千米到投票站；病人被人用担架抬着去投票站；一位妇女在投票时因为兴奋引发心脏病发作，当场身亡……一位丧偶的老年妇女因为过于激动而不小心将票根掉在地上，被宣布无效。她流着眼泪说，她的两个儿子死在战场上，她投票是为了表达他们的声音。[61]

63

上面的文字准确地描写了人们对德国的看法：虽然处于劣势但坚持不懈，终于开始坚持自己的权利。

两个月后，民众欢呼政府重新开始大规模征兵，重建国防军。这让观察人士想到了1914年的"八月运动"。社会主义者再次承认："对于绝大多数人来说，3月16日意味着那段屈辱历史的彻底结束，比1933年1月30日更加彻底。那一天意味着'新时代的黎明'。"这些爱国的欢呼声非常重要。《凡尔赛和约》给德国民众留下了很深的伤痕。毕竟，德国人往往"对本国军队有一种孩子般的自豪"。另外，大多数年轻人在军队中获得了有关卡车、小轿车等设备技术的"第一手经验"。军队调动起无数年轻人建功立业的渴望。[62]1938年3月德奥合并之后，希特勒本人的声誉和整个国家社会主义政权的威望达到了新的高度。即使是埃伯迈尔这种现政权的反对者也无法掩饰他们的满意。依托这些外交政策上的成就，纳粹党趁机将纳粹理论描述为解决历史问题的最终方案。

然而，德国民众并不想要希特勒为了扩展生存空间和扩张帝国而决意发动战争。在 1936 年发表的一则信息量很大的逸闻中，希特勒的建筑师阿尔伯特·施佩尔（Albert Speer）回忆说："看到法国队庄严地列队走入奥林匹克体育场时柏林观众的一片欢呼，希特勒很是震惊。他们高举着右臂从希特勒面前走过时，看台上响起一阵阵热情的欢呼声。"从德国观众经久不息的掌声中，"希特勒感受到人们的一种普遍心态，人们对和平、和解的渴望"。这也透露出人们总的来说对当时的现状是满意的。即使在 1939 年成功突袭波兰、一年后成功突袭法国之后，战争也一直让德国民众苦恼不已，他们渴望回到战前的"美好时光"。[63] 一名士兵在 1943 年 8 月战死前夕写给妻子的信中，表达了战争让人们失去的满意感和信心："真希望过去的那些美好日子再回来，哪怕只回来一次。我们为什么要打这场可怕的战争？它中断了和平的生活，破坏了我们的幸福，让我们拥有一套房子的希望都变成泡影。"当人们发现德国不会立刻打赢那场战争，或根本打不赢那场战争，那么，将战争撑到底就成为多少留住美好生活的唯一出路。真正的打击来自 1943 年冬季的斯大林格勒，然而即便到了那时，几乎所有人也坚信"如果战败，德国就不再有未来"这一看法反而让"命运与共"（community of fate）这一概念更打动人。[64] 人们对这场战争的态度，往往被过去几年里"美好时光"带给人们的满足影响。

1933 年，虽然只有部分德国人（数量很多）支持国家社会主义党，但大多数德国人最终承认了这个政权的合法性。他们认为纳粹让人们重新找到了工作，促进了社会平等（政治上的标志就是从"五一节"到"越冬救助"和"快乐创造力

量"），恢复了德国的国际声誉。在这一方面，1933 年是一场
"观察、行动、认知方面的革命——一场关于思维的褐色革
命"。[65]虽然希特勒声望很高，但是"新方向""新时代"这些
名词说明，公众对国家社会主义的认同度更高了。战争结束很
久之后，人们仍旧念念不忘高速公路和"快乐创造力量"。这
些现象也证明，纳粹承诺在满足民众预期方面做得多么彻底。
德国民众越来越将自己的未来与第三帝国的未来密切联系在
一起。几年之内，大多数民众根本不再将德国与除国家社会
主义党之外的其他党派联系起来。社会民主观念、共和制度，
以及整个体制时代（Systemzeit）——甚至正如埃伯迈尔否定
整个 20 世纪 20 年代时说的——似乎过时了。纳粹嘲笑反对
者是"不可救药的老古董"。通过这种方式，纳粹几乎完全
占据了德国民众的时间和空间。因此，对于纳粹最主要的反
对者、被政权折磨的犹太人和其他少数族裔来说，除了干脆
离开德国之外，几乎没有什么其他选择。因为大多数被迫离
开德国的人永远不会回去，所以，纳粹战败之后，纳粹当初
的行为还长时间地影响着德国政治圈和学术圈的结构。

纳粹的视听空间

伊丽莎白·格本斯勒本、埃里希·埃伯迈尔、卡尔·杜克
费尔登都描述了他们和家人如何通过收音机这种媒介深刻地感
受国家社会主义。在波茨坦庆祝会、"五一节"期间，收音机
在播报纳粹盛大活动时，其广泛的背景声音覆盖了全国各地。
无线电广播可以在全国范围内塑造一个集体的声音。精心编排
的节目本身就有很强的感染力，它将越来越多的人拉进一个越
来越大的倾听空间里。像格本斯勒本这样支持纳粹的人会积极

主动地收听，那些并不主动收听广播的人会陷入大街上、饭馆里、酒馆里众多收听点的包围而不得不被动地听。因此，维克托·克伦佩雷尔三番五次"偶然听到"希特勒的国会讲话。"逃离希特勒讲话的时间不超过一个小时。第一次是在一个开放式公司①，接下来是在银行，后来又是在一家店铺。"[66] 无线电和电影一样，将纳粹变成了万众瞩目的对象。大众媒体表现并强化了举国拥戴的效果。

利用各种横幅、旗帜、行进表演、"希特勒万岁！"，纳粹编排了一场独特的、用以证明民族共同体一致信仰的大规模表演节目，并配以伴奏音乐。1936 年的一位游客说："在每条街道上，都能看到国防军的灰色制服、希特勒卫队的黑色制服、冲锋队的褐色制服、希特勒青年团长及膝盖的短裤。"在纳粹集会上，穿着不同制服的队伍组成密集的方阵，为的是展示民众的集体力量。这些场面被拍成电影，通过新闻片的形式向大众播放。其中最有名的是莱妮·里芬斯塔尔（Leni Riefenstahl）拍摄的有关 1934 年纽伦堡党代会的电影《意志的胜利》（*Triumph of the Will*）。这部电影用视觉效果演绎出纪律严谨、整齐划一、坚不可摧的总体印象。这些新闻片反复播放，伴随第三帝国的始终。摄像机不但经常出现在会议现场（里芬斯塔尔在拍摄纽伦堡党代会时，动用了 30 个摄像团队），还出现在这部电影的广告中，摄影机经常出现在镜头里，但这种人工合成的痕迹并没有影响信息传递的效果。另外，拍摄、看电影、观看这些场面、找到和欣赏自己在其中扮演的角色就是强化民族共同体的行为。[67]

①　既可以雇用工会成员，也可以雇用非工会成员的公司。——译者注

"每个德国士兵都带着照相机，这有些滑稽。"[68]威廉·夏伊勒 1940 年春季在报道法兰西战场时提到了那场战争的"视觉化"，将它说成值得拍摄的重大事件。德国士兵甚至随身带着现成的、预留有贴照片位置的空白日记本。这一切说明德国民众渴望成为和分享当时正在创造的德国历史的一部分。在战争开始很久之前，德国的一些连环画册刊登了大幅照相机广告和有关摄影的休闲文章。拥有照相机的民众高达十分之一。[69]电影批评人士西格弗里德·克拉考尔（Siegfried Kracauer）认为，第三帝国被描绘得就像一部电影，这样政府可以模糊"现实和幻想之间的界限"。[70]第三帝国就像用电影"拍"出来的。纳粹希望德国民众通过收听收音机广播，观看电影里士兵的行进表演，用照相机记录自己在民族共同体形成过程中扮演的角色，让他们意识到，那些事件都是宏大的德国历史。[71]他们想让观众接受照相机在塑造英雄方面的重要作用。纳粹宣传的目的不是将虚构的东西变成现实，而是让人们将现实看作发生在眼前的、可以拍摄下来的历史。第三帝国的宣传目标可能是让每个人这样看待第三帝国：他们可以随时用相机记录下这个帝国的历史。视觉上的快乐不仅来自柏林水平高超的宣传人员策划出来的规模盛大的媒体报道，也来自个体积极参与"正在形成中的"德国历史。

67

波茨坦庆祝会非常隆重，所以卡尔的"父亲、母亲和埃玛一家三口人"都去了考内酒馆。庆祝会之所以那么隆重，也是因为人们蜂拥到了那里。为了推动人们加入民族共同体，纳粹投入巨大精力，推动设计和生产普通大众购买得起的收音机。在大力鼓吹"行为社会主义运动"对"私营资本主义"和"经济自由主义"胜利的 1933 年，纳粹宣传部要求几个收音机制造厂家联合设计和生产一种"大众收音机"（Volksempfänger）。售价76马克的"VE 301"收音机迅速问世。1933年和1934年，这款收音机销售了150万台。当然，部分原因是收音机不仅能让人们收听希特勒的讲话，捕捉第三帝国的声音，也因为它是一个娱乐工具。1933年，只有四分之一的家庭拥有收音机，而到了1939年，拥有收音机的家庭超过了一半。不过即使是战争和想要听到有关军队最新消息的渴望，也没有能够将收音机的拥有比例提高到与美国相当的比例。当时，美国90%的家庭拥有收音机。收音机的价格和每月的收听费用让经济状况比较差的德国民众，尤其是农村的德国家庭望而却步。不过，在城市里，基本上人们都在收听收音机。[72]

纳粹曾经抨击魏玛共和国的无线电节目内容高深，违背了媒体让大众发声的"真实精神"。纳粹要让无线电台播放民族共同体的声音，让听众听得懂。[73]首先，这一战略要求树立柏林相对于地方无线电台的权威，在德国宣传部的指导下协调广播内容，直播尽可能多的纳粹重大活动和希特勒讲话。通过这一"大众接收设备"，民众能够直接听到元首的声音。戈培尔提出了"让收音机进入所有德国家庭"的口号。另外，政府还鼓励学校、饭馆、工厂安装收音机，便于集体收听。当然，将希特勒的声音灌输入人们的头脑中不是一件简单的事情。在人们日渐对陈旧内容感到索然无味之际，节目的制作者开始采用新颖的、政治意味较少的方式广播。希特勒关于1923年政变、1933年夺权的周年纪念讲话仍然是重要事件。每逢这些时候，朋友们、邻居们心里都很清楚，人们都在收音机前收听广播，事后会谈论各自的感觉——在这一意义上，纳粹实现了集体收听（Gemeinschaftsempfang）的目的。"我刚才收听了希特勒的讲话，你们肯定也在家里收听了。"1940 年 1 月 30 日，即纳粹夺权七年纪念日，一位德国士兵在给家里的信中这样说。[74] 不过，纳粹迅速了解到，收音机的价值不仅仅在于向公众传达政治事件。1934 年之后，收音机节目扩容，开始播放大量轻松的娱乐节目。依托大众日常生活中的快乐片段和纳粹设法吸引过来的听众群体，无线电台用广播剧重新塑造了民族共同体，产生了一种"我们"的效果。

维克托·克伦佩雷尔能够回忆起来的孩提时代的一句话是"今天只有我们"（Heute sind wir unter uns）。他看到纳粹报纸《先锋报》（Der Stürmer）上的标题《只有我们该多好！》时想到了这句话。标题下的那篇文章说，又有一个海边度假中心开始禁止犹太人入内。克伦佩雷尔想起，"今天只有我们"这句话是学校里一位教数学的同事告诉他的。那位数学老师于"1900 年或 1901 年 9 月在兰茨贝格"说过这句话。那天是犹太人的赎罪日，当时包括克伦佩雷尔在内的三个犹太男孩没有去参加赎罪日仪式。1937 年，克伦佩雷尔想起了这句话。这时候，随着犹太人被迁移出去，他完全明白了那句话的含义。[75] 他认为，当犹太人不在身边的时候，德国人会感到"现在只有我们"。"我们"也传递了"封闭圈子"的意思。在这个圈子里，德国人可以看到和体验"现在的我们"和"将来的我们"。在这一封闭圈子里，每天的娱乐节目可以让民众产生自我陶醉的愉悦，各色明星和流行音乐、电影表现了纳粹德国的美好生活。当然，1937 年的克伦佩雷尔可以打开收音机，听听里面在播放什么，但是那些节目针对没有安全之忧、逍遥自在的"内部人"，而不是担惊受怕的外部人。1939 年 9 月，德国入侵波兰，法律禁止犹太人拥有和使用收音机之后，"我们"成了一个有法律明确规定的雅利安人的空间。犹太人的收音机必须上交给国防军，主要原因不是国防军需要这些东西。"虽然没有明说，但实际上是不言自明的事情，大众接收设备是给'雅利安人'准备的，不是给所有人准备的。"[76]

1935 年，广播节目的安排开始转向丰富多彩的"普通的"日常生活。广播剧继续让普通德国民众讲述自己的经历，就像之前 1933 年 1 月 30 日、5 月 1 日那种创新的广播方式，不过不再有鲜明的政治倾向。广播电台竭力播放"生活点滴"、幽默节目、歌曲、德国各地的生活情况。类似《德国年鉴：来自克尼格斯武斯特劳森的消息》①的广播剧报道了一些小镇家庭，介绍了他们的一些日常生活和期盼。节目始终贯穿了一系列全新的冬季慈善活动、"快乐创造力量"旅行、战争准备活动，为的是打造一个反复表现德意志共同体和解的"家族和血缘的大家庭"。[77]

70　　德国无线电台最成功的节目是音乐综艺点播节目《越冬救助点播音乐会》（*Wunschkonzert für das Winterhilfswerk*）。这一节目后来成为 1939 年末上映的一部大受欢迎的电影的主题。要理解国家社会主义怎样描绘他们口中的"人民"，就要分析那个广播节目和那部电影。通过无线电播出的那场《点播音乐会》由三个部分组成：现场演奏普通民众点播乐曲的最出名的音乐家（点播人接下来将捐助"越冬救助"项目）、坐在演播室给节目提供背景笑声和掌声的现场听众、围坐在收音机旁收听自己的点播要求和献词的普通民众。通过这种方式，广

---

① 克尼格斯武斯特劳森是勃兰登堡州的一个城镇。——译者注

播电台遵守了纳粹关于"来自人民，服务人民"的节目方针。节目单上有各种军队进行曲，包括希特勒最喜欢的、节目开始时播放的《巴登威勒进行曲》（*Der Badenweiler Marsch*），此外还有瓦格纳、贝多芬、莫扎特的一些曲子，以及合唱和乐队演奏，各种新旧音乐，经典与传统的组合，偶尔还有爵士乐（竖笛演奏，不是萨克斯管）。《点播音乐会》创造了一个全国性的"流行"音乐演出曲目。它消除了高雅文化和通俗文化之间的藩篱，作为"常青曲目"一直延续到1945年之后很久。在表演的空当，节目主持人会为大家介绍特殊嘉宾——萨拉·莱安德（Zarah Leander）、海因里希·乔治等电影明星，拳击手马克斯·施梅林（Max Schmeling）等运动员、柏林卡巴莱表演者克拉尔·瓦尔多夫（Claire Waldoff）等艺人，并宣读点歌人兼捐助者的献词。这种方式生动地向人们诠释了民族共同体：面向全国的广播强化了一个简单的道理——为民众做出牺牲的人，就可以听到他们想听的热门歌曲。

《点播音乐会》在每隔一周周日下午播一次，它很快成为德国收听率最高的节目。《点播音乐会》的收听率达到了80%。它将德国民众聚拢到"一个大家庭里"，格德克（Goedecke）成了"广播大叔"（Radio Uncle）。结果，德国人觉得其他人也都在收音机旁收听同样的节目。"星期天有《点播音乐会》，"一个德军士兵在家人的信中说，"你也肯定会收听的。""博比，你是不是刚才在听《点播音乐会》？你听到那首好听的歌曲《宝贝，宝贝，我爱你》了吗？"[78]《点播音乐会》比其他任何节目更为充分地实现了宣传部部长自从1933年以来要求的"集体收听"。因为战争，电台将点播权限制在士兵群体，其后不久，由于来自士兵的点播要求太多，于是将点播要求限制于前线的作战师里。伴随着"前线后方紧密携手"政策，调整后的《国防军点播音乐会》（*Wunschkonzert für die Wehrmacht*）设法用亲密、关爱的调子，而不是用分离和死亡，向民众灌输一场浪漫化的战争。1942 年，《点播音乐会》中断，因为对于轻松的节目来说，全面战争变得过于沉重。[79]

1941 年的电影《点播音乐会》（*Wunschkonzert*）受到热捧，其原因是，它将收音机诠释为德国实现举国团结的重要工具。不但各阶层民众在周日下午停下手中的活计收听《点播音乐会》，而且收音机还将人们聚拢在一起。这部电影围绕赫伯特（Herbert）和英格（Inge）的分别和重逢展开。两人在 1936 年的柏林奥运会上相识后坠入爱河，然而那位空军中尉接到任务后突然被调走。这是一项秘密任务（纳粹在西班牙的"飞鹰计划"），军人不能给亲人写信。三年后，这对恋人失去了联系。德国发动了战争。赫伯特奉命驻扎在汉堡附近的一个基地，指挥对不列颠的空袭。他的调动轨迹和其他几个德国人的调动轨迹相交。影片还顺便讲述了柏林一座公寓楼里的四个人在战争期间的冒险经历。影片通过人们的不同之处展示了德国民众的团结：从《点播音乐会》的莫扎特乐曲到马里卡·勒克（Marika Rökk）的歌曲，人们关系链上的每一环，从扮演搞笑角色、言语粗俗的屠夫和面包店店主，到寡言少语、愿意牺牲自己的钢琴师。因为广播剧《点播音乐会》实际上创造了一个全国性的收听群体，通过电台播送的献词提供了一条沟通渠道，让故事的情节发生逆转，所以赫伯特点播的《奥林匹克序曲》让英格意识到他仍在思念着她。英格找到格德克（格德克在影片中扮演他自己），后者将赫伯特部队的邮政地址告诉她，最终促成了两人的重逢。赫伯特的爱情之路和报国之路重合在一起。这一对恋人最后的镜头融入德军空袭不列颠的声音中。

在《伟大的爱》（*Die grosse Liebe*，1942 年）这部第三帝国最受欢迎的电影里，爱情与报国的重合表现得更为明晰。这部影片在不经意间提到了《点播音乐会》，这也确认了这一节目在文化上多么受德国人的欢迎。《伟大的爱》由萨拉·莱安德、维克托·施塔尔（Viktor Staal）主演。它描述了 1941 年严峻的战争形势，从非洲战场讲到入侵苏联，战况让那对恋人一再分手，但同时也为他们的和解提供了理由。和电影《点播音乐会》一样，这部电影也是在轰炸机编队的嗡嗡声中结束。就这样，全面战争时期的爱情和当时的战况密切纠缠在一起。（那位中尉的伤势恶化之后，敏锐的观众可能会猜想，被拔得越来越高的爱情与报国，会不会导致彻底的自我毁灭。）

广播和电影反复表现德国团结一致的德意志群体。在电影《点播音乐会》中，和解是关键主题：英格与赫伯特之间忠贞不渝的恋情，两人与英格少女时期的追求者，即后来成为赫伯特部下（这一点非常巧合）的赫尔穆特（Helmut）之间的同志关系的恢复。这些关系对于刻画民族共同体、动员人们参战至关重要。这部电影还顺便对比了这对恋人的甜蜜爱情与英格姑姑不幸的情感经历。一战时期，她的姑姑因为当时的社会偏见而忍痛与恋人分手。通过对比两次战争的不同之处，人们产生了一种个人对国家的归属意识。《点播音乐会》《伟大的爱》也淋漓尽致地展现了年长的姑姑、姨、祖父母、外祖父母的旧思想，以及传统柏林人的独特口音，在与更加现代、能力很强的年轻人形成鲜明对比的同时，他们的温婉和善良也会让人们进一步体会到生活在第三帝国是多么幸福。社会关系的和谐揭

73

示了德国社会的满足和自给自足。通过相对轻松的方式，这部电影将"民族共同体"视为实现个人幸福的途径。超过 2600 万德国人观看了《点播音乐会》，第三帝国时期的观看人数仅次于《伟大的爱》，这说明——至少在纳粹宣传部部长戈培尔看来——艺术"可以征服大众"。[80]

音乐会的一个点播要求来自向"越冬救助"项目捐出他们的兹拉第①的"华沙农村地区"德意志裔人。这一事实揭示了第三帝国大众娱乐的一个关键目的：营造一种广泛认同的、可以用来定义德意志人并区别德意志人与其他人种的文化。德意志裔人通过收听全国性媒体的节目，而不是反映乡村民俗文化的宗教性主题的节目，而成为真正的德国人〔然而，苏联沃利尼亚（Volhynia，现为乌克兰沃伦州）的德意志裔人发现这些电影带有民族歧视，引发了一些误会〕。要营造有关文化归属的共同语言，就要付出相当的努力：纳粹推动流动电影院扩散至农村地区，推进农村地区对国家主义的认知——仅仅在东普鲁士的农村地区，每月的电影放映就达到了数百场。[81]

战争前夕，德国境内的 5500 个电影院总共售出了 340 万张电影票。虽然后来德国的故事片数量有所下降，但经常去电影院看电影的人却增加了，因此很有可能出现了一个大众认可的电影清单。1936～1937 年，德国人的年均观影次数是 6.8 次，观影人数达到了 1927～1928 年以来的最高值，战争结束前夕相比 1936～1937 年又翻了一番还多（达到 14.4 次），虽然相较于英国、美国来说仍然较低。[82]大众对于流行作品、明

---

① 兹拉第是波兰当时的货币。——译者注

星、二手物品广告、《点播音乐会》、明星杂志，以及《点播 74
音乐会》上出现的嘉宾的追捧，促成了一种独特的德国流行
文化。无疑，这种多少略带杂乱的协调比戈培尔及其宣传部严
格指导电影行业的政治立场更为重要。这些电影涉及了安乐死
这样的纳粹主题，1940～1941年拍摄的三部反犹电影（尤其
是《犹太人苏斯》）为纳粹针对犹太人的战争增加了合理性。
不过，电影在这方面最大的影响力是通过强化"我们"来实
现的。之所以如此，就是因为纳粹相信去电影院看电影能够塑
造和强化民族共同体，为从"英雄式历史"角度认识世界树
立榜样。1944年9月，作为全面战争措施的一部分，卡巴莱
和剧院被关闭之后，电影院和电影制片厂继续运转。

　　"我们"这个词是媒体提出来的，是第三帝国直言不讳的
宣传目标。它也是国家社会主义合法性的基础，而民族共同体
让战争前夕的大多数德国人产生了一种广泛的满足感。虽然不
是所有德国人都加入了民族共同体，但单是民族共同体给人的
印象、纳粹受到举国拥戴的各个繁忙日程就足够让不同政见者
感到危险，更为严重的是，还会让不同政见者产生很重的无力
感。1933年，纳粹打击社会主义左派之后，第三帝国的反对
力量几近消失。这并不是因为反对者离开德国，甚至也不是因
为纳粹的恐怖手段，而是那些反对者自己相信了纳粹受到举国
拥戴的证据，觉得组织反对力量没有出路，不仅在纳粹统治的
最初几个月是这样，甚至在战争结束前的几个月里也是如此。
一次又一次，纳粹从公众对其政治前提的接受中汲取力量。这
些政治前提是：革命新时代的永久持续，德国与其过去政治思
想的决裂，民族共同体是应对现代德国社会机遇和危险的理想
途径。实际上，人们理解和慢慢接受举国拥戴纳粹的印象成为 75

人们关于第三帝国经历的一个重要部分。纳粹宣传部门发现，很多德国人热情支持德国历史的民族化（nationalization）和英雄化。从社会上层和下层两个方向，随时可以举起相机进行记录的历史支持民族共同体这一概念——这是一种超越很多日常社会冲突的民族归属感。从局外人角度来看，例如，从德国犹太人的角度来看，举国拥戴的文化非常真实，看似并非强迫。从内部看，它看似可信，虽然并不彻底。

第二章
种族修饰

雅利安证书

仅仅高呼"希特勒万岁!"是不够的,要想成为民族共同体的一部分,德国人还需要在人种上证明自己。任何一个人要想参加希特勒青年组织,效力于国防军,结婚,或参加"快乐创造力量"出游,就必须出示雅利安人身份文件。德国公民要想在第三帝国长期生活,就必须证明自己是"雅利安人"。[1]1936年,几乎所有德国人——除了犹太人之外的所有德国人——开始着手制作自己的"血统证书"(Ahnenpass),这为所有德国家庭建立自己的人种档案奠定了基础。血统证书是纳粹雄心勃勃地要将德国重塑为在自愿契约基础上有共同信仰的纯粹种族群体,将犹太人隔离出来,并强迫他们离开这个国家的典型表现。血统证书的空白表格可以从任何一家书店买到,上面要记录祖父母、外祖父母、父母、孩子的出生日期、婚姻情况、死亡情况,以便证明作为公民身份基础的雅利安血统。这一证书迫使德国人思考种族问题。

依托血统证书,纳粹政权可以执行1935年9月出台的纽伦堡种族法律。根据这些法律,第三帝国的公民被政府归入四类中的一类:德国人(祖父母、外祖父母四人都是雅利安人)、犹太人(祖父母、外祖父母四人中三人是犹太人或四人都是犹太人)、"一级"半犹太人(这类犹太人的祖父母、外祖父母中有两个人是犹太人）、"二级"半犹太人（这类犹太人的祖父母、外祖父母中有一个人是犹太人）。关于混血犹太人与其他德国人通婚的法律非常复杂，不过，这些法律都禁止德国人与犹太人结婚。另外，上述纽伦堡法律也不再承认犹太人是德国公民，也不再给予他们法律所规定的平等权。雅利安身份可以为一个人在第三帝国开启一个光明的未来，而犹太身份则可以关闭它。

大多数人很熟悉"家谱"。一个家族的所有成员组成了从最久远的祖先往下好几代，直到这个家族延续到当前一代的一个个分支。然而，德国人用以制作其血统证书的族谱和家谱存在很大差异。族谱呈倒金字塔形，从当前的个人向前追溯，将所有血亲都编入其中。"家谱是彩色的，而且支系众多（取决于子女的数量和家族的结构）"，一个系谱专家说，而族谱"只列出父母及其直系亲属，每个层次都有数学上的统一性"。从族谱中的特定人开始，沿着"母系血族和父系血族方向向前追溯"，以证明这个人雅利安血统的纯正，进而属于民族共同体。[2]值得注意的是，政府并不下发血统证书，德国民众必须自己制作和填写自己的血统证书，进而证明自己的雅利安血统。这是一件相当麻烦的事情。人们不得不联系1875年负责人口出生登记和婚姻登记的政府登记处和教区，花费一笔象征性的费用（10~60芬尼，一般以邮票的方式支付），以获得必要的验证。如果情况复杂的话，就要借助"专业侦探的调查能力"来收集所有数据。"必须深入查阅所在州的档案馆和图书馆……名单、军队花名册、电话簿、提货通知单、行业公会的记录。"他们还要设法找到"先辈的墓地，从那些破败的坟头里搜寻更多的线索"。因为被当地一名牧师误导，一名雅利

安人为了查询自己的血统，进行了长达一年半的调查，花费了 78
150 多马克，最后终于查明了他那属于雅利安血统的祖父母和
外祖父母。[3]无须感到奇怪的是，第三帝国时期，专业的谱系专
家非常吃香。

　　血统证书促使德国民众深入调查自己的先人。实际上，随
着人们纷纷尝试追溯到 1800 年，查询多达 62 个血缘亲属（党
卫军士兵必须追踪 62 个血亲），宗谱学在德国风行一时。甚
至一些非纳粹党人也骄傲地公开了他们的"宗族"（sippe），
一半为了炫耀，一半为了提供信息。一些狂热分子甚至给德国
犬也建立了家谱。[4]虽然一些笑话旨在嘲弄人们一本正经修族谱
这件事，但这也反映出人们对"雅利安"（Aryan）身份的不
同理解。"我的出身和种地（agrarian）有关。"一个申请查询
祖辈血统的人困惑地说。另一个坚持说："我在百科全书里查
了雅利安人，上面说他们生活在亚洲。可是我们在那里没有任
何亲戚，我的老家在普伦茨劳（Prenzlau）。"不过，在德国，
有关犹太出身的所有情绪变化——最初害怕发现自己的祖辈中
有犹太人，后来欣慰地发现自己只有一个犹太人祖辈，"不会
对自己有多大影响"——并不能完全消除犹太人与其他德国
人不一样的疑虑。[5]因此，有关"德国人"与"犹太人"语义
上的区别越来越权威。同时，克里斯塔·伍尔夫（Christa
Wolf）所称的"闪光的字眼"，如"正常"、"基因"、"外族"
（alien）进了日常交流所用的词汇中。[6]当时写日记的柏林人弗
朗茨·戈尔甚至对舅舅家进行了一番"遗传研究"：

　　　　这对夫妻生了七个孩子。其中一个女孩幼年夭折。幸
　　存的孩子中，在身体和智力方面，三个孩子（马丁、格

特鲁德、库特）身上表现出了安博斯（Amboss）的影响，两个孩子（赫尔穆特、玛格丽特）受了利斯科夫（Liskow）的影响。其他孩子（鲁道夫）受两个人的影响都很明显（身体上＝利斯科夫，智力上＝安博斯）。

安博斯家族精力旺盛的特点在马丁、鲁道夫身上表现得很明显，两人实现了经济上的独立（每个人或租或买下了一个酒馆）。格特鲁德嫁得很好，她嫁给了马特斯上尉。库特竭力让自己在专业技术上有所发展。其他两个孩子明显表现出他们继承了利斯科夫的智力。赫尔穆特从小沉默寡言，虽然后来学习了烤面包，但终究只是一个小店员，给人打工，无法很快获得经济独立。玛格丽特因为智力不高，无法应对长期的生活压力，后来自杀。自杀的原因：心力交瘁。[7]

血统证书让德国民众了解自己的血统，为他们建立个人档案奠定了基础。人们从柏林档案馆的一个硬纸箱里发现了一些血统证书，这些证书的表格是预先印好的。上面列出了当时官方认可的德意志孩子的名字（男孩的名字从阿达尔贝特到武尔夫，女孩从艾达到文希尔德）和非德意志孩子的名字（男孩的名字从阿希姆到文岑茨，女孩从阿加特到维多利亚）。纸箱里还有 1935 年 9 月 15 日颁布的《保护德国血统法》（*Law for the Protection of German Blood*）。该法律禁止德国人与犹太人结婚。血统证书内还夹着一些私人东西：一个旧的工作证、一片四叶苜蓿草、一张餐馆账单、一张结婚证、几份婴儿出生通知、几份受洗证明书、几份接种记录、离婚文件、保险卡、"越冬救助"邮票，还有一位父亲与前线作战的儿子之间的信件、一份士兵在战斗中失踪的官方确认书、阵亡士兵的战友描述那位牺牲的战友墓地位置的信件。那个位置在"距离奥列宁（Olenin）南部 15 千米……的亚历山德伍卡（村中心），而奥列宁在热舒夫（Rshew）以西大约 60 千米处"。硬纸箱中还有从 1945 年开始发放的"炸弹死难者福利卡"（上面还有手写的"东部难民"几个字）。[8]在第三帝国存续期间，家庭档案、种族类别、个人身份之间密切关联。

对于德国的犹太人来说，建档的过程正相反。政府要求犹太人和所谓"人种上的犹太人"（包括即使后来皈依了新教或天主教的犹太人，但是，如果犹太人的祖父辈中有三个或四个人是犹太人，那么他或她在纳粹眼中就是生物学上的犹太人）在当地有关部门登记为犹太人，并随身携带相关的身份文件。然而，犹太人填写的表格后来被政府用作没收其财产、杀害他们的依据。1938 年 7 月 29 日（星期三），在德累斯顿，维克托·克伦佩雷尔花了一上午时间"填写犹太人财产清单"。在战争期间，克伦佩雷尔和很多其他犹太人一样，被迫搬入"犹太人之家"中小得出奇的小房间里。这意味着他不得不处理掉他的书和文件。"［我］实质上毁掉了我的过去"，他在 1941 年 5 月 21 日的日记中写道。第二天"最重要的事情"就是"烧，烧，一连烧了几个钟头：成堆的信件、手稿"。[9]从 1941 年 12 月开始焚烧"家庭资产"。

血统证书只是纳粹让德国人承担其作为雅利安人责任的宏大计划的开端。纳粹认为德国民众需要立即做两件事。第一，德国人应该保持自己的遗传优势，其方法是通过自由恋爱选择健康的伴侣，产下基因上健康的下一代。从 1936 年 5 月 1 日开始，政府法律要求户籍登记处给所有新婚夫妇发一本希特勒

80

的《我的奋斗》。从那时起，直到 1945 年第三帝国终结，总
共分发出几十万册价格 8 马克的"民众版"《我的奋斗》，同
时还有建议怎样保持良好血统、填写"血统证书"的小册子，
如《德国人，请注意你和孩子的健康》（*Germans，Heed Your
Health and Your Children's Health*）、《德国家庭手册》（*A
Handbook for German Families*）、《母 亲 必 读》（*Advice for
Mothers*）。新婚夫妇还会获得订阅一个月报纸的优惠券。订阅
报纸首推纳粹旗下的日报《人民观察家报》。[10]政府指定这一报
纸是为了让德国民众知道怎样证明自己是雅利安人，以及作为
一个雅利安人应尽什么职责。

81　　　第二，德国人必须立刻接受一种新的社会伦理观：个人必
须服从集体。纳粹宣传要求德国公民放弃基督教宣传的热爱，
和他们所嘲讽的所谓慷慨的人道主义。国家社会主义党新出台
的政策中有一句话："血统决定命运。"[11]政府有责任从全部人
口中剔除所有不健康的人。早在 1933 年 7 月，内政部就起草
了一项法案，授权对基因不健康的公民进行绝育。几年后，该
部门起草法律，要求所有申请结婚的青年男女必须从当地公共
健康官员那里获得基因健康证明书。虽然这项法律暂时没有实
施，但毫无疑问，它最终将付诸实施。婚姻登记官员有权根据
具体情况，要求申领结婚证书的青年男女获得基因健康证明
书。如果证明书上填写的内容显示申请人的基因不健康，那么
申请人很可能——在实际中也往往会——接受绝育手术。超过
1000 万德国公民获得了基因健康证明书，这样，他们就可以
获得一些权利，比如结婚贷款。[12]仅仅有血统证书还不能保证
公民能够在第三帝国拥有一个安全、富裕的未来。

　　广泛使用的血统证书和基因证书说明，第三帝国公民的日

常生活正在发生改变。所谓是否"正常"已经与种族密切相关，因此，是否可以生存下来并获得体面生活的权利仅局限于健康的雅利安人。而新被确定为外来族裔的群体，如犹太人、吉卜赛人（他们在 1933 年是普通的德国公民），以及新近被确定为生物学上的外来人，例如基因不健康的个人、所谓"反社会者"被排除到民族共同体之外，并经常受到隔离、监禁和死亡的威胁。这种对待内部人和外部人截然不同的政权用激进的方式重新定义了什么叫作正常、普通的生活。

理查德·奥弗里（Richard Overy）说，大多数德国人很难将第三帝国看作非常邪恶的政权。"人们很可能安然生活在整个独裁时期的德国，"他写道，"在长达 12 年里，人们可能目睹两三起政府压制事件——1933 年 3 月，一名冲锋队士兵毒打一名工人；1938 年 11 月，一个爱抱怨的反纳粹邻居在某个下午被带到警察局，被要求管住自己的嘴；1942 年 9 月，镇上的犹太牙医被带走进行'再安置'。"[13]这一观点显示的情况是：国家社会主义并没有恐吓民众屈服，大多数民众可以像卡尔·杜克费尔登所说，"调整思想"。

然而，奥弗里忽视了"普通"德国人如何通过人种角度来看待德国社会。父母、老师、志愿者、士兵和数百万德国人承担了新的任务：维护雅利安人身份，将没有价值的生命隔离出去。在这方面，他们并非总是出于自愿，他们也肯定没有预测到全面战争和大屠杀这些最终结果。同时，其他背景迥异的数千德国人突然发现自己成了血统上的犹太人、基因上的低等人或社会边缘人，没有资格在这个新出现的政治体制中发挥任何作用。不论对于受益者还是受害者，人种都定义了他们在第三帝国里的境遇——它影响了你怎样看病、与谁交往、去哪里购物。1933 年之后，很少有德国人没有被影响所有人"正常"生活的人种和生物学类别问题直接困扰过。

生物学与民族革命

1933 年希特勒上台后，国家社会主义党认为他们当时正处于历史的边缘，打算改变这个国家的走向，使之走上其设想的未来雅利安国家的发展道路。就这样，革命开始了。先前的那段德国历史戛然而止。在那段历史中，德国公民享有至高无上的自主权，个人之间可以无拘无束地进行交流，政治党派和利益集团积极推进公众诉求，各民族和信教群体和睦相处。从纳粹角度来看，1933 年标志着一个突然的转折。纳粹结束了党派的争吵、利益的争夺、阶层的分化，他们认为这些元素会影响国家的行动能力，进而提出了一个在现代科学帮助下建立一个单一人种国家的计划。这样可以为德国打造在 20 世纪的危险形势下生存和发展所必要的"行动上的统一"。接下来的任务是，让德国成为雅利安人的德国。纳粹动用恐怖政策，将"无价值的生命"从民族共同体中剔除。然而，这并没有彻底解决问题，因为德国人从未彻底放弃有关"生命神圣"的传统宗教和伦理思想。另外，纳粹的种族政策也经常被误解，遗传和基因概念往往与狂热的血统污染论混淆在一起（尤其是因为希特勒本人在这方面的混淆）。虽然如此，数千"优等民族统治论者"（ethnocrats）和其他专业人士行动起来，为第三帝国建立了一个新的生物医学框架。他们根据纳粹德国种族愿景提供的广阔空间，规划了自己的职业和未来发展方向。对于很多人来说，恢复和改善所谓的德国民众受损、虚弱的体魄很有意义。个人满意度与实现纳粹为希特勒青年团、帝国劳工服务局的年轻人制定的社会和政治目标密切联系起来。考虑到德国人接受纳粹世界观，将自己视为雅利安人时间那么短，他们提升人种地位的努力程度可谓令人吃惊。德国人既没有成为完美的雅利安人，也没有成为彻底的纳粹，但是数百万人努力根据纳粹德国的人种目标来修正自己。

对于纳粹来说，生物学是每个德国人命运的关键。它颠覆了人们对人性命的理解，让人们重新理解生活中的必要与可能、永恒与短暂、德行与危险。根据生物学思维，纳粹用一种极为简单的方式重塑了德国的政治。在他们看来，因为没有采取紧急措施，德国人的"生物物质"（biological substance）正在受到致命威胁。民主的失败，根本原因在于德国没有果断采用预防措施来保护民众的体魄。同时，纳粹认为，根治性手术和"生物净化"（biological cleansing）有可能起到修复作用，让德国人在未来战争中得以生存。换句话说，生物学似乎能够为德国振兴提供极为有效的技术。纳粹将人种学说看作具有科学依据的、理性的现代政治组织形式。政府的责任是通过消除阶级分化、禁止种族融合来阻止生物学上的退化趋势，最终实现种族团结。因此，国家社会主义党有关种族的看法既悲观又乐观。它列出了威胁德国的一长串内部和外部危险因素，但是它对种族政策能够改造德国社会这一点坚信不疑。推动纳粹发动世界大战，进行大规模屠杀，最终让德国这一种族国家走向毁灭的力量，来自这种强迫型恐惧和极度自信的结合。

在实现将德国改造成单一种族国家这一目标过程中，纳粹可以依靠那一代律师、管理人员、医生，以及将个人发展与意识形态上的激进思想结合在一起的大学毕业生。受到第一次世界大战和德国十一月革命的巨大影响，这一中产阶层群体认为

84

民主削弱了国家的实力而鄙视民主，认为种族思维和生物学思维是振兴德国的途径。乌尔里希·赫伯特（Ulrich Herbert）指出，他们那种"激进的、单一种族的"视角不仅是一种政治观点，也完全是一种生活态度，一种独特的有关"种族类别"的确定性，将这些激进分子与他们保守的父母区别开来的"尚武精神——好战、冷酷、无情"。这一"无条件的一代"包括约瑟夫·戈培尔（出生于1879年）、德军占领下波兰的最高行政长官汉斯·弗兰克（Hans Frank，出生于1900年）、电影导演莱妮·里芬斯塔尔（出生于1902年）、党卫军头目海因里希·希姆莱（Heinrich Himmler，出生于1900年）和莱因哈德·海德里希（Reinhard Heydrich）、人种专家瓦尔特·格罗斯（Walter Gross，出生于1904年）、希特勒的建筑师阿尔伯特·施佩尔（出生于1905年）、"最终解决方案"的一个主要策划者阿道夫·艾希曼（Adolf Eichmann，出生于1906年），这些人后来成为这一单一民族国家的政治精英。这些人占据了帝国保安总局（Reich Security Main Office）相当数量的高级管理职位。1939年之后，这一机构负责监管帝国安全的各个方面，从普通的刑警工作到种族法律的实施、"最终解决方案"的执行。他们建立了一个名副其实的"青年独裁群体"。[14]

三个重要任务在等待着德国信仰种族主义的斗士们（racial warriors）。首先，一定要提高出生率。他们认为，出生率的提升是德国集体力量的重要指标。虽然为了鼓励年轻人生育，纳粹提供了减税政策和无息贷款，但也遇到了一个棘手问题：健康且受教育程度高的德国人一般不愿意多生孩子，为的是最大限度地确保自己的生活质量。这是现代社会的一个典型考虑，而身体不大健康、生活水平不高的德国家庭往往出生率较高。虽然纳粹推动社会服务，以民族共同体的名义对条件不好的家庭给予照顾，但是他们也针对基因不健康、生育太多孩子会削弱整个国家种族健康的公民采取措施。接下来，人种改造的第二个任务就是从总人口中剔除这些不健康的个体，最主要的办法是绝育。虽然政府具有下令实施绝育的行政权力，但是普通民众也要行动起来，认识到这些严厉措施的必要性和道德意义。

最后，第三个任务是清除德国血统中的"异物"。纳粹种族理论认为，只有德国民族共同体纯洁才能保证生物学上的优势。对于纳粹来说，种族纯净意味着将犹太人排除在外，因为他们认为犹太人属于外来人种，且一贯喜欢煽动革命和内乱，分裂德国民众。在数年内，纳粹不惜花大力气将犹太人彻底驱逐出德国。这些种族政策要想成功实施，关键的一点是，民众要控制自己的情绪，不要错误地同情那些实际上是种族敌人的邻居和熟人。换句话说，纳粹必须把普通民众变成他们的帮凶。

纳粹党内外的政治活跃分子和公共健康方面的专业人士兴奋地集中在一起，推广上述某个优生措施。他们认为自己在追求最崇高的理想主义，服务德国大众。甚至纳粹的"生命政客"（biopolitician）也认为虽然他们遵循的是历史的基本法则，不过他们提出的方案非常大胆。纳粹后来将1933年1月30日与1789年7月14日做了对比。他们认为，20世纪的"人种新纪元"终结了后者开启的自由主义时代。

1933年有关未来人种政策具体化的速度快得令人吃惊。甚至在纳粹公布相关法律之前，当地的积极分子已经私下拟出

86

了一些方案。为了迎接"新时代"，1933 年 4 月，多特蒙德
（Dortmund）的纳粹医生建议在多特蒙德建立一个"种族办公
室"，存放 8 万份学生资料，建设一个"大多特蒙德种族档案
馆"。1933 年 5 月，不来梅的一些医生呼吁出台一部内容全面
的法律，授权政府对基因不健康的人实施绝育。这些医生的口
号是"让我们行动起来"。[15]医生、纳粹的其他积极分子，甚至
记者都开始使用一些通常做家务时说的词语，比如夸张地使用
"清扫""彻底弄干净""打扫家"，此举强化了用极端的敌友
词汇来看待政治的倾向。[16]

从 1933 年 3 月开始，纳粹就将矛头对准了德国犹太人。
他们抵制犹太人的生意，攻击长得像犹太人的行人。尤其在涉
及犹太人的问题上，数千德国人以极快的速度调整了自己对犹
太人的态度。一些大学提出根据犹太人占德国人口的比例来招
收犹太学生。企业则客气地要求董事会中的犹太人辞职。一些
俱乐部和协会在章程中增加了禁止接受犹太成员的规定。同
时，数千名新教徒（比如维克托·克伦佩雷尔）、天主教徒、
不信仰宗教的人、犹太复国者、正统犹太教徒、改革派犹太教
徒、德国国家主义者、共产党人、各阶层的自由派知识分子突
然发现自己被划入一个庞大的"犹太人"类别。记者塞巴斯
蒂安·哈夫纳（Sebastian Haffner）说，他的柏林圈子里的人
突然发现，自己不得不说一说对"犹太人问题"的看法。他
们滔滔不绝地大谈犹太人招生比例、犹太人占总人口的比例、
犹太人影响的程度。[17]这些反犹思想绝不仅仅是纳粹的专利。

柏林的纳粹头目用两部奠定单一人种国家基础的法律将这
些地方方案推向全国，并永久实施。1933 年 4 月 7 日，德国
政府颁布了《公职恢复法案》（*Law for the Restoration of the*

Professional Civil Service），为解除政府中纳粹政治对手的职务提供了法律依据。法律批准根据种族定义（这次对犹太人的定义是曾祖父母中有一个人是犹太人）排斥犹太公民之后，第一次出现了类似殴打和抵制的暴民行为。曾经有一段时间，上述法律根据资历、是否曾为国战斗给予了一些例外。后来，纳粹自己也惊讶不已，居然有那么多老兵（包括克伦佩雷尔）有资格获得例外对待。他们忠勇卫国的记录完全颠覆了纳粹对犹太人的认知。

几个星期之后，内政部部长威廉·弗里克确认了有关人种政策的另一个方面："我们必须敢于根据基因价值调整民众的结构，以便为国家选拔大量的合格领导者。"他是在 1933 年 6 月 28 日部长委员会召开的有关"人口与种族"的第一次会议上讲这番话的。那次会议的目的是起草一部授权政府对公民实施绝育手术的全面的种族法律。这部法律授权各地卫生部门监测公民的基因健康，颁发基因健康证书，并且，如果必要的话，勒令那些基因不健康的人绝育。政府命令医生、护士、社会福利方面数量庞大的公共卫生从业人员鉴别基因不健康的公民。几天之后，弗里克在国家无线电台发表讲话，督促民众接受这些举措，不必遵守"热爱邻居"的"陈旧"规矩。[18]他说，当代德国人的基因现状很不乐观，至少 50 万人的基因存在严重缺陷，另外还有 50 万人的基因存在较轻微的缺陷。这些数字会断送 6500 万德国人的未来。面对这一严峻形势，政府必须采取果断行动。接下来出台的法律大力推进优生，其措施是只要新婚夫妻双方能够证明自己的雅利安血统，出具基因健康证书，政府就会提供无息的"结婚贷款"。

纳粹法学家、德军占领下波兰最高行政长官汉斯·弗兰克后来回忆说，这部法律"十分明确地代表了国家社会主义的世界观"。这部法律和《公职恢复法案》一起诠释了纳粹革命的实质内容——根据所谓基因价值对德国人口进行重新分类。这需要所有德国人重新审视他们的亲戚、朋友、邻居。起草绝育法律的一个重要的纳粹医生承认，如果没有"类似1933年那种转折"之后发生的行政权的集中，这种对"人权"的激进干涉是不可能实现的。[19]当前有50万个德国家庭存在基因缺陷，生活在这个国家的50多万犹太人属于"外来人种"，然而，数百万健康的德国人还没有充分意识到他们作为雅利安人的责任。纳粹着手准备进行一场长期的种族斗争。

89

纳粹德国的人种生物学发展成一个动员了数千名积极分子参与的规模庞大的基因再造项目。另外，它还对普通德国人提出了要求。普通德国人必须将德国民众看作一个选择配偶的重要的人种群体，要接受"同情的边界"。1933年7月，优生学杂志《新公民》（Neues Volk）的编辑说："纳粹徽章或褐色衬衫并不能让你成为一个国家社会主义者，起决定作用的是你的性格和日常生活方式。"纳粹党内种族政治办公室（Office for Racial Politics）的年轻主任瓦尔特·格罗斯坚持认为，政治革命取得成功之后必须进行"精神革命"，精神革命可以起到"根本性的重塑和改革作用"。生物学方面的革命可以推翻"甚至今天看来那些根深蒂固的东西"。他的这一说法后来一语成谶。[20]格罗斯强调，那些基因不健康的德国人应该努力实践所谓"种族修饰"。

有的历史学家将1933年夏天看作国家社会主义革命的终结。[21]全国各地的俱乐部和协会在很大程度上已经实现了思想上的统一。随着各州相继任命了听从柏林的地方长官，除了国

家社会主义德国工人党（National Socialist German Workers'
Party）之外所有政党的活动都被禁止，各州先后加入了纳粹
政权。希特勒本人在 7 月初的一次演讲中承认："革命不应该
是一个永久的状态，不应该永久地持续下去。"他接着说：
"教育民众才是最重要的事情。"残忍屠杀柏林郊区克珀尼克
镇（Köpenick）被捕工人的事件几乎不到一周，希特勒就发表
了这番讲话，并且，他开始采取措施约束冲锋队，因为后者不
断残暴迫害共产党和社会民主党员。几个月之后，他要求准军
事部队"出手帮助向新政府表示忠诚的前对手"，因为不断引
发类似 1933 年的冲突妨碍了民族共同体的形成，而不是设法
让 1 月份以来的思想统一措施继续实施。如克劳迪娅·孔兹
（Claudia Koonz）所说，理想的情况是"给所有民众灌输唯一
的理想"，而这意味着"让先前的敌人改变立场"。在这种情
况下，希特勒强调"教育"。[22]

　　希特勒没有终结纳粹革命，而是对它进行了重新阐述。在
1933 年 7 月的一次讲话中，希特勒说："如果不教育民众，建
立一个崭新的德国就完全是幻想。"[23]这是真正的革命性宣言：
种族卫生技术的应用将成就"一个真正的日耳曼民族"。纳粹
越来越醉心于构建一个在自愿契约基础上有共同信仰的民族国
家，即，民族共同体的终极形式。革命形式从攻击住在廉租公
寓里的无产者转变为进入公共卫生机构工作，主要的"斗士"
已经不是冲锋队——自从 1934 年 6 ~ 7 月希特勒清洗了大多数
难以驾驭的冲锋队头目之后，冲锋队员开始减少，而身居党卫
军（党卫军将自己视为国家社会主义的种族先锋）高位，受
教育程度很高且在思想上追随希特勒的专业人员增加了。现在
吃香的是代表现代和科学的"优等民族统治论者"和生物医

90

学专业人员，而不是设计血统证书和基因健康证书、评估公民基因价值的那些冲锋队中的反共的"自由军团"（Freikorp）老兵。

1933 年，希特勒一再重提打造一个崭新民族，建立崭新民族共同体这一话题。德国人不得不坐在收音机旁，捕捉元首关于他那不切实际的幻想的只言片语。11 月在魏玛，他扬言："如果现在德国还有人说：'我不加入你们的共同体，我们还要保持先前的立场。'我就会说：'你们会死光，你们死后，年轻一代人对其他观点根本不会知晓！'"几天之后，他信誓旦旦地说："我们逝去许久之后，历史会告诉后人，我们留下了帝国和民众。"[24] 借助广阔的未来视角，依赖他关于历史的上述观点，凭借演讲时在过去与未来之间过渡能力的绝对自信，希特勒向帝国民众诠释了第三世界的人种理念。

在国家社会主义党宣称的目标中（即培养新型德国人，视彼此为种族同志，意识到种族不健康的人所带来的危险），他们是革命者。作为革命者，就必须从截然不同的角度来看待德国大众。必须通过一场规模宏大的再教育计划让德国人重新看待种族，重视种族的重要性。另外，还要教育德国民众，让他们承担有关种族同志的个人责任和社会责任，学习军事技术。要想实现这一目标，就要在德国各地广泛建立集体营（Gemeinschaftslager）。大多数德国人都要在集体营锻炼一段时间。类似于集中营、屠杀营，训练营也是纳粹种族项目的主要部分。最后，德国一定要保护好自己的种族血统，不能被不健康的人污染，后者必须被投入监牢或实施绝育；同时，还要保护德国血统远离由于德国犹太人这一外来者的存在所带来的更为广泛的政治和道德威胁。1933 年后的一年是德国大众学习怎样区分和"站队"的一年。

雅利安思维

1936 年，可能是第三帝国希特勒之外最有权势的人——纳粹党卫军和保安部头目海因里希·希姆莱满意地说，"德国人民……再次学会了评估身体"，判断它"是否有价值"。他们用一种新型的视觉冲击方式反复向德国民众介绍德国人的身体，一般是通过照片的形式，画面中是乐观向上的运动员、幸福和睦的大家庭、整体行进的士兵，而且往往将各种畸形体弱、奇形怪状的人的照片并列放在一起。在纳粹党 1933 年组织的一个名为《镜头》（The Camera）的广受欢迎的展览上，那些展示照片的说明文字主要是"没有希望的群体""你想要一个什么样的德国？" "再不能这样了！" "结果只能是这样！"[25]报纸或杂志里的配图文章，以及纳粹党的宣传材料不断使用这种优劣对比、新旧对比、"基因健康"与"基因不健康"的对比，来让参观者感到触目惊心，从此踏上改造德国大众之旅。

纳粹宣传人员认为，这些图片的说服力要比文字强很多。后来，纳粹举办了规模更大的展览，参观人数达到数百万。影响最大的展览名为"堕落的艺术"。这一展览开始于 1937 年夏季，历时四年，先后在 13 个城市巡展，吸引了超过 300 万参观者。参展艺术品是特别选出的比例失调、极不自然、令人震惊的各种艺术。1937 年 12 月到 1938 年 1 月，超过 40 万人前往慕尼黑的德意志博物馆（Deutsches Museum）参观了主题为"永世流浪的犹太人"（The Eternal Jew）展览。1937 年 3

92

月，即使是罗滕堡这样的小城镇也拼凑了名为"血统与种族"的展览。参展人数达到 2400 人，相当于这个小城镇四分之一的人口。这些展览让人们养成了参观展览的习惯，参展让民众进行对比、区分，看到差别。之所以这样，是因为德国民众开始用"敌我立场"（Feindbilder）来思考问题。戈培尔将这些展览看作"了不起的成就"。[26] 所谓"何去何从"的对比强调了自我塑造的作用。获得理想体质的前提是消除先前不好的体质。

德国宣传工作的领头人物是瓦尔特·格罗斯，他是一名年轻医生，1933 年时仅有 28 岁。他当时是种族政治办公室的负责人。该办公室是纳粹党内新成立的一个听命于希特勒副手鲁道夫·赫斯（Rudolf Hess）的部门。格罗斯认为自己是一个执着于唤醒种族意识的改革者。正是因为他的努力，德国民众有幸见到清楚自己处境、健康的德国人和堕落、危险的其他人并列放在一起的照片。早在 1933 年 7 月 14 日，也就是在绝育法颁布的那一天，正值法国大革命的周年纪念日，格罗斯在国家广播电台讲话，向德国人解释国家社会主义党决心培养的"新人类"，鼓励听众开始在精神和身体两方面"改变"自己。他强调，重要的是，一定要"正确认识自己"（Erkenne dich selbst），这意味着以相片中那些理想化的德国人为榜样，根据遗传生物学原则选择合适的婚姻对象，只为爱情而结婚，为德国生育健康的下一代。相较而言，那些堕落群体的照片意味着，民众要接受"同情的边界"，因为振兴德国就要剔除种族中不健康的群体。他一再提及自由时代"虚假的人道"和"过度的怜悯"，这意味着至关重要的事情是一定要让德国人支持人类或基督教义视为犯罪行为的事情。"当然，先前过着平静的生活，享受日常生活平静与安宁的人们，要进行一番彻底的改变，"格罗斯的同事赫尔穆特·许布施（Helmut Hübsch）在 1934 年 1 月这样说，"对他们来说，生存的极度困苦让他们如临深渊。一定要果断决策，改变民众的命运，要做出史无前例的牺牲。"[27]

1934 年 1 月，随着绝育法实施，反复灌输"纳粹良心"的努力进入高潮。格罗斯本人在新闻片里亲自向大家介绍这部法律，他将"精神病院"拍到的"揪心的场面"与"决心在奥运会上一显身手的德国运动员的强健体魄"的照片并列放在一起。有关"人口政策和种族卫生"各方面的纪录片——用孔兹的话说，这些纪录片是"极端的种族颂扬和悲观预言"的结合——定期分集上演。将近全国人口三分之一的大约 2000 万人至少每年看过这些影片中的一部。到 1937 年中，种族政治办公室已经培训出 2000 多名"种族讲师"。在柏林经过 8 个星期的培训之后，他们就可以获得专业讲师的资格证书，可以向德国民众宣讲人口和种族政策。颁发证书有助于让所谓"基因遗传法"中的德国种族政策显得客观和科学，并排挤诸如尤利乌斯·施特莱彻（Julius Streicher）这样自诩专家的人。施特莱彻是纽伦堡的纳粹党政首长（Gauleiter），以其"血统污染论"闻名。格罗斯培训的讲师出发到德国各地，在纳粹成员中间举办研讨会，在学校里举办相关讲座。1938 年，大约 250 万人参加了 25130 场这样的活动，领走了数十万介绍德国"新民众"（new people）的小册子、日历等宣传材料。在医生候诊室、公共卫生机构经常见到的插图杂志《新公民》在战争爆发前的一年发行量达到 30 多万册。[28]利用大量的照片、插图、表格，"种族政治办公室"的宣传用直观的方式说明了质量和数量之间的重要区别。不同于施特莱彻粗俗的反犹太报纸《先锋报》，《新公民》看上去很客观，好像是在用理性的方式阐述德国的严峻现状。

然而，关于犹太人杀婴犯、性侵者的可怕描述，往往给人们留下深刻而持久的印象。依托 50 万份的发行量，1933 年之后德国各地出现了专门张贴《先锋报》的"先锋报报箱"（Stürmer boxes）。驾车行驶在农村，维克托·克伦佩雷尔经常见到这种报箱："通往上科普斯（Oberkips）漂亮的公路现在成了'阿道夫·希特勒路'，《先锋报》在车站设置了报箱。""开始时，人们阅读《先锋报》只是出于好奇，"一个信奉社会主义的受访人说，"可是后来，就成了某种习惯。"[29]人们在报箱前讨论那些荒诞的观点。有人在福尔达（Fulda）听到两位女性说："好可怕，那上面说的肯定是真的，否则犹太人不会让他们那么说的！"《先锋报》的影响那么大，以至于克伦佩雷尔甚至怀疑在自己家的花园里"会发现埋藏的婴儿尸体"。几年之后，《先锋报》的报道让很多入侵苏联的德国兵以为苏联就是那个样子。[30]

在德国学校里，种族宣传材料随处可见，甚至算术题里也增加了德国有多少"白痴"的题目。纳粹允许在校学生参观医院和精神病院，让他们选择"何去何从"。伊丽莎白·布拉施在回忆 1935 年前往克罗兹纳赫（Kreuznach）的一家医院时说："我们走过了数百条过道，推开一个大房间的门之后，突然发现这里有数不清的女孩，一个个疯癫、跛脚、畸形。"在墙上，希特勒、戈培尔的语录与《圣经》里的格言警句混杂在一起。这种混杂也许是确认，而不是否认"种族提升"。[31]

讲师警告孩子们的父母，说是孩子上学后，他们关于道德的看法会发生改变。"汉斯"（Hans）和"格雷特"（Grete）并非没有爱心（gemütsroh）。一位讲师解释说："如果他们听父母的话，不再去取笑那个不幸的男孩，母亲的影响就在他身上就取得了极大的成功。不过，让他们和他一起玩耍？……孩子们有一种原始的直觉，不愿意接近任何患病的，或是虚弱、粗俗的人和物。"从克罗兹纳赫回到青年旅社之后，布拉施回忆说，"很多女孩都有玩伴"。"我们在讨论"绝育法时，"我们和领队的看法完全不一样。领队认为一切问题都可以用种族方法解决"。[32]

　　对于德国人的身体，肯定没有"同情的边界"这一说。从被《凡尔赛和约》确定的"泣血的边界"到德国周围敌国的空军，从高速公路下面的村镇到德国人端正的面孔（这些都是插图杂志和连环画册里必不可少的内容），再到"母亲的手"（1934 年《新公民》的一篇配图文章的标题），最后到"元首的手"，从早到晚进行的无数次学生思想灌输、青年集会、"快乐创造力量"等活动中，德国人的身体仿佛被抚摸过一遍又一遍。[33]人们制作自己的族谱，标出自己的直系亲属，讲述普通民众在那段纷乱的历史中做出的贡献，媒体让这一切都成为能够反映德国大众幸福生活的闪光点。人民广播电台甚至被命名为"VEB 301"，以纪念 1 月 30 日希特勒上台。然而，对于所有在校学生和希特勒青年团进行的农村行，对于所有搭建的帐篷，他们明显缺乏一种对处于自然状态的土地及土地上的野生动植物（或称地质考察）的兴趣。最受他们关注的不是那个叫"德国"的地方，而是生活在那片土地上的德国人，即血统与历史的结合体。这种自我投入使得对德国犹太人、德国种族斗争中的其他非战斗人员的排斥更加彻底。

集体营

　　数千个集体营担负着塑造德国新公民的任务。纳粹讲师将"集体营"（das Lager）鼓吹成"新一代锻炼成才"的理想地方。一提到纳粹时期的集体营，我们就会想到1942年、1943年大德意志帝国各地的死亡营和奴隶劳动营，或者类似纳粹因禁政治犯的达豪集中营。1933年，主要是社会民主党和共产党人的大约10万人曾被关进集中营，因此，它留给人们的恐怖仍然很明显。然而至1934年底，达豪、萨克森豪森（Sachsenhausen）、布痕瓦尔德（Buchenwald）、利希滕贝格（Lichtenburg，最初它是一个女性集体营，1939年被拉文斯布吕克取代）等四大集中营里关押的囚犯只有3000人。战争爆发之前，德国的"集中营帝国"（empire of the camps）里面主要是"雅利安人"，不是1935年之后被关到那里的基因不健康的德国人（导致集中营中被关押的人数再次上升到1万人），就是数量众多的儿童、年轻人、专业人士，他们在那里是为了培养他们在民族共同体中所需的技能。[34]

　　这些"封闭"的集体营（community camp）是锻炼人成长的地方。针对这些集体营，纳粹建立了帝国劳工服务局。对于希特勒青年团来说，每年外出（Fahrt）参加寄宿营（overnight camp）是最重要的事情。另外，这些集体营还是给人种学专业人士进行再培训、就"民族政治"工作其他方面举办学习班的理想地方。"太阳西沉时，"一个观察人士激动地说，"德国所有集体营工作人员就会立正站在举旗等候检阅的队伍里。"这种集体营再教育的开创者阿道夫·梅尔顿（Adolf Mertens）说："各种集体营遍布德国，从海边到山区，从东部

的荒野和森林到西部的工业区。"　"有的营地设在帐篷里，有
的营地设在住宅里，有的营地有 30 个营员，有的有几百个，
甚至上千个营员。"[35]最常见的是针对纳粹官员、冲锋队、党卫
军、帝国劳工服务局的营地。20 世纪 30 年代后期，在 2000
个夏季营地受训的少男少女超过 60 万人。第二次世界大战前
夕，将近 40 万名年轻人在 3200 个军事营地里劳动。1933 ~
1938 年，在每年 9 月为期 10 天的纽伦堡党代会期间，50 万人
在集体营受训（主要在帐篷里）。[36]营地将"律师、艺术家、医 98
生、公务员［和］公司董事"集中在一起进行再培训。对于
战争爆发之初等待安置的德国少数族裔、战争末期逃离苏联军
事攻势的德国难民，纳粹给他们准备了临时营地。1933 ~ 1945
年，很可能大多数德国人必须前往某个营地登记。

　　这些营地为希特勒向民众提出的一个艰巨任务提供了
"机构背景"（institutional setting）。希特勒认为，要想完成革
命这一任务，就必须教育民众。不同于家庭、单位、学校等熟
悉的生活环境，封闭的集体营的目的是消除社会出身差异，推
动清除资产阶级思想（Entbürgerlichung），培养同志友谊
（Verkameradshaftung）。这是国家社会主义党提出的奇怪用
语——所谓"公民塑造"（Volkwerdung）的一部分。[37]统一的
制服、同样的高负荷劳动、平等的称呼——用"你"取代
"您"（这是一个含义很深的举动）——目的是将德国人变成
种族同志。根据当时的调查，虽然集体营里的同志关系有着很
大的吸引力，但是当时的社会美德要求人们严格训练，尤其是
男孩。封闭、军事化的营地生活让德国的集体营很像"彻头
彻尾的收容机构"，对人们的身心影响极大。虽然第三帝国没
有完全"再造"这些青年男女，但是它取得了某种程度的成

功，在很大程度是因为建造了各种集体营。

对于希特勒来说，年轻人是第三帝国未来的保证。1938
年，希特勒思考了政府怎样在年轻人从人生一个阶段进入另一
个阶段之际，将他们培养成为纳粹。在信仰自由思想的纳粹反
对者看来，希特勒在这方面的具体想法非常可怕："这些男女
青年在十来岁时进入我们的组织，那时候他们往往第一次接触
到一点新鲜空气。在'少年团'（Young Folk）接受四年训练
之后，进入希特勒青年团，在那里再锻炼四年……即使四年后
他们还没有彻底成为国家社会主义者，还要将他们送往劳动
营，在那里再待上六七个月……如果还有阶级意识或社会地位
思想还没有发生转变的话"——希特勒认为这不是什么大不
了的事情——"国防军会接手的"。[38] 1936 年，男青年必须进
入希特勒青年团服役四年，然后进入帝国劳工服务局工作四
年。三年后，纳粹对女青年也出台了这一规定，为的是让德国
拥有一个真正的"国家青年团"（staatsjugend）。

和家庭、学校一起，希特勒青年团逐渐成为有责任对德国
少年进行社会化教育的地方。虽然它在世纪之初继承了德国青
年运动的遗产（后者率先提出了"青年引领青年"这一理
念），但是希特勒青年团的军事化程度要高很多。希特勒青年
团废除了青年团体传统的自治权和长期以来形成的仪式，替换
成一个招收了数十万年轻男女的机构的统一标准。这一机构还
弱化了社会阶层的藩篱。希特勒青年团和帝国劳工服务局的目
标都是让中产阶层和劳动阶层亲密相处，打破社会不平等所导
致的障碍，树立民族意识。这一努力为建立同志友谊提供了机
会。虽然同志友谊是很多中产阶层青年看重的因素，但它也为
欺凌（主要是中产阶层被欺凌）提供了条件。

希特勒青年团训练时间长（周三—下午，周六—整天），而且极其严格苛刻，无法唤起如魏玛共和国时期青年团体中的渴望、无私和热情。即使寄宿营活动也很像军事行动："一切活动完全按照军队的样式进行，从起床号、早间阅兵、升旗、早锻炼、洗澡、早餐到'搜索活动'、午餐等，到晚上……事无巨细都要绝对服从。""用千篇一律的锁步行进①训练人们服从命令，"汉斯·乌尔里希－塔默（Hans-Ulrich Thamer）说，"锁步让你无法快走。"纳粹时代的一首歌里唱道："锁步让你无法慢走，锁步让我们保持队形，锁步让你不能只想自己，锁步让你所向无敌。"男青年们对这种为了将他们训练成为下一代士兵而强加给他们的军事化训练和呆板的领导形式很不耐烦。戈培尔的继子哈罗德·匡特（Harald Quandt）抱怨"糟糕的伙食、虐待、邮件审查"。其他青少年也抱怨营地生活单调乏味。[39]

然而，1939 年，希特勒青年团组织的全国体育竞技会有 700 万青少年参加，这个数字是 1935 年的 2 倍。竞技会的目的是发现和鼓励优秀者。年轻人被赋予了再造德国的责任，这一明显的事实给希特勒青年团的存在提供了合理性。青年团减少了父母和老师等小圈子在青少年眼中的权威。虽然在劳动训练中因为眼镜、书本而备受嘲弄，但一位中产家庭的青春期少年的言行受到了希特勒青年团的影响，他顶撞父母说："只有把你们这些老一代消灭，新的时代才能来临！"1944 年讲述这件事的那位瑞士记者还说，"其他人也一样"，那位青少年崇尚"对集体和元首思想的无条件忠诚"。[40]代际意识和老人应该

----

① 行进时后面一排尽量靠近前面一排。——译者注

让位于新人的这一说法无疑让年轻人接触到了种族卫生思想。而这些思想的只言片语经常出现在讲座和演讲里。年轻人这一大萧条时期受伤害最深的群体，逐渐将自己视为建设一个据说能让自己获得他们的父母未曾获得的机会、经历的新社会的先锋。1938 年德国北部城市施塔德（Stade）市雅典娜高级中学（Athenaeum Gymnasium）的毕业生中，超过三分之一的人希望进入国防军当军官，或者进入希特勒青年团当领导。[41]

帝国劳工服务局（绝大多数人在 18 岁时曾进入该局）的 6 个月时间可以清楚无误地揭示纳粹再造年轻人的目标。在达豪集中营、萨克森豪森集中营和后来的奥斯维辛集中营墙上贴着的"工作使你自由"格言的指导下，这些集体营组织准军事化营员培养同志情谊，进行严格训练。女性受训要早一些，因为她们的训练场所一般是农场或家庭。不同于魏玛时代的劳动营，帝国劳工服务局实施的是封闭式训练。营员没有得到许可不得离开营地，休假限制也非常严格。营员们的阅读范围仅限于关于国家社会主义党的材料。劳动服务营员（Arbeitsdienstmänner）艰苦地劳作于公共基建工程，接受军事训练，部分原因是为了绕过对德国军队规模的限制。不过，6 个月艰苦生活的主要目的是打破社会出身的藩篱，消除德国社会的碎片化现象。

劳动服务营要求营员在各方面和别人一致，让别人接受你。抵达营地附近的一个火车站之后，他们列队行进到营地，到达营地后将身上的便装脱下，换上劳工局的褐色制服。在头几天里，男营员要写一篇简短的关于自己经历的文章，这篇文章后来将成为讨论每个人是否能够为共同体效力，成为优秀种族同志的依据。在最后一个晚上，营员要写一篇评估文章，说出他们认为谁能够担任领导角色。这些自白式的练习能让营员们明白什么是表现优异。

劳动服务营员就像一支小部队一样，一起行军，一起休息。这种没完没了的集体生活就是为了塑造民族共同体。进餐时间也要遵守严格的规矩，"座位不能随便坐，不能想吃什么就吃什么，否则就像在开饭馆"，就会倒退回个人化倾向的自由社会。他们必须学会摆放餐具，用花卉装饰餐桌——这是所谓国家社会主义党"餐桌文化"的一部分，因为劳动营不是"酒馆或厨房"。[42] 虽然人们可以在饭后组织"兴趣小组"（affinity groups），但是营地规定，一周至少组织两次"所有成员参加的联谊活动"。[43] 讲师赫尔穆特·彼得森（Hellmut Petersen）严肃地说："酒吧不是打造团队的地方。"建立劳动营是为了营造一个取代餐馆、酒馆、家庭厨房的新型集体空间，后者针对的是不同社会背景和社会地位的食客。大多数营地是能够容纳 150～160 人的标准的木制营房，即"乡村军营"："极度严苛、整齐划一、设施简陋——灯罩、口号、长凳，一切都是'军队风格'"，同时兼具乡村风格，"具有浓郁的当地乡土气息"。[44]

102

莱妮·里芬斯塔尔的电影《意志的胜利》开始处情绪激昂地表演合唱的 5 万名劳动服务营员正是像举着步枪一样举着标志性的铁锹。接下来，镜头切换到了希特勒青年营亲密和睦的同志友谊。那次集会本身就是一场规模宏大的"外出"，多达 3000 趟火车将 50 万人运抵他们展示自己集体生活能力的临时营地。在 20 世纪 30 年代，德国相当一部分年轻人（大约五分之一）参加了那场为期 10 天的盛大活动。

在电影里，民族共同体的一幕幕看上去很有吸引力。然而，在现实里，这些营地要求营员努力工作，好证明他们能够成为种族同志。营地工作对体力要求非常高，融入集体这个过程更为困难。当时的"平等精神"导致劳动阶层经常羞辱那些高中毕业的营员。"他们长期接受的极端的知识教育让人们不了解社会现实，"彼得森解释说，"他们不知道那些纯朴的、没有受过教育的同志是怎样思考问题和讲话的。"怎样让他们学会用"简洁、明了、直接"的方式思考和做事？彼得森直截了当："通过范例，也通过指责、嘲笑、挖苦、侮辱，甚至暴力。"[45]

103　　很难说得清这些营地在营造同志情谊方面究竟效果如何。做出"调整"的肯定是出身中产阶级的青年。他们中的很多人第一次见识劳动阶层的同龄人："有人胳膊上刺着裸体女人的文身，有人吹嘘他们在纳粹掌权之前在马克思主义信仰驱使下胡作非为……如果对他们那个群体有丝毫不敬，他们就会要了你的命。"[46]伊丽莎白·布拉施的哥哥高中毕业后，于1937年4月进入劳动营。在家信中，他承认营里的"集体生活"让他"很头疼"，因为那里往往"流行的是一些粗俗的东西"，不过后来，"相处久了，就会习以为常"。他们很骄傲能够和大家打成一片，并能学到新东西。开放的思维可以帮助他们发现问题，也许也适用于第三帝国的很多其他情况。"我们必须看到好的方面……我们必须与时俱进，即使很多很多事情我们看不惯。逆流而动只能让事情更加糟糕。"布拉施认为"虽然经历了很多困难，但我的哥哥仍然对劳动营的经历心怀感激，因为这让他对生活的多样性有了更加深刻的理解"。一年以后，伊丽莎白在帝国劳工服务局服役完毕。1940年，流亡美国的她回忆往事时写道："我没有崩溃，相反，6个月后离开营地时，我比进入营地时更有力气，更健康。"[47]

营地和队列。教育部部长伯恩哈德·鲁斯特（Bernhard Rust）说，"营地和队列"是将青年塑造成纳粹的最佳方式，然而，经历了德意志帝国和魏玛共和国的成年人要成为纳粹，还需要参加一个"速成课程"。[48]这位教育部部长授权国家社会主义教师联盟（National Socialist Teachers' League）组织"继续训练营"，以便为教师们"配备"有关"遗传和种族"（引自鲁斯特）的课程计划。德国大约 30 万教师中的 21.5 万人前往设在各地的 56 个进修点和两个国家级中心进行为期两个星期的学习，在国家级中心还进行体育锻炼、军事训练、方法指导。种族政治办公室对数千人进行了八天的行医培训之后，给他们颁发了医生证书。对于医生、法官和主持德国新设立的绝育法庭的律师来说，汉堡的种族生物研究所（Institute for Racial Biology）提供了深入指导。在医生被派到当地公共卫生机构之前，他们要前往设在公民福利局宿舍楼的集体营进行训练。在种族与生物学课程中间穿插着"家庭晚会"、徒步旅行、远足。究竟有多少成年人参加了这种继续培训，没有一个准确的数字，但是维克托·克伦佩雷尔的日记提到了一个朋友和一位文学教授。1933 年 6 月，那位朋友参加了一个"纳粹党组织的药剂师'思想转向日'"活动。那位文学教授于 1937 年被送到克尼格斯武斯特劳森。"40~50 岁的老师。他们六个人睡一间屋子，每天身穿军装，进行挖掘和体育活动，学习文化课。一位男教师讲到了法国人的性格。他说，法国人和犹太人类似，不喜欢动物。"[49]

种族思维意味着将德国人从"平静的日常生活"中唤醒（引自种族政治办公室一名官员的警示语），还意味着重新看

104

待标准的族谱表中健康的雅利安前辈。它还意味着提供一个崭新的空间，来抵消人们对家乡，或对与社区某个钟爱的酒吧相关的传统的无上忠诚。纳粹还设计了出行（Fahrt）、营地（Lager）、队列（Kolonne），将德国不同社会阶层、政治信仰、宗教派别的人们聚集在一起。在这种情况下，纳粹可以通过改变环境来强化人们的种族概念。出行：德国铁路公司（Reichsbahn）每年提供的车次数量都在增加，针对希特勒青年团或"快乐创造力量"旅游者的团体游服务在逐年改善，旅客可以将自行车带上火车，铁路公司还专门征调火车将参观者送到纽伦堡党代会会址。德国铁路公司的"乘客里程数"稳步增加，到了20世纪30年代末，这个数字比大萧条时期高三分之一还多。营地：虽然没有这方面的准确数字，但是纳粹启用了全国各地数以千计的训练营。1933～1938年，每年在德国青年旅社（希特勒青年团接管了这些旅店）过夜的旅客数量从460万人增加到870万，几乎翻了一番。[50]队列：越来越多的德国人与纳粹政权走到了一起。

战前的六年对于塑造种族意识或打造种族精英阶层不算一段很长的时间。然而，一个种族战士的新领导群体开始形成。希特勒青年团大举扩张，除了招募小伙子之外也开始招募年轻姑娘。76.5万多名年轻人有机会担任领导职位。很多人获得晋升机会，并接受了波茨坦的帝国领导力学校（Reich Leadership School）等国家级教育机构所提供的正式训练和思想教育。1939年，21岁的梅利塔·马施曼进入希特勒青年团，为调整任务、教育东部少数民族群体做准备。帝国劳工服务局还招募了数千名集体营的领导者、政治教员、工作队领导者。洛尔·瓦尔布与堂弟君特（Günther）就"种族、信仰、查理大帝、血统、遗传因素"进行了激烈的讨论。后者打算进入帝国劳工服务局发展，虽然之前在那里有一段"不愉快的经历"——很可能受到了欺侮。洛尔对他的理想主义很是敬仰，"因为他是同志"。[51]

对于小伙子们来说，在希特勒青年团担任过领导之后，往往会进入党卫军，后者是纳粹党的准军事组织和意识形态的先锋。在海因里希·希姆莱的领导下，党卫军自诩是领导国家政治和种族进步全新人才的精英。党卫军普通士兵必须提供上溯至 1800 年的雅利安血统的证明，高级长官必须提供上溯至 1750 年的血统证明。作为高度自觉的精英，纳粹党以打破宗教界限、社会偏见，消除基督博爱怜悯为己任。基督博爱的思想仍然极大地影响着大多数德国人。另外，党卫军要求其成员遵循种族意识鲜明的个人行为规范，强令未婚的党卫军成员寻找合适的伴侣，娶妻生子，对结发妻子忠贞不渝。他们的未婚妻必须提供雅利安血统文件，表现出德国人的行为方式。党卫军认为这有助于彻底培养现代的生活理念，将生物学上的繁殖与个人成就、种族健康联系起来。它宣扬愉悦的两性关系，支持妻子拥有自己的事业，提倡丈夫帮助妻子做家务活。党卫军最为前卫，在人种思想上走在最前面，怀有疯狂的反犹思想。该组织招募了将近 80 万德国男子，超过 1931～1945 年"大德国"（Greater Germany）总人口数的 1%。同一时期，超过 24 万名女性嫁给了党卫军成员。[52]

大多数德国公民参与了出行、营地和队列方面的种族群体仪式，但是他们是不是就此成了种族同志？人们加入国家社会主义党的迹象很明显："希特勒万岁！"的打招呼方式、纳粹党旗、纳粹徽章。种族方面的词语渗透进了人们的日常交流，不过对犹太人和善的举动并没有完全消失。帝国劳工服务局也许提供了更多跨阶层交往的机会，但是那些经历也给一些人留下了被羞辱的记忆。大批各阶层青年进入集体营，参加训练活动和专业研讨会，社会阶层差异开始减小。虽然如此，人们对新教、天主教的长期忠诚仍然存在，并且在战争中日渐增强。关于日常习惯改变的一些迹象令人担忧，人们的穿衣习惯不再像过去那样和社会出身密切关联。纳粹时代日常时尚与其说是金色发辫和紧身连衣裙，不如说是张扬的德国女青年联盟的护肤霜、小帽子、海军蓝衬衫、褐色的登山上衣（brown Alpine jackets）。在 1933 年 5 月底的 14 岁生日时，洛尔·瓦尔布收到了"做一件褐色希特勒夹克所需的衣料"和一小瓶妮维雅面霜。这两样礼物完美地体现出家里的节俭习惯和故作世故，成了展现第三帝国日常生活特点的自我独立、归属感的诱惑之间的完美结合。[53]精英阶层中学的男生不再戴独特的黑色帽子。这种表现社会地位的方式已经不再流行。"体现严格社会阶层的高礼帽、尖顶帽、校帽的文化逐渐让位于各阶层男性，甚至女性都戴相同样式的帽子（浅顶软呢男帽）的文化。"[54]

德国民众更为看重他们的种族遗产，洛尔与堂弟君特讨论过这件事。当时，弗朗茨·戈尔提出对家人的健康做一个全面检查，不过他们不准备结婚，没有"赐予元首"更多的孩子。事实是，在第三帝国的第一年里，德国青年的结婚意愿比 20 世纪 20 年代任何时候都强。1934 年，这一趋势仍在持续。每 1000 位居民大约有 11.1 对登记结婚。而 1928 年、1929 年的这一数字为 9.2。纳粹为新婚夫妇提供了财政补贴，认为他们崇尚的家庭价值观已经逆转了妨碍和制约家庭规模的危险的社会趋势。然而，1935 年，结婚人数下降回 9.7 对。几年之后，结婚人数恢复到了大萧条之前的水平。上述结婚人数的短暂增加只是反映出这样的事实：在之前的经济艰难时期，人们推迟了结婚时间。根据人们结婚和生育孩子的意愿度来判断，德国民众在 1938 年的观念与 1928 年相比并没有大的差异。在扭转限制家庭数量和家庭人数的趋势方面，纳粹无力回天。即使是党卫军成员的家庭里，孩子也不是很多。发生改变的是男女关系的性质。男女之间的交往面更宽，人们不再像之前那样看重社会出身，两性关系开放了很多。所谓德国女青年联盟中女孩"滥交"的戏谑之语"年轻人引导年轻人"（youth led by youth）不但为很多男欢女爱创造了条件，也说明当时的女性的独立感大大增强（这一戏谑之语完全来自这个联盟的缩写BdM，Bund deutscher Mädel 有时成了 Bund deutscher Matratzen，即"德国情妇联盟"，或 Bald deutscher Mütter，即"马上成为德国人母亲"，等等）。[55]

在接受外来者、反社会者、基因"不健康"的人、犹太人属于劣等种族这一概念上，德国民众还扮演了种族同志的角色。普通民众经常触碰到"有价值"和"无价值"之间的界限。在一所医学院里，四人一组，两个学生将另外两人的衣服脱掉，让他们赤裸着身子站在生物学专业的同学面前，展示"种族特点"。快轮到吉塞拉·奥特马尔（Gisela Otmar）时，她担心老师会看出她身上的某些未知的犹太人特征。后来，老师说她长着"东方人的屁股"和"下溜的双肩"。[56]她当时是不是尽力想站直？她是不是暗自憎恨其他学生的身体？对那些被认为是没有价值的同学，她是否略微心存同情？也许答案是肯定的，因为吉塞拉想起了战前采访的一个片段，但是其他德国人继续按照雅利安人的标准修饰自己，他们尽力坐直身体，认真填写族谱，融入集体营的生活。这给最初引起吉塞拉忧虑的甄别过程提供了合理性。

"没有价值的生命"

集体营中不但有很多年轻人，也有很多囚犯。1933 年，纳粹采取措施，解决民众对维持社会秩序的强烈呼吁。当时，人们不但害怕共产党发动革命，也普遍担忧各种犯罪行为的发生。当时仍有数百万失业人口，很难甄别哪些是真正危险的犯罪分子或大量被专家称为"反社会者"（即由有前科的人、妓女、乞丐、游手好闲的人等组成的下层群体），哪些是数量众多的，虽然经济拮据但很清白的公民。报纸上用耸人听闻的字眼报道了出没于城市街头的性骚扰儿童的人、连环杀人犯、纵火犯。在那个乞讨行为司空见惯的时期，人们无法断定门口的人到底是"真正的穷人""有前科的人"，还是"流浪汉"，因此民众越来越认可甄别不健康的人、坏人的做法。德国人认为是第三帝国帮助他们摆脱了"乞讨者的纠缠"。在人们的印象里，纳粹时期是一个很有安全感的时期，街上的行人不用担心遭受性骚扰，无须担心未上锁的自行车丢失。细心的人们还注意到，巡回音乐人，尤其是在大城市带着手风琴从一个廉租公寓或庭院，辗转到另一个廉租公寓或庭院的音乐人越来越少了。捡破烂的熟悉的吆喝声"废铁、废衣服、废纸"也不经常听到了。[57]

虽然在 1934 年、1935 年，德国集中营里关押的共产党人、社会民主党人数量有所减少，但是在警方大规模的打击活动中被抓的德国公民数量迅速增加。1933 年夏末，警方逮捕了数万流浪汉。随着打击重点从共产党转移到违法分子，警方的行动体现出纳粹对于基因和种族方面的危险分子的密切关注。为了培养德国人健康的体魄，纳粹政府推出了一系列积极措施，如提供结婚贷款、扩大公共医疗受益范围、强化社会保障系统的基础。同时，它还推出了很多消极的成本较低的优生措施，剔除那些因为所谓基因缺陷而无法对社会带来贡献，或者生性容易犯罪、犯错以及做出其他"反社会"行为的人。"在纳粹和科学家使用的语言里，这一政策被称为'通过消除来改善'（Aufartung durch Ausmerzung）。"[58]不同于希特勒青年团、德国女青年联盟、帝国劳工服务局、公民福利协会中数百万活跃分子做的工作，一些虽然规模小但实力强大的生物学专业人士群体监督着"反社会者"的甄别隔离工作和对基因"不健康"的人实施的"绝育工作"。德国卫生部将1933年的民族革命视为最终放弃错误的"自己的身体自己做主"的自由主义想法的机会。卫生部与纳粹密切合作，推广改善德国民众体质的方法。这样做意味着纳粹在就民众的个人价值及其为社会做贡献的能力进行评估。

首先，当局在传统的司法系统内部做了一些工作：纳粹时代加重了对罪犯的惩戒力度，延长了刑期。累犯将被投入国家监狱严加看管。这种"严刑重典"广为民众称道。然而，因为他们秉持的遗传理念，纳粹最终走入了一个截然相反的方向，其重点从惩戒、震慑、采用广泛的人口统计学政策，转变到彻底将人种上的"不良分子"从民族共同体中剔除出去。从种族角度对犯罪的解读是，导致一个人犯罪的是其内在的生物学因素，因此惩罚和震慑是无济于事的。不过，不管是将"反社会者"隔离到劳动营里，还是对基因上"没有价值的"

个人进行绝育，这些清除危险群体的方式都可以起到减少犯罪的作用。在纳粹的法律体系中，就犯罪问题而言，基因取代了社会阶层，生物学专家取代了社会工作者，隔离取代了矫正性的社会政策或监禁措施。集体营承认社会阶层的作用，想办法缓和其消极作用，而集中营则彻底否认了环境对人的重要作用。

1936 年，随着德国警察力量重组并集中到海因里希·希姆莱手中，这支安保力量既包括秘密警察，即盖世太保，也包括刑警，它承担了打击"反社会者"、"共同体的异己分子"和政治敌人的职责。希姆莱和其他党卫军理论家创立了一套人种歧视思想越来越浓厚的警察理论。他们组织了一批犯罪学家、医学专家、社会福利官员，让他们发表遗传因素严重影响社交能力、否认"守夜人"理念的文章，为激进的预防性干预政策寻找依据。希姆莱说："警察有责任捍卫德国民众有机的统一，及其主要活力、条件不被破坏和瓦解。"这一定义给警察赋予了极为广泛的权力。理论上，任何不符合民族共同体既定标准，或被视为社会分裂分子的人都是警察的调查对象。在很大程度上，卡尔·杜克费尔登说得很有道理：在第三帝国，那些没能融入或不愿意融入这个圈子的人根本没有活动空间。但实际上，安全警察并没有为难卡尔这样有家庭和工作的原社会主义者，而是将精力集中在德国历史上从来没有获得发声机会的"反社会者"身上。"那些名词的绝对数量"，如"乞丐""流浪汉""游手好闲者""皮条客""赖账者""吃白食的人""麻烦制造者"，说明当时必须使用一个囊括了各种让人不满、不正常但无法在法律上进行分类的群体的集体名词。[59]

　　普通警察和盖世太保开始针对混乱的城市边缘展开行动。
1934～1937 年，集中营里囚犯的数量翻了一番还多，增加到
7000 人，大多数囚犯是"反社会者"。纳粹新建了一些集中营，
在 1938 年春、夏进行了两次全国性行动，代号为"打击游手好
闲行动"（Operation Work-shy），将行动中逮捕的大约 1 万名
"反社会者"关押起来。1938 年春季，党卫军的附属公司"德国
泥料和石料加工公司"（German Earth-and Stoneworks Company）
成立。公司运作地点在巴伐利亚的弗洛森比格（Flossenbürg）
和德国新吞并的奥地利毛特豪森（Mauthausen）。其他数千所
谓"反社会者"和"游手好闲"的德国人被关入劳动营。吉
卜赛人往往被囚禁在单独的营地里。警察用铁丝网将这些营地
封锁起来，并严加看守。另外，在 20 世纪 30 年代后期，刑警
逮捕了数千名男同性恋，因为他们是"真正的"同性恋或在
基因上有同性恋倾向（女同性恋一般被忽视，或被视为一种
时尚，而不是生物学上的问题）。虽然根据当时的反鸡奸法
律，男同性恋可能被起诉后关入国家监狱，但是很多人从街头
被抓走后不经法庭审判就被直接关进集中营。集中营里还关押
着数百"耶和华见证人"教派成员，其中包括君特·格拉斯
（Günter Grass）记得的那个被扔进劳工服务局的年轻人。虽然
年轻人一再坚持"我们没干那事"，但还是被带走了：德国 3
万名"耶和华见证人"教派成员拒绝向希特勒宣誓忠诚或当
兵。1933～1945 年的某个时刻，该教派大约三分之一成员被
逮捕。[60]

　　集中营的运行平行于国家的司法和刑罚系统，它成为
"共同体敌人"（Gemeinschaftsfremde）的"倾倒场"。被关押
者在被歧视和隔离的环境中度过余生。纳粹的宣传部门起初极

112

力鼓吹劳动对人的矫正和锻炼作用，因而承认释放的可能性——"将懦夫变成男子汉，让没有信仰的人找到信仰"，《汉堡新闻报》（*Hamburger Fremdenblatt*）1935 年的系列文章在讲到里克林（Rickling）附近的一个劳动营时说。后来，法院不再审判被抓的嫌疑人，而是一劳永逸地将他们"扔进"与共同体隔绝的劳动营。国家社会主义认为"反社会者"不配享受"民族共同体的种种公共福利"。这样一来，"反社会者"的死亡率激增，尤其是构成"反社会者"大部分的是身染疾病或酗酒的老年男性。1942 年，在卡塞尔（Kassel）附近的包岑（Bautzen）劳动营，囚犯的平均年龄为 59 岁。[61]这些男性往往是 20 世纪 30 年代末期的集中营囚犯层级的最底层。劳动营给囚犯的衣服缝上不同颜色的三角形图案来标识囚犯的类型。红色表示政治犯，他们最守规矩，往往待遇也最好；黑色表示反社会者；绿色表示惯犯；粉色表示同性恋；紫色表示"耶和华见证人"成员。在 1938 年 11 月大规模逮捕犹太人之前，集中营里关押的大多数犹太人被定性为政治犯。虽然如此，集中营要求犹太囚犯在衣服上倒过来的红三角图案下面再缝一个黄三角，形成一个"大卫之星"图案，以示区别。

我们不应该夸大 20 世纪 30 年代盖世太保在德国社会中的存在。1937 年，盖世太保仅有 7000 人，其中包括秘书和其他助理人员，当时德国人口大约为 6000 万。相较而言，1700 万东德人口中斯塔西①的正式雇员为 9 万人。虽然如此，盖世太保的目标（和刑警合作，清除街头"没有价值的"德国人）

---

① Stasi，东德的国家安全部，担任东德的政治警察，负责搜集情报、监听监视、反情报等任务。——译者注

人尽皆知。每个周四或周五汉堡都有一辆火车离开汉堡最大的火车站，将犯人运往卡塞尔的劳动营。警察对德国民众生活的例行秘密干预解释了为什么盖世太保"在人们的传说中几乎无处不在，无所不知"。他们的密探遍布全国，监听民众的谈话，让人们保持政治上的一致。[62]然而，被盖世太保逮捕的大都是"反社会者"，而不是讲笑话或埋怨社会的人。后者被邻居或熟人举报，往往不是出于政治原因，而是因为个人恩怨。实际上，纳粹领导人将大多数举报看作无聊之举。[63]虽然如此，关于盖世太保的谣言满天飞。很少的举报和逮捕行为并没有抵消国家监视行为的不可预测性。令人深思的是，人们长久地记着盖世太保而不是被盖世太保逮捕的人，显示了大众对"反社会者"打击行为的无言认可。

根据受社会尊重的程度，可以相对容易地甄别"反社会者"，而"基因不健康的人"（他们中的很多人已经有了孩子和配偶）则很难甄别。甚至纳粹主管部门也不清楚有多少德国公民符合他们不断修改的有关"生物学退化"的定义。内政部部长威廉·弗里克经常说有大约 100 万德国人在肢体或精神上处于病态，这一数字与知名优生学家弗里德里希·伦茨（Friedrich Lenz）估计的数字吻合，弗里克还说，其他专家估计的数字高达 1300 万，而当时的德国人口是 6500 万，比例是 1∶5。在 1929 年的一次讲话里，希特勒本人漫不经心地讲述了从每 5 个德国儿童中剔除 4 个儿童的可能性。"最终的结果仍可能是民众总体实力的增加。"[64]事实是，纳粹对 40 万德国人实施了绝育手术，主要是在战前的 1934～1939 年。至少同样多的公民面对着绝育威胁，因此 100 万人和他们的家人被德国种族政策中的这条线束缚了。这些数字高得离谱，尤其相较

114

于 1907～1945 年被绝育的 4.5 万美国人［德国的法律评论人安慰德国公众，说美国在德国之前就有过类似方案，他还引用了奥利弗·温德尔·霍姆斯（Oliver Wendell Holmes）的观点："智障者有三代就足够了。"］。

不同于针对"反社会者"的"行动"，绝育程序涉及公民社会的深层。然而，考虑到种族改造项目形成的广泛的社会关系网，除了被告自己提出的上诉，其他反对绝育的声音少得可怜。大多数被选择接受绝育的人来自下层社会，再加上判定人的行为是否正常的权力掌握在受过教育的中产阶层男性手中，这让被选定接受绝育的人处于更加不利的地位，而且很难唤起人们的同情。在那个时期，写信件、日记和回忆录的德国犹太人对第三帝国的种族主义很警惕，但他们大多数属于中产阶层，他们在文字中没有提及针对德国非犹太人的人种法律。德国抵制绝育的人们也是如此。那些被施以绝育手术的人，以及他们的家人无疑耻于被政府视为"没有价值"的人。这一切都表明德国民众认可纳粹有关肢体和精神正常的观点的程度。即使是人民冲锋队这一二战期间被希特勒派上战场的最后一支防卫力量，也不愿意征召绝育过的人入伍，认为他们"不适合打仗"（与其说是肢体意义上，不如说是道德意义上）。[65]

几乎就在 1934 年 1 月《基因缺陷后代保护法》（Law for the Prevention of Genetically Damaged Offspring）付诸实施之际，绝育程序就启动了。大部分被初步认为需要接受绝育的人被收容所，或医院里的护理大夫打发到遍布德国的 700 多家公共卫生机构中的某个机构。国家卫生官员那里也保存着一套有关救济金申领者、在校学生、重罪犯的系统档案，他们利用这些资料来甄别哪些人应该接受绝育。在德国南部的贝希特斯加登

（Berchtesgarden），学校老师在学生填写的族谱上做上标注，然后上交给主管公共卫生的官员。[66]如果当地负责登记的卫生官员对某个人的身份产生怀疑，只要对方有结婚意向，就可以启动绝育程序。

公共卫生机构接收护理大夫打发来的人，随后他们就会将这位病人分配到某个具有人种生物学证书的医生处。一位年轻女子在未婚夫的陪伴下，进入一位具有人种生物学证书的医生的诊室：

> 那位医生看了我的材料，得知我的姐姐曾经在教养院待过，我的母亲有前科（这件事我事先并不知情），因此对我的看法很不好。我很尴尬。在旁边的房间里……每个人都能听到我的回答。那位医生进出那间屋子好几次，最后他突然站定在我的面前，问了我一个问题。那问题大致是，如果1磅重的某种东西价格是7芬尼，那么7磅重的这种东西需要多少钱？我紧张地说是1.05马克。什么！那个大夫尖叫道。如果0.5磅的价格是15芬尼，那么7磅需要花多少钱？70芬尼，我低声说。他还问了有关城市、河流的问题，几乎所有问题我都答了上来。

反对这种智力测试的理由是它排除了一个一般性的判断：人们愿意过什么样的生活。1937年，纳粹医生联盟（Nazi Physicians' League）的头目格哈德·瓦格纳（Gerhard Wagner）写了一份长长的备忘录，敦促纳粹分支机构（而非卫生机构）监督绝育程序，防止虽然表现很好，但受教育程度较低的同志落入死板的种族官员手中。内政部官员不承认瓦

116

格纳列出的这些突出案例，说那些案例是"例外情况"。他们坚持遗传生物学是科学的，公共卫生机构的管理是必要的。虽然这一理由最终胜出，可能与当时的权力总体上向生物学专家转移有关，但是，一些智力测试后来被搁置后，取而代之的是虽然较为全面但同样主观的人种价值评估。[67]

第三帝国衡量基因监测程度的数字虽然不全面，但也能说明问题：1935～1941 年，德国西部普鲁士地区杜塞尔多夫（Düsseldorf）的有关部门对 1% 的人口进行了评估，对其中40% 的人进行了绝育。在图林根州，有关部门对 2.4% 的人口进行了评估，同样对其中 40% 的人进行了绝育。在柏林的夏洛滕堡区（Charlottenburg），官员要求九分之一的未来新婚夫妇获得基因健康合格证；这些人中的 5% 被禁止结婚［但是，至少在利珀（Lippe），42 人被驳回结婚申请之后 38 人成功申请了"例外"］。[68]也有人付出了沉重代价。二战结束不久，在卡尔斯鲁厄（Karlsruhe）的一个奶牛场干活的小伙子在回答美国人有关 1935 年他被绝育的情况时一再说（这时他痛哭失声）："从那时起，我再也没有填写过任何和纳粹党有关的申请表、调查问卷或任何类似文件。"[69]

如果医生建议绝育的话，一个三人"绝育法庭"就会做出一个最终的、往往意见一致的裁决。虽然可以上诉，但上诉的期限要求越来越短，而且上诉很少能改变裁决结果。绝育手术在几个星期之后进行。不过，在一些罕见的情况下，如果坚持上诉的话，法院可以判定将手术推迟好几年。1933 年，24岁的女店员弗洛拉·S.（Flora S.）先后在一个私人疗养院、政府收容所看过病。她的病历不知怎么被转到柏林滕珀尔霍夫地区公共卫生机构的医生那里。那位医生给出的诊断结果是

"狂躁抑郁症"，建议弗洛拉绝育。那位医生的依据就是弗洛拉打算结婚，并且她的爷爷自杀身亡。不过，大多数绝育手术依据的诊断结果是先天性智力低下或精神分裂症。弗洛拉和家人闻讯后开始了无休无止的上诉和抗议，手术一再延期，使得最初定在 1939 年 8 月的手术延迟到 1944 年 5 月，最后确定在 1945 年 6 月。当时，纳粹已经战败。"对于弗洛拉，千年帝国就是努力躲开绝育手术的 12 年。"弗洛拉是幸运的，因为大多数上诉没有成功。大多数的手术没有被推迟。实际上，纳粹的思维就是"宁多一个人也不放过一个人"。被要求绝育的人中，10 个人中几乎就有一个人被警察强行带到手术室。[70]

基斯拉·博克（Gisela Bock）在她关于第三帝国绝育情况的堪称经典的研究中指出，绝育程序让受害者的声音进入史册，这是纳粹德国时期的稀罕事。不管他们"申诉还是恳求，不管是哀求还是威胁，不管是抱怨还是指责，不管是痛苦还是侮辱，不管是害怕还是自信，不管是屈从还是愤怒，不管是口头上还是用文字，不管用词是雅是俗"，人们申诉时一般不使用那些故作高深的生物种族方面"科学术语"。博克注意到"两种语言的这种对抗也是两种不同思维方式的对抗"，博克强调，那些受害者使用的语言与迫害他们的纳粹使用的语言大不相同。即将被迫接受绝育的"精神分裂症病人"埃玛·P. （Emma P.）反对说："人和人不一样，每个人的情况也不一样。"[71]这是再好不过的反法西斯宣言。

在战争期间，随着大批医生被动员到前线，后方医疗用品日渐短缺，公共卫生官员对"无价值生命"实施绝育手术的数量日渐减少。然而，备战工作要求加快制订和实施相关计划，清除收容所和精神病院里"白吃饭者"或成为"社会负

118 　担"的人。纳粹实施了非自愿安乐死，为的是"将残疾人从国家基因池"中清除。不过，战争形势给这一方案提供了合理性和掩饰。在战争期间，5000 多名儿童被保育员杀害在保育机构里。他们一般采用的方法是加大日常用药的剂量，让受害者看上去像是"自然死亡"。但是，成年病人死于专门收容机构的毒气：灰色的大巴车将受害者送到符腾堡（Württemberg）、德绍（Dessau）附近的贝恩堡（Bernburg）、黑森州（Hessen）的哈达马尔（Hadamar）。和受害儿童的情况一样，这些成年人包括肢体上或精神上残疾的人，包括盲人、聋哑人。最终，受害者亲属宣称要对医院提出刑事犯罪指控，以及当地人看到那些病人"再没有露面"而感到的惊愕——"在德国南部一个村庄，农妇不向当地政府医院的护士出售樱桃"——，以及 1941 年 8 月，威斯特伐利亚（Westphalia）明斯特市的天主教主教克莱门斯·奥古斯特·冯·盖伦（Clemens August von Galen）针对非自愿实施安乐死的公开谴责，迫使希特勒拆除了那些专门的杀人场所。在一次行动中，超过 7 万名残疾的德国人被杀掉。而一个提出了荒诞的统计数字的政府官员说，这一行动将在十年里为德国节省 885439980 马克和 13492440 千克肉。[72]

　　安乐死"行动"是反犹大屠杀的先声。通过反复摸索大屠杀过程的各个阶段，从病人的确定到安排专门车辆运输病人至屠杀地点，到在专门房间里用毒气杀人、处理尸体，动员医疗专家参与这一行动，纳粹完成了灭绝犹太人和吉卜赛人所需的重要流程铺垫。这些医疗专家用一大堆似是而非的委婉话语来掩饰自己的工作性质——"T-4 行动"指代的是总理办公室（Office of the Chancellor）在柏林的蒂尔加滕街 4 号

（Tiergartenstrasse 4）建立的傀儡公司所实施的计划。

安乐死话题在德国民众之间引起了激烈讨论。1941 年夏　119
季，盖伦的批评言论像野火一样蔓延开来。大约在同一时期问
世的还有电影《我控诉》（*Ich klage an*）。它推崇病人根据自
己的意志选择死亡方式。看过这部电影的 1800 万人中，很多
人不断追问各种问题。柏林的弗朗茨·戈尔认为，患了绝症的
病人可以结束自己的生命，但是他不相信纳粹。"事实是，国
家社会主义党政府会利用法律让自己承担起为那些缺乏谋生手
段、依赖政府救济金生活之人'自愿'结束自己生命的义
务。"[73]前线士兵也参加了有关绝育和安乐死的激烈辩论。其中
的一个士兵是海因里希·伯尔。他是一个恪守教义的天主教
徒，对绝育和安乐死都抱反对态度。"来自我们信仰的反对理
由极为充分"，他在写给妻子的信中说。[74]但是，他们提出的那
些理由与人们在德国犹太人命运方面的普遍沉默形成了鲜明对
比。要知道，就在那几个月里，德国犹太人被公开惩罚和驱
逐。无论在公开布道里，还是在个人信件里，盖伦都没有提到
过犹太人。索尔·弗里德兰德（Saul Friedländer）指出，盖伦
的抗议是"第三帝国历史上杰出的德国基督教代表唯一一次"
公开谴责政府的犯罪行为。[75]虽然有关安乐死的辩论揭示了
"同情的边界"也是有边界的，但是这些辩论针对的是一个几
乎所有人都可能遇到的问题。1941 年，德国人可以想象靠微
薄的养老金生活，想象忍受让人失去生活能力的战争创伤，忍
受年迈虚弱。但是，他们无法想象自己被划为犹太人。

对德国犹太人的攻击

虽然对德国民众来说，有时候执行纳粹有关犹太人的政策

并不是一件容易的事情，但是大多数人逐渐接受了这一基本前提：德国社会在某种程度上取决于"犹太人问题"的解决。弗里德兰德认为纳粹的反犹政策是"拯救性的"，是保护被众多德国民众视为受伤流血的德国躯体的广泛努力的一部分。孔兹概括说，纳粹用同样的力度宣传"爱自己和恨别人"，让两个方面互为前提。德国的"生"与犹太力量的毁灭给纳粹的反犹政策赋予了理想主义色彩。另外，正如弗里德兰德所说，纳粹认为犹太人的威胁是"致命的"且时刻存在的，这种视角为他们攻击犹太人提供了一种紧迫感和必要性，促使德国民众认可他们的做法。[76] 在战争期间，犹太人直接被视为反对德国军队的游击队员。当然，反犹思想在信仰基督教的欧洲地区根深蒂固。这是威廉时期（Wilhelmine）和魏玛共和国时期德国日常生活的一个令人熟悉的特点。全国最大的国家主义组织"钢盔党"、德国青年大队（Jungdeutscher Orden）、德国国家人民党都有"雅利安段落"，即他们的章程都规定不允许犹太人入会，并且都用种族来定义犹太人，即使他们皈依基督教也不能改变他们的犹太人身份。然而，邻居之间、同事之间其他很多方面的交往仍然限制着反犹太主义。

正是国家社会主义党内新近甚嚣尘上的反犹主义让"犹太人"成为德国民众谈论的首要话题："犹太人"对德国公共生活的影响很大（1933 年后，有关这方面的讨论一直不断）；有的"犹太人"仍有顾客光顾；有的"犹太人"已经没有了顾客；"犹太人"成了纳粹暴力可怜的牺牲品。总之，不管出于什么原因，"犹太人"已经成了一个"问题"。几乎在一夜之间，与邻居的各种交往都被德国人与犹太人的巨大差别取代。笼统的"犹太人"一词掩饰了差异很大的生存境况。然而，1933 年之后，犹太人（the Jews）之前的定冠词开始表示更为准确的意义，因为它表示的是强加给一个异质群体的社会地位。

在人们的意识中，一旦针对犹太人的行动与德国的进步联系在一起，那么大多数德国人不但会逐渐接受"犹太人"这一整体类别的合理性，也接受了"犹太人问题"的合理性，进而接受了各种解决方案的合理性。反犹主义不是什么新鲜东西，然而，当人们将它与德国人联系在一起时，它就被赋予了极大的象征意义。拥护国家复兴计划的渴望、改变观点的渴望、废除《凡尔赛和约》的渴望、消除 1918 年革命隐患的渴望，可以解释为什么不管是知名的德国人，还是普通民众，每天都决定继续与"犹太人"保持距离。正是"作为一个德国人的责任"，让维克托·克伦佩雷尔的一个熟人在纳粹掌权不久后与他断绝了关系。哲学家马丁·海德格尔（Martin Heidegger）、法学家卡尔·施密特（Carl Schmitt）也断绝了与犹太朋友的联系。[77]他们完全不再和犹太人来往。

1938 年背井离乡离开汉诺威南部的家乡贝芬（Bevern）三年后，在美国加利福尼亚州萨克拉门托（Sacramento）北部草谷（Grass Valley）落脚的犹太医生葆拉·托拜厄斯（Paula Tobias）将之前她问朋友们，为什么自己不再被归为德国人的旧信件收攒在一起。1934 年，她儿子毕业的那所中学的校长跟她说，他总是感觉犹太人和德国人不一样。他承认，这种疏远很难说"合理"，它属于"血统和直觉"上的事情。一位曾经和葆拉一起在一战期间做护士的好朋友也认可纳粹反对犹太人的措施。那位朋友认为那些政策"符合德国民众的利益"。1933 年 9 月，伊丽莎白·塞克斯特思（Elisabeth Sextrohs）尽可能用"明确的笔触"写道，必须"抑制犹太人在德国生活各方面中的压倒性影响"。没错，让个体受苦是一件"痛苦和悲惨"的事情。虽然伊丽莎白·塞克斯特思权衡了得与失两个方面，但最终她还是认同政府对待犹太人的措施，因为这些措施有助于恢复德国主权。政府多次尝试实施反犹政策，而且往往行之有效。[78]

122　　这种经过深思熟虑的态度——这种反犹思维忽视了个体，只看到整个犹太群体，同样的抽象思维是，忽视犹太群体，只看到整个德国——是针对犹太人的暴力的起点。"拯救性"反犹思维有时候比针对"反社会者"和"智力低下者"的人种健康政策更加野蛮和残忍，因为针对犹太人的行为被看作有意识的、目标明确的、旨在消除德国分歧和混乱局面的努力。正是基于这种逻辑，德国人将自己想象成犹太人和其他"背后捅刀者"的受害者，同时也是因为这一逻辑，"爱自己"可能变成致命的"恨别人"。

　　1933 年 3 ~ 4 月两个月，对于德国犹太人来说，一切都已不同于从前。3 月 5 日的大选之后，犹太人成为一连串暴力活动的受害者。又有数千人接受了纳粹思想，加入了准军事组织冲锋队——该组织的人数激增至原来的 8 倍，从 1933 年 1 月的 50 万增加到一年后的 450 万——反犹活动的规模也随之迅猛扩大。成为纳粹还意味着努力成为一个反犹主义者。德国将近四分之一腿脚健康的成年男性都加入了冲锋队，还有很多德国人加入了希特勒青年团或纳粹党。难怪 1933 年夏季身在德国的外国游客能够听到"人行道上冲锋队员不间断的皮靴声"。据 1933 年 3 月 10 日出版的《曼彻斯特卫报》（*Manchester Guardian*）报道，在库弗斯坦达姆大街

（Kurfürstendamm，柏林的高端购物街），身穿褐色制服的冲锋队将犹太人打得头破血流。[79]不伦瑞克、汉堡、法兰克福、卡塞尔、威斯巴登（Wiesbaden）等地也发生了类似事件。纳粹党徒放火焚烧了位于柯尼斯堡（Königsberg）的犹太教堂。大约1000名男女老幼目睹了冲锋队员用红黑黄三色的魏玛共和国国旗缠住马库斯·贝雷斯［Markus Bereisch，杜伊斯堡（Duisburg）犹太人中的一位杰出人士］的脖子，强迫他和另外两个拉着旗子两端的犹太人穿过三条街——夏洛滕大街、大学街、国王街——走到市政剧院。还有纳粹党员将一些犹太店主押上一架牛车，在哥廷根（Göttingen）的街道上游街。在布雷斯劳（Breslau），他们给一位政治上活跃的犹太人穿上小丑的衣服后，将他扔进集中营。[80]与上述情况类似的公开羞辱取决于是否有旁观者愿意加入其中。这些行为加快了社区中"我们"与"他们"的分化。

123

被外国媒体广泛报道的是，恐怖的暴力行为为全国范围抵制犹太人的生意以报复海外流传的犹太人反德言论提供了舞台。1933年4月1日（星期六），希特勒被任命为总理刚满两个月，全国各地的冲锋队员站在犹太人店铺门前，举着写有反犹口号的大牌子，恫吓路上的行人和购物者。虽然他们的这一做法不是很成功，但是这种抵制活动向犹太人证明，他们在街道上受到的威胁是经过政府批准的。纳粹政府颁布的《公职恢复法案》最终消除了有关犹太人二等公民地位的一切疑虑。这一法律强迫犹太公务员退休，而内政部对公务员中的犹太人定义更为严格，祖父母和外祖父母中只要有一个人是犹太人就算是犹太人。虽然老兵、老兵的儿子和父亲暂时获得了例外处理，长期在政府机构任职让大约半数的犹太人公务员免于提前退休，但是这种用所谓人种身份对某个公民群体的未来发展进行极端限制的做法成为一种令人震惊的先例。纳粹上台几个月之后，种族原则明显成为国家组织建立政权体系的中心原则。

早在 1933 年 3 月，中央政府和地方政府就不约而同地禁止相关部门将公共项目订单交给犹太人的公司，因此冲锋队的上述抵制活动虽然没有让犹太人破产，但是大大加速了这个过程。德国各地的私人企业纷纷效仿大型连锁店卡尔施泰特（Karstadt）的做法。1933 年 4 月 1 日，该公司解雇了犹太员工，原因是他们不再是非犹太人的"平等同事"。同时，企业高层中的犹太人被勒令退出公司董事会，部分是出于合作精神，部分原因是"共同理解"，部分原因是来自竞争对手的压力。例如，作为德国最大制药企业之一的拜尔斯道夫公司（Beiersdorf）受到竞争对手诽谤，说该公司生产"犹太护肤品"。5 月中旬，拜尔斯道夫公司对公司董事会和主要品牌妮维雅进行了"雅利安化"。公司在《插图观察者》（Illustrierter Beobachter）上刊登整版广告，砸重金宣传"妮维雅"，说它能够有效地帮助人们实现自然美。[81]（因为这一营销宣传，洛尔·瓦尔布在 5 月 23 日生日收到一小瓶"妮维雅"之际，该产品已经不再是"犹太护肤品"。）[82]发生在 1933 年春季的一系列令人震惊的事件（当时，越来越多的德国人意识到，他们不能再光顾犹太人的商店，很多德国企业被迫辞退犹太员工，让犹太人退出公司董事会）让德国在很大程度上背离了"雅利安化"德国经济的最终目标。

随着德国人承认"犹太人问题"，调整自己的行为，德国人与犹太人往日见面时的那种无拘无束荡然无存。希特勒被任命为总理后"没过几天"，在小酒馆或小餐馆打牌的老顾客们

124

重新组合，将之前的犹太牌友排斥在外。在其他地方，之前一起干活多年无话不谈的两个园丁（一个是犹太人，另一个不是）从此形如陌路。德国孩子私下里对他们的犹太朋友说，他们今后不能在一起玩耍或结伴回家了。[83] 玛丽昂·卡普兰（Marion Kaplan）说："这些不再来往的朋友通过这种方式给出了有关'新时代'的令人痛彻骨髓的证据。"不管犹太人走到哪里，都会遭遇回避的目光、敌意的眼神、众人谈话的突然中止，好像是犹太人打断了他们无权参与其中的谈话。一个犹太人回忆说："突然，我们发现我们与其他人不一样。"这种日常交往里的种族协作（racial coordination）现象几乎都是自发出现的，因此，1933 年 5 月一位观察人士在文字中希望这种"雅利安热潮"尽快消退："并不是所有体操俱乐部和斯卡特纸牌俱乐部的成员都必须是'雅利安人'。"[84]

在当前的形势下，新鲜的东西并不是反犹主义本身，而是含糊的邻里关系的终结。对于很多德国非犹太人来说，这意味着在公众场合谨言慎行，如履薄冰，而对于德国犹太人来说，这意味着"社交死亡"。即使一些德国非犹太人鼓起"公民勇气"光顾犹太人的店铺，但是他们内心深处的类别划分和那些抵制犹太人生意的人是一样的。威丁区的那些说"犹太人从来没有对我们做任何坏事"的邻居虽然对反犹主义不屑一顾，但也赞成反犹主义所倡导的"你们"与"我们"之间的疏离。[85] 风俗和习惯让位于明确的种族知识所导致的顾虑重重和欲言又止的交流。突然，犹太人成了"冷屠杀"（cold pogrom）的对象。这场屠杀发生的地域范围之广，遍及德国全境。它是现代欧洲社会情感结构上的一件大事。[86]

现在，德国的犹太人不再是"非基督徒"，而是"非德国人"。这种情况一直延续到 1945 年之后很久。有人问维克托·克伦佩雷尔："你的妻子居然是德国人?"言下之意,克伦佩雷尔不应该是德国人。这种类别上的相互排斥让人们将"犹太人"当作一个人种,进而将"德国人"或"雅利安人"也当作一个人种。这种人种类别划分还促使人们使用单数集体名词犹太人(Jew),而不是那些意味着存在很多种德国人(包括很多种犹太人)的单词。"犹太人和犹太人之间没有区别",戈培尔后来坚持说。[87]

德国人与犹太人之间存在差异的这一官方看法,让一种沉寂多年的迷信思想死灰复燃。这种陈旧思想认为,接触犹太人的身体是有害的,或者说,犹太男人会玷污德国女性。对犹太人身体特点的这种看法解释了为什么妮维雅护肤品的生产厂家想尽办法改变产品的推销语,为什么各城市首先禁止犹太人使用游泳池,之后又禁止他们使用其他市政设施。1933 年夏初,慕尼黑和纽伦堡就颁布了针对犹太人的游泳禁令。1935 年,柏林和大多数其他地方一样,也颁布了禁令。学校还禁止犹太学生上游泳课。起初,人们觉得不好意思让犹太邻居知道新颁布的反犹政策。"我马上告诉了孩子们,不过采用了委婉的方式,我跟他们讲了'南端'游泳池周围竖着的那个针对非雅利安人的牌子",两个犹太女孩的非犹太继父这样说。之前,他告诉两个孩子,如果想去那里游泳,可以假装非犹太人前往。"虽然她们一直犹豫不决,不过她们一直惦记着这件事,勒妮(Reni)可能不想再去了,游泳池对她不像对布丽特(Brigitte)那么有吸引力。"[88]最终,德国人和犹太人在见面时都不再谈论种族话题,都默认了新政策。

犹太人也开始回避德国人。他们不由得怀疑几乎所有邻居——除了几个关系特别好的朋友——都已经成了纳粹。1933
年、1934 年，6 万犹太人（10% 以上的犹太人居住在德国）
离开德国，其中包括 1929 年出生于法兰克福一个犹太家庭的
安妮·弗兰克（Anne Frank）。安妮一家移居鹿特丹，建立起
一家成功的企业。1940 年 5 月 10 日，德国入侵荷兰之后，他
们发现自己再次被纳粹包围。

　　但是，移居海外不是一件容易的事情。除了找工作、学习
新语言、拿签证等困难之外，大多数犹太人不舍得离开德国。
虽然 1933 年之后人们对犹太文化遗产和宗教理论的兴趣有所
增加，犹太复国主义的吸引力也有所上升，但是人们对德国文
化传统的认同依然非常强烈。"我内心里总觉得自己是德国
人"，1933 年 3 月末克伦佩雷尔这样说。两年后，他又说：纳
粹才"不是德国人"。"我们是彻底的德国人"，"我们彻底被
德国文化同化了"，"我们是彻底的中产阶层"——卡普兰得
体地表达了对德国形势的震惊和这个国家很快会恢复理性的过
度乐观。[89]实际上，对很多人来说，纳粹思想的古怪之处最终
会压垮这一套理论。形势肯定会转好，因为不可能再继续变
坏——接受克伦佩雷尔邀请并在他位于德累斯顿的家里喝咖啡
的犹太朋友们没完没了地争论，到底有多少人支持希特勒，他
的政权有多稳固，德国文化有多可靠。有时候，德国民众传递
出一个声音，都反对犹太人，赞成种族主义，完全沉浸在民族
共同体事业中，但有时候，他们似乎只忙于自己的事情，对纳
粹思想、纳粹领袖声嘶力竭的讲话、纳粹的集体狂热并不上
心。有时候，老熟人也相对无言，但也有时候，住得近的女性
继续前往之前经常光顾的服装店，好像决定人们购买衣服行为
的仍然是长期以来的人际交往习惯。德国犹太人和其他纳粹政

127

策的观察者共有的这种不确定性支撑着"等等看"的态度。

每一天，在德国某个地方，都有纳粹暴徒将砖头从窗户扔进犹太人店铺里，或者走过犹太人住所或教堂时扯着脖子高唱反犹歌曲。例如，其中的一首歌是《犹太人的血在我的刀下喷涌》（"When Jewish Blood Spurts from My Knife"）。瓦伦丁·森杰（Valentin Senger）回忆他在法兰克福第一次听到这首歌的情景："我呆立在人行道上，眼前浮现出一个画面：刀子插在妈妈、爸爸和我的肚子、喉咙上，鲜血从刀口处喷出来。"事实上，虽然"行进的队伍扭头向车站走去"，但是"我后来又在很多其他场合听到过那首歌"。[90]1935 年夏季，当地纳粹掀起了一场反犹运动。在巴伦斯特（Ballenstedt）、奎德林堡（Quedlinburg）、哈尔茨格罗德（Harzigerode），大批希特勒青年团成员走上商业区街头，散发红色传单。传单上写着"吃犹太人的东西就会死掉""犹太人是灾星""绝不照顾犹太人的生意"。街头还出现了很多张贴反犹报纸的宣传栏。人们越来越难以对抵制活动装聋作哑，越来越不敢不在橱窗上贴上"不欢迎犹太人"字样。"我该怎么办？"在巴伦斯特街上开面包店的理查德·特施（Richard Tesch）困惑地说，"伊斯雷尔（Israel）来我这里买东西已经好久了，我是不是不应该再卖东西给他？如果我这样做的话，我就会失去很多其他顾客。"[91]

反犹主义的种族基础有一种激化作用，因为它提出了一个问题：如果犹太人是德国社会外来的危险存在，是不是应该将他们全部赶走？事实是，对"犹太人问题"的所有关注说明德国人和犹太人的关系非常密切。最近几十年，尤其是在城市里，德国人与犹太人通婚比例的上升导致德国出现了大约 7 万名"半犹太人"和将近这个数字两倍的"四分之一犹太人"。

对于纳粹来说，德国人与犹太人之间的通婚意味着双重危险：它破坏了雅利安人种族血统的纯洁性，同时也让人们无法可靠地区别德国人和犹太人。祖父母或曾祖父母一辈中只有一个犹太人的德国人身上是否潜藏着犹太因子？如果答案是肯定的，那么这种犹太因子可以向前追溯多久？皈依基督教的犹太人身上有多少犹太因子？或者说，金发蓝眼睛的犹太人身上有多少德国人的因子？人们不断追问这些方面的问题。"犹太人问题"让找到一个有关犹太人、犹太因子的可行定义更加必要。

1935 年 11 月纳粹党代会上宣布的《纽伦堡法令》剥夺了犹太人的"德国公民"身份，禁止德国人与犹太人结婚和性接触，确认了犹太人的二等公民地位。这一法律还告诉人们如何在一些困难情况下判断谁是犹太人，谁不是犹太人。生物学上，犹太人的定义是四个（外）祖父母中有三个或三个以上是犹太人，那么他或她就是犹太人。犹太因子取决于出生时的宗教归属，而不像纳粹所说的，取决于科学或生物学标准。与犹太人结婚并且信仰犹太教的"雅利安人"被视为犹太人，但皈依基督教的犹太人仍然是犹太人。

半犹太人的情况揭示了政府的意图和他们有关人种政策的内部分歧。《先锋报》出版商施特莱彻认为，犹太人的血统就是一种具有传染性的威胁。对于施特莱彻这样的纳粹党人来说，犹太人和德国人的性接触会玷污德国人，破坏雅利安血统。因此，德国人应该保护自己的身体，远离犹太人。这一逻辑解释了为什么要禁止犹太人进入游泳池，禁止犹太医生给德国病人看病。《纽伦堡法令》体现了上述有关犹太人的恶意看法。该法律禁止犹太家庭雇用不满 45 岁的仆人。上述的最后一个例子表明，在纳粹的想象中，诱害德国女性的往往是犹太男性：犹太人中实施侵害的性别是男性，而可能受害的雅利安人性别则是女性。犹太血统带有传染性，根据这一逻辑，半犹太人和四分之一犹太人在玷污德国人身体方面作用是一样的，没有"半玷污"这回事。他们从未放弃过这一逻辑。它对德国人的情绪产生了极大的影响力，并让这些情绪继续发酵。作为一个狂热的反犹主义者，希特勒也对这一观点产生了兴趣。

这个问题的另一边是瓦尔特·格罗斯这样的生物政治学家。他们自诩是现代科学世界观的拥护者，认为基因决定和延续犹太人的性格。根据这种观点，半犹太人和四分之一犹太人既携带好的基因，也携带着不好的基因，因此不能将其视为彻底的犹太人。格罗斯和其他人认为，如果禁止混血犹太人之间通婚，他们最终将融入雅利安人种。就像犹太性格很容易消失一样，它也可能继续存在、发生变异——希特勒逐渐认为，在第7代之前，混血犹太人中的犹太因子还会"作祟"。到了第7代，他们才能恢复"纯净的雅利安血统"——将犹太人归入德国人还有一个有力的现实理由。数千"纯粹"的德国人通过血缘或婚姻，与拥有犹太祖父母的人形成亲属关系，如果将他们都排斥出种族共同体，将引起公众不满。另外，国防军可以彻底改造半犹太人。种族分类的基因依据与绝育、安乐死等纳粹政策一致。最终，希特勒接受了格罗斯的逻辑，虽然格罗斯向他明确说明，先前与犹太人发生性关系的德国女性的后代是纯净的雅利安人。[92] 禁令和许可之间的纠缠很有分寸地发表在报纸上。据社会治安报告说，大多数德国人呼吁出台澄清犹太人地位的法律，希望法律能结束暴徒的反犹涂鸦和打碎玻璃等行为。被采访的社会民主党人流露了很多批评的声音，但承认那是反犹宣传在起作用。民众普遍同意德国存在需要解决的

"犹太人问题"。[93]

在理论上，《纽伦堡法令》划分了两个不同的种族，一个种族拥有完全的政治权利，另一个种族的身份是"客居"，后者需要办理相应的护照和身份证件。这等于对公民的政治权利和人权进行了重大调整，目的是将先前的一些公民排除在外。耶胡达·鲍尔（Yehuda Bauer）一针见血地将这些行为称为对现代习俗的"颠覆"。对于德国的犹太人来说，这部法律明白无误地反映出，他们已经完全被排斥出调整后的德国社会。一些人选择等待希特勒下台，但是眼前的现实让他们看不到光明的未来。最后一股力量将犹太人从德国经济中彻底推出去。1936 年，德国几乎实现了完全就业，将犹太企业"雅利安化"的难度大大降低。犹太企业落入了对其垂涎已久的基督徒手中。犹太人开的街角商店被直接清算，为的是减少竞争者的压力。虽然政府没有对"雅利安化"政策的执行提出时间上的统一要求，但是各地在 1938 年已经在很大程度上将这些政策付诸实施。"1932 年底在运营的大约 5 万个小型犹太企业中，"卡普兰说，"到了 1938 年 7 月（也就是 11 月的犹太大屠杀之前），存在的仅剩 9000 家。"[94]

雅利安化过程伴随着一系列密集的反犹太和反共宣传。新闻报道、纪录片、展览、课本大力宣传有关"犹太人问题"的最新"学术发现"。1937 年，有关"堕落的艺术"、布尔什维主义（"世界的头号敌人"）、"永世流浪的犹太人"的展品在各城市间巡回展示。在西班牙内战（爆发于 1936 年 7 月）、1936 年 8 月莫斯科针对老布尔什维克进行的"象征性审判"、1936 年 11 月德国与日本签订反共产国际条约等事件的背景下，纳粹总是将德国犹太人与共产党的威胁联系在一起。"布尔什维克恐怖"成为 1937 年纽伦堡党代会备受瞩目的中心话题。戈培尔对犹太人极尽妖魔化，说他们是西方世界的首要敌人："看，他们是全世界的敌人、文化的破坏者、各国的寄生虫、混乱之子、魔鬼的化身、腐败的渊薮、让人性退化的魔鬼。""自从基督教兴起、伊斯兰教传播、宗教改革以来，世界从来没有这么混乱"，希特勒回应说，他认为始作俑者是"莫斯科犹太人的布尔什维主义"。[95]这一运动让人们想起了不应该被低估的对共产主义根深蒂固的恐惧、1919～1920 年大罢工记忆唤起的恐惧、俄国内战暴行的恐怖故事，还强化了犹太人是当前难对付的敌人这一印象。即使是明确拒绝"将血统和人种神化"的观察者也"完全同意有关布尔什维主义可怕危险的看法"。[96]

1938 年 1 月，德国政府要求犹太人在他们的法定姓名中加上"萨拉"（Sarah）或"伊斯雷尔"（Israel），这一要求让纳粹为驱逐他们做准备的目的昭然若揭（第三帝国的"雅利安人"也改了名字，虽然他们这样做出于自愿，类似那位根据德语拼写习惯将名字中的"Günter"改为"Günther"的年轻的党卫军成员，以及君特·格拉斯的小说《猫和老鼠》中的那位牧师，他将"Gusewski"改为"Gusewing"）。[97]《黑色军团》（Das Schwarze Korps）的头条标题赫然是"犹太人应该去哪里？"1938 年 2 月，答案是"滚蛋！"[98]

《纽伦堡法令》颁布三年内，超过三分之一的德国犹太人移居海外。他们卖掉房子，送掉个人物品，在《菲洛地图册》（Philo-Atlas）的帮助下拿到护照。该地图册是一本世界避难指南，"一本真正的逃难手册"，相当于其他德国人组织"快乐创造力量"假期和希特勒青年团旅行所用的列车时刻表。[99]

在德国各地的火车站，两列火车相向而行，犹太人奔向陌生的、前途未卜的生活，他们目的地主要是巴勒斯坦、英国、美国，而他们的德国邻居则热情高涨地去完成重建和巩固民族共同体的使命。

1938年3月的德奥合并极大地加快了纳粹的种族清洗活动，也相应地给版图扩大的德意志帝国增加了一定数量的犹太人。在这件事的激励下，人们疯狂庆祝元首成功地修复了德国的躯体，同时，出现了一幕幕暴徒恶毒攻击奥地利犹太人的场面。这些犹太人被迫在他们遭洗劫的商店和住宅外面，跪在那里清扫街道或者被迫用其他方式取悦旁观者。"我们干得真好，我们好爱元首，没有一个人不爱。"1938年夏季，克伦佩雷尔这样模仿那些施暴者的自恋。在制定人种法律的龌龊细节方面，奥地利纳粹超过了他们的德国同伴：在奥地利被吞并100天后，奥地利纳粹禁止犹太人进入公园，不许他们去海滩，禁止他们穿传统服装（Tracht）。[100]警察一举逮捕了2000名知名犹太人，将他们送入集中营，让集中营开始挤满犹太人，原因就只是他们是犹太人。1938年底，维也纳大多数犹太人的财产已经被"雅利安化"。被任命到奥地利安全部门负责人种事务的官员，尤其是阿道夫·艾希曼（一个年轻的党卫军少尉）加快了犹太人移民的步伐。在这之前，迁移犹太人就已经成为第三帝国的明确目标。党卫军的做法是，集中办理移居手续，在犹太人离开之前用统一方式向他们敲竹杠，要求有钱的犹太人为贫穷的犹太人移居国外提供资助。在六个月内，四分之一以上的奥地利犹太人逃离祖国，相当于所谓"旧帝国"（Altreich）前五年的"工作成果"。奥地利的局势说明了国家实施的恐怖活动是多么有效。

"（帝国）水晶之夜"（Reichskristallnacht）这一本地词语（至少是柏林词语）说的是 1938 年 11 月纳粹针对超过 30 万名德国犹太人实施的有组织的全国性迫害。这一词语被注入了反讽意味，挖苦了纳粹词汇中用以吹嘘纳粹政权历史性时刻的、自以为是的这帝国、那帝国。[101] 不过，这一词语字面意义是被打碎的店铺玻璃，而没有体现出几十个犹太人被杀害，数百个犹太教堂被纵火焚烧，数千名犹太人被关入集中营达数周或数月；"水晶之夜"这个词语没有体现出 1938 年 11 月 9 ~ 10 日凌晨出现的恐怖情景。人们认为这件事是第三帝国的行为，却忽视了城市街头普通德国民众扮演的角色。这一大规模迫害事件进一步证明，德国犹太人不仅仅是被迫害的少数人，如果犹太人自己不愿意离开或没有条件离开德国，他们还会成为纳粹无情杀戮的种族敌人，就像"可以随意猎杀的鸟兽"。这场迫害还说明，纳粹可以在警察、城市官员以及其他公民的帮助下实施最为极端的政策。在德国历史上规模最大的一次警察行动中，当地警察、纳粹领袖、党卫军头目联合行动，逮捕了当地五分之一的犹太男性，总共大约 2.5 万人。最后，这些大规模迫害还强化了这一看法：犹太人是"不一样的"，他们有"恶报"，如果他们离开的话结果会好一些。[102] 后来的情况证明，11 月 9 日是德国历史上一个极不寻常的日子：1918 年的这一天，德国革命爆发；1923 年的这一天，希特勒政变失败；1938 年的这一天，德国发生了大规模迫害犹太人的事件；50 多年之后，即 1989 年 11 月 9 日，柏林墙被推倒。

这场迫害活动不是 17 岁青年赫舍·格林斯潘（Herschel Grynszpan）刺杀德国驻巴黎低级外交官恩斯特·冯·拉特（Ernst vom Rath）之后出现的民众自发行为。希特勒和戈培尔得知拉特死讯之后，立即下令毁掉犹太教堂，逮捕数千犹太男性。11 月 9 日夜间至 10 日，他们的命令被传达给纳粹党和冲锋队办公室。然后，当地纳粹行动之迅速、步调之一致，说明他们基本上已经是迫不及待要实施反犹行动。命令的内容并没有让接到命令的那些人感到意外。实际上，阅读那场发生在一个又一个城市的迫害活动的报道内容时，我们会得到这样的印象：那些穿着制服的纳粹知道要做什么，并不是因为他们看到了相同的行动命令，而是因为他们头脑中对犹太人具有同样的印象。他们目标明确地洗劫犹太住宅，拷打了一些先前知名的犹太公民，因为他们认为犹太人都是奸商，利用民族共同体的诚实获得了财富和社会地位。犹太儿童和老年人也受到恐吓，因为他们是"犹太人"，他们的存在本身就威胁了德国在道义、政治和经济方面的复兴。他们破坏了犹太人家里主人最喜爱的东西，为的是传递这样的信号：第三帝国没有犹太人的生活空间。

午夜之后，在 1938 年 11 月 10 日（星期四）凌晨的几个钟头里，当地纳粹党、冲锋队办公室接到了焚毁犹太教堂、毁坏（而不是洗劫）犹太人住宅和店铺的命令。警察和消防队接到通知，除非德国人的生命或财产受到威胁，否则不要出面干预。这意味着独立式的犹太教堂，如柏林法萨安大街（Fasanenstrasse）上的那座教堂被焚毁，而类似里克大街（Rykestrasse）上那种周围紧邻住宅楼的教堂能够幸免。另外，他们还命令纳粹头目逮捕一定数量声誉卓著、家底殷实的犹太男性。在这之前，有人通知达豪、萨克森豪森、布痕瓦尔德等集中营的负责人，要他们各自准备增加 1000 名囚犯的空间。几乎在所有地方，对犹太群体的攻击都是从教堂开始的。德国

135

一共有 267 座犹太教堂被毁。那天夜里，戈培尔在慕尼黑一家旅店房间里，看着"天空中的血红色［火焰］"，不断收到那场迫害活动的最新消息，"那座教堂着起火了。""帝国各处纷纷传来消息：50 座，之后是 70 座犹太教堂在燃烧……在柏林，5 座，后来是 15 座犹太教堂被焚毁。"接着，冲锋队和纳粹党成员走上街头"去散步"（他们对一个社区的警察这样说），洗劫犹太人的商店。1938 年 11 月营业的所有犹太商店几乎都遭到了洗劫。"司机开车将我送到旅馆时，"戈培尔说，"玻璃窗都被打碎了。好极了！好极了！"[103] 那天晚些时候，发生恐怖事件后的地方一片狼藉，一目了然。一位柏林市民"第二天乘坐城市通勤火车，路过萨维尼广场（Savignyplatz）和柏林动物园（Zoologischer Garten）站之间仍在燃烧着的法萨安大街教堂时，他观察了车里的乘客：'只有几个人抬起头向窗外张望，耸了耸肩膀，然后继续低头看手里的报纸。没有惊讶，没有一个人问任何问题'"。[104]

早上五六点钟，冲锋队员将注意力转向犹太邻居的住宅。在这之前，有人给犹太教堂放过火，捣毁过犹太店铺，但规模从来没有这么大，而且从来没有闯入过犹太人住宅恐吓其主人，打砸其家具的先例。"在科隆，成群的人从一个犹太人住宅出来，前往另一个犹太人家，"事情发生几天后一位瑞士领事这样写道，"那些犹太人要么被勒令离开那座房子，要么必须站在墙角，眼睁睁地看着屋里的东西被一件件地扔出窗外。留声机、缝纫机、打字机被扔到下面的马路上……人们还能看到树上、灌木上挂着的床单被褥。"距离科隆不远的一个叫作宗德堡（Sonderburg）的小城市里，当邻居们看到"一个犹太人家庭的家具和其他东西从二楼的窗户被扔出来，他们惊恐地看着羽绒被里的羽毛从空中飘落，然后急忙关紧百叶窗，从里面反锁家门，放下窗帘，因为害怕同样的命运降临在自己头上而战栗不已"。"五个年轻男子"带着斧子到一个女孩家里胡乱劈砍一通。他们走后，一些学生向她家里扔石子，结果是"我的父亲在厨房里心脏病发作"。法兰克尼亚地区的小城市商人莫里茨·迈耶（Moritz Mayer）回忆说，在特罗伊希特林根〔Treuchtlingen，历史学家米歇尔·维尔德特（Michael Wildt）考察过这个地方〕，凌晨 4～5 点，8～10 个冲锋队员闯进他的家里："在厨房里，他们用力将盘子扔到地上摔得粉碎，在酒窖里……他们逼着女人们将家里的酒瓶子和罐头瓶打碎。冲锋队走后，拥来了大批普通百姓，接着是学校的学生，每一拨人除了打砸就是抢。"犹太人逃离了这座小城市，将所有家当都丢在身后，拼命逃往火车站。"他们冲破了那些暴民组成的人墙，耳边不时响起嘲讽的笑声。"[105] 有的地方，年轻的和未成年的希特勒追随者对年老的犹太人拳打脚踢后，将他们扔下楼梯，犹太人摔得浑身是血。[106]

每次冲锋队员将犹太人赶出家门之后，事情就会变得更加恐怖，因为犹太人的这些敌人会把街道变成百般羞辱他们的舞台。面对燃烧着的犹太教堂，纳粹暴徒逼着他们撕毁《妥拉》（Torah）或唱歌跳舞。美国驻莱比锡领事用恐怖的笔触记录了一些犹太男人、女人、孩子如何被推上穿过动物园的一条小溪的河岸。路人嘲弄那些犹太人，朝他们吐口水。[107] 在那次暴力活动中，德国一共有 91 名犹太人被杀。很多人被逼自杀或死于心脏病，或在纳粹士兵的监禁下死亡。

在每个城市，人们都认识那些带头的施暴者，能认出在那些人之后打人的未成年人。他们目睹了恐怖的掠夺、羞辱和逮捕行为。一连好几个星期，邻居们都在谈论那些可怕的事情，比如多拉·斯特恩（Dora Stern，"狗巷那边斯特恩家的多拉"）的死亡经过，不知道她的死亡是不是因为一个冲锋队员将她从她们家窗户扔了出去。但是，阿海里根（Arheiligen，达姆施塔特城外的一个小城镇）居民清楚地知道，多拉的父亲在她死时躺的那张床边自缢而死。[108] 显而易见，没有上面的命令，那场大规模迫害不可能发生。然而，它一旦爆发，就会发展成为公众事件，旁观者被迫成为目击证人。不知道这些目击证人该怎样向自己解释他们看到的一切？

大多数德国人因为自己的社区里发生了针对犹太人的迫害活动感到羞耻。关于公共秩序崩溃的批评之声四起，但这些批评不能从字面意义上理解。毋庸置疑，这些批评声间接地表现了人们内心深处道义上的不满，要知道，在纳粹德国，这些不满在平时是无法表达的。"体面的人夜里两点到五点钟的时候在睡觉，"柏林的一位秘书针对纳粹宣称的反犹行为表达了民众愤怒的说法，"你不可能在梦里去教堂放火。"[109] 卡尔·杜克费尔登这位下萨克森州派纳市纳粹家庭里唯一长期不接受纳粹思想的人表达了他的震惊。他的妹妹埃玛对这种破坏神的殿堂的行为极为不满，不再相信希特勒关于民众和睦的说辞，根本无法忍受他那刻薄的话语。他长期深受政府言论影响的岳母也开始怀疑，纳粹的下一步行动是不是焚烧基督教徒。邻居们之间私下谈论的暴力事件，比如多拉·斯特恩的遭遇当然显示出公众对纳粹兽行的愤慨，但也暴露出第三帝国犹太人整体上悲惨的生活状况。私下谈论这些事情的人们是被动的，因为他们只是谈论而不敢干预这些极端事件。虽然如此，卡尔的父亲还是公开提起了据说是在派纳犹太教堂废墟里发现的那瓶血。[110]

他和很多德国民众一样，认为德国的犹太人是外来者，不值得
同情。弗里茨·斯特恩（Fritz Stern）认为，德国新教和天主
教对"圣殿被毁"不发一声，是"彻底的、几乎让人难以置
信的道义破产"。[111]

　　11月10日，大约五分之一生活在德国的犹太人被逮捕，
被关进条件极其恶劣的达豪、布痕瓦尔德、萨克森豪森集中营
长达数星期。在集中营里，他们被百般羞辱，不过纳粹针对犹
太人的暴力不同于纳粹对社会民主党和"反社会者"实施的
暴力。在萨尔布吕肯，纳粹将仍旧穿着睡衣的犹太男子从家里
揪出来，把他们聚在一起，用街头的市政洒水车给他们身上洒
水。在基尔（Kiel），他们两人一组被押着游街，一边走一边高
声喊："我们是杀人犯。"一到当地体育馆，埃尔福特（Erfurt）
的犹太人立刻被监禁起来，受尽折磨。他们要做柔软体操，供
关押他们的士兵取乐，直到奉命将他们送往布痕瓦尔德的大巴
车到来。[112]进入集中营后，他们就成了因犯，每天都要排成队
伍一连站立好几个钟头，食物和水少得可怜。几天之后，这种
极度的疲惫让位于每天一成不变的繁重的体力劳动。看守他们
的士兵无情地折磨曾经和他们同为公民，现在却被他们称为
"你们这些脏鬼、你们这些犹太猪猡、你们这些没用的猪猡、
你们这些下贱胚子"的人。[113]这些集中营里，先前犯人的死亡
数是每月三四例，然而在1938年的11～12月，每月死亡人数
达到数百人。加在一起，一共大约有1000名犹太因犯死亡。[114]
两三个月之后，幸存的人才得以返回被破坏的住宅和店铺。

　　鉴于这场迫害活动的目标是在剥夺其财产的同时强迫犹太
人迁往海外，所以人身攻击之后并非一段令人忐忑的平静，而
是一场法律和经济上的无情剥夺。首先，德国犹太人要对拉特

138

死后发生的大规模骚乱负责。就在大规模迫害犹太人事件发生
139 的当天，戈培尔想出一个叫作赎罪款（Sühneleistung）的办
法。随后召开的部长会议将赎罪款的数额确定为 100 亿马克。
犹太人必须在 1939 年 8 月之前分四次将其总财产的 20% 上缴
国库。这对政府来说不啻一笔意外之财，它给 1939 年德国财
政收入增加了 6%。另外，政府还没收了犹太人 2.25 亿马克
的保险赔款。[115] 犹太人的企业不是被雅利安化，就是被清算。
最后，政府建立了一个中央犹太移民局（Central Jewish
Emigration Office），隶属国家安全机构，负责推动犹太人移居
海外。不过，这是政府出台敲诈犹太人政策之后的事情。根据
这些敲诈政策，犹太人的资产、现金、珠宝首饰都要被没收，
存入封存账户中。党卫军的决策者承认，据他们推测，因为穷
困的犹太人无力移民，所以留下来的都是深陷贫困、处于社会
底层的犯罪分子。实际上，党卫军报纸《黑色军团》立刻刊
登了类似警察手里"通缉名单"的东西："一小撮人"的照
片，照片里是被囚禁的医生、律师和其他人士。刚剪去头发的
青色头皮带来一种"永久的联想"，让人们觉得犹太人慢慢都
变成了罪犯。[116] "等到我们到了那个阶段，"《黑色军团》在大
标题"犹太人，现在成了什么货色？"下面说，"我们不得不
考虑消灭犹太黑社会，消除法治国家的所有罪犯：用火与剑！
最终真正且彻底地解决德国的犹太人问题，彻底消灭犹
太人。"[117]

11 月 12 日，赫尔曼·戈林召集纳粹官员在航空部开会。
大规模迫害犹太人之后，与会官员考虑如何采取后续措施，制
定法律，将犹太人从德国空间里清除出去。会议讨论过程显示
出与会者的施虐天分。针对德国犹太人的经济掠夺方案敲定之

后，戈培尔就将会议内容转向他之前呼吁了好几个月的一些提议：应该禁止犹太人进入剧院、电影院、卡巴莱餐馆、博物馆。几个星期之后，法律起草完毕。该法律禁止犹太人进入游乐园，不许犹太人观看马戏，禁止犹太人进入溜冰场。戈培尔还试图在铁路运输上隔离犹太人，不许犹太人进入非犹太人车厢，强迫他们使用犹太人专用车厢。他还呼吁出台法律，要求犹太乘客必须在所有德国人找到座位之后才能坐下。戈林不同意这一点："如果出现你说的这种情况，而且火车上非常拥挤，我们根本就不需要法律。我们就把他踢出去，让他一个人在厕所里蹲一路！"戈林和戈培尔在火车座位问题上分歧不大。最终，法律禁止犹太人进入卧铺车厢和餐车。戈林还主张将犹太人从德国人的公园里驱逐出去，虽然他考虑，长得像犹太人的动物所栖息的个别地方可以允许犹太人进入："驼鹿鼻子的轮廓很像犹太人。"那些乐不可支的政客还列出了一些犹太人可以进入的地方。他们禁止犹太孩子进入德国人的学校，还授权当地警察根据情况发布有关犹太人不得进入某些场所的禁令。犹太人最终被禁止涉足柏林行政区的主街，即威廉大街、菩提树下大街等。众多报纸"立刻"（戈林语）刊登了新出台的这些法律："这个星期，犹太人要被啪啪地打耳光了，挨了一个又一个耳光。"[118]虽然在那次会议上，戈林和戈培尔都没有想到大规模屠杀，但是他们话语中表现出来的肆无忌惮和那些让人丧失人性的能力让他们朝那个方向前进。

1939 年 4 月，新出台的联邦法律规定，租金控制条款不再适用于犹太租客。现在，如果市政府答应向犹太人提供其他形式的住房，房东就可以将犹太租客赶出去。为了进一步隔离犹太人，腾出房间，当地纳粹提议推出"犹太人之家"和其他收容中心。虽然大多数"犹太人之家"直到战争爆发才建起来，但是早在 1939 年 4 月，代特莫尔德（Detmold）的政府官员就强迫 100 个犹太人搬进六个犹太人之家里。这六个犹太之家分别位于萨克森大街（Sachsenstrasse）4 号和 25 号、保林大街（Paulinenstrasse）6 号和 10 号、霍恩舍大街（Hornsche Strasse）33 号、花园街（Gartenstrasse）6 号。[119]

141　　　大迫害之后出台的这部法律付诸实施的 6 个月时间，为毁灭犹太群体奠定了基础。它完全将德国置于欧洲政治轨道之外。对于纳粹而言，德国的犹太人可以随意处置，可以考虑将他们从肉体上消灭。这是 1938 年 11 月的大规模迫害活动产生的"革命性"结果。迫害活动过去不到 3 个月，在 1939 年 1 月 30 日希特勒掌权的周年纪念日，希特勒预言，如果"左右国际金融的犹太人"一旦"再次成功让各国卷入战争"，"欧洲犹太民族就会走向灭绝"。[120]这些种族灭绝言论不应该与希特勒真正的屠杀决策混淆（这些决策可能直到 1941 年才做出），也不应该与 1942 年春季该决策的执行混淆，不过，这件事清楚地表明，希特勒打算在世界大战爆发之际杀害犹太人。

　　"慢慢地，他们都回来了，"1939 年 1 月，露特·安德烈亚斯－弗里德里希（Ruth Andreas-Friedrich）在她的柏林日记里写道，"有的从布痕瓦尔德回来，有的从萨克森豪森回来，头发被剃得精光，眼睛里充满了痛苦。"这拉开了犹太人移居海外和最终离开德国的序幕。朋友们取出《菲洛地图集》："拉巴斯（La Paz）在哪里？哦，找到了，在玻利维亚……世界在变小：巴西看上去几步就到，伦敦就像一下午就能到，就像万湖（Wannsee）那么近。"不过，这和去万湖不一样。这些移民被剥夺了财产，被迫变卖家什，除了难民被允许携带的个别必不可少的东西之外，所有家当都丢弃了。"我们分了家当，低价卖掉了碗碟，变卖了藏书。7 套海涅的作品，9 本《魔山》，11 本《西线无战事》，12 本《圣经》。"[121]移民意味着德国犹太人生平档案的散佚、先人痕迹和集体历史符号的分散。德国"雅利安人"在不遗余力地让自己的先人深深地进入德国的历史，德国犹太人与他们传统文化之间的纽带则被割断了。

1939 年 1 月，汉斯·温特费尔特（Hans Winterfeldt）的小妹妹报名参加了一个"犹太复国预备营"（Hachschara）。这个营地的目标是培训青年，帮助他们适应未来巴勒斯坦基布兹（kibbutzim）的艰苦生活。那些"熬过来"的人几个星期后可以拿到柏林签发的签证。"具体日期由迈内克大街（Meineckestrasse）10 号的'巴勒斯坦事务部'说了算。另外，'Chaverim'和'Chaverot'——未来基布兹居民这样称呼对方——彼此邀请对方到家里略做庆祝。人们只唱希伯来歌曲……围成一大圈跳霍拉舞。"犹太复国思想为很多德国犹太人提供了文化和历史的归宿。每天，在柏林、法兰克福、布雷斯劳，越来越多的希伯来语取代了德语，"bevakasha"取代了"bitte"（请），"boker tov"取代了"guten Morgen"（早上好）。这些词语和纳粹的"时髦词"同时出现。年轻人的心态好一些。夫妻分手，各奔东西。如同温特费尔特这样十几岁的犹太复国主义者前往巴勒斯坦，而成年男性则移居英国、美国，寻找就业机会。1939 年底，超过五分之四的孩子被送到国外的叔伯或姑姨那里生活，因此，"孩子就变成了书信"。[122]汉斯的妹妹在 1939 年 3 月 9 日夜里 10 点离开柏林的安哈尔特火车站（Anhalter Station）。离别的情景让他永生难忘："火车略微摇

晃了一下就开始移动。人们没有意识到火车已经开动，都贴着
火车走……为了尽可能和车上的孩子多接触一会儿。他们朝车
上的孩子挥手，一开始手里拿着手帕，后来没有了手帕，"当
他母亲再也看不到那辆火车，"她发出野兽一般痛苦的嚎
叫……那尖厉的声音满含着无助……同时，这是一种此生再也
见不到亲生骨肉的本能反应。"[123] 大多数其他人，不管是德国
人还是其他国家的人，已经很久没有听到这种声音了。

第三章
毁灭一切的帝国

写信

在埃尔莎·莫兰特（Elsa Morante）的小说《历史》
（*History*）中，莫兰特用以讲述战时罗马情形的人物——女教师伊达·雷默多（Ida Ramundo）在德军开始驱逐罗马犹太人的 1943 年 10 月中旬的一天，步行穿过罗马犹太人居住区。"仿佛犹太人的血肉也被剥去，只剩了骨架。"后来，她走进居住区附近提布尔提那（Tiburtina）火车站周围的货场，"一阵可怕的嗡嗡声"吸引着她靠近。听着就像"幼儿园、医院、监狱"里的那种嘈杂声，然而，"所有声音混合在一起，就像被扔进一个机器里的各种碎片"。那些声音从一些用来运牛的火车车厢里传来，那些车厢上了锁，里面挤满了男人、女人和孩子。车厢没有窗户，只是在一头用格栅封住。伊达这个半犹太人清楚地看到，很多只手穿过栅栏的空当，从里面伸出来。一个人将一张纸扔到她的脚下。伊达弯腰去捡之际，看到"沿着车厢旁边的地面上……在各种垃圾之间散落着很多类似的皱巴巴的纸片"。她没有"停留和将其他纸片捡起来看的力量"。[1]

不到两年前，一个警察在 1941 年 12 月将德国犹太人从杜塞尔多夫"运输"到里加（Riga）的简要报告里提及，只要火车一停，车里的那些人就会呼喊那些月台上等车的旅客，请

144　他们帮忙寄信。这些信件是那些几天后即将在目的地被推进犹太人隔离区的犹太人对生命的最后记述。在德国犹太人登上迁移他们的火车之际，被没收最多的东西是空白的明信片和邮票。1942 年 3 月 24 日，在将被迁移的犹太人送上路之前，维尔茨堡当局收缴了 358 张 6 芬尼的明信片、142 张 6 芬尼的邮票、273 张 12 芬尼的邮票。[2]

在一张可能在 1942 年拍摄于波兰罗兹（Lodz）犹太人隔离区边缘的照片上，一个年轻女子俯下身子在写着什么，那可能是她被送上前往切姆诺（Chelmno）灭绝营（Killing Center）的不归路之前的最后一封信。他们生前最后写的那些信很少有被送到收信人手中的。直到 1944 年 8 月，身处德累斯顿的凶险形势中，维克托·克伦佩雷尔搞不清"特雷泽（特莱西恩施塔特）集中营里，到底允许谁与外面的谁通信"。虽然如此，希尔舍（Hirschel）的消息还是"传到了某个人那里，我们得知了乔恩·诺依曼（Jon Neumann）的死讯"。通过偷带出去的信件、私人日记、秘密档案，那些犹太受害者在给后人留下有关纳粹暴行的叙述方面付出了巨大的努力。克伦佩雷尔能够偷偷地在日记里记叙，他的非犹太妻子伊娃将他写的日记偷偷带给乡下的一个朋友保存。华沙犹太抵抗运动的战士和被关在奥斯维辛集中营的一些犹太人在隐秘的地方建立了宝贵的档案馆。[3]柏林和波兰、俄罗斯、乌克兰的灭绝营都发现了有关受害者留下的秘密文字，但大多数受害者的文字并没有找到。这些文字将受害者的声音保存了下来。

伊达在火车站拿到的那张纸里，字里行间显示出迁移犹太人过程中的暴力，但也揭示出他们与犹太隔离区的联系仍未切断。"如果你见到埃弗里特·帕斯费彻（Efrate Pacificho），告诉他我们的身体都很好，"伊达手里的那张纸上写着，"伊尔玛·里格那·罗莫洛（Irma Reggina Romolo）和其他人都要去德国，全家都很好，还欠拉察里诺（Lazarino）120 里拉，因为。"① 只写到"becau"，往往是写信的人被打断了。在那种条件下写信不是一件容易的事情，寄出信件的机会不可预计。数百万封信件一直没有机会付诸纸笔。在犹太人隔离区里，当局禁止人们写信，不许人们携带信件，要求他们必须使用预先印好文字的明信片。另外，1942 年之后被送入德国、波兰的死亡营但没有被立即处死的那些人根本没有纸和铅笔。在 1941 年、1942 年、1943 年，非犹太人露特·安德烈亚斯－弗里德里希看到她在柏林的朋友一个接一个被送走了，她再也没有收到他们的来信。那些受害人从运牛车厢栅栏空当扔出来，或者在火车进站时偷偷传递出去的信，很少能送到埃弗里特·帕斯费彻或其他人手上。那些信散落在德国历史的铁轨边，几个小时后就被风吹走了。[4]

然而，非犹太人的德国人可以写信、寄信、读信，并将这些信保存下来。在战争和分离期间，那些往来于前线士兵的信件是对方仍然活着的珍贵证据。信件中有爱情表白，有对家人的思念。它们描述了战场情况和军事占领的形势，最终为历史学家提供了有关公众对战争的态度、对犹太人大屠杀认知情况的宝贵文件。正是战争造成的两地分离，促使 20 世纪 40 年代的人们通过书信中表达自己对生与死的看法。"之前，从来没有这么多工人、技工、农民这么认真地写家信"或评论历史事件。在死于 1945 年夏季之前，一个中年面包店主写了超过

---

① 因为的原文是"becau"，只写出了一半。——译者注

350 封信。[5]

　　1939 ~ 1945 年，德国共有 400 亿封信往来于后方（后方寄出的信占了大部分）和前线之间。这个数量大致相当于第一次世界大战的通信数量。二战期间，12000 人在德国的军事邮寄系统工作。1942 年 5 月，仅白俄罗斯的一个邮局就收到了 2192 袋信件，寄出 1004 袋。考虑到战争期间四分之三的德国人离开过家，因此大多数信件没有保存下来。来自后方的信件（士兵一般不保存来信，士兵调动频繁，而且几乎半数的士兵战死）保存下来的就更少了。即使这样，德国人每天要写数百万封信。虽然有空袭、疏散，家庭、历史研究机构、国家档案馆还是设法保存了数千封战时信件。虽然德国在那场战争中失败，但是他们保存了相当数量的有关他们如何努力和牺牲的文字证据。[6]

　　曾经在明斯特开熟食店的阿尔伯特·诺伊豪斯（Albert Neuhaus）在东线作战时，非常珍惜德军定时送来的信件。"你真棒！昨天晚上给我写信，今天早上又写信，今天晚上还写信。"他在 1941 年 9 月写给妻子阿格内斯（Agnes）的信中这样说。投桃报李，他答应经常给妻子写信。他让妻子给他寄一些信纸、信封、胶卷，还委托请假回国的同志替他寄信，将他收到的家信寄回家妥善保存："我将八天前收到的那封信也放在信封里，请妥善保存！"[7]战争期间，很多家庭建立了家庭档案，为的是记录他们在国家历史上扮演的角色。

　　因此，到了纳粹 1941 年秋季开始迁移德国犹太人之际，从简单的写信、寄信行为就可以区别德国人与犹太人。这种差别影响了经历过那场战争的人们做证、传递消息、理解重大事件的能力。这意味着毁灭了一个记忆群体，而让另一个记忆群

体得以幸存。虽然德国人对战争和死亡做了痛苦的评述，但是
这样做的时候是站在旁观者、士兵和作恶者角度，而不是站在
受害者的角度。另外，让二战大屠杀的恐怖更为严重的，是受
害者证词的毁灭，导致历史学家很难——虽然不是不可能——
从历史记录中找到供试探性地解释那些屠杀和行凶者所必须依
靠的非纳粹的声音。第三帝国或允许或禁止本国语言文字材料
的书写，这一事实也起到了破坏和扭曲当时和现今视线的
作用。

147

　　1939 年 9～10 月针对波兰，后来在 1940 年春针对西线，
一年后又针对苏联发动大规模攻势期间，德国人无法抽身离开
收音机。"战事的规模那么大，简直令人难以置信，"1940 年
6 月底格尔利茨（Görlitz）的一个人说，"那边和我们这边一
样，整天不关收音机。""人们都离不开收音机"，1941 年 6 月
24 日，有人在日记中写道，当时正值进攻苏联的"巴巴罗萨
计划"刚刚开始。数百万士兵一边听收音机，一边怀着兴奋
的心情给家里写信，他们想象他们挚爱的人也在收音机旁怀着
激动的心情读他们的来信。"你无法相信，"一个历史学家说，
"那些士兵信服希特勒的讲话，并根据那些讲话给自己打气的
程度。在那些家信中可以明显地看到，他不仅作为一个宣传者
在影响他们，仔细分析可知，他简直就是他们的代言人。"[8]无
线电广播让民众对国家社会主义这一史诗产生了一种联结感。
"听收音机，你可以更好地了解形势，因为你能看到大
图景。"[9]

　　收听了 1941 年 10 月 1 日希特勒对士兵们的讲话之后（在
那篇以"大家好，同志们"开始的讲话里，他宣布"这场战
争最后一场大规模决定性战役已经打响"），阿尔伯特·诺伊

豪斯给妻子写了一封详细说明战况的信，目的是"让你知道一些我们的情况"。通过这种方式，前线执行希特勒命令过程中的"关爱和热情"被传递回后方。阿尔伯特还详细告诉妻子如何保存有关战争的纪念物。"亲爱的阿格内斯！我寄给你六个胶卷，你把它们冲洗出来。不用我说这些照片对我多么重要。我只想告诉你，一定要小心地冲洗成 6 厘米 ×9 厘米大小的。最好用丝绸做成光滑的哑光表面。"后来，阿尔伯特又要求弄得更大一些，冲洗成 12 厘米 ×18 厘米的，为的是"装饰咱们的房间"。[10] 这些信件和照片，以及将它们存档的努力，表明士兵们想办法让自己进入世界历史，以及私下里认可第三帝国英雄地位的程度。

一连串的胜利之后，士兵的家信里表达了胜利之师挺进异国的新经历，每页信纸里都洋溢着越来越强的国家社会主义的"集体体验"（collective experience），言语里充斥着看到新地方之后的陶醉。有时候，士兵们将法国战况与"快乐创造力量"的旅行相提并论。[11] 即使是普通的士兵（Landser，德国兵自称）也明显具有这种优越感。他们在信中描述了他们从法国商店偷来的高档货，以及东部国家的贫穷状况，他们可以自信地看出"哪个城市是德国的，哪个城市是波兰的"。虽然，和一战的情况一样，二战时士兵也是按照相对的清洁程度来划分敌友，不过在二战中，他们非常倾向于做出有关人口的笼统判断，还根据机械的生物学层级将人划分等级。即使是普通步兵也采用了人种化观点，因此，1914～1918 年和德国人作战的"俄国人"被他们看成没有差别的危险物种。在他们眼里，"俄国人""迟钝"、"愚蠢"、"笨"且"堕落"，"毫无人性"。这些词语几乎让"第一次世界大战的那些词语无伤大雅"。[12]

战时士兵们写的家信为纳粹的宣传提供了宝贵的验证。士兵们在信中嘲笑共产主义思想的自负："所谓'工人的'天堂。"他们为最没有人性的、陈腐的反犹言论站台。"看看德国国内的《先锋报》，看看这些图片，"1941 年 7 月一位在俄国战场服役的没有军衔的军官说，"你就会略微了解到我们在这里的所见所闻，看到犹太人犯下的暴行。"[13] 从纳粹政权的角度，前线的来信可以为战争的正当性辩解，将全国民众绑在一个共同目标上。军官们不断向士兵们强调写家信的重要性，说是战场来信可以为后方提供"一种精神上的维生素"，强化后方的"态度和勇气"。[14]

如果前线信件用有关国家社会主义的陈腐印象凭空想象出敌人，那么这些信件也揭示了意识形态动员的不足之处。早在 1941 年 12 月，随着闪电战的结束，戈培尔承认，前线来信讲述的内容不再与柏林的政府宣传目标一致。"实际上，先前意义非凡的前线来信，现在已显得贻害无穷，"他指出，"士兵们在描述战场上面临的巨大困难时，言语很不妥当，说是缺少冬季衣物……食物和弹药也不够。"基层指挥官后来下发有关"写信艺术"的小册子，鼓励士兵"写信时要有男子汉气概，要坚强，把话说清楚"。很多感觉"最好深藏在心里，因为那些感觉只和前线士兵有关……抱怨、发牢骚不是真正战士的行为"。[15]

1942 年 2～3 月，收到迟到的圣诞节包裹后，士兵们的来信乐观了很多。即使是这样，他们在信中也说到了他们是如何想尽办法让身体和心理都坚强起来。莫斯科周围激烈的冬季战役之后的几个星期里，汉斯·奥尔特（Hans Olte）在信中向父母坦言："我哭过，我拼命克制心底的恐惧。受不了了……到此为止，我已经克制住了自己的情绪，我还要继续克制。"阿尔伯特也向妻子倾诉了同样的情绪："说实话，我有时有点想家。每逢这时候，内心会纠结，欲望和职责就会产生矛盾，但我必须坚持。"士兵们必须遵守国防军的命令，但同时确实也想回家。在收到表彰他参加 1941 ~ 1942 年"冬季战役"而颁发的纪念章之后，阿尔伯特说他宁愿被调回后方。1943 年10 月，阿格内斯给他寄去了"饼干、肥皂、剃须刀片、牙刷、布丁混合物"，不过没有胶卷，阿尔伯特后来也没有在信中再提到照片的事情。[16]1944 年 3 月，阿尔伯特·诺伊豪斯被俄军打死。

"奥尔特转变的开始和结束，"克劳斯·拉策尔（Klaus Latzel）说，"他的两封家信说得再清楚不过：'哦，我喜欢和战友们在一起。'这是 1940 年 5 月的信。'这没完没了的杀戮什么时候才是个头？'这是 1944 年 5 月的信。"[17]阿尔伯特·诺伊豪斯、汉斯·奥尔特等士兵继续战斗、杀戮，主要出于士兵保卫德国的职责和愿望，不过他们不再将自己视为国家社会主义的先锋。

为种族而战不是一件容易的事情。汉内斯·黑尔（Hannes Heer）强调了战争期间一再出现的"震惊"时刻和随后的"正常化"过程。他解释说："那些 1941 年夏入侵苏联的大多数德军士兵信中讲述的事情，是将他们变成'另一个人'的亲身经历，是他们'内心变化'发生的过程，是如何被迫'完全调整'的经过，也是被迫'抛弃一些信条'的经过。"黑尔发现，对于大多数人来说，这种"调整"是一个痛苦的"'意识分裂'过程，这一过程要么以内向屈从结束"，要么以特立独行的方式结束，不过大多是士兵选择了适应：
"我们变得'坚强'、'冷漠'和'冷血'"。在这种条件下，
他们明显像"换了一个人"。东线记者克里奥·普莱尔（Kleo
Pleyer）说："他们不仅经历过一场类似法国战役的胜利攻势，
还置身于大炮轰击下长达数个小时、数天和数个星期。他们目
睹战友一个接一个倒在血泊中，目睹好朋友的尸体被炮火炸成
碎片。一连好几个月，他们待在地狱里……不过，这一切却让
他们变得更坚强、更冷酷。"东线逐渐出现了一种最初酝酿于
20 世纪 20 年代，却在 40 年代付诸实践的陌生而野蛮的英雄
主义。"在这里，战争是以纯粹的形式进行的，"一个士兵在
1941 年 7 月说，"行为、内心和思维中任何人性的痕迹都已荡
然无存。"另一个士兵在 1943 年 11 月说："有了这种掠夺感，
我们意识到，世界其他国家都将被这场战争的两块磨石研磨得
粉碎。"[18]

　　1942 年春夏，当第一批前线军人的探亲假轮到俄国战场
的国防军之际，戈培尔告诫德国公民，回家探亲的战士们可能
会让他们感到很陌生。之所以这样，是因为这些战士参加了
"两种世界观的激烈斗争"。"关于战争，战争起因、结果、目
标的坚定看法"将与"后方生活"产生"摩擦点"，"这是可
以理解的"。家人有必要"直面"残酷的"战争本质"。[19]戈培
尔这是在让后方民众做好思想准备，因为返家休假的士兵会向
他们讲述杀害无辜犹太人的事情。

　　就是因为前线士兵认为种族战争的冷酷无情是理所当然的
事情，所以他们会将作战方式、屠杀犹太人的事情毫不隐讳地
讲给家人听。最让家人诧异的事情是士兵们拍的那些照片。在
阿格内斯从阿尔伯特·诺伊豪斯 1941 年夏秋寄回的胶卷中冲

151

洗出来的照片中，有一张照片（第 12 个胶卷，7 英寸）表现的是一个"俄国间谍"被绞死的情形，"因为他偷了古德克中尉的运动裤"。因为间谍不会偷运动裤，所以诺伊豪斯对这一过分的战时措施只字不提，担心可能会在他和阿格内斯之间产生"摩擦点"。战争结束之后，阿格内斯在誊写这些信件时，将"间谍"划掉，改成"男孩"。1942 年 6 月阿尔伯特休假回家途中，他拍摄了一张一些犹太妇女在荷枪实弹的德军士兵看守下，在斯托尔扑塞（Stolpce）的铁路货场干活的照片（第 13 个胶卷，16 英寸）："那张照片很特别。"[20]一个月之后，那些在押的女人大多被杀掉。关于那张照片是怎么回事，他和那张照片有什么关系，阿格内斯一句没问。在一些士兵拍摄的照片里，游击队在市场、广场被德军绞死，犹太平民在城镇边缘被德军枪杀。很多大屠杀照片里都有举着相机的德国兵，这说明那些士兵非常希望记录下他们在那场战争中扮演的角色。照相机可以让拍摄者产生一种相对于事件的冷静和距离感，进而给拍摄者提供一种"情感盔甲"（emotional armor）。不过，照片仍旧基本上属于纪念性质的：关于大屠杀的照片之所以能够保存下来，主要是因为拍摄这些照片的德国士兵坚持要将它们冲洗出来，并保存在私人档案室里。实际上，当波兰地下党渗透进那家国防军士兵经常光顾的名为"Foto-Rys"的冲印店，将那些骇人听闻的照片送到盟军手里之后，纳粹暴行昭然若揭。[21]

虽然相比照片，文字内容需要时间来阅读，但是文字提供了有关德军共谋杀害平民的清晰内容。驻扎在基辅（Kiev）城内或周边一个名为"路德维希·B"（Ludwig B）的士兵传递出 1941 年 9 月德军在娘子谷（Babi Yar）屠杀犹太公民的消息："那里先前埋过地雷，现在仍然很危险。例如，在基辅，

152

地雷爆炸事件一起接一起。那座城市的大火烧了八天——都是犹太人干的，所以，14 岁到 60 岁之间的男性都被枪决，女人也不能幸免。否则，这种事情就没完没了。"[22] 路德维希从意识形态上策略性地表述了对犹太人的屠杀，完全将那些屠杀与基辅游击队实施的爆炸联系了起来，并且推而广之，认为将女人也一起杀掉才能将犹太人斩草除根，以绝后患。德国士兵认为自己扮演了双重角色，一方是城市恐怖行为的受害者，同时也是作恶者。他们接受了这一困难的历史责任。

1941 年秋，德军枪杀苏联犹太平民的消息经由信件传播开来，关心这种事情的德国人都知道了。拿后方的一件众人公开谈论的事情为例：1941 年 11 月底，一个市政雇员去安娜·哈格（Anna Haag）位于斯图加特郊区的家里查水表，"说起了他的一个党卫军亲戚，那位亲戚说他在波兰曾经向 500 名犹太人开枪射击，包括女人和孩子，很多人被当场打死，但还有很多人没死，被尸体压住无法动弹。他再也受不了了"。[23]

这种场面让其他德军士兵惊骇不已，目瞪口呆，很多人承认这是他们见过最可怕的、前所未见的场面，执意等回家之后才说出具体细节。他们在信中还透露出痛苦的绝望和难以抑制的悲伤。士兵在家信里的落款是"波基"（Bocky）、"皮特"（Pitt）和"库尔德布姆"（Kurdelbumbum）。[24] 战争新闻，包括大规模枪杀犹太人的消息等抵达后方时，它带来的是恐怖的细节和伤感的情绪。

不管出于什么原因，士兵们的家信以及这些信件在后方引发的谈话，还说明了一个问题。很多德国人喜欢目睹事件并事后向人们讲述他们的体验。在战争初期的几年里，他们是一个崭新的庞大德意志帝国的一部分，他们讲述的故事和战场上拍下的、用以装饰客厅的那些照片都可以见证这个帝国的强大。后来，这个庞大帝国变成了一个遭受苦难但恪守本分的国家，虽然获胜希望渺茫，但人们拿起武器反抗强敌。相较而言，纳粹的受害者发现自己被卷入了一场难以理解的灾难。屠杀犹太群体的同时，他们销毁了犹太人的照片、信件和日记——那些受害者的私人文件被扔进奥斯特利茨［Austerlitz，这是德朗西集中营（巴黎附近）众多卫星营中的一个，一些犹太囚犯在这里将纳粹抢来的东西整理出来］长久不熄的炉火中——因此，思想调整的证据、试图逃跑或抵抗侵略的证据、记录犯罪的文件、给朋友和家人提供舒适生活的许诺都被毁掉了。[25]历史记录的这种不对称性在战后的书面记述中继续存在。虽然肯定不能将这段历史写成第三帝国的胜利史，但是，一些赞扬国防军（纳粹头子被精心地从国防军历史中摘了出去，然后宣扬是纳粹领袖误导和背叛了国防军）的文字被公开出版，在长达几十年里被奉为圭臬。关于大屠杀的历史研究远远落后于有关二战军事史的学术研究。即使在今天，我们仍旧无法想象有关反犹大屠杀（Shoah）的全面叙述是什么样子，因为对受害者记述文字的毁灭极为广泛。杀害欧洲大多数犹太人这一骇人事实导致的沉默难以估量。证据的不对称也是这一德意志帝国的一个重要特点。

帝国项目

虽然德国人痛恨《凡尔赛和约》，将它视为一战后历史最重要的部分，但是希特勒并没有着力修改这一战后政治协议。在 1939 年入侵波兰之前好几个月的准备期间，希特勒明确表示入侵波兰的目标不是但泽（1919 年以来但泽在国联的托管下成了一个"自由城市")或波兰走廊(波兰走廊在一战后将东普鲁士与德国其他领土分隔开)。这些话是幌子,容易引起同情,对于民意法庭和世界舆论很有效,其实是在掩饰希特勒更大的目标。这场战争是为了向东扩展德国的生存空间。在20世纪20年代中期,希特勒将其注意力从法国、《凡尔赛和约》转向波兰和苏联,打算在那里建立一个德意志帝国。"俄国是我们的非洲",希特勒后来说。1933年,他上任三天后就与德国国防军的高级元帅们确认了这一宏伟计划:重建德国武装力量,扩展生存空间。他的思维具有明显的种族主义特征。他和党卫军领袖设想了这样的未来:数亿德国人从"老大帝国"狭窄逼仄的空间里解放出来,在东欧各国广建殖民地,收获那里数量庞大却利用率很低的财富,为本民族获取安全和繁荣。纳粹将"这一雅利安人主导的欧洲乌托邦新愿景"与当地斯拉夫民族的消亡(他们认为斯拉夫民族只配当没有差别的工人和奴隶)、犹太社区的拆除(居民应该被遣送到偏远的居留地或被杀掉)联系在一起。纳粹制订了短期目标:灭亡一些国家,奴役另外一些国家。这是长达4个世纪的欧洲殖民主义最为极端的结果。[26]

155

1941年,希特勒坚持"德国人——这一点很重要——必须在内部组建一个封闭的社会,就像一座堡垒"。"堡垒"设想是他的指导思想。即使当德国处于力量巅峰的时候,希特勒也不愿意和附属国签订同盟协议。不同于其他纳粹领袖,希特勒不愿意在给予法国维希政权某种独立的基础上重建欧洲。他拒绝与欧洲的其他法西斯运动进行有意义的合作,唯一的例外是和意大利的结盟。在东线,他从来不反对和波罗的海各国、乌克兰建立反共同盟。虽然党卫军动员了一些外国士兵组建军事小分队，但是这一战略并不意味着纳粹要采用传统的帝国网络。希特勒要效仿的模式不是英国统治下的印度或有限自治，而是美国模式。在希特勒看来，欧洲殖民者征服北美后杀掉了那里的土著，根据种族优越理论建立了一个崭新的社会。

战争是纳粹行动的开端和目标。正是对一战开始时思想统一的民族共同体的回顾，才为国家社会主义社会模式提供了核心的思想意识。他们认为，1914 年的"八月运动"让德国民众紧密团结在一起，那么，20 世纪 40 年代的战争将会让德国的人种理想国变为现实，证明他们作为一个能够缔造历史、决定自己命运的民族的优越性。同时，只有执着的军事化的民族共同体才能让德国打赢它接下来要在 20 世纪发动的危险战争。在这方面，纳粹对 1918 年失败教训的认知决定了他如何利用 1914 年留下的遗产。希特勒和塑造国家社会主义运动的一批积极分子认为，德国可以打赢未来战争。这是抚慰一个深受战败创伤之苦的国家的关键认知。不过，德国只能根据种族原则管理民族共同体来做到这一点。具体地说，管理民族共同体意味着破坏犹太人的经济和政治势力，推行积极和消极的优生措施（包括绝育和安乐死），其目的是强健"民族机体"（Volkskörper），无情剥削新征服的东欧国家。另外，宣传活动和社会政策必须将德国工人的情感与整个民族密切联系在一起。纳粹要再次为一战的生存理念而战，不过这一次要反过来，为了实现 1914 年的团结，要先消除 1918 年的危险因素。

如何获得他们认为德国生存所必需的生存空间，纳粹心中并没有具体的总体规划。很明显的是，在为东欧建立一个德意志帝国而发动一场激烈的战争之前，他们规划了一场旨在打破西欧实力现状的重大冲突。1939 年，德国占领奥地利和捷克斯洛伐克之后，希特勒调整了预定的战争顺序，将对法国、英国用兵放在首位，把对波兰、苏联用兵放在第二位。然而，捷克斯洛伐克"危机"解决之后，希特勒找不到出兵的借口。1939 年春季，当与波兰就其他问题进行的战略谈判破裂之后，针对波兰的战争成为希特勒关注的焦点。正是波兰为一场针对法国和英国的总体战争提供了借口。1939 年 8 月纳粹德国与苏联签订的《苏德互不侵犯条约》解决了德国东边的安全问题，但没有改变等西线取得胜利之后征服古老俄帝国广袤领土的想法。然而，1940 年夏末德军攻陷法国之后，希特勒推迟从陆地上入侵英国的行动，开始为 1941 年 6 月入侵苏联做准备。希特勒及其军事幕僚曾经以为是一场棘手的，甚至是久拖不决的西线战争竟然轻松取胜，只是没有将英国击溃。希特勒对德军实力极其自信，但同时又对英国问题极为谨慎。后来，他调整了战略框架：先消灭苏联这个"容易"的目标，再入侵英国。这一框架背后的逻辑是，如果 1941 年夏季打败苏联，就等于摧毁了英国的两个潜在盟友中的一个，让日本可以集中力量对付美国，进而削弱英国的这个唯一盟友。在这期间，德国可以获得生存空间，取得击败英国所需的资源，可以在 1941～1942 年占领这个老牌帝国的众多海外殖民地。1940 年夏季，胜利让德国领导人（尤其是希特勒）冲昏了头脑。然而，1938～1941 年军事方案的多次调整并不意味着希特勒完全是一个机会主义者（英国历史学家 A. J. P. 泰勒的看法是错误的），因为他早已确定了根据种族原则建立一个大德意志帝国的长期目标。[27]

因为希特勒脑海里预先没有一个有关德意志帝国的具体规划，因此，这一宏伟目标的休止点或结束点在哪里，这个德意

157

志帝国的边界在哪里，他都没有想好。因此，波兰被占领土的东部边界地区似乎成了德国和苏联间的一个巨大障碍。一年之后，那个边界地区成了德国殖民活动的中心地带，德国一直推进到苏联境内，将德国主导的欧洲边界大大地向东推进到乌拉尔地区，向南推进到高加索山脉。纳粹的一些战略已经有了未来征服全球的意图。[28]

最终，战争的步伐影响了帝国政策。1939～1941年纳粹普遍的看法是，德军攻势将势如破竹，战争最晚在"第二年"结束。在这一看法的影响下，纳粹参谋人员推迟了"犹太人问题"的全面解决。一连串军事上的胜利还促使纳粹将这一被推迟的解决方案进行扩大化、激进化。1939～1940年，纳粹计划在被占领的波兰的某个地方设立一个"居留地"，让德国和波兰的犹太人在那里自生自灭。到了1940年春，纳粹打算将欧洲所有犹太人流放到法属马达加斯加岛，而1941年夏，解决方案成了将欧洲所有犹太人赶到被击溃的苏联的"东部"。他们预计最终将取得战争胜利，于是将这些规模空前的计划推迟到不久的将来。相反的逻辑也成立：战场上的失利也会让他们将"最终解决方案"提前。因此，当纳粹后来意识到与苏联的战争会拖延下去，可能拖延到1941年夏季或初秋之际，他们所谓的"犹太人问题"就会将所有欧洲和苏联的犹太人都包括在内，他们提出的"最终解决方案"就从地区方案（将犹太人运到帝国之外的地方）变成了灭绝方案（将犹太人运到帝国境内的某个地方杀掉）。希特勒可能和他的内部圈子讨论过，如何在1941年夏季将欧洲的所有犹太人，包括男人、女人和孩子，从克里特岛运到挪威。他们大都同意在秋初执行这一方案。12月中旬希特勒再次和一些纳粹领导人确认了这一方案，但是直到 1942 年春季执行运输任务的火车和灭绝营就绪之后，纳粹才开始大规模地执行"最终解决方案"。不过，反犹大屠杀源自德国 1939 年 9 月与波兰进行一场种族战争的决定。

在 1939 年 9 月 1 日入侵波兰之际，德国并没有想清楚怎样处理被征服的波兰领土。在入侵的一个星期之前，希特勒明确地说，未来很可能要有一场"残忍至极、毫不留情"的血腥战争。8 月 22 日，他对元帅们说，这场战争的目标是"消灭波兰"及其"有生力量"，让世界知道 8000 万德国人（包括奥地利人）组成了"最强大"的国家。希特勒反复强调，即使西线对法战争爆发，也不能阻止德国军队在东线的步伐。当时，希特勒也许明确吩咐了党卫军小分队的敌后工作。他们的任务是通过监禁和杀害波兰的知识分子精英，即贵族、教师、公务员、牧师，来消灭波兰的"有生力量"。[29]正规军队和政工武装之间的这种分工成为纳粹征服行动的标准模式，但这并不意味着如战后传言所说，国防军打的是"常规"仗，也不意味着"脏活儿"都是党卫军干的，而国防军是"干净的"。国防军是纳粹发动的人种战争不可分割的一部分。他们对待波兰平民和战俘的手段极为残忍，经常与党卫军行刑队联合行动。

德军入侵波兰手段残忍，进展神速。亚历山大·罗西诺（Alexander Rossino）研究了 1939 年 9 月第 8 集团军第 12 军从西里西亚（Silesia）东北部向罗兹挺进时如何"一路杀人"。德国士兵随意向看热闹的路人开枪，烧毁波兰人的房屋和谷仓，向从屋里惊慌逃出来的人们开枪。开始时，德军遇到了一系列激烈抵抗，波兰正规军撤退后，德军遇到了来自手持武器

159

的波兰平民的反抗。国防军和党卫军部队进行了疯狂的报复。他们将视为危险狡猾分子的波兰城镇居民强制性地聚在一起，毒打后枪杀。德军士兵遇到袭击时，德军就会用密集的机枪火力扫平整个地区，一个士兵模仿德军的枪声："哒哒哒……突突突……哒哒哒。"部队后方的国防军军事法庭专门用来审判有游击队嫌疑的平民，每天要下达 200 个死亡执行命令，但是党卫军还是嫌速度太慢。国防军还枪杀了数千名波兰战俘，将波兰犹太人驱赶到 9 月 17 日被苏军占领的波兰东部。[30]

在数以千计的德意志裔人和波兰人杂居在一起的波兰西部，纳粹对待波兰平民和犹太平民的手段尤为残暴。党卫军将这些德意志裔人组织成所谓"德意志自卫团"（Selbstschutz），与党卫军沆瀣一气，搜查一战之后参加反德运动的波兰人，逮捕和处决波兰领导人。在波兰军队撤退和德军先头部队尚未到达的短暂间隙里，波兰人也对当地德意志裔平民实施了暴行。例如，9 月 3 日，数百名波兰德意志裔平民在比得哥什被杀害。纳粹宣传机构将比得哥什被杀害的德意志裔人数量增加了数千人，而希特勒本人直接将这批波兰德意志裔受害者的总数定为 6 万人，虽然国防军最初确定的数字已经有 5000 人之多。有关德意志裔人对"血腥星期日"之"愤怒"的极尽夸张的报道出现之后，纳粹的特别行动队（Einsatzgruppen）和德意志自卫团就开始发动残忍的报复，十天内杀害了 1200 人，其中包括比得哥什德高望重的市民和所有犹太人市民（维克托·克伦佩雷尔的父亲曾在 19 世纪 80 年代担任比得哥什的拉比）。戈培尔主办的柏林报纸《进攻报》（Der Angriff）大言不惭地报道说这是犹太人在为德意志裔平民的死亡偿命。1939 年 10 月底，《进攻报》报道说比得哥什已经"看不到犹太人"（judenfrei）。[31]

"血腥星期日"（埃德温·埃里希·德温格尔在后来其畅销书《波兰的屠杀》中关于那一历史事件的记述广受诟病）成了德军侵略波兰的理由。"在战争爆发之际，我坚信我们的道德优势，"当时担任希特勒青年团头目的 21 岁的梅利塔·马施曼回忆说，"在我看来，'血腥星期日'的消息……说明对波发动战争完全正确。"这件事还非常符合一些人的陈旧观念，认为波兰人不但是劣等民族，而且是德国福祉的致命威胁。1941 年上映的轰动一时的电影《归乡》（*Heimkehr*）篡改历史，将波兰人说成行凶者，而德国人是手无寸铁的受害者。很多人深信这一看法：德国人发动那场战争是为了重新获得一战失去的主权和自由。驻扎在波兰南部的一个中尉对连队里的战友们说，"我的父亲牺牲在桑河边，我不知道那个地方在哪里，也许就在这儿……第二天"，那份团报告接着说道，"连队里又有人发现一个很大的生了锈的德国钢盔，每个预备军人都将它拿在手里，久久地默默凝视着它。大家清楚地意识到，这是一片神圣的土地，之所以神圣，是因为我们之前一代人的鲜血浇灌了它"。[32]

同时，德军捷报频传也证明了有关日耳曼民族优越性的说法。在东线，德国人趾高气扬。党卫军将军鲁道夫·冯·阿尔文斯莱本（Ludolf von Alvensleben）对新招来的德意志裔士兵说："现在你们是优等种族，不要留情，要下狠手。"上级不断向被占领区的代表——上到高级公务员，下到希特勒青年团成员——灌输将波兰人看作劣等民族的重要性。派遣志愿者去波兰的"国家社会主义党女性组织"（National Socialist Women's Organization）对其成员的指示是："'优等'是相对于'外来人'而言。"波兰犹太人受到了尤其残忍的对待，并且被百般羞

辱。在扎莫希奇（Zamosc），当地一个叫齐穆特·克鲁克斯基
（Zygmunt Klukowski）的医生发现德国统治者已经在那里扎下了
根。10月24日，他在日记中写道："德国人要求所有犹太人必
须打扫街道，虽然今天是一个犹太圣日。德国人根本不把犹太
人当人看。他们强行剪掉犹太人的胡子，有时候干脆将他们的
头发生生地揪下来。"第二天："他们命令犹太人在干活之前，
至少先花半小时做一套完整的体操。"第三天："德国人动辄毒
打犹太人，就是为了取乐。"[33]

德国人的"自由"建立在波兰人，尤其是波兰犹太人的不
自由之上。如1939年9月一个将军所说，德国人开始着手"清
理门户"，为的是消灭波兰这个国家及其"有生力量"和文化身
份。在接下来的几个月里，纳粹的特别行动队逮捕并枪杀或囚
禁了数千名波兰教师、知识分子、军官、牧师。1700名波兰牧
师被送到达豪，半数人没有活到战争结束。党卫军还想方设法
杀害波兰贵族。阿尔文斯莱本甚至枪杀他的亲戚，说"自己如
果不杀他们，肯定会在下一场战争中与他们狭路相逢"。仅到
1939年底，就有5万名波兰平民被杀。[34]

1939年10月，纳粹针对波兰制订了更为全面的计划。相较
于保护国波希米亚和摩拉维亚、半独立的附庸国斯洛伐克
（1939年3月被从捷克斯洛伐克领土中分割出来），纳粹要作为
一个行政和文化实体的波兰从地球上消失。在希姆莱看来，波
兰就是"各个民族的大锅烩"。[35]苏联吞并波兰东部之际，德国
吞并了波兰的西部地区，催生了两个新的"中央行政区"
（Reichsgau），即但泽－西普鲁士行政区和瓦尔塔兰
（Wartheland）行政区，这两个行政区成为德意志帝国的一部分。
波兰其他地区，包括华沙、卢布林（Lublin）、克拉科夫

(Cracow)等地区融入一个德意志帝国的实体——波兰总督府（General Gouvernement）。波兰总督府的最高管理者是总督，即39岁的权威法学家汉斯·弗兰克。虽然波兰作为一个国家消失了，但波兰人没有消失。数百万波兰人发现自己生活在德意志帝国的国界之内。他们的命运取决于希特勒根据1939年10月6日在国会大厦发表的对波战争获胜演讲中提到的"民族关系新秩序"、"各族裔的重新安置"及"犹太人问题安排"中有关欧洲东部的宏伟计划。希特勒任命希姆莱为"德国民族强健委员会帝国行政长官"（Reich Commissioner for the Strengthening of Germandom），并且让纳粹好战分子充斥该委员会。

希姆莱继续实现三个关系密切的目标的努力，为建立一个永久的德意志帝国奠定基础。第一个目标，民族强健委员会对被德国吞并地区的波兰人口进行排查，寻找人种上有价值的、可以被"德意志化"的个人，而其他人则被驱送到波兰总督府地区。总督府地区成了德意志帝国的"劳动力蓄水池"。第二个目标，德国政府官员需要安置从1939年10月与纳粹达成协议的苏联和波罗的海诸国返回德国的德意志裔人。后来，党卫军决策者打算在卢布林周围建一个犹太人"居留地"，专门收容德国和波兰的犹太人。这一有关人口统计的重大方案旨在为数百万犹太人提供容身之地，其中包括被德国吞并的瓦尔塔兰、西普鲁士两个行政区的800万人口。1939年秋季的几个星期里完成规模如此宏大的规划简直不可思议。上述地区成了典型的"帝国重建能力"的"实验场"。[36]虽然计划的内容和规模后来有所调整，但两个目标并没有改变：希望进行大规模的德意志化并实施"犹太人问题"的"最终解决方案"。

163

指导建立德意志帝国的一系列讲话要点：

1. 将自决权改为生存权
2. 专制主权改为自然层级
3. 将国家和国家边界改为种族和种族边界
4. 将中东部欧洲的摩擦区域改为根据国家和社会调整的顺序

这"不是一个人的事情，而是未来几代人的事情"。从这个意义上讲，这场战争具有划时代的意义。它为这场运动提供了"国家社会主义自我实现的第二个伟大机遇"。[37]

虽然历史学家查遍世界各地的档案馆，想方设法将纳粹帝国的人种政策搜集完整，但这些政策的整体思路其实非常清晰，因为一些权威德国作家已经在书中进行了详细的阐述，并大力鼓吹那些政策的实施前景。小说家汉斯·约斯特（Hanns Johst）两次陪伴希姆莱视察德军占领下的波兰，为的是撰写一篇描述德国崛起的现代英雄传奇。在《帝国的呼唤，人民的回应》（*Call of the Empire, Echo of the People*）一书中，他描述了他的第二次波兰之行。那一次，他去了帝国的所有火车站。1940年1月底，他从柏林弗里德里希大街（Friedrichstrasse）火车站搭乘希姆莱的私人车厢，"车辆挂接在定期前往克拉科夫的快车上"。帝国缔造者们前往当时处于德苏边界上的普热梅希尔（Przemysl），欢迎从沃利尼亚回到德国的数千名波兰德意志裔人。"他们听到了祖国的呼唤，听到了血统的呼唤，先人的呼唤"，约斯特用他新尝试的赞歌风格写道。像"大孩子"，接下来，他转换了风格，"在元首的注视下……他们举止得体"。希姆莱一行穿越波兰领土返回克拉科夫途中，就像"经历了一个天塌地陷的史前洪荒年代"，"火车头时而凄厉鸣叫，时而高声呼啸，时而紧急刹车，时而嘎吱前行。哨兵在车厢外迈着沉重的步子来回踱步……车站的钟摆也在来回摆动，指示着这个世界的新时代"。第二天，约斯特陪同希姆莱视察党卫军特别行动队营房。那位党卫军领导人激励部下说："千万不要温文尔雅……千万不要残暴野蛮！"约斯特还说："我崇敬这一崭新国家的先锋们，他们清晰地体现了我们的种族凝聚力。"在告别晚餐上，这位小说作者坐在总督汉斯·弗兰克、卢布林地区长官弗里德里希·施密特（Friedrich Schmidt）中间。"帝国里的犹太人将被集中到后者的地片上，那里有他们在欧洲的第一个居留地。"作为国内殖民和文学领域的专家，帝国不断从集中营挑选仆人给他送去。他对一个波兰女孩不满意，纳粹就从拉文斯布吕克集中营找了一个耶和华见证人的年轻女子送过去。[38]

然而，在1939年、1940年，德国缺乏运输数百万人或者改善"新省区"的人力物力。虽然战争催生了野心勃勃的长途运输计划，但战争也迫使德国人采取较为现实的方法。1939年末和1940年初，数十万苏联、拉脱维亚、爱沙尼亚德意志裔人的到来，迫使纳粹调整工作的优先事项。另外，德国的劳动力短缺也影响了纳粹的波兰人迁移计划，很多波兰人被运到西部的"旧帝国"做苦工，而不是被当作"废物"运到东部的波兰总督府地区。战争形势也一再推迟将犹太人送到卢布林的计划，而且总督弗兰克强烈反对所有人将"渣滓"扔到他想要建设成为"模范地区"的卢布林的企图。[39]德国人种部门的官员一遍又一遍地查阅帝国人种政策，为一些人申请德意志血统，安置回到德国的德意志裔人，迁移波兰人，寻找"犹太人问题"的"最终解决方案"。他们的工作进展很慢，但同时还不能忽视他们认为德国存在的全面的种族斗争。

从 1939 年 10 月到 1940 年 2 月，大约 19 万名境外德意志裔人通过两批迁移潮，从之前苏联在 1939 年 9 月占领、一年后将吞并的地区拥来。这些人中的大约三分之一是中产阶层，来自拉脱维亚和爱沙尼亚，其他将近 13 万名农民和技工在先前属于波兰的加利西亚（Galicia）和沃利尼亚落下脚来。1940 年秋天，又有 3 万名德意志裔人从总督府地区拥来。同时，第三波德意志裔迁移潮到来，其中 13.7 万人来自罗马尼亚边境附近的苏联北部的布科维纳（Bukovina）、比萨拉比亚（Bessarabia），7.7 万人来自罗马尼亚的多布鲁察（Dobrudsha）和布科维纳，他们陆续进入这一德意志帝国。到了 1940 年底，德国当局已经登记了 50 万名新进入德意志帝国的德意志裔人，他们中的大多数希望在被吞并地区落脚。1941 年冬天，又有 48000 名德意志裔人从立陶宛进入德意志帝国。1941 年 6 月德国入侵苏联之后，德国加大了德意志裔人迁移力度，他们大举在加利西亚、白俄罗斯、乌克兰土著中寻找德意志裔人。1944 年底，纳粹总共识别出大约 100 万德意志裔人。

这么多境外德意志裔人的拥入给德国殖民者大规模重塑东欧的能力带来了压力。希姆莱人口统计方面的规划者起初打算尽快将 800 万波兰人中的大多数人从被德国吞并的地区运走。然而，形势的发展让穿梭于柏林、克拉科夫、罗兹之间的种族官员很快意识到，这么大规模的人口转移在战争时期很难实现。一趟火车每次只能运送大约 1000 人，火车还要运输计划 1940 年冬季入侵法国所需要的部队，另外 1941 年春季还要运送进攻苏联的士兵。因此，如何将波兰犹太人和非犹太人从被德国吞并的波兰地区运出去，越来越需要根据安置德国境外德意志裔人

的那些无法绕开的问题进行调整。规模越来越大的远距离运输
方案棘手的执行过程与一系列短距离运输同时进行，后者是为
了给那些境外德意志裔人腾开空间。

1939 年 12 月和 1941 年 1 月实施的四个短距离运输方案完
成了瓦尔塔兰 26 万名波兰人的迁移任务。到了 1939 年 12 月，
德国当局已经将超过 8.7 万名波兰人迁到了东部的总督府地区，
让他们在那里自生自灭。1940 年 2 月和 3 月的冬季行动又让 4
万人离开了他们在波兰的居住地。为了不中断农业生产或影响
食品供应，接下来的迁移工作推迟到 1940 年收获完庄稼之后进
行。同时，被送到总督府地区的德意志裔人在临时搭建的营地
里处境艰难。德国有关部门无法为源源不断抵达的德意志裔移
民提供足够的波兰"房子"。纳粹原打算 1940 年再将 60 万名波
兰人从瓦尔塔兰迁走，结果只迁走了 13.3 万。让这些迁移计划
进展更为缓慢的原因是，纳粹决定识别具有德意志血统的波兰
人，并从中挑出身体强健的波兰人去德国工作。卡尔·施勒格
尔（Karl Schlögel）说，德国种族政治就是要把东欧变成"整个
国家和各民族的'铁路货物转运场'"。[40]

随着安置境外德意志裔人成为纳粹工作的中心，有关犹太
人的纳粹政策开始发生变化。从根本上调整欧洲东部人口结构，
在德国吞并的地区建立德意志聚居地，将波兰变成一个"强制
劳动体系"，这些想法促使纳粹设计一个解决犹太人问题的"最
终方案"。欧洲东部为被纳粹从德国本土迁移出去的犹太人提供
了容身空间，这时德国控制下的犹太人数量已经大幅增加。另
外，1939 年 10 月大规模没收德占领土上波兰犹太人的财产破坏
了他们的经济独立，强化了他们在德国人眼中的附属地位。德
国官员将他们辖区内的犹太人征作强制劳工，随意剥夺他们的

167

财产，认为这些犹太人将很快被送入总督府地区。虽然全面实施迁移方案人手有限，但是剥夺犹太人生存资料的冲动却没有消失。虽然建立犹太人"居留地"的说法甚嚣尘上，但到 1939 年 10 月底，只是零散地迁移了数千个瓦尔塔兰犹太人家庭，1939 年秋天到第二年初的冬天也没有出现大规模的波兰犹太人迁移行动。就这样，战争让德国的迁移计划膨胀，纳粹一再说等到战后将宏大迁移方案付诸实施。关于"战后"和"东部"的说法相互补充，确定了不断膨胀的帝国计划的执行时间和地点。

迁移波兰人的工作落到了希姆莱新成立的德国民族强健委员会肩上。该委员会组建了安置中心（Umwandererzentralstelle），负责评估和驱逐波兰人，管理接收境外德意志裔人的移民中心（Einwanderungszentralstelle）。被派到安置中心的农学家和学生志愿者为移民准备村寨地图和农田清单，以便决定没收哪些波兰田产，应该给境外德意志裔家庭分配多少田产。一般来说，每个德意志裔家庭可以获得两个波兰农场，以体现种族优势。为了保护牲畜并让波兰人乖乖离开家园，警察会在黎明之前突然到来。从第一天天黑到第二天天黑之前，波兰人不但失去了房子，也失去了牲畜。波兰人必须带着 25～30 千克的东西迅速离开，其他任何东西都不许带，"这样从沃利尼亚过来的德意志裔人可以住进他们的房子，经营他们的农场，而无须置办另外的东西"。在上午八九点钟的时候，被赶出来的波兰家庭在当地"暂住营"（holding camps）集合。下午过半时，他们被运送到罗兹（德国将其改名为 Litzmannstadt，音译为"利兹曼施塔特"）。同时，德国志愿者事先准备好农场，迎接大约中午从附近的"临时营地"乘大巴车到来的德意志裔人。随后，这些到来的德意志裔人用被赶走的波兰人的家具、碗碟、日用织品在这里安下家来。[41]

在罗兹，可怜的波兰人发现自己被关在"疏散营"里，为的是接受种族检查和医疗检查。除非被认为符合被确定为德意志裔人的条件，否则这些犹太家庭就会被一股脑送入"集合营"（assembly camp），这是他们被从家乡赶出来的第三站。在这里，他们要等待火车将他们送到总督府地区。从 1940 年 5 月开始，一直到 1941 年 1 月，92 趟火车将集合营里的所有波兰人都送往那里。一旦抵达总督府地区，这些可怜的人有的被派给农场主当雇工，有的想办法投亲靠友，有的干脆饿死街头。同时，德国一些信奉"种族至上主义"的掌权者发现少数波兰人适合被"德意志化"，于是将他们送入"筛选营"（selection camp）。如果被视为"可以再次成为德国人"，不管他们愿意不愿意，都会被送到德国去做工，虽然对他们的限制没有对德国那些"纯粹"的波兰工人那么严苛。为了解决战时德国的劳动力短缺问题，数千名波兰女孩被认定为在种族方面可以同化的人，从而进入德国当女佣或农场帮工，迈向一个无法把握的未来。[42]

德国民族强健委员会还从一直生活在被德国吞并地区的人口中筛选德意志裔人。他们最终将被列入一个全面的"德意志人名单"（Deutsche Volksliste）四个类别中的一个。人种标准决定一个人是否能作为德意志人被列入这一名单，进而免于被迫离开家乡，政治忠诚、文化归属将决定一个人属于哪个类别。"反社会者"和"基因劣等"的德意志人事先被识别出来，由党卫军送到集中营。第一个类别针对的是 1939 年积极在波兰推动德国事业的德意志人，而第二个类别包括所有讲德

169

语且认为自己是德意志人的人。第一个类别和第二个类别里的人可以自动获得德国公民权。第三类别和第四类别针对的是人种上属于德意志人，但在家里讲波兰语，送孩子上波兰学校的人，他们获得"处于察看期的德国公民权"。"察看期"一般意味着去德国工作一段时间，借此完成"德意志化"。因为被吞并地区的波兰人没有足够的法律权利，他们的财产被没收，所以被列入"德意志人名单"将会给他们带来很大好处，但是很多具备申请条件的波兰人拒绝了。1945 年之后，很多人发现虽然自己属于德意志种族类别，但这些类别已经没有了作用。[43]

随着 1941 年 6 月德军入侵苏联，德意志帝国的中心一再向东推进。1942～1943 年，根据红色标题的"东方总计划"（Generalplan Ost），德国的种族规划者打算在 1939～1940 年发现和迁走境外德意志裔人、"倾倒"波兰人的地方，建设一些殖民地。弗兰克设想让总督府地区"像莱茵兰一样德意志化"，加速实施德意志化政策。有人甚至计划在华沙树立一座阵亡德军士兵的纪念碑。1939 年，一个年轻的德意志裔人在《我们在斯坦尼斯劳的最后几天》（*Our Last Days in Stanislau*）中记述了一些德意志裔人向西长途迁移的辛苦经历。数年之后，斯坦尼斯劳和加利西亚（还有乌克兰、克里米亚）再次出现在德意志地图上之际，就不再是"最后几天"了。[44]

1944 年之后，在一个相对大很多的地域范围里，德国民族强健委员会在专门的火车上设立了移动移民中心，为的是发现被吞并地区纯粹的德意志人和具有德意志血统，经过人种改造后能够入伍参军或进入帝国劳工服务局工作的人——随着时间的推移，关于德意志人条件的定义越来越没那么严格。因为

1942～1943 年人种改造的目的不是让境外德意志人"回家"，而是抓到所有人种方面合格的人来强健被围攻的"民族机体"，所以这一项目的管理者们剔除出很多认为自己不是德意志人的人，将他们扔回贫穷、年老、劳动能力差的德意志群体中，而年龄超过 45 岁的人一般不适合德意志化。对于德国民族强健委员会来说，"将所谓'优秀分子'挑走"可以在强化优秀人种的同时削弱非德意志群体。"德意志血统的都过来——其他的都走开"，希姆莱一语中的。实际上，没有被纳入德意志化范围的波兰人和犹太人可能被送到德国去工作，而他们之前的邻居被送到位于德意志帝国遥远前哨的、新建立的"德意志村"生活和劳动，发现自己陷于被这一严苛制度剥夺得一无所有的人们所发动的游击战中。[45]

最后，那些来自拉脱维亚、爱沙尼亚、苏联，曾经被媒体长篇累牍地称为"现代最大移民潮"一部分的境外德意志人迅速被分散运入遍布德意志帝国各处的安置营。在被德国吞并的地区，1 万名精神病院的病人、不少体弱的正常人被纳粹杀害，为的是给即将到来的德意志裔人腾地方。安置营的管理人员经常强迫这些德意志裔人进行军事化的生活和作息，将他们按照性别封闭管理，对待新人就像对待儿童一样，或者说是像对待囚犯。那些移民描述了管理者所说的带有威胁性的粗暴话语，如动不动就是他们将先前同一座建筑物里住的那些人怎么样怎么样了。一旦纳粹将波罗的海周围的德意志裔人按照身体特点、社交和文化技巧、工作能力进行评测之后，他们就被分成两类。大多数人被分到"O"类。这个类别的人就是崭新的日耳曼移居者，他们可以在被德国吞并的东部地区（Ost 即"东方"）从事服务、零售和工匠、艺术工作。另一个类别是

171

待遇差很多的"A"类。被确定为"A"类的人要在"老帝国"（Alt 即"老、旧"）工作。即使是这样，瓦尔塔兰地区落后的德国经济让数千人找不到像样的工作。对于那些年届四五十岁的人来说，他们的唯一希望就是进入养老院安度余生。[46]

从沃利尼亚和加利西亚过来的人都是种地的农民，他们一般比较容易在这里安顿下来，但前提条件是德国安置部门没收足够多的波兰农场，并在这个过程中逐步建立有凝聚力的村寨，以此为基础建设德国殖民地的基础设施。1939～1941 年，一连串涌入这一德意志帝国的移民潮，再加上运力短缺、波兰人农田没收工作困难，导致数十万德意志裔人滞留在 1500 多个"观察营"里孤苦无助好几年。和波罗的海地区的德意志裔人一样，沃利尼亚、加利西亚的德意志裔人，以及后来的比萨拉比亚德意志裔人、罗马尼亚德意志裔人都被来自移民中心的官员划分为"O"类和"A"类。新征到波兰农田之后，"O"类德意志裔人就被送到瓦尔塔兰的"中转营"。等到早晨警察将波兰村寨里的当地人都转移走之后，再用"快乐创造力量"所用的大巴车将中转营里的"O"类德意志裔人送到分配给他们的新农场里。[47]到了 1940 年底，大约 7.1 万名德意志裔移居者被安置在瓦尔特高（Warthegau，即瓦尔塔兰行政区）。虽然如此，1941 年，超过 25 万德意志裔人（大多数被列入"O"类）仍然住在"观察营"里，等着被运往东部。1942 年，这个数字仍为 13 万人。虽然营地管理者定制了以卡车为单位的装饰有万字符的旗子和希特勒画像，但仍有报道说营地里的德意志裔人意志消沉。很多人准备返回老家。虽然"德意志裔人联络办公室"（Ethnic German Liaison Office）大多拒绝了那些德意志裔人回老家的请求，但允许"对我们没有价值"和"我们打算运走的"那些人——岁数太大或太小，无法干活的人——离开。不过，这一次是送他们去罗马尼亚。[48]

那些被迁移来的德意志裔人一得到田地，被吞并地区的殖民工作就真正开始了。纳粹派数千名志愿者分批前往帝国的新边界，帮助那些新来的移居者实现德意志化。伊丽莎白·哈维（Elizabeth Harvey）指出，不同于英国、法国实施的帝国项目，"这其中的目的不是"同化波兰人，而是消除"波兰属性"，最终从"德国土地上"消灭波兰人口。瓦尔塔兰的纳粹党政领导人阿图尔·格赖泽尔（Arthur Greiser）曾经对一群学生志愿者说："我们必须赋予这片土地新的面貌，必须一步一步，一个农场一个农场，一个村寨一个村寨，一座城市一座城市地将外国人驱逐出去，直到只剩下德意志人。"希特勒青年团和帝国劳工服务局的一些青年女性也被调到这里，在清理被德国人蔑称为"波兰经济"的工作中扮演了关键角色。就是她们为那一天晚些到来的新移居者准备好了被征用的波兰民宅。德国民族强健委员会的报告说，志愿者们"收拾了农田，打扫了经常是污秽不堪的房子，在桌子上摆满鲜花，热情地欢迎新来的移民。她们给移民做饭，让这些移民迅速产生家的感觉"。[49]该报告提到用鲜花装饰桌子，说明了当局很重视营造鲜明的德意志生活方式。这与之前帝国劳工服务局的情况是一样的。

哈维说："德意志人的住房根本不是个人的事情，也远远不是国家的事情，往往被提升到缔造和复制一个国家的层次。"德国女青年联盟经常光顾那些德意志裔人住的地方，确保它们看起来完全像是德意志人的居室，她们将主人装饰房屋用的纸花换成枞树嫩枝（她们觉得纸花显得庸俗），将圣徒像换成希特勒像。"这可以算是进步"，那些学生笑容满面地说。那些德意志女人不让家人与波兰人交朋友，不和当地农场雇工一起吃饭，不让她们的孩子与波兰孩子玩耍。从 1940 年开始，每年的"圣诞节行动"都要派数千名志愿者前往被德国吞并的地区工作几个星期，教那些德意志裔人制作圣诞礼物和小饰品，唱圣诞歌曲，刻意营造德意志文化氛围。一些志愿者还深入学校和幼儿园。仅在瓦尔塔兰，国家社会主义福利局（National Socialist Welfare Service）就运营着 495 个常年开放幼儿园和 393 个夏季幼儿园。大一些的孩子参加了希特勒青年团和德国女青年联盟。在这种背景下，德意志化与纳粹化没有什么本质的不同。当然，这些活动也有一些不足之处：家庭主妇讨厌那些频繁光顾的志愿者，德意志农民还要和波兰邻居在一起干农活。后来者总是感觉心神不定：最初是因为随着德军入侵，德意志人在东方的形势如日中天，总觉得可以在更靠东的地方得到更好的田地；后来，随着斯大林格勒战役的失败，他们觉得自己迟早要被迁往西面某个安全的地方。[50]

纳粹的殖民规划官员计划在大小城市建设基础设施和公路网系统，以完成新占领区的德意志化。除了对德军行动有直接帮助的部分之外，那些计划大多没有付诸实施。1939 年被并入德意志帝国的罗兹成为瓦尔塔兰的行政中心，吸引了市政管理者、党卫军种族团队、商人、学生志愿者前往。他们住在被勒令离开的犹太人的家里，"2000 把钥匙在等着德国人，开门后即可入住新家"（引自一份报纸）。[51]奥斯维辛（波兰语为"Oświęcim"）被扩展为与集中营、工厂［例如 1941 年之后建立的法本公司（I. G. Farben）］密切相关的行政中心。卡托维兹（Katowice）也成为帝国经济中越来越重要的工业城市。虽然帝国着手修建一条连接柏林、布雷斯劳、克拉科夫的公路（主要劳动力是做奴隶劳工的犹太人），但是这一目标并没有彻底实现。虽然他们将街道名称改为德语"好运街"（Glueckaufstrasse）、"北欧海盗街"（Wikinger Strasse）、"选帝侯街"（Kurfürstenstrasse），但没有吸引来多少德意志裔移居者。

至少在1940年初和1941年，德国民众中盛行一种建设边疆的精神。帝国的志愿者满腔热情地想要为德意志事业做贡献，申请被批准后无不欢欣雀跃。对于最先奔赴瓦尔塔兰的德国积极分子来说，建设边疆往往需要强征"我们勤劳的犹太人"做修理工作，修建花园，从犹太人家里偷来的东西里挑选家具和其他物品。"你想要什么就拿什么。真是痛快。"从犹太人或波兰人手里抢占的房子需要收拾吗？"已经有人将挑出来的几个五大三粗的犹太混混送到我们这里来了……这里谁还做这种工作？"[52]一位有关战争的畅销书的作者这样记录："不管在哪里，一队队的犹太人都在干活。"志愿者和管理者都怀着一种"敢想敢干"的心理，"认为剥削非德意志人，将他们赶走给德意志人腾地方是天经地义的事情"。[53]

边疆地区还召唤人们去见识一下正处于雏形阶段的德意志帝国。其中最恐怖且人们最想参观的地方是犹太人聚居区的遗迹。罗兹新建立的犹太人隔离区"聚集着长着鹰钩鼻子的人"，是"旧帝国"游客必去的地方。[54]一条大街将隔离区一分为二，因此游客很容易近距离参观。"他们感觉自己仿佛身处为德国国家主义而战的'前线'，"伊丽莎白·哈维说，"眼前'真正的'犹太人住过的地方吸引了他们。""之前从电影、书籍和纳粹党的培训课看到过，后来在他们的报告中完全复制了这一刻板印象。"一个年轻的学生记下了他在 1940 年 10 月看到的情景："这个城市里最震撼人的地方是犹太人聚居区，那是个用铁丝网围起来的很大的一片地方。那里的马路和广场上到处是闲逛的犹太人，很多人确实像是罪犯。我们应该怎么处理这伙人？"[55] 即使那些犹太人被拉走杀害之后，犹太人社区里空无一人的街道也有一种强大的吸引力。1943 年夏季，总督府地区的儿童农村疏散营（Children's Rural Evacuation camp）组织孩子们前往哥利治市（Gorlice）实地参观。"我们一喝完土豆汤就上路了"，一位老师（一名来自汉堡的 23 岁女子）说，"后来，我们在城里步行了一段，看了看'先前的犹太巷'"。陪同我们的那个卫兵"确保周围没有人听"之后，压低声音用结结巴巴的德语告诉那些成年游客"所有犹太人，毫无例外，都在 8 个月前被枪决"（实际上，那场大屠杀发生在 1942 年 8 月）。虽然只有成年人知道背后的故事，但所有人还是参观了"犹太巷"。一个星期之后，老师们带学生前往别奇（Biecz）参观。在途中，他们看到了废弃的犹太劳动营，一个波兰宪兵说："那里埋了好几百人！"别奇这个城市基本上被遗弃了。"如果你仔细看，也许能辨认门上面先前房主的名字：艾萨克、摩西、萨拉……在这一片荒凉中，高大的哥特式教堂显得很不真实。"虽然如此，"埃丽卡坐在风琴边，给我弹奏。孩子们安静地坐在教堂的长椅上，听着音乐，虔诚地凝视着教堂"[56]一本有关该地区的旅游手册介绍了修葺之后的克拉科夫、卢布林等城市，并加了一个简短的说明"这里现在已经没有犹太人"，好像那个地方刚被升级改造过。和德国相关的东西就不再和犹太人有关。这是人们广泛接受的看法。相应地，一个纳粹官员干脆在她有关克拉科夫的报告上加上一句"再也看不到犹太人了","那么多德意志人在这座具有德意志风情的城市里徜徉,让人感觉就像在家里一样"。[57]

纳粹殖民者自己也承认,很多德意志人仍然觉得东部地区是"凶险的地方"(unheimlich)——考虑到生活在那里的都是被强行迁移过去的犹太人和对德意志人怀恨在心的波兰人,他们的这种心理也是可以理解的。大多数德国人是因为丰厚的薪酬、充足的食物配额、所得税减免的诱惑才去那里的。然而,就在那个时候,一位来自图灵根的29岁女老师对她在加利西亚的"小天地"里做的工作乐在其中。在盟军登陆法国的那天晚上,在月夜里与"陆军上士L"骑马兜风,看到"远方一个波兰村庄在燃烧,一大片黑烟笼罩在天空"。在睡觉之前,她在日记里写道:"一个人真的可以忘掉所有烦恼——哦,怎么会有烦恼?——在这满眼鲜花和马匹的天堂里?"然而,这时候,帝国正在崩溃。1943年底,一年前在乌克兰建立的一些德国殖民地,或称"殖民明珠"被迫撤去。之后,数千德意志裔人进入瓦尔特高,给第三帝国一圈圈营地的外围又增加了一圈。[58]1945年2~3月,在俄国人发动最后攻势之际,他们也开始了向西的长途跋涉,以至于戈培尔说:"现在打着'德意志裔人'旗号前来第三帝国已经不再令人振奋。相较于从容地从东方进入德国的德意志裔人,更多的德意志裔人从西边一路打入德国。"[59]

177

德意志帝国的扩张

起初,纳粹牺牲欧洲其他国家的利益为自己渔利的无耻行为获得了巨大成功。入侵挪威,随后在1940年4月势如破竹地占领丹麦,为占有瑞典的铁矿、对大不列颠发动空战和海战准备所需的基地铺平了道路。一个月后，德军入侵荷兰、比利时、卢森堡等中立国，并进攻法国，迫使法国于 1940 年 6 月 22 日投降。在短短六个星期之内，德国征服了西欧，摧毁了宿敌法国的军事力量。虽然这些军事行动不像对波兰战争那样残酷，但德军有意地将宣传目标对准平民。首先，他们推出了一系列有关国防军和空军在波兰作战的宣传电影，以"恫吓"欧洲人，然后"兑现"这种威胁，例如，5 月 14 日空袭和摧毁了荷兰鹿特丹港，借以打击各国民众的士气，让他们不得不和新帝国合作。他们让敌对国觉得，纳粹德国战无不胜。

对于戈培尔来说，打败法国让他们抹掉了当年德国惨败并任人宰割的最后一丝痕迹。"我们感到如同获得了新生"，他在法国投降那天说。《凡尔赛和约》的耻辱终于被"雪洗"。纳粹领袖大讲"新的开始"（neue Gründerzeit）。后来意大利的加入同样让他们激动不已，"国家主义的欧洲在大步前进，自由世界正处在崩溃的边缘"。[60]军事上的胜利似乎验证了国家社会主义种族思想的正确性。德国领导人开始发明一系列新的主动动词来调整政治和思想领域。他们向民众承诺建设一个前所未有的经济繁荣时代。德国劳工阵线提出建立一个"德国民众社会保障系统"，提供全民医疗服务，改革工资体系，在全国范围内进行职业培训，改善全民住房条件。一个社会规划官员说，鉴于德国在战场上的胜利，"将德国民众从繁重劳动中解脱出来的时候到了"。戈培尔说，将来，德国人将从事"管理工作。作为优等人种，他们有这个权利"。[61]当然，德国民众从来没有看到那些领导人承诺的美好时代，不过，在战争结束之前，他们一直享用着纳粹高压统治带来的果实。因为纳粹从乌克兰、荷兰、丹麦等国抢掠了大量的农产品，享受着将近 800 万外国劳动者强迫劳动带来的好处，所以德国民众的粮食配额要比其他欧洲国家明显好很多。

帝国的美好前景冲昏了纳粹的头脑。戈培尔与总理官邸的官员交换意见，打算废掉德国古老的文字体系，让德语成为一种"真正的世界语言"。雄心勃勃的文职人员提出任命一些人为非洲殖民官员。明斯特报社的编辑激动地发表了如何将低地国家和斯堪的纳维亚半岛融入这一德意志帝国的报告，而普通士兵则梦想到帝国边缘执行任务。"我们猜测、打赌：去法国南部？去荷兰还是波兰？经由意大利去非洲？回国，在国内能干什么？没人相信自己会被派往国内，"汉斯·赫申（Hans Hoeschen）说，"在国内能干什么？"[62]对德国力量的这种自信并非一时的现象。它深入德国士兵和平民的自我认知中。直在战争最终结束之前，代特莫尔德的一位 62 岁的建筑工人一直坚信德国会取胜。"我不相信德国会战败，直到我看到家门前有一辆坦克。"为什么不相信？"在上一场战争里，凡尔登法军抵抗了好几个月，而这一次，两天就被攻克了。波兰在 18 天内被攻下，法国 4 个星期内被击溃，"他解释说，"对这场战争，我只能惊讶地摇头。"诺贝特·弗赖说："那个时期，这种预期在人们心里扎根下来。否则，德国人在战争下半场的行为，具体地说是他们的忍耐，将无法解释。"[63]

法国被迅速征服让"犹太人问题"的"最终解决方案"更显得可能。1940 年春季和夏季，德国政治领导层第一次构思了这样一个总体计划——驱逐所有德国欧洲占领区的所有犹太人，消除纳粹眼中这一大洲里影响德国安全的最大威胁。最初的计划是将所有犹太人安置到法属马达加斯加岛，但因为英国当时控制着公海，所以这一计划无法实施，不过，纳粹仍然没有放弃在整个欧洲范围内"解决犹太人问题"的想法。

最后，法国的迅速溃败让德国调整了对苏作战的时间表。"我相信，我们的攻势会像一阵猛烈的冰雹一样倾泻过去"，1941年1月希特勒这样安慰那些紧张的元帅。因此，他调整了先前计划的作战顺序，命令国防军在"结束对英战争之前"，"一举击溃苏联"。[64]但是，在提前策划这场入侵，给这场战争取名为"巴巴罗萨计划"以纪念12世纪末率军进行第三次十字军东征、解放耶路撒冷的那位帝王之际，希特勒和其他纳粹领袖越来越将击溃苏联视为实现德国战略、经济和思想意识野心的关键。1941年春，对苏战争的思想意识方面的目标，即摧毁布尔什维主义和扩展生存空间，成了眼前高于一切的事情。希特勒将这场战争视为与最强大的思想意识方面的对手进行的殊死斗争。

为什么要扩大对犹太人的"战争"，这需要从纳粹预测对苏战争的彻底胜利很快就会到来这一角度来理解。对德军取得胜利、战后实现规模庞大的帝国计划这两方面的绝对自信，再加上针对1941年12月最终形成的全球反法西斯联盟的越来越激进的动员活动，塑造了德国的政策。胜利的陶醉感让纳粹的反犹措施越来越激进，而战败的前景又推动了屠杀计划的实施。同时，还要知道纳粹真的将犹太人视为危险的政治群体。后来，希特勒认为自己拥有一个关键的战略优势，因为他已经从肉体上消灭了犹太人，而盟军没有。[65]德军的胜利让纳粹想出了解决"犹太人问题"的全面方案，而德军的受挫让消灭欧洲犹太人显得更为必要。德国国家主义的前提为德国是世界历史上唯一的受害者（singular victim of world history），所以，德军在1941～1942年之后遇到的反击往往只会确认，而不是削弱纳粹这种关于种族和思想意识的观点，并且，至少在纳粹彻底战败之前，这一看法只会强化，而不会消减德国民众对纳粹思想的认同。

参加对波战争的士兵经常穿过他们父辈在一战期间作战的边界，他们认为自己是在夺回长期属于德国的利益，不过，德国动员入侵苏联的士兵用全新的方式改造欧洲。纳粹计划彻底消灭俄国人，大规模剥削所谓"产品过剩地区"的南部农业区，压榨所谓北方"赤字区"的工业区和城市区。被称为"饥饿计划"的臭名昭著的优先次序识别行为，为的是给国防军提供他们急需的资源——因为德国经济无法为那些入侵他国的军队提供足够的粮食——并且将被占领地区的农业产品输送给第三帝国。最终，一些德意志裔殖民者被迁往德军占领的苏联地区，在那里建立了"雅利安文化"的新边界。纳粹高级军事参谋认为这样做可能会饿死 2000 万 ~ 3000 万俄国人。"毫无疑问，如果我们需要多少粮食，就从那个国家拿走多少的话，他们将有数千万的人饿死"，1941 年 5 月，一些经济专家这样说。[66]

希特勒早就定下了调子。1941 年 3 月 30 日，在一场面对手下元帅们长达两个半小时的讲话中，他宣布这场战争是"一场毁灭之战"，目标是破坏共产主义的社会基础。军队必须依计划行事，"不管是在战争之前还是之后，共产党员都不是同志"（引自希特勒）。[67]后来的《士兵手册》（*Guidelines to the Troops*）说苏联是德国"不共戴天的敌人"，要求德国士兵"对布尔什维克的煽动者、游击队、破坏分子、犹太人采取无情、严厉的措施，消灭任何积极和消极的抵抗"。他们明确允许德国士兵针对平民打种族战争。政治委员和共产党的领导人

181

可以就地打死。希特勒要求"必须摧毁俄帝国的行政机关"，而且要用"最残忍的手段"。希特勒特意授权党卫军执行"两个敌对的政治体系"之间这场冲突需要执行的"特殊任务"。[68] 虽然布尔什维克和犹太人的联系非常明显，然而，直到德军入侵苏联几周之后，希特勒和党卫军领袖才决定彻底消灭苏联的犹太群体。

"侵略战争定在凌晨 3：30。总兵力为 160 个师，战线长 3000 千米。"300 多万军队集结在北起芬兰，南到黑海，距离长达 1000 千米的战线上，而不是希特勒所说的 3000 千米。1941 年 6 月 22 日入侵苏联的是历史上规模最为庞大的侵略军。那天夜里，戈培尔请人观看大卫·塞尔兹尼克（David Selznick）制作的电影《乱世佳人》。虽然这部电影当时还没有在德国上映，但是戈培尔喜欢那部电影对占据道德制高点的南部邦联的描述。电影放映结束之后，他在日记中写道："人们可以听到历史的呼吸声。"因为苏联和德国之前签订了互不侵犯条约，所以，虽然整个春季都流传着德国要进攻苏联的谣言，但那场战争的爆发还是让很多德国人大感意外，斯大林的苏联军队也是如此。之后，1941 年 6 月 22 日那天往往被人们视为，德国人开始意识到纳粹领导层的政策与德国国家利益相悖的时刻。在思考希特勒发动的那场战争时，他们回忆说："面对太多猎犬，我们可能成为一只死兔子。"[69]

德国民众记下了他们当时的焦虑。"与俄国人开战——为什么？怎么回事？"作家格雷特·德尔克－雷德尔（Grete Dölker-Rehder）在日记中写道。在明斯特，阿格内斯·诺伊豪斯在写给丈夫的信中，苦苦思考如何表现她内心惊诧的画面："说实话，我感到浑身冰凉刺骨，我就像一只头被砍掉的鸡一样到处乱窜。我的脑子里一片空白，干什么都心不在焉。"不过，德国民众努力去琢磨入侵苏联的原因，向纳粹意识形态的新思想看齐。德尔克－雷德尔在日记中接着写道："我是这样考虑的……我们需要乌克兰，因为元首在《我的奋斗》中是这样认为的……另外，我们需要经由俄国进入伊拉克……这是政治。"她得出的结论是："一切都清楚了，没有人真正担心这场战争的结果。""一开始，我不知道怎样用言语表达"，博达（Porta）的一个人也在日记中写道，但是很快"我开始折服于这一外交手段的高超"。[70]在一天之内，德国人完成了根据国家社会主义的新目标校准自己观点的工作。希特勒也意识到，德国民众和士兵从来没有对德国军力这么自信过。那个星期天天黑之际，维克托和妻子伊娃·克伦佩雷尔沿着德累斯顿的南赫斯大街往家走的时候，看见"收费所（Toll House）里跳舞的人们，个个兴高采烈……对人们来说，对苏战争是又一件让他们骄傲的事情，昨天的抱怨已经被抛在脑后"。[71]

宣传工作也推进了这种战无不胜的情绪。在柏林，露特·安德烈亚斯－弗里德里希对戈培尔的表演才能赞叹不已，虽然方案是总理办公室媒体秘书奥托·底特里西（Otto Dietrichs）想出来的："按照'节省七天，挥霍一天'的原则，他积攒了一个星期的胜利，现在就像用喷壶一下子倒在人们头上。"6月29日，"每15分钟就会响起一阵嘹亮的喇叭声、李斯特前奏曲的几个节拍、特别播报：布列斯特－立托夫斯克；特别播报：比亚韦斯托克、戈罗德诺、明斯克；特别播报……特别播报……特别播报。我们用双手捂住耳朵。什么也不想听了。用星期天的庆祝会掩饰不计其数的士兵流血牺牲是一种卑鄙的做法。照相机加速了历史的进程吗？不过，不论人们走到哪里，

183

都能听到收音机里的尖叫声：特别播报——特别播报"。[72]

起初，战争似乎沿着将德国民众凝聚成一个"体验共同体"的"一系列特别播报"的节奏进行。[73]三个集团军几乎按照希特勒制定的时间表向前推进。希特勒认为战争可以在 4 个月内结束。"我估计用不了那么长时间"，戈培尔说，"布尔什维主义将像纸牌屋一样坍塌"——这意味着国防军不需要配备冬季物资，不给入侵苏联的德军配备冬季物资是他们经过考虑之后做出的决定。北路集团军群疾驰前往波罗的海，占领了那里的重要港口，前锋直指列宁格勒，而中路集团军群大致沿着拿破仑远征俄国的进军路线，攻下了明斯克、斯摩棱斯克，直逼莫斯科。南路集团军群进展比较缓慢：9 月中旬包围基辅，俘虏了 60 万名苏军士兵。哥伦比亚广播公司驻柏林通讯员霍华德·K. 史密斯（Howard K. Smith）说，斯大林的军队"完全从地球表面消失了"。[74]从对苏战争开始，国防军有意识地进行了一场毁灭战，造成数百万战俘死亡。与波兰战俘一样，数千名苏联战俘在战斗中被当场打死，但是绝大多数战俘死于过度拥挤的暂住营。在暂住营里，他们暴露在风雪里，在寒风中被饿死。德军进展神速，将整师整师的苏联军队包围，让心中无疑具有德国社会共有的反斯拉夫、反布尔什维克偏见的德国军人不知不觉地扮演起优等人种的角色。1941 年晚秋，当纳粹领导人想方设法改善战俘营条件，让德国人可以将苏联囚犯用作奴隶劳工时，300 万被捕的苏联人中，大多数人已经死亡。相比于他们"优待"的 120 万西线战俘来说，国防军对待"亚洲的""非人类的"苏联战俘的方式是对德国人种战争的一个"杰出"贡献。

在国防军之后进入占领区的党卫军的特别行动队将没有武

器的犹太人视为敌方的战斗人员，实际上开辟了战争的另一条战线。在1941年秋的"巴巴罗萨计划"期间，所有有关犹太敌人的宣传都变成了事实。8月和9月，特别行动队开始一家一家、一个社区一个社区地屠杀犹太人，他们计算每天杀死的犹太人的单位不是百，而是千。

　　然而，德军的伤亡人数也很高。战争开始的前三个月就有10万多名士兵阵亡，超过在波兰和法国的伤亡总数。在国内，洛尔·瓦尔布这样的狂热年轻纳粹成员对战争带来的牺牲大吃一惊。她的一个堂兄弟在对苏战争打响的第一天阵亡："那么优秀的一个人再也不在了！""损失很重，但总的说来，还算是轻的。"她说。一个月之后，她的另一个堂兄弟也在战场上被打死。这次是君特，是她的同志。她开始更加仇恨俄国人，担心德国人："即使我们彻底击溃那些俄国人，那些不能称为人类的人，那些对于所有文明国家来说很可怕的人——看看那些新闻片就知道了——我们最终也会流血而死。慷慨赴死的是那些最勇敢、最无畏、最大胆、最优秀的人。"1941年8月初，《人民观察家报》勉强认同瓦尔布的看法："现在，每个德国公民都知道战争已经开始变得血腥和残酷。我们意识到，现在面对的是目前为止最难缠的敌人。"在前线，军队总参谋部首脑弗朗茨·哈尔德（Franz Halder）意识到，苏联的巨大损失要结合"那个俄国巨人"的人力储备规模来分析："战争初期，我们估计他们有200个师，现在我们已经数到了第360个。"对苏战争刚开始几个星期，德国观察人士就开始怀疑"我们会将自己耗死"，结果一语成谶。[75]

　　8月，政治领导层和军事领导层之间的分歧也开始显现。希特勒要求德军集中力量向南进攻乌克兰，而他的元帅们则力主继续进攻莫斯科，但希特勒不听。然而，到了 10 月，一场军事胜利似乎就在眼前。在 10 月 3 日公开播出的一场演讲中，希特勒提到一支"已经被打败根本不会东山再起的军队"。柏林的游客注意到，书店在出售俄文字典，书店里的人们兴奋地谈论德国"新获得的富有殖民地"。[76]实际上，当时驻扎在科隆，后来成为小说家的国防军士兵海因里希·伯尔从 7 月初就开始上俄语课。10 月初，纳粹报纸《人民观察家报》的大标题将人们的预期抬得越来越高。据维克托·克伦佩雷尔说，（那是）"一阵胜利的聒噪"。高潮是 1941 年 10 月 10 日信誓旦旦的大字标题"真相即将揭晓：东线战争胜负已定！"然而，一个星期后，标题字体又恢复到先前，继续报道战争形势。[77]

11 月，德军攻势陷于停滞。12 月，苏军针对中路集团军发起的声势浩大的反攻日渐加强。"11 月底，俄国人终于开始反击"，生活在法兰克福的半犹太人莉莉·哈恩（Lili Hahn）说，话音里带有几分满意。严寒、给养短缺、惨重的伤亡对德军战斗力影响巨大。12 月底，恶劣的形势迫使戈培尔呼吁公众捐赠："暖和的羊毛衣物、长短袜、背心、衬衫、套头衫、暖和的毛料内衣裤、汗衫、吊带裤、取暖炉、头盔、御寒耳罩、护腕和护膝、各种毛皮制品……厚的、暖和的手套……各种毛围巾。"这一长长的清单很能说明问题。[78]苏联也遭受了惨重的损失。到 1941 年底，超过 46 万苏军士兵战死，330 万人被俘。根据德国国防军自己的数字，这 330 万战俘有三分之二在那年年底前死亡。60 多万苏军士兵被当作政治敌人或低等的"亚洲人"杀害。同一时期，在苏联领土上活动的德国党卫军和国防军小分队杀害了 50 万犹太平民。在"巴巴罗萨计

划"开始后的 6 个月内,德军杀死了地球上五百分之一的
人口。

"犹太人问题"的"最终解决方案"

德军入侵苏联让德国距离建立德意志帝国的目标更近了一
步。国家社会主义处于建立一个庞大德国占领区的边缘。在德
占区内,德国打算消灭欧洲东部各国,无情奴役或消灭他们的
人民。另外,建立在苏联废墟上的德国殖民地可以为大德意志
帝国提供一个供它继续进行全球扩张所需的军事和经济平台。
这个帝国还可以让纳粹实现消灭他们认为与德国复兴不相容的
犹太人这一目标。然而,到了 1940~1941 年,反犹战争的性
质发生了变化,从地域性的解决方案(它野心勃勃,史无前
例,穷凶极恶)转变为全面的灭绝性方案。随着纳粹扩张到
德国和波兰边境之外,他们开始抓捕和杀害欧洲的所有犹太
人。1942 年 10 月,航空部部长兼空军总司令赫尔曼·戈林在
一次面向数千名死忠纳粹的演讲中说,"经过最终分析",这
场战争"事关我们德意志人和雅利安人胜利,还是犹太人统
治世界,这就是我们现在为什么而战"。随着对苏战争的开
始,纳粹继续实施他们人种计划的最后一部分,即最终解决
"犹太人问题"。自从将近两年前波兰战争结束,这一方案的
实施几近停顿。[79]

1939 年秋对波兰的战争结束时,纳粹决心将德国、新吞
并地区、总督府地区的犹太人赶到即将在卢布林建设的一个专
门居留地内。当时确定的时间表是一年,但是帝国保安总局,
即党卫军的中央办公室(组织普通警察和安全警察的机构)
督促立即将奥地利的犹太人送到犹太人居留地,要求 1939 年

187

10 月份将波希米亚和摩拉维亚保护国的犹太人，11 月将德国犹太人送到犹太人居留地。实际上在 10 月份，两列运送犹太人的火车离开维也纳驶往卢布林。之后，运送工作被中止，说是因为"技术问题"，后来该任务干脆被取消。然而，党卫军中的规划者继续将卢布林视为未来犹太人居留地所在地。他们顶着总督汉斯·弗兰克的反对坚持这样做。汉斯·弗兰克坚决反对"草率的、没有计划的"犹太人迁移行为。之前，为了给瓦尔塔兰的德意志裔移居者腾地方，被送去的数千犹太人已经让他忙于应付。希特勒驳回了他的反对意见。1940 年 2 月，弗兰克返回克拉科夫。几天后，他不无挖苦地用愤怒的语气对同事说："我们这里的犹太人还不够，还可以再安排很多犹太人，这仅仅是开始。实际上，我们苦于缺少犹太人。我们至少能够安排 40 万~60 万名犹太人。到时候，我们就可以说说那会出现什么问题。"[80]

　　系统性地迁移德国犹太人的计划工作很可能在 1940 年 2 月就开始了。当时党卫军将 1000 多名德国犹太人从斯德丁（Stettin）、施奈德穆尔（Schneidemühl）迁到卢布林附近的村寨里。其他地方的盖世太保办公室也接到指示，开始将一些大城市里的犹太人集中在一起。1940 年 2 月 29 日，希姆莱向纳粹党政首长确认说，他的部门将继续鼓励德国犹太人迁出，但是总督府地区必须接收尚未迁走的大多数犹太人。但是，西线即将到来的军事行动打断了迁移计划。1940 年 3 月中旬，盖世太保办公室中止了继续迁移的准备工作。1939 年 10 月之后，野心勃勃但很不现实的预期和相互冲突的目标反复修改、中止、重启将德国犹太人迁往卢布林的努力。一再中断的迁移方案成了让纳粹郁闷的"失败年表"。[81]然而，几个月之后，法国战败开辟了新的可能性，提高了纳粹对全面的"最终解决方案"的预期。

德军在欧洲西部的迅速推进让另外数十万犹太人落入了德国人的控制，同时也给德国的人种规划者壮了胆。1940 年 5 月底，希姆莱向希特勒呈交了一份全面的备忘录，即《东部外族人口的处理》（*The Treatment of Alien Populations in the East*）。该文件建议进行"详细审查"，将其中那些人种上有价值的人进行德意志化，教育那些仅有存在价值的"糊糊"（mush）去做奴隶劳工。关于犹太人问题，希姆莱建议"考虑通过一次大迁移将所有犹太人转移到非洲或其他地方，彻底解决犹太人问题的可能性"。这就是"马达加斯加计划"的来源。德国和其他地方狂热的反犹主义者曾经提到与东非海岸隔海相望的那个法国殖民地，1940 年春夏，这个想法"像野火一样传播开来"。[82] 德国想象该方案能够完成欧洲德占区数百万犹太人的迁移，而之前的迁移政策，位于卢布林的居留地，1939~1940 年针对德国、奥地利、波兰的 230 万犹太人确定的迁移目的地都不适合。反对将更多犹太人送入自己地盘的汉斯·弗兰克非常赞赏这一计划。同时，德国和奥地利的纳粹党政首长也很满意。面对弗兰克的反对，他们现在可以将不想要的犹太人迁到其他地方了。另外，马达加斯加岛面积很大，纳粹规划者可以将他们计算的欧洲西部和东南部、法国北美殖民地的犹太人都迁移过去。德国国家保安部官员立刻着手准备总共大约 550 万犹太人的迁移工作。这些犹太人就构成了 1940 年所谓的"犹太人问题"，"最终解决方案"也许就是针对他们的。

6 月 18 日在慕尼黑进行的有关法兰西帝国未来的双方讨

189

论中，希特勒和外交部部长约阿希姆·冯·里宾特洛甫向意大利元首墨索里尼和外交大臣加莱阿佐·齐亚诺（Galeazzo Ciano）兜售马达加斯加方案。很快，德国外交部准备了更为详细的方案。根据专家的报告，马达加斯加没有什么有价值的自然资源。这一事实让它成为一个可以牺牲的地方，再加上，如果充分发挥想象力，那个岛屿的面积和富饶程度足够支撑一个犹太殖民地。翻阅《迈尔词典》（*Meyer's Lexicon*）时，外交部里负责犹太人事务的文职官员弗朗茨·拉德马赫（Franz Rademacher）发现，马达加斯加的丘陵地带可以为人们提供一个暂时远离湿热海岸地区的放松之处，而闷热的海岸地区"对欧洲人的健康很不利"。他全力支持这个项目："理想的解决方案是：所有犹太人离开欧洲。"[83] 即使在拉德马赫公布当初的发现之前，盖世太保就已经通知德国的帝国犹太组织（Reich Organization of Jews），这场战争很快就会结束，相关部门很快就会准备好"一个殖民居留地"。[84] 要将犹太人迁到马达加斯加岛的谣言甚至传到了身在德累斯顿的维克托·克伦佩雷尔耳中。

190 　　事实是，"马达加斯加"计划的放弃和当初采用它一样快。一份评估说，该项目需要 120 艘船，花 5 年时间才能将100 万犹太人运过去，无法达到纳粹政策制定者所希望的快速解决问题的要求，另外，那条航线当时被控制在英国军队的手中。虽然如此，该计划标志着纳粹思想发展的一个重要阶段。首先，这个方案相当于大屠杀，因为它的目标是灭绝欧洲各地历史悠久的犹太群体，将幸存者赶到类似流放地去饿死。其次，它永久性地确立了一套有关"最终解决方案"的"大洲级"参数，因为"马达加斯加计划"明确针对的是德国在欧洲占领区的所有犹太人。最后，这一计划还揭示了纳粹当局要犹太人离开德国地盘的决心。"马达加斯加计划"让纳粹在一个迁走欧洲所有犹太人的全面的最终解决方案上强化了政治上的统一。

随着纳粹1940年秋和1941年冬入侵苏联行动准备就绪，犹太人事务高级党卫军专家阿道夫·艾希曼在提交给希姆莱的一份报告中，赞同"马达加斯加计划"的具体内容。1940年12月10日，希姆莱在柏林召开的纳粹党政首长会议上简要介绍了计划框架。参会的艾希曼提到，一共需要将580万犹太人迁移到"一个尚未确定的地方"。显而易见，这个地方不是卢布林，也不是总督府地区的其他地方，因为艾希曼的数字里包括总督府地区的150万犹太人。这个地方很可能是被征服的苏联地区，在纳粹想象中那里属于边界尚未确定的广阔地带。对苏联的野心勃勃的侵略计划一旦确定，德军就会将德意志帝国东部国界线推进到远远超越乌拉尔地区的地方，进入"东部"和"北部"。艾希曼提出，对苏作战胜利之后立即将欧洲犹太人迁移到那些地方。艾希曼特意提到了罗马尼亚、斯洛伐克、匈牙利等盟国的"德意志民众的欧洲经济圈"里的犹太人和德国军队尚未占领的匈牙利的犹太人。[85]

因为德国军事参谋部门推测俄国人的死亡人数为数百万，因此，艾希曼没有明确指出具体地点可能就是在暗示大屠杀。希特勒和希姆莱派出四个特别行动队执行区别于新命令军事部分的"行政"部分，虽然行动队进入苏联时并没有肩负明确的屠杀犹太人命令，但是根据他们的报告，被杀掉的"政治委员""掠夺者""游击队员"大多数是犹太人。仅仅几个星期后，事情就很明白了，特别行动队（最初每个行动队有700～

191

1000 人）主要的"行政任务"是将德军占领的苏联地区的犹太人全部杀掉。

从入侵头几天开始，特别行动队就试图联络当地非犹太人代理人，通过煽动针对犹太人的屠杀，来消灭德占区的犹太群体。扬·格罗斯（Jan Gross）在他的重要作品《邻人》（Neighbors）一书里就记述了这样一场屠杀。1941 年 7 月 10 日，波兰东部耶德瓦布内（Jedwabne）镇的一半人口被挑唆攻击另一半人口。当地波兰人在大街上将犹太人砍死，将犹太人枪杀在新挖好的墓穴前，最后将幸存者关在谷仓里放火烧死。1941 年 7 月底的好几天里，类似的恐怖事件一件接一件地发生。德国军队进入立陶宛的科夫诺（Kovno，立陶宛语为 Kaunas）后，一伙平民暴徒残忍地杀害了 3800 名犹太人，说后者与苏联勾结，应该为一年前苏联占领立陶宛负责。发生在波兰东部的这种屠杀事件多达 60 起，苏联曾在 1939 年 9 月占领这里，而 1941 年 6 月和 7 月，这里落入德国军队手中。虽然苏联共产党领导中确实有大批犹太人，但苏联也曾经没收犹太人财产，将富裕的、受过教育的犹太人迁往西伯利亚。因为城里的犹太人大多是中产阶层，所以城里的犹太人更可能成为共产党的靶子。无论如何，不管立陶宛人心里多么仇恨犹太人，但是德国人发现——A 特别行动队指挥官瓦尔特·施塔勒克（Walther Stahlecker）在"发现"之前加了"惊讶地"——挑动当地的仇杀活动并非易事。在波兰东部，C 特别行动队也有同感："可惜的是，那时想方设法挑动人们屠杀犹太人的努力并没有带来预期的结果。"事实是，"人们很难理解建立在人种或理想主义基础上的显著的反犹思维"。向当地人放映反犹宣传电影《永世流浪的犹太人》（Der ewige Jude）也没有起到什么作用。[86]

这些屠杀活动暴露了党卫军特别行动队的最终目标——杀光犹太人。20 个、30 个、50 个犹太人因为是游击队员、"知识分子"或"领导人"被党卫军枪杀，不久之后，此类事件便让位于为了报复类似 6 月底苏联撤退前在利沃夫（Lwow，奥匈帝国时期名为 Lemberg，即伦贝格）屠杀数千名乌克兰国家主义者，党卫军也一举杀掉数百人的杀戮行为。德国人发现苏军在利沃夫杀了那么多人之后，党卫军在 1941 年 7 月 2～3 日的两天里疯狂枪杀了 7000 名犹太人。德国宣传部门借机利用斯大林秘密警察犯下的暴行大做文章，公开将责任归咎于"犹太人"。和波兰的比得哥什事件一样，伦贝格事件成了发动这场早已发动的战争的理由。这个事件为纳粹提供了这样的说辞：如果希特勒不抢先发动战争，共产党和犹太人就会对德国平民实施类似的残酷大屠杀。在接下来的几个星期里，C 特别行动队经常公布"专门针对掠夺者和犹太人的报复行动"。然而，这些屠杀行动一开始针对数十名，后来发展为针对数百名犹太人。用彼得·朗格里希（Peter Longerich）的话说，这些行动"在计划上和当时形势没有什么关系"。[87]8 月，党卫军开始枪杀女人和孩子。

外部因素不大可能推动事件的发展，希特勒也不可能不清楚前方在实施的大屠杀政策。希特勒一直在制定犹太人政策方面扮演着积极角色。1935 年他批准了有关犹太人的具体定义法案，1938 年 11 月他同意执行大屠杀，1941 年秋他批准推迟并重新启动将第一批犹太人从德国城市迁移出去的方案。他很有可能为了给德意志裔殖民者腾地方而同意屠杀整个犹太人群体。为了保证政策的执行，希姆莱、治安警察（Order Police）

193

头子库尔特·达吕格（Kurt Daluege）、地区德军指挥官弗里德里希·耶克尔恩（Friedrich Jeckeln）、埃里希·冯·登·巴赫－热勒维斯基（Erich von dem Bach－Zelewski）等党卫军领导人还经常到前线到处视察，督促下属实施规模更大的行动。"现场做决定！"1942 年，希姆莱对手下军官这样说，"我不在柏林做决定，而是开车前往卢布林、伦贝格、拉尔等地方，我连夜赶到这些地方，然后在 8 点、10 点、12 点现场做决策。"基层指挥官不但非常熟悉党卫军的权力结构，而且他们还有军事精英所共有的意识形态上的狂热，所以他们在执行各种秘密或明示的命令方面表现出出色的才能。各种研讨会、命令、强制性的进度报告微调了他们心中"预期的顺从"（anticipatory obedience）。党卫军军官并不是机械死板地执行来自柏林的命令，他们在经历战后审判时也经常承认这一点。在屠杀犹太人这件事上，虽然希特勒和希姆莱在授权上扮演着核心角色，但他们需要得到手下人的广泛共识才能把事情做成。[88]

1941 年 7 月，一直关注军事进展的希特勒越来越兴奋。这位领导人感觉那些被征服的土地几乎已经掌握在手中了。他的话里话外已经没有了任何含糊：他预计列宁格勒和莫斯科将很快被"抹掉"（7 月 9 日他在和戈培尔谈话时用到这个词）。他还设想在克里米亚建立新的省份——"德国的里维埃拉"。1941 年 7 月 5 日深夜，希特勒还想象建设多条公路，将德国与即将建立的新帝国连接在一起。德国民众可以驾驶自家的大众轿车去他们曾经战斗过的地方参观和生活。希特勒说，之前帝国政策的最大失误就是将好处都给了有钱人。相较而言，纳粹的帝国主义政策将主要服务于德国大众。几天后，也就是 1941 年 7 月 16 日，希特勒向柏林的纳粹领导人讲述了他的想法。他承诺，永远不放弃德国占领的土地。这些地方将被建设成"伊甸园"——这与两年前他们对帝国领地的想法截然不同，当时总督府被描述为"劳动力蓄水池"，被当作倾倒"垃圾"的地方。1941 年，希特勒在将占领区的当地人弄走方面表现出莫大的决心。为了获得新的殖民地，他允许采用"一切必要措施——包括枪决、迁移"。[89]7 月 17 日希姆莱被希特勒任命为新领地安全负责人后，他为了建成希特勒设想的"伊甸园"，大大加快了征服步伐。1941 年夏季，他将特别行动队的力量增加到原来的 12 倍，部署了更多的警备营，并授权来自乌克兰、白俄罗斯和立陶宛的外族人组织辅助警察队伍。

希姆莱经常视察基层队伍。8 月 14~15 日视察明斯克时，他目睹了一场屠杀行动，并传达了希特勒的口头命令，要求特别行动队杀掉所有犹太人。8 月 17 日，希姆莱向希特勒汇报情况。他很可能确认了大规模枪决的可行性。一天后，希特勒命令戈培尔，等到军事胜利成为现实之后，就立即将德国犹太人迁往东部。[90]杀掉所有苏联犹太人的命令辗转传到基层指挥官那里。奥古斯特·罗森鲍尔（August Rosenbauer）赴苏联南部担任 45 警备营负责人时，他的长官对他面授机宜。根据战后审判证言，"耶克尔恩说，我们接到了负责党卫军的帝国领导人希姆莱的命令，说是犹太人问题必须解决。那些乌克兰人生来是农奴，必须为我们干活。但是，我们不想看到犹太人的数量增加。出于这个原因，必须将犹太人消灭"。[91]另外，柏林方面还要求将有关屠杀的最新进展汇报给他们：1941 年 8 月 1 日，党卫军旅队长（SS-Brigadeführer），也是盖世太保的头子海因里希·希姆莱通知四个特别行动队的指挥官，"元首要求你们经常汇报有关特别行动队在东部的工作"。希特勒要求尽

195

快提供有关党卫军行动的"特别有趣的视觉材料",比如,"照片、海报、宣传页等文件"。[92]

1941 年 8 月,屠杀规模急剧扩大。到 8 月中旬,四个特别行动队一共杀害了 50000 名犹太人。相较于两年前在波兰的屠杀,这次杀戮人数有了很大的增加,但这仅仅是党卫军在接下来的四年里杀掉的犹太人的十分之一。活动于立陶宛的 A 特别行动队第 3 突击队"7 月份'处决'了 4239 名犹太人,其中包括被枪杀的 115 个女性"。9 月,他们杀害了 56459 名犹太人,其中 15112 人是女人和孩子。[93]现在,他们改变了想法,认为所有犹太人都应该被杀掉。对犹太人持续的杀戮、对苏战争彻底胜利的预期、建立新的"干净的"东部殖民地的想法密切纠缠在一起。西比尔·施泰因巴赫(Sybille Steinbacher)认为"犹太人死亡人数"已经成为"用以评估'扩展德国人生存空间'计划所需的数字"。[94]在苏联,大屠杀是德国野心的产物,而不是战争"野蛮"的表现。实际上,1941 年,德国军队在后方杀害的犹太人比战场上杀害的苏联士兵还要多。到战争结束,波罗的海地区和苏联有将近 200 万名犹太人死在纳粹手中,大多数人在 1941～1942 年被德军流动行刑队枪杀于离家不远的地方。[95]

1941 年秋的"大规模行动""一个村寨一个村寨"、"一个城市一个城市"(引自纳粹)将苏联西部的犹太人全部清除掉:先是斯莫洛维奇(Smolowicze),接着是莫吉廖夫(Mogilev)、鲍里索夫(Borisov)、博布鲁伊斯克(Bobruisk)、维捷布斯克(Vitebsk),最后是戈梅利(Gomel)。"没有犹太人的乌克兰"——这是战后小说《生存与命运》(Life and Fate)作者瓦西里·格罗斯曼(Vasily Grossman)三年后回到被战火蹂躏过的出生地后做出的总结。[96]就在那些地方，党卫军特别行动队接待希姆莱和其他名人，向柏林汇报他们的行动进展，亲自去完成他们当初挑动当地平民但没有实现的屠杀。1941 年 9 月底，德国第 6 军进入乌克兰苏维埃社会主义共和国首都基辅。这个城市被围困了好几个星期，大多数人已经逃出城，包括 22 万名犹太人中的三分之二。虽然如此，游击队继续坚持地下活动。9 月 24～26 日，他们炸毁了很多大型建筑，其中包括国防军用作总部驻地的洲际酒店，造成数百名德国士兵丧命，让市中心成为一片废墟。9 月 26 日，国防军和党卫军的领导人与戍城部队司令官库尔特·艾伯哈德（Kurt Eberhard）少将碰头，决定予以报复，枪决"至少 5 万名犹太人"。[97]他们当时的思维是："哪里有游击队，哪里就有犹太人；哪里有犹太人，哪里就有游击队。"[98]

虽然党卫军独自指挥屠杀行动已经成了常规程序，但是党卫军上校保罗·布洛贝尔（Paul Blobel）和他的 4a 特遣队（Sonderkommando）要依赖第 6 军的协助。在挺进乌克兰时，布洛贝尔和第 6 军一路上杀人无数。国防军印制了很多海报，要求基辅的所有犹太人在 9 月 29 日早晨到一个公共区域集合，并派士兵守卫通往即将屠杀犹太人的郊区山谷的路线。大多数犹太人相信了纳粹的谎言，以为他们将被迁移到其他地区，因为他们很难被错认为军人。早上 8 点钟，3 万多名犹太人被集合在一起。这些当地犹太人大多数是老人、孩子，而且女性占了大多数。然而，那些士兵没有继续让他们往火车站方向走，而是让他们往犹太公墓和娘子谷方向走去。"我仍然记得那些犹太人走到娘子谷边缘，看到谷底的尸体时，他们内心感到的恐怖，"党卫军行刑队的库尔特·维尔纳（Kurt Werner）后来

197

在战后法庭上作证说，"很多人害怕得尖叫。你无法想象继续做那种肮脏的事情需要多大的胆量。"[99]士兵要求那些犹太人"分散站开，首先放下行李，然后脱掉外衣、鞋子、其他衣服，最后脱下内衣裤"。[100]几分钟后，人们已经一丝不挂。乌克兰警察将他们推到深谷边缘。在战后证词里，维尔纳讲述说："他们必须脸朝地趴在地上，山谷里有三组士兵，每组 12 个人。一组一组的犹太人不间断地被押送到谷底。新下去的人要趴在刚被枪决的那些犹太人的尸体上。"1967 年，证人迪娜·普洛尼切娃（Dina Proniceva）回忆说："我看到那些年轻人的脸一下子没有了血色。"那天，手枪和机枪的声音响个不停。后来，4a 特遣队也汇报了这场屠杀："9 月 29～30 日，在特别行动队总部和南部保安团的两个突击队配合下，4a 特遣队一共处决了 33771 名犹太人。"[101]

国防军和党卫军特别行动队在两天内杀光一个城市里所有犹太人的大规模行动，两年后为毁灭证据将尸体挖出来用火焚毁的行为，上述行动数量众多的执行者以及目击者让娘子谷成了一个令人瞩目的地方。关于娘子谷的消息迅速传到了陆军高级指挥部（Army High Command）。早在 10 月 11 日，布雷斯劳中学的犹太裔教师维利·科恩（Willy Cohn）就听说基辅发生了一场"大屠杀"。德国士兵在信中或在探亲时和家人也会提到这场屠杀。卡尔·杜克费尔登的姐夫瓦尔特·卡斯勒在那年最后一天从基辅写信给他的父母，说"这里再也没有犹太人了。等我回去后告诉你们他们出了什么事"。1942 年 6 月休假回到策勒的家里后，他将知道的一切都说了出来："5 万名犹太人被赶进一个深坑，随后引爆炸药，所有人一下子都被埋了进去。"1942 年 4 月，伊娃·克伦佩雷尔偶然遇到 1936 年帮她盖车库的木匠。当时他穿着下士制服，在喝啤酒的空当，他向她讲述了他在俄国的经历，其中包括：在基辅，"大量尸体被埋在被炸起来的泥土下面"。战后审判澄清了一些细节，获得了很多人的证言（其中包括维尔纳的证言），宣判和处决了主要的纳粹头子，其中包括保罗·布洛贝尔。"就像'奥斯维辛'是用毒气室以准工业程序大规模杀害犹太人的象征，"沃尔弗拉姆·韦特（Wolfram Wette）写道，"'娘子谷'成了苏德战争最初两年党卫军流动小分队大规模处决犹太人的代名词。"[102]

苏联境内有数千个"娘子谷"，每个"娘子谷"都有大量犹太人被炸死，每个"娘子谷"都颠覆了人们对这个世界的某种认识。基辅那些被杀害的犹太人无法想象纳粹居然会认为女人、孩子、老年人是炸毁洲际酒店的责任人。和德占区众多犹太人一样，他们以为战争时期的德国人不会放过利用他们的手艺、劳力的机会。如果没有亲自走在那群基辅犹太人中间，我们很难想象他们的恐惧、他们耳边的那些吓人的声音、他们对孩子和年迈父母的担心。他们在士兵的推搡下跟跄前行，不论性别、年龄，都被强迫脱光衣服，小跑到深谷的边缘。行刑者枪杀了每个地方所有的犹太人，使得受害者无法为自己发声。他们的文件都已散佚，他们的记忆被抹去。娘子谷依旧是一个深谷。

人们经常询问历史学家，那些犹太人在面对死亡时是否镇静从容。在 20 世纪五六十年代的审判中，那些枪杀犹太人的行刑者说那些受害者处之泰然，依然保持着尊严，好像那些弱者在死亡面前的无动于衷能够缓解强者的罪责。但是，立陶宛珀纳利（Ponary）的卡茨米尔察·萨科夫威茨（Kazimierz

199

Sakowicz）留下了一个不一样的描述。萨科夫威茨乡间的家距离屠杀地点只有几百米远。1944 年，他在临走前将几页日记藏在一个柠檬水瓶子里并埋在地下。在这些日记里，萨科夫威茨记录了当时那些受害者的大声质问："你们在做什么？""我不是共产党人！"他听到犹太人向德国士兵高声喊叫，看到有人朝那些士兵吐唾沫。他亲眼看到有人"将刀子插进一个德国兵的头里"。透过窗户，萨科夫威茨看到很多犹太人想尽办法逃走。他们在穿过田地和树林时，德国兵或立陶宛的士兵就跑过去把他们抓回去。[103]前文说到，被关在火车上即将被送到集中营的犹太人拼命击打那些钉在车厢上的木条，想从车里出来。他们还从被押送的队伍中冲出来。需要注意的是，大多数人赴难前并不是一个人。他们竭力掩饰内心对预料到的死亡的恐惧，不让身边的孩子看出来。

基辅大屠杀让人们看清了党卫军特别行动队固定的杀人程序：欺骗性的宣传海报，秘而不宣的地点，让人们将贵重物品、衣服分开放成两堆（方便纳粹整理并捐献给红十字会、公民福利协会），将某些辅助性的任务交给乌克兰警察，与国防军合作。国防军在娘子谷屠杀事件中扮演的角色不容忽视，因为战后在德国和美国出现一种普遍的看法：党卫军是狂热的反犹主义者，而国防军基本上都是受人爱戴的士兵和军官。这种区别是经不起推敲的。这里，我们要追问一个问题：1800万德国国防军军人以及整个德国社会在多大程度上怀有和纳粹一样的意识形态目标。我们知道，在印制宣传海报和押着犹太人穿过树林前往屠杀地点这件事上，国防军做的要比党卫军多很多。纳粹列兵理查德·海登赖希（Richard Heydenreich）的日记落入了苏军手中，日记中的一部分内容已经在 1943 年公

200

开出版。那部分日记详细描述了国防军在杀害犹太平民中扮演的角色。1941 年 7 月，德军占领明斯克后，"我们营受命……枪决那个城市里的所有犹太人"。[104] 很多团的常规任务就是屠杀被占领地区的犹太人。国防军的后卫部队也经常受命消灭大部队后方的游击队。这意味着抓捕并在野外杀害犹太人，或是抓到后交给特别行动队。和塞尔维亚的情况一样（1941 年夏秋，塞尔维亚的国防军几乎杀光了当地所有男性犹太人，以报复游击队的频繁骚扰），整个犹太群体被视为德国军队和民众"不共戴天的敌人"。

很多国防军士兵被特别行动队的屠杀行动吸引，他们站在一旁拍照片，有的还主动要求加入枪决队伍。1941 年 8 月，第 6 军的指挥官感到有必要禁止士兵未经长官同意以个人身份参与党卫军并处决犹太人。虽然如此，通过业余摄影师关于杀人的摆拍照片，士兵家信中有关那些肮脏的、摇摇欲坠的"劳动者的天堂"的评论，对"低于人类的"苏联士兵的普遍蔑视（当时数百万身体虚弱、胡子拉碴的苏联战俘强化了德国民众心中普遍的有关劣等种族的刻板印象），至少在战争刚开始的几个月里，我们可以"明确意识到，种族主义确实存在于部队的日常生活中"。在驻扎于平斯克（Pinsk）的一支部队里，关于白天事情的"热烈讨论"说明大多数国防军士兵赞同杀害男性犹太平民——这种杀戮行为那天刚发生过。[105]

不能因为说国防军和党卫军士兵基本上都一样，或者说不管穿的是什么制服，任何士兵都扮演了杀人的角色，就反对这一观点：国防军是"干净的"，而纳粹系统是肮脏的。于尔根·马特乌斯（Jürgen Matthäus）、克里斯托弗·布朗宁（Christopher Browning）认真分析了促使那些杀人者杀人的因

201

素。除了"源源不断"愿意"做那事"的行刑者，总是有"一些坚定的、全职的杀人者"。这一事实可以"让少数人始终得以回避，无须面对严重后果"。[106]当国防军中尉需要"15个胆子大的人"时，理查德·海登赖希"理所当然地"自愿站了出来。不过也有士兵喜欢参加国防军搜捕犹太人的行动。"经常会发生一些很刺激的事情……就是那种你喜欢做的事情。"1941年10月一个连长在信中对国内的弟弟说。然而，布朗宁在他的经典研究作品《平民如何变成屠夫》（*Ordinary Men*）说，对于大多数人来说，小群体的影响、不想被别人觉得胆小、齐心协力把一件头疼的事情做完的责任感，比简单的对意识形态的忠诚更能解释那些杀人者的行为。"永远参加"（immer mitmachen）成为同志的准则。[107]

不过，布朗宁可能低估了意识形态的影响。第101后备警备营里的中年成员是因为一些他们还没搞明白的事件，被从波兰占领区的西边调到东边，而动手屠杀苏联平民的特别行动队和辅助警备营招募了意识形态上更为积极的年轻志愿者。带领这些新成员的大多是有野心的、受过人种方面科班教育的警官，而不是像"特拉普爸爸"那种圆滑的指挥官。[108]特别行动队里的大多数人拥有同样的世界观，他们认为犹太人危害德国，德国人已经进入一个新的历史时代，他们应该作为优秀战士为最终建立一个新秩序而奋斗。如果没有道义感，"大屠杀就不可能付诸实施"，哈罗德·维尔策（Harald Welzer）说。[109]

认同纳粹及其为德国民众确定的目标并不意味可以开枪杀人。"有时候你简直要哭。如果你和我一样是一个喜欢孩子的人，就会觉得很难下手"，警务督察官弗里茨·雅各布（Fritz Jacob）对汉堡的党卫军长官抱怨说。不过，普通士兵克服了最初的震惊之后，心肠会变硬。他们会根据新形势调整自己。几个星期后，雅各布回信给那位长官："感谢您的劝告。您说得对。我们新时代的德国人必须让自己狠下心来。"当然，"因为父亲一个人犯错，就杀掉他的一家人"，确实有些过火，雅各布又说不下去了。他甚至想到"这在正常的法律判决程序中是不可能的"。然而，他一想到历史赋予的责任感，就再次让自己狠下心来。"我们要消除良心上的谴责，勇往直前，然后，"他说，"世界和平就会到来。"[110] 1953 年，受审的党卫军行刑队员回忆说，是历史的责任感让他们互相鼓励，行使自己的职责。"天啊！真是糟糕，"他们在屠杀现场也说过这种话，"为了让我们的孩子们有一个更美好的未来，我们这一代必须忍受这一切。"[111] 开枪杀人始终是一件很困难的事情，因为"正常的"道德和法律观念始终与国家社会主义意识形态彼此冲突。

迁走德国犹太人

通过杀戮清除苏联被占领土上的犹太人，为德意志移民的到来做准备的想法，在传达时并没有采取杀光欧洲所有犹太人的统一命令的形式。直到秋天，纳粹政策中的两个部分，即消灭所谓苏联布尔什维克犹太人威胁和德占区"犹太人问题"的"最终解决方案"合并在一起，形成了一个统一的灭绝政策。8 月中旬，希特勒的几位主要理论家在柏林开会，确认希特勒再次拒绝一切在战争结束之后再迁移德国犹太人的提议。当时，人们都认为战争很快就会结束。帝国保安总局的负责人莱因哈德·海德里希当时的印象是，一些犹太人迁移方案可能马上就要被批准了，但总体形势是，还需要等到战争结束之后。这勉强算一个缓刑令，因为希特勒之前已经下令杀掉苏联一些地方的犹太人，然后将德国犹太人送到那里。1941 年 8 月 18 日，在与戈培尔的谈话中，他重复了他在国会的预言，说如果爆发世界战争，犹太人必然会被"毁灭"。戈培尔说："在这几个星期几个月里，就会慢慢变成现实。"希特勒和戈培尔开始根据苏联的大致形势来确定如何对待所有犹太人。"在东部，犹太人正在付出代价，而在德国，他们已经付出了一部分代价，将来会继续付出代价"，戈培尔这样解释。[112] 然而，一个月之后，希特勒命令立即将 60000 名犹太人迁移出德国、奥地利、波希米亚和摩拉维亚保护国。档案记录显示，1941 年 9 月 18 日，希特勒忙着在战争结束之前启动犹太人迁移程序。发生了什么变化？

有两种可能的解释。一种解释是形势所迫。8 月，形势越来越明朗，战争重创了德军，德国不可能在 1941 年取胜。另外，1941 年 8 月 14 日，英美两国签订《大西洋宪章》，决心携手"彻底消灭纳粹暴政"。德国领导层承认，美国将以某种方式参战。在希特勒看来，这一事实显示了犹太资本操控事件的国际能力。为了生存，他们能够通过操控事件，将世界分裂为犹太人和雅利安人的全面斗争。这正好验证了 1939 年 1 月他在国会的预言。根据纳粹反犹主义的逻辑，犹太人实际上成功地煽动起一场世界战争，欧洲的每个犹太人比任何时候更加危险。这就是他们为什么将犹太人迁走——理论上仍然如此——或者允许身体强健的少数犹太人从劳动营幸存下来，可能会引起不良后果。因此，8 月末和 9 月初的几个星期，纳粹强化了先发制人打击德国和欧洲其他国家犹太人的合理性。这更推动纳粹着手进行一场坚决的犹太人迁移行动。迁移过程分为两个步骤。1941 年秋，将欧洲西部犹太人迁往"东部地区"，然后，第二年春，将他们迁往"更远的东部"。[113]

另一种解释是，确定迁移命令的时间是 9 月，它与这一说法相符合："第二次胜利的狂喜"赋予了希特勒继续迁移犹太人的胆量，就像 7 月"第一次胜利的狂喜"让党卫军扩大了在苏联的行动规模。相较于 8 月的谨慎情绪，9 月中旬占领基辅之后，德军似乎已经到达胜利的边缘了。[114]比每个月变化不定的情绪更为重要的是这一事实：希特勒和希姆莱将德国殖民地的建立与大规模屠杀犹太平民空前密切地联系起来。异想天开的"伊甸园"计划立刻推翻了总督府地区建设"劳动力蓄水池"和犹太人隔离区的草率想法。结果，针对犹太人的攻势在 1941 年 6 月之后迅速升级。特别行动队的所有活动几乎都专注于屠杀犹太男性，最终扩展到所有犹太人。每个星期，针对犹太人的战争都会让希特勒的预言更加接近现实。在这种背景下，将"最终解决方案"推迟到战争结束之后很快变得没有必要。1941 年 8～9 月不断上升的犹太人死亡数字，再加上 1941 年 10～11 月纳粹预期战争不会在那年年底结束，推动了反犹政策的执行时间越来越接近战争"期间"，最后提前到近期执行。这一时间的提前增加了灭绝性解决方案，而不是地区性解决方案的合理性。

从 1941 年 12 月开始，形势发展得很快。虽然德国还没有决定立刻抓捕和灭绝所有欧洲犹太人，但是德国针对犹太人战争的根本性激进化在 1941 年秋天表现得很明显。9 月 17 日，希特勒与里宾特洛甫交流后又与希姆莱协商，决定启动仅仅一个月之前推迟的决定：迁走德国犹太人。9 月 18 日，希姆莱告知瓦尔特高的纳粹党政领导人阿图尔·格赖泽尔："元首希望尽快将西部的犹太人迁移到东部，将'旧帝国'与波希米亚和摩拉维亚保护国腾出来。"希姆莱开始打算先将 60000 名德国犹太人安置到罗兹的犹太人隔离区，但是遭到了当地官员的反对。他对他们大谈"帝国利益"和"元首的意思"，把计划迁到隔离区的数量削减到 20000 名犹太人、5000 名吉卜赛人，另外将 25000 名犹太人迁到了白俄罗斯的明斯克，将 20000 名犹太人送到拉脱维亚的里拉，将 5000 人送到立陶宛的科夫诺。[115]新的接收地的政府对那些命令大感意外，一下子根本没有足够时间接收数千名犹太人。很明显，这些事情是中央安排的。帝国有关部门还颁布了补充性法律，允许执法部门没收犹太人丢弃的财产，最终在 1941 年 10 月禁止德国犹太人移民：大门被关上了，措施出台了。"犹太人必须出国，虽然他们不愿意出国"说的是 1938 年之前的情况。1941 年情况变成了"不许犹太人出去，虽然他们想出去"。[116]

决定屠杀苏联犹太人，将德国犹太人迁移出去之后，纳粹重新调整了"最终解决方案"的空间和时间坐标，这一方案从不远的未来即将发生在"那边"的事情变成了"这里和现在"要做的事情。自从 1939 年以来，纳粹设想的所有"最终解决方案"，从在卢布林附近建立一个犹太人居留地，到将犹太人安置到马达加斯加岛，再到将他们驱逐到苏联最靠东的地方，前提都是不让犹太人留在"这里"。只要让犹太人"离开"的大目标还在，放弃地域性解决方案（"那边"）就意味着采用灭绝性方案（"这里"）。1941 年秋发生了从让欧洲摆脱犹太人到摆脱欧洲的犹太人的转变。这一变化不是一下子就完成的。9 月做出、10 月中旬开始实施的迁移命令，不大可能很快就变成从肉体上消灭所有欧洲犹太人。虽然被迁移到科夫诺的犹太人一抵达目的地就被杀害了，但是绝大多数犹太人没有被杀。他们在条件恶劣的隔离区里。在那里，他们惊骇地得知，为了给他们腾地方，那里先前的居民在他们到来之前被杀害了：11月7日杀害了11500名犹太居民，1941年11月30日、12月8日，分两次杀害了25000名里加犹太居民。[117]帝国保安总局和当地主管部门仍旧区别对待德国犹太人和东部犹太人。在新年，党卫军在很大程度上已经完成了第一波迁移行动。5.3万名德国犹太人和奥地利犹太人被从家里赶出来，从德意志帝国的东部运到西部。等待他们的是可怕、未知的命运。

从不久的将来、"那边"到"这里和现在"的转变带来了一系列新问题。迁移过程一开始，纳粹党和政府官员就收到了很多意见和请求，呼吁迁移时要考虑个体差别，抱怨他们将混血犹太人、犹太人的雅利安伴侣、曾经获得战斗勋章的老兵等重要的犹太人都随意混在迁移人群中。这些犹太人是"A类"犹太人，属于规则的例外群体，以至于1943年10月，希姆莱在其臭名昭著的波森（Posen）演讲中不满地提到纳粹和党卫军领袖的这一过于简单的做法，他说甚至一些忠诚的纳粹党员也要想尽办法挽救那些有价值的犹太人。这些呼吁让纳粹党领袖非常头痛。有人呼吁反犹政策要经过半公开的审查，根据具体案例具体分析。也许是因为这些呼吁，1941年11月30日，希姆莱命令里加当局留下从柏林送去的1000名犹太人。可是太晚了。那些犹太人已经被枪决了。然而，希姆莱在与海德里希电话交流后匆忙写下的一张便条——"柏林送来的犹太人：不许杀害"——说明对于帝国保安总局来说，大屠杀已经成为很常规的事情。另外，罗兹、科夫诺、里加等地党卫军权威

207

部门的不同反应，以及国防军在里加大屠杀之后提出的问题指向了这一需求，即，"德国官员需要适应系统的大屠杀这种想法"（布朗宁的观点）。[118] 万湖会议（一开始定于 12 月 9 日，因为日军 12 月 8 日偷袭美国而推迟到 1942 年 1 月 20 日）的主要目标是通知各方，党卫军在莱因哈德·海德里希、海因里希·希姆莱的领导下，打算在欧洲范围组织犹太人的迁移工作。会议确定了哪些犹太人应该被迁移出去，提出如何在东方使用奴隶劳动。对于一些优秀的犹太人，即"最强健的"部分（在劳动营或迁移乌拉尔山过程中幸存下来的犹太人）的顾虑，说明地域性解决方案正在让位于灭绝性解决方案。然而，这种转变并没有在万湖会议上彻底完成。[119]

同时，在 1941 年 11 月，海因里希批准将波希米亚和摩拉维亚保护国四面围有高墙、有部队驻守的特莱西恩施塔特用作关押年老犹太人、因战争伤残或被授予过勋章的老兵，以及一些"可疑分子"的集中营。确定特莱西恩施塔特之后，德国当局马上就想好了回答人们无数质询的说法。这些质询包括：是否"一定要把一位 87 岁的老年犹太人送走，或者，为什么不能不迁移 80 岁的老人"。这可以让纳粹"不至于在外部世界面前丢面子"（引自阿道夫·艾希曼）。[120] 后来，德国保安部悄无声息地将关在特莱西恩施塔特的一些人送到了死亡营。1943 年 1 月，他们开始将那里关押的一部分犹太人送往奥斯维辛。1944 年 10 月 30 日，最后送出去的一批人离开特莱西恩施塔特。"有人被送进来，有人被送出去，床位空出来，又有新人住满"，露特·克鲁格（Ruth Kluger）回忆说。1942 ~ 1943 年，她一直在那个集中营里。毕竟，特莱西恩施塔特不是"最终目的地"（Endlager），而是"往屠宰场输送马匹的马厩"。[121]

1941 年秋，语气的总体转变是很明显的。对苏战争让 10 万多名德国士兵送了命。另外，美国已经传出了打算参战的明确信号。在这种背景下，希特勒反复提及他在 1939 年国会演讲时做出的预言。他将那个预言成真的时间一再提前，一直提到当前。"我们将彻底摆脱带来毁灭影响的犹太人，"他在 1941 年 10 月 17 日对部下说，"我将毫不手软地处理这些事情。我觉得自己是历史遗嘱的唯一执行者。"一周之后，即 10 月 25 日，在与海德里希、希姆莱的谈话中，希特勒表示德国人"正在重新书写历史——从种族角度"，由此，为最后决策和最终解决方案辩解的重大历史性目标再次浮出水面。[122]

1941 年 12 月 12 日，也就是希特勒对美国宣战后的第一天，在与几位纳粹党政首长开会时他也采用了同样的天谴式语句。在那次会议上，希特勒很可能重申了要迁走和杀死德国和欧洲其他国家所有犹太人的意图。希特勒的讲话没有留下手稿，但是后来戈培尔和弗兰克在一些重要问题上的记述是一致的。

"关于犹太人问题，"戈培尔第二天写道，"元首决定做一次彻底的大扫除。他曾做出关于犹太人的预言，如果他们再次引起一场世界战争，结果就是他们的毁灭。这里没有任何修辞。现在世界战争爆发了，犹太人的毁灭是必然结果。我们不能多愁善感地看待这个问题。"12 月 12 日的会议结束几天之后，汉斯·弗兰克回到总督府地区，通知身在克拉科夫的属下："直截了当地说，我们必须杀掉犹太人。"弗兰克再次效仿希特勒的决心："我们只同情德国民众"，因为我们为了欧洲的未来"牺牲了我们最好的子弟"。这一切很不容易，弗兰

209

克提醒属下："在柏林，上面对我们说：为什么这么麻烦，我们又不能把他们派上用场……就地解决他们！"讲完这些话之后，弗兰克告诫属下："先生们，我要求你们，摒弃任何同情的想法，让自己强硬起来"，下定决心"杀光犹太人，不管在哪儿，不论在什么情况下，为了保护帝国大厦不倒"。[123] 这就是希特勒下令杀害犹太人的证据。

大屠杀的规划者一再呼吁必须直截了当、毫不留情——一旦迁移犹太人的决定做出之后，纳粹积极分子就要求相关执行者具有钢铁般的勇气。经过几个星期的摇摆（在这几天里，党卫军和纳粹党领导人回答了国防军的质询，否决了后者代表某些犹太人提出的请求），希特勒为纳粹党制定了灭绝犹太人的目标。他大谈"彻底的大扫除"、"毫不留情"的决心、坚决摒弃怜悯和同情，他呼吁人们弘扬政治革命者的职业道德。

纳粹想方设法让人们克服同情心理，这很好地说明了纳粹党认为让普通德国人，甚至纳粹忠诚者认可迁移犹太人是多么困难。甚至在最高层，纳粹党人也很难认可屠杀行为的正确性，很难克服各种内心的疑虑或保留意见。要完成这种思想强化工作，就必须进行一场大规模的宣传活动，让人们将犹太人看作德国的敌人，可能需要"灭绝"他们，但不要透露将他们迁移出去或者在东部命运的细节。

210　　随着 1941 年 9 月"犹太星"的引入，反犹宣传声调更加尖锐。戈培尔打算让这些敌人暴露在德国民众面前，结果，对苏战争的扩大更加直接地影响了犹太人的生活。被迫在柏林工厂工作的伊丽莎白·弗罗因德（Elisabeth Freund）说到了"一阵可怕的反犹宣传"留下的材料："整个库弗斯坦达姆大街上，几乎每个店铺里都悬挂着标语。"弗罗因德还说："'犹太人禁止进入'，'不接待犹太人'。走在那条街上，在每幢房子、每块窗户玻璃、每个店铺里都可以看到'犹太人''犹太人''犹太人'。很难解释为什么纳粹，那些杀害犹太人的刽子手要将这个词贴满全城。"纳粹的宣传材料被投进大楼和邮箱里："一大早，楼梯上有一张传单，上面赫然呼吁进行一场屠杀。一篇告知人们某个士兵阵亡的讣告将他的死亡归咎于犹太人！"据霍华德·K.史密斯说："那些传单是深黑色，正面上有一个鲜艳的黄星图案。在这个图案下面写着：'种族同志！你看到这个标记，就等于看到了死敌！'"[124] "犹太人与犹太人之间没有任何区别，"戈培尔 11 月在《帝国报》（*Das Reich*）上发表的一篇言辞激烈的文章这样提醒德国人，"犹太人是有罪的。"[125]他宣称，犹太人将为每名德国士兵的牺牲付出代价。虽然这篇文章没有提及迁移犹太人，但是纳粹党的公开文件里并没有掩饰将犹太人当作德国民众共同的敌人进行打击的意图。

　　戈培尔不确定引入"犹太星"是否对纳粹政权有好处。他承认柏林知识分子还没有学会从人种角度评判犹太人。他批评"错误的同情和怜悯"。[126]自 1933 年以来，纳粹积极分子已经开始弃用这种通俗的、略显文雅的用词。大多数德国人认可"犹太人问题"，但是他们很难去责怪那些生活拮据、备受迫害的邻居。当地纳粹领导者意识到了人们的这种不情愿，他们提醒纳粹党员作为种族同志的职责，并提出了一些控制同情心的建议。"一个有效控制错误的同情和人道感的方法是，我习惯了长时间不仔细看他们，就好像他们是玻璃做的，好像他们是稀薄的空气"，一个积极的纳粹党员在给他供职的那家斯图加特的报社写的一篇文章中写道。[127]

211

如果第一个人不愿仔细看，第二个人就会故意把头扭到一边，第三个人就会只去看他想看到的。1941 年 9 月 25 日，明斯特一家报纸的编辑保尔海茨·万岑（Paulheinz Wantzen）第一次遇到一个戴着那种黄星图案的犹太人："那人上衣的左侧有那个图案，惴惴不安地贴着墙走。"言语中透露出一丝怜悯，但很快，在万岑的笔下，犹太人的命运是他们自己造成的。他发现，在柏林，犹太人"仍旧穿得很考究"（still remarkably well dressed）。这里的派生词根"mark"容易让人误解，因为这个词根无意识地将"星"变成了"衣服"（transformed the star into a suit）。犹太人并没有让人觉得"他们四处走动时心怀恐惧"。一次，万岑看见几个犹太人用"很随意、很招摇"的方式佩戴着黄星标志。万岑完全让自己摒弃了对犹太人的同情。"绅士们"可能对粗暴的纳粹政策给出消极的评价，但是"人民的声音"仍在附和纳粹。"听说，"万岑说到街头流言，"犹太人喜欢在左腋下夹一个公文包，尽可能不让人看到那个黄星。""另外，"一位柏林的年轻妻子在信中和前线的丈夫提到犹太黄星时说，"听说，美国的德国人必须在衣服前面和后面佩戴犹太星标志。"（她说的衣服前面和后面是对的，但是佩戴那种标志的是罗兹隔离区和被吞并的瓦尔特高其他地区的犹太人，这表明在纳粹德国，传递政治消息不得不采用拐弯抹角的方式。）[128] 显而易见，人们用冗赘而权威的方式谈论犹太人，陌生人有时候被归于民众共同体内部，有时候被归于外部，不过，人们的谈话内容很快转向德国人自己，谈论他们之前被迫承受的负担，以及总体的战争进程。

戈培尔竭力策划一场国际层次的审判活动，一场只要德国人在街上遇到犹太人就可以进行的那种小型审判。证据表明，德国官员根本不想隐瞒对犹太人的战争，他们打算对赫舍·格林斯潘来一场"大规模的、严密的"审判。赫舍·格林斯潘刺杀德国驻巴黎大使馆官员为纳粹1938年11月的大屠杀提供了借口。1940年7月，德国人非法将他从法国抓回德国。除了证明有理由将犹太人从家里赶出去之外，这样的审判还能说明什么问题？1942年1月底（万湖会议之后），戈培尔亲自着手这方面的准备工作，发泄他对格林斯潘说的与那位德国外交官有同性恋关系这一说法的不满，另外，他还打算进行一场至少是半公开的审判，虽然他暗示最后的决定权在于希特勒（很明显，希特勒很关注反犹政策）。1942年2月，戈培尔的特别助理沃尔夫冈·迪瓦尔格（Wolfgang Diewerge）前往巴黎会见前任法国外交部部长乔治·博内（Georges Bonnet）后回到德国。戈培尔声称，博内同意为此事作证：因为"格林斯潘事件"，犹太人曾经于1939年敦促法国政坛对德国宣战。最后，当然，审判并没有进行，格林斯潘死在德国的监牢里（几乎可以肯定是被害死的），但是德国没有公布不及时审判的原因。1942年4月，纳粹拆掉了他们先前打算宣布"最终解决方案"的世界舞台。[129]然而，即使没有进行审判，希特勒关于犹太人的"划时代的论断"，即他在1939年1月做出的预言在纳粹媒体和大众广播中广为传播。将德国占领区的犹太人运往死亡营并不是悄悄进行的，而是在希特勒赞许地称为"有效的反犹宣传"的嘈杂声中进行的。[130]

反犹大屠杀

纳粹德国杀害欧洲犹太人，目的是实现根据人种重新构建这一大洲的乌托邦计划。纳粹不仅仅认为犹太人在人种上与他们不同，而且害怕犹太人，因为他们认为犹太人是腐蚀社会的危险分子，会在道德、政治、经济方面威胁整个德国和德国建立的帝国。纳粹党认为，不能让犹太人破坏德国的作战实力，他们认为犹太人在1914~1918年的战争中动了手脚。纳粹还认为犹太人是布尔什维克和国际金融资本主义背后的主要支持者。他们对与此相反的看法大批特批，说是无稽之谈。这让欧洲所有犹太人完全成了必须抓捕和消灭的敌方战士。需要指出的是，希特勒真的认为德国和其他地区的犹太人构成了对新帝国的直接威胁。1943年，希姆莱说，如果不"灭绝犹太人，德国很可能重蹈1916~1917年的覆辙"。[131]

随着德军开始在战场上失利，纳粹开始无休止地扩大屠杀犹太人的地域范围，宣传屠杀犹太人的情况，让德国民众及其盟友意识到退路已经断绝。换句话说，纳粹宣传机构从传统的道义角度重新诠释了这一犯罪行径，并向参与屠杀犹太人的民众暗示盟军将如何看待他们，目的是让他们铁了心干到底。结果，1944年春，纳粹没费什么力气就杀掉了当时在战争中幸存下来的数十万匈牙利犹太人。战争期间，屠杀犹太人成为一项越来越疯狂的政策。根据这些政策，实施"最终解决方案"不是最后胜利之后的事情，而是最后的胜利要依赖"最终解决方案"的实施。1941年夏，不可一世的纳粹帝国扩张促使希特勒和希姆莱放弃了"最终解决方案"一定要等到战争结束之后才能执行的想法，他们决定立即在苏联实施这一方案。

214 之后没有多久，当意识到那场世界战争不会在"来年春天"结束，德国当局也无法将隔离区内被他们剥夺得一无所有的犹太人迁到其他地方之后，那些方案的规划者开始考虑将他们控制下的犹太人杀掉。随着战争进入第三年，它发展成为一场世界性冲突，纳粹认为，如果德国想要胜利，就必须立即杀掉欧洲所有犹太人。最后，1943～1944 年，"最终解决方案"被视为德国能保持住它那摇摇欲坠的军事实力的唯一出路。纳粹的反犹逻辑让他们陷入"没有退路"的过激革命中。[132]

纳粹度过了 1941 年末到 1942 年初那场冬天的军事危机，等到春季到来后，他们又恢复了对苏联的攻势，迁移犹太人的行动也恢复了。现在，党卫军的长官将德国犹太人迁移到卢布林附近鲁帕斯卡（Izbica）、皮亚斯基（Piaski）、扎莫希奇（Zamosc）等地的隔离区，不过，火车停靠在卢布林时，他们将挑选出来的少数人送到了位于马伊达内克（Majdanek）的劳动营。总督府地区被卷入这个过程中，因为之前纳粹在贝乌热茨（Belzec）、索比堡（Sobibor）建立了屠杀营，为的是确保总督府地区最终"没有犹太人"，而不是成为犹太人的"倾倒场"。纳粹开始用极其残忍的手段清除总督府地区的几十个犹太隔离区，虽然他们仍在往这里输送犹太人。1942 年 3～4 月，他们将 3 万名犹太人从卢布林的隔离区送到贝乌热茨的毒气室。另外，在 1942 年春夏，他们将罗兹隔离区的 7 万名犹太人转移到 50 千米之外的火车终点站切姆诺。在那里，犹太人被强行赶进"毒气货车"（gas van）后，被毒气毒死。在第一次试图大规模迁移外国犹太人的过程中，纳粹开始将数千名斯洛伐克犹太人运到卢布林。在纳粹当局仍在计算铁路运力和死亡营里的筛选程序的时候，这些隔离区周期性的人员清空和补充活动已经成了正常的运作程序。然而，没有多久，新一轮犹太人迁移行动启动还不到四个星期，即 1942 年 4 月的某个时候，希特勒似乎下决心将送来的犹太人直接送进贝乌热茨、索比堡，以及后来的特雷布林卡（Treblinka）等地的灭绝营或奥斯维辛（位于瓦尔塔兰）的灭绝设施里。1943 年 7 月底，党卫军官员对铁路官员不胜感谢，因为后者解决了总督府地区的运输瓶颈问题，让火车每天将 5000 名"拣选出来的代表"送到特雷布林卡成为可能。[133]

从欧洲各地抓捕犹太人，目的是立即除掉除了极少数"工作犹太人"之外的所有犹太人，"我们现在所理解的'最终解决方案'开始全面实施"。"人们没有将屠杀机器与'搬迁—安置—劳动'计划联系在一起。""搬迁—安置—劳动"后来完全成了掩饰和欺骗的代名词。1942 年，"最终解决方案"的基本灭绝目标变得更加清晰，但同时也变得更加无法让人理解，尤其是对那些受害者来说，他们不相信纳粹政策背后没有功利或经济利益方面的逻辑，不相信他们会为所欲为地抓捕和屠杀他们控制下的所有犹太人这一"政治"意图，而不管这些人是男人、女人，还是孩子。在被送往奥斯维辛时他们预料到了最坏的情况，但没有预料到"想象不到的情况"，非犹太囚犯夏洛特·德尔波（Charlotte Delbo）写道。[134]

1942 年 7 月 4 日，当火车将整车的斯洛伐克犹太人送抵奥斯维辛的比克瑙（Birkenau）集中营时，这里已经重新定义了屠杀流程。在铁道岔轨处，党卫军军官将新到来的人分为两部分。他们挑出几组"工作犹太人"，给他们登记，将编号文在他们的左前臂上。在他们死在纳粹所谓"通过劳动毁灭"环境里的几个月前，他们要在奥斯维辛里的德国公司恶劣的工作条件下从事繁重的体力劳动。战争期间，奥斯维辛变成了一个巨大建筑工地，成了一个新兴城市。在那里干活儿的，除了被抓进去的犹太人，还有数千名外国劳工。然而，绝大多数被送到比克瑙的犹太人没有被当作劳动力用，也没有被登记。这

些人中，相当大比例的是老人、小孩，大多数是女性，这些人
构成了死亡营牺牲者的 60%。他们进入比克瑙集中营后就直
接被杀害了。一火车一火车的孩子被杀掉。通过反复试错，党
卫军摸索出一套流程：欺骗他们，说是要给他们洗澡，让他们
脱掉衣服。就这样，他们掠夺了这些犹太人身上仅剩的衣服和
个人物品。他们将那些衣物分开存放。他们将赤裸的犹太人送
入毒气室毒死。之后，他们派人将尸体取出并扔进焚尸坑。后
来，纳粹安装了专门的焚化炉。1942 年 7 月 17 日，在观看了
明斯克党卫军枪决犹太人几乎整整 11 个月后，希姆莱到奥斯
维辛视察。他察看了杀害犹太人的各个步骤，从 2000 名荷兰
犹太人抵达集中营——这是第一批被集中到阿姆斯特丹后经由
韦斯特博克（Westerbork）临时难民营送到奥斯维辛的犹太
人，比希姆莱早两天到达奥斯维辛——到在铁路旁的坡道上挑
选出 1531 名可以做工的犹太人，这算是一个非常高的比例了，
再到将剩下的 449 人赶入 2 号地堡（Bunker 2）的毒气室，随
后焚烧尸体。察看整个过程之后，希姆莱命令在 1942 年底之
前将 100 多万名犹太人安置在总督府地区。同一天晚上，党卫
军在巴黎警察的协助下进行大搜捕，逮捕了 12884 名犹太人，
两天后，十批犹太人中的第一批离开设在德朗西郊区室内体育
场的中转营，被运往奥斯维辛。那是一段令人恐惧、充满艰辛
的旅程，总共用了三天多时间。[135]纳粹灭绝欧洲犹太人的行动
开始全速进行。

　　希姆莱要求，将堆放在仓库里的那些被杀害的犹太人的衣
服分发给迁入帝国的德意志裔人。1942 年圣诞节，每个德国
人"都应该拿到一件裙子、一件外套、一顶帽子，并且，如
果供得上的话，还要提供三件衬衫和合身的内衣裤"。铁路直

216

接铺到死亡营里。他们增加了毒气室，安装了焚化炉。奥斯维辛－比克瑙集中营每天可以杀害 1 万多人，大量的衣服和其他物品堆积如山。在被犹太人称为"加拿大"的那些仓库里（他们认为加拿大很富有），"后来解救他们的盟军士兵发现了 37 万件男性上衣、83.7 万件女性外套和裙子、大量孩子的衣服、大约 4.4 万双鞋、1.4 万条毯子、假体、牙刷"，以及被杀害家庭的其他物品。德国当局运走了他们没收的婴儿车。一个目击者说："一长排婴儿车，每排 5 辆，足足用了一个多钟头才全部从我面前过去。"[136]

　　奥斯维辛不是唯一的死亡营。大多数波兰犹太人被杀害在索比堡、贝乌热茨、特雷布林卡死亡营。25 万名犹太人——主要来自华沙隔离区——在 1942 年 9 月底之前被毒气毒死。总督府地区的隔离区被清理，里面的犹太人被杀掉之后，德国人就在 1943 年拆除了这些营区。然而，奥斯维辛集中营一直运作到 1945 年 1 月，它杀害的人数超过所有其他死亡营。它杀害了大约 100 万名犹太人、7.4 万名波兰非犹太人、2.3 万名吉卜赛人、1.5 万名苏联战俘以及 2.5 万名其他平民。这些数字很难想象，然而奥斯维辛是一个真实的存在。它位于新吞并的瓦尔塔兰地区境内，在德意志帝国边境之内。它是纳粹工业化和德意志化东部地区这一庞大计划的核心。战前，这个地方被称为小"耶路撒冷"。1939 年，这里大约 1.4 万名居民中有 8000 名犹太人。它的原名是"Oświęcim"，德国占领当局将它改为"奥斯维辛"，并在很大程度上将它变成了一个现代工业城市。这里有独栋住宅、车库，以及由企业家、白领员工、党卫军军官及其妻子、孩子组成的日渐庞大的德国人群体。这里还有专门服务德国人的商店、学校、诊所、牙医诊所，还有自己的足球场和游泳池。一个来自伍珀塔尔（Wuppertal）的酒吧老板在奥斯维辛的市场开了"拉茨霍夫旅店"（Gasthaus Ratshof），而当地旅游手册则推荐访客入住扎托尔旅店（Hotel Zator）。西比尔·施泰因巴赫写道："值得注意的是，奥斯维辛成为一座德国城市，准确地说是在这里屠杀犹太人达到系统规模的时候。"[137] 毫无疑问，奥斯维辛的居民清楚地知道那里正在发生什么事。奥斯维辛的德国市长在欢迎新来者的讲话即将结束时，提到了城里的集中营。"在草地那边，"他指出，"每个星期都会送更多的囚犯来，但是总数一直不变！"话出口后，他感到有必要解释一下。他又将这句话重复了一遍，让每个人自己去计算——每个星期"更多的囚犯"肯定被"抵消"了。[138]

1939～1945 年被纳粹和外国帮凶杀害的犹太人中，大约有一半死于 1942 年。这是"最终解决方案"实施期间最为悲惨的一年。在德军持续保持攻势的阶段，"最终解决方案"得到了迅速、彻底的实施。1941 年，100 多万主要来自苏联的犹太人被杀害，1942 年，260 多万来自德国、波兰、斯洛伐克、法国、荷兰、比利时的犹太人被杀。1942 年 7 月，希姆莱郑重地说："我们必须在一年内完成犹太人的迁移工作，之后就不再迁移了。"[139]

相较而言，1943～1944 年是该计划最后的肃清阶段。这段时间的一个特点是，纳粹越来越有一种挫败感，因为他们的盟友感受到战争的方向在发生改变，不再将犹太人交给他们。另外一个特点是，德国军队占领先前的附庸国，如 1943 年 9 月的意大利、1944 年 3 月的匈牙利、1944 年 8 月的斯洛伐克，或是进入先前被意大利占领的地区后，开始实施无情的迁移活

218

动。因此，1944 年初秋，德军开始不遗余力地搜捕距离纳粹帝国很远的罗德岛（Rhodes）、科孚岛（Corfu）、克里特岛（Crete）等希腊岛屿上的犹太人。4 月份华沙隔离区的、1943 年 10 月索比堡隔离区的犹太人起义，以及后方的一系列游击队活动，促使德国加快完全毁灭波兰犹太人并拆除屠杀营地的进度。1943 年秋，纳粹关闭了索比堡和特雷布林卡的营地。在此之前，贝乌热茨的营地已于 1942 年底被拆除。在大约 18 个月里，这三个地方的毒气室杀害了 150 万犹太人。在战争的最后两年里，党卫军还蓄意杀害了在波兰和乌克兰因为充当奴隶劳工幸存下来的犹太人。1944 年 6 月，德国迁走了罗兹隔离区的最后一批"劳动犹太人"。在"最终解决方案"最后的大规模行动中，纳粹于 1944 年春夏（大约就在盟军登陆诺曼底的同时）逮捕了超过 437000 名匈牙利犹太人。面对盟军的空袭，匈牙利政府于 1944 年 7 月 6 日进行了迟到的干涉，挽救了布达佩斯的 20 万名犹太人。纳粹将匈牙利犹太人迁移到奥斯维辛，一到目的地就杀害了其中的四分之三。剩余的大多数是年轻人，被当作奴隶劳工使用（铺设直接连接柏林作战部与筛选犹太人的奥斯维辛铁路坡道之间的电话线路），他们中一半以上的人幸存下来。[140]

和其他地方一样，纳粹在匈牙利一下子杀光了所有犹太人。党卫军和当地通敌者捣毁了村庄和街区，杀光了毕业班、年轻人、大家庭，杀死了足球队队员、俱乐部会员、电影观众、唱诗班成员、管弦乐队成员、犹太会众，捣毁了"幼儿园、医院、监狱"和构成一个社会的其他各种兴趣群体。在东欧，20 世纪 20 年代讲意第绪语的 700 万居民经过 20 年后，剩下了不到 70 万人。一度堪比捷克语、希腊语的犹太语（和文化），衰落得不如爱沙尼亚语、巴斯克语。[141] 欧洲幸存的犹太人中，很难看到老年人和年轻人。就那场战争的犹太人灭绝目标来看，纳粹几乎算是打赢了那场战争。

在 1943 年 1 月底斯大林格勒战役失败之前，德国的"最终解决方案"几乎就要变成事实。执行大屠杀的不仅有被包围的德国军队，还有自认在执行历史判决的党卫军。另外，因为从 1943 年春战争真正进入德国本土后，迁移德国和奥地利犹太人的任务已经大致完成，所以，德国人的战争记忆主要集中在空袭、东线战役、德国军事力量的崩溃，而几乎完全忽略了犹太人。伴随着 1939~1942 年德军长驱直入的是推动迁移、驱逐和杀害数百万平民的穷凶极恶的生物政治大阴谋，而 1943~1945 年德军的长距离撤退，以及与苏军、英美军队的交战则属于比较常规的事情，因此甚至盟军也一直没有理解德国最初发动的那场种族战争的性质。很长一段时间，二战让人们忽视了纳粹德国的反犹大屠杀。直到最近三十年，它才成为人们理解现代历史的一个核心。

应该明确的是，从一开始，种族战争原则就一直指导着德国的作战政策。纳粹德国决定建立一个德意志帝国来巩固德国的实力和主权。那些作恶者一再用为德国争取自由的说法为他们灭亡其他国家、杀害平民辩解。他们认为，保护德国机体不受外来威胁侵害、为德国争取丰富的资源、建立一个帝国是最重要的事情。入侵波兰不到四个星期，希特勒、希姆莱和其他纳粹领导人就着手实现一个狂妄的计划，他们要将这一庞大的德意志帝国变成一个跨越整个大洲的帝国，目的不是管理"土地和人民"，而是无情征服"空间和种族"〔引自维加斯·加百利·路勒维西斯（Vegas Gabriel Liulevicius）〕。[142] 于是，纳粹立刻着手安置波兰人，剥夺他们的国籍，迁移德国境外的德意志裔人到被德国吞并的地方去殖民。纳粹对波兰犹太人的态度往往最恶劣、最专制，在整个欧洲形成解决"犹太人问题"的统一政策是在 1940 年西线战争爆发和"马达加斯加计划"出现之后的事情。从那时起，"最终解决方案"的执行越来越受重视，赌注也越来越大。随着 1941 年德国入侵苏联，将犹太人当作最危险的敌人和实现德国东部殖民梦最大的障碍，进行无情杀戮成为一项最重要的事情，消耗了宝贵的军事和后勤资源。德国的战争目标脱离不开纳粹的人种目标。二者的密切关系让二战从根本上不同于一战，也是二战中平民伤亡极为惨重的重要原因。二战中的死亡人口中将近 60% 是平民，而在一战中，这个数字是 5%。这场战争首先是关于德意志帝国平民生与死的战争。

"土地和人民"的毁灭摧毁了欧洲。德军彻底破坏了作为人口统计学实验和人种实验中心的波兰社会：500 多万波兰人被杀害（包括 300 万犹太人），相当于它战前人口的 16%。在第二次世界大战中，波兰损失的人口比其他任何国家都多。另外，1250 万苏联公民，包括 100 万犹太人（相当于苏联战前一半的犹太人口）被杀害。这个数字，再加上战场上的巨大伤亡数字，总共相当于苏联战前总人口的 13%。立陶宛、拉脱维亚损失了超过 10% 的平民和几乎所有犹太人口。欧洲东南部的军事行动摧毁了南斯拉夫和希腊。在整个欧洲范围内，平民因为德国的占领而遭受了巨大的政治和经济损失。德军的占领完全是为了剥削那些战败国，为了给德国本土的公民提供福利。没有任何一场战争在那么短的时间里导致了那么多人的死亡：1939～1945 年，欧洲死亡人数达到 3500 万～4000 万。

纳粹德国可以利用德占地区当地的合作者实现迁移犹太人 222
的目标，虽然有时候成功，有时候不太成功。原因很简单：到
1943 年，德国主导新秩序似乎是板上钉钉的事情，德军也似
乎所向披靡，另外，反犹主义和对法西斯的认同虽然也起作
用，但只是次要因素。在这种背景下，纳粹执行了"最终解
决方案"，找到了很多愿意积极配合他们大规模迁移犹太人的
合作者，尤其是在 1942 年。如果没有当地警察和文职部门的
合作（他们不是意识形态上的合作者），纳粹无法将 10 万多
名荷兰犹太人集中在一起。荷兰超过 70% 的"种族"犹太人，
即 14 万人中的 10.7 万人中大部分被拉到奥斯维辛和索比堡的
集中营杀害了，战后只有 5000 人生还。法国警察协助纳粹将
犹太人聚在一起。这些犹太人中有三分之二出生于国外，其中
很多人是来自德国、奥地利的难民，他们之前已经在祖国饱受
纳粹欺侮。7.5 万名法国犹太人被迁移和杀害。德国在比利时
抓到的犹太人较少，这是因为比利时警察的效率不高，也不大
听纳粹的话：在大约 2.5 万名犹太人中，大部分出生于国外，
占这个国家犹太人总人数的 43%。意大利人对纳粹的种族理
念最为冷淡。结果，1943～1944 年，党卫军想尽办法，只迁
移了 43000 名犹太人中的不到 8000 人。被迁走的大部分意大
利犹太人被杀害了。在匈牙利，当地合作者也将数十万犹太人
送到德国人手上。大约 38 万人被杀害，相当于匈牙利一半的
犹太人口。他们大多在 1944 年的春季至秋季死于奥斯维辛。
几十年之后，欧洲人才开始思考他们在反犹大屠杀中扮演的角
色，开始将这场大屠杀看作欧洲历史，而不仅仅是德国历史中
至关重要的标志性事件。[143]

　　"最终解决方案"在欧洲其他地方的执行情况怎么样？希

腊 7.1 万名犹太人中的六分之五以上被运走和杀害，其中包括
萨洛尼卡（Salonika）古老的犹太社区。在战前南斯拉夫 8.2
万名犹太人中，只有 2 万人从德国当局和克罗地亚附属国在塞
尔维亚、克罗地亚实施的屠杀中幸存下来。波希米亚和摩拉维
亚保护国有四分之三的犹太人被杀害，斯洛伐克 14.5 万名犹
太人中有三分之二的犹太人被杀害。被运走的 4.9 万名奥地利
犹太人中，只有 1700 人生还，虽然三分之二的犹太人在战争
爆发前就逃离了这个国家。在 1941 年迁移活动开始之际仍然
身在德国的绝大多数犹太人被杀害，这大约相当于 1933 年之
前 50 万犹太人口的三分之一。生活在德意志帝国边缘的犹太
人，比如在罗德岛、丹麦、挪威的犹太人也成了"最终解决
方案"的受害者。1939～1945 年，纳粹在欧洲杀害的犹太人
总计将近 600 万人。[144]

德国人不是唯一的作恶者。纳粹反犹大屠杀的巨大维度往
往让人们忽视了罗马尼亚人、波兰人、乌克兰人、匈牙利人的
杀人行为。事实上，德国占领和主导下的欧洲国家效仿德国人
屠杀犹太人成了一个常见的现象。只要纳粹一出现，犹太人面
临的形势就会陡然凶险起来。这无关可以解释反犹大屠杀范围
和广度的危险的战争因素、通敌、报复行为，而是和纳粹决心
发动针对犹太人的战争，想要彻底建立一个完全基于德国民众
道德主权和政治主权的人种新秩序有关。他们的这一目标在
1942 年几乎要实现了。德国的历史入侵了欧洲各国的历史，
彻底分裂了那些国家，改变了它们在 20 世纪剩余岁月的政治
命运。对于德国人自己来说，"最终解决方案"并非外国军
队、出于投机目的的外国合作者、党外人士、社会边缘人士强
加给他们的东西，而是德国人自己的选择，这些人包括党卫

军、纳粹党员、党内和国家机关内科班出身的干部、庞大行政系统内的无数平民。1943 年，柏林市民可以轻松地沿着大汉堡大街（Grosse Hamburger Strasse）步行到"老年犹太人之家"（Jewish Home for the Aged），今天的人们依旧可以做到。当时，那里是被迁移的犹太人上车的集合地点。当时的那个火车站叫作"交易所"（Börse），现在叫"哈克市场"（Hackescher Markt）。本书的最后一章将探索德国民众对大屠杀的了解，以及德国人和犹太人怎样看待那场灾难性的迁移和屠杀。

第四章
洞察

火车站

又一次，在火车上，我看到了身边那么多处于困境中的人！一对夫妇带着孩子从科隆疏散出来，一位从非洲休假回来的丈夫在卡塞尔车站的站台上等火车。在他身边是一名瞎眼的士兵，他要前往马尔堡（Marburg）的盲人学校，正在贪婪地吸着同伴塞进他嘴里的香烟。一个膀大腰圆的士兵拄着拐杖，脚上裹着绑带，没有穿鞋，冻僵的脚趾被锯掉了。他身边是从维亚济马（Vjazma）一带回来的两个士兵。他们已经在路上走了七天，他们在科隆的家毁于大火，家人没有片瓦遮身。西部城市里的孩子们被疏散到农村。政府号召希特勒青年团前往军事训练营接受训练，认真阅读如何使用轻机枪的说明手册。一位党卫军军官在未婚妻身边打瞌睡。一个乌克兰人要赶 12 天的路回老家去探望亲人，却被困在途中——到处是正规战、游击战。他筋疲力尽，精神萎靡，饥肠辘辘。他在一家军需厂打工。[1]

这是记者莉莎·德·布尔（Lisa de Boor）写下的文字，描绘的是她用心观察到的身边被动员起来的图景中的一幕。

1943 年 3 月，当地一辆火车驶入马尔堡市火车站时，她从火车上的有利位置清楚地看到，战争将人们从帝国的这边赶到那边。在进出车站的人流中，希特勒青年团和帝国劳工服务局征召来的成员被调到训练营。士兵穿梭往来于后方与前线之间，为的是利用军队提供的休假。旅程漫长，因为德国已经变得很大。威利·里斯（Willy Reese）回到前线——"罗兹、华沙、奥尔沙、斯摩棱斯克"——他已经酩酊大醉了："我白天晚上不停地喝：白兰地、伏特加、杜松子酒。"一路上，这位年轻人看到不少返回西线的救护火车。随着战争的继续，平民越来越频繁地遇上前线下来的伤兵。德军在斯大林格勒城下战败仅仅一个月之后，人们就可以从难民的流动中清楚地看出战争造成的破坏。当时，人们纷纷从科隆举家搬迁出来，因为 1942 年 5 月，科隆成了英国"千机大轰炸"的第一个目标，并在那之后也是主要轰炸目标，虽然对德国城市规模最大的空袭还远未到来。考虑到一些人拼命回家去寻找家人，纳粹派人将数千名孩子从家里接出来，送到乡村的安全地带。二战期间，绝大多数德国人都搬过家。戈培尔称其为"德国人口大转移"。[2]

同时，纳粹德国需要越来越多的外国劳工。到了 1944 年中，德国的外国劳工总数超过了 760 万，大多数是被纳粹抓来的波兰、苏联人，他们被一火车一火车地运到德国，被迫在德国的工业园和田地里当奴隶劳工。这些劳工的数量相当于战时德国劳动力总数的四分之一，他们经常在持枪士兵的看押下，在少得可怜的饮食和恶劣的工作条件下从事繁重的体力劳动。他们让观察人士深感不安，后者并不总能看到他们遭受的奴役。很多劳工到了周日可以休息一天，到火车站或酒馆里放松一下。"法国人、波兰人、乌克兰人，还有女孩，在主火车

226

站前面挤在一起。他们身上脏污，发着抖，大多数人没有外套，女孩穿着夏天的衣服，戴着夏天的头巾，"德·布尔写 227
道，"沉重的忧郁感笼罩着这些背井离乡的人。"[3]

车站人来人往。在很多方面，火车站连接着前往营地和开赴前线的人，是数千名犹太人、囚犯、外国劳工、德国殖民者的抵达地和出发地，体现了作为纳粹目标的新型社会动员组织方式。德国铁路公司将三百多万名犹太人送上不归路。火车代表了从熟悉前往未知的出发点。普里莫·莱维（Primo Levi）回忆说："火车是一系列记忆的起点。"[4]火车和火车站为德国人以及他们的受害者提供了一个心惊肉跳地一瞥第三帝国不同群体不同生死境遇的地方。

在战争初期的 1940 年 1 月，前往德意志帝国前哨的党卫军"游吟诗人"汉斯·约斯特走过弗里德里希大街火车站时，用凯旋的诗句描绘了"战争的场面"：

西线的火车徐徐进站……
火车轰隆隆奔向东线……
火车轰隆隆奔向西线……
还有火车来自波兰……
进进出出……日夜不断……
钢铁的脉搏牵引一列列火车进入车站的隆隆巨响……
推着一列列火车出发向前线……
驶入昨天的前线……开赴明日的前线……
士兵爬出……爬入……[5]

然而，从那时起，火车站开始在战争的压力下不堪重负。

紧张的战时运输让时刻表失去了意义，人们等车的时间更长
了，车厢里更拥挤了。卡塞尔车站"三个钟头的等待"让人
们"不厌其烦，无精打采，灰心丧气"。甚至短途火车也坐满
了人，过道上塞满了行李。"车厢里肮脏不堪，椅垫破破烂
烂，车窗锈迹斑斑"，一位获得了战时报道资格的瑞士游客对
其雇主《秘密德国》抱怨说。勒内·申德勒（René Schindler）
也提到了发生在火车站的让人心神不安的相遇："你可以听到
德语口音，还有很多意大利语、法语口音，甚至还有巴尔干半
岛的很多口音。"陌生人之间的交流，甚至与外国劳工，比如
前往马尔堡的火车上的乌克兰人的交流都围绕着战争进行。
"不管在什么地方，人们很容易与周围的人攀谈起来，不管
是在大街上，在店铺里，还是在火车站，"莉莎·德·布尔
写道，"探讨怎么才能不要再'像这样'下去了。但是战争
仍然'像这样'持续着。"前线的伤亡报告、空袭、极大的
恐惧、去乡村避难的城里人、对明天和后天的极度担忧，都
是人们交流的话题。[6]

　　然而，就是这个时候，即1943年春季，人们越来越少讨
论德国犹太人，更不要说与他们在火车站相遇。实际上，如果
斯大林格勒战役之后德军不是一再失利的话，死亡营里关押的
那些人将永远不为人们所知。事实是，德国在战争中的困境让
公众知道了那些为摇摇欲坠的德意志帝国工作的非犹太人和外
国劳工。空袭让那些大集中营的卫星营直接搬入德国城市。一
队一队的集中营囚犯在卫兵的看押下从事空袭后的修葺工作，
如安装玻璃、盖房顶、做杂活。萨克森豪森集中营给杜塞尔多
夫派去了600名劳工，给杜伊斯堡送去400人。诺因加默
（Neuengamme）集中营给不来梅送去750人，给奥斯纳布吕克

（Osnabrück）送去 250 人。布痕瓦尔德集中营给科隆派去 1000
名工人。战俘或政治犯一天要工作 20 个小时，一周工作 7 天。
他们一般睡在市区中心一眼能看到公寓楼和学校的临时监狱
里。德国市民对这些穿着囚服的人高度警惕，认为他们是刑事
犯。这些市民只和看押他们的党卫军打招呼，而比利时和法国
工人有时候会给那些囚犯送糖果或香烟。仅慕尼黑一个城市就
有 120 个战犯劳动营和 268 个由外国劳工组成的劳动营。杜塞
尔多夫一共有 155 个劳动营。柏林至少有 666 个。[7]

229

　　从奥斯维辛集中营幸存下来的法国政治犯夏洛特·德尔
波讲述了 1944 年 1 月在火车上路过战时德国的几个火车站时
的经历。因为她有工科背景，又不是犹太人，所以她很幸运
地从奥斯维辛被派往拉文斯布吕克的一个农业研究站工作。
因为同行的囚犯很少，所以卫兵押着他们坐普通火车前往。
从火车经过的城市里，德尔波看到一队队的外国劳工在火车
站周围干活。火车接近柏林时，她看到了那个城市残破坍塌
的景象。"我有一种曾经在奥斯维辛看到长长的救护火车时
所产生的那种满足感。那时，那些火车顶上涂着大大的红十
字，满载着从东线运回的伤员。"因为德尔波他们需要在柏
林换车，所以党卫军士兵押着他们进入地铁。在地铁里，他
们看到了洗手间的标志。女人们要求上厕所——从奥斯维辛
到西里西亚火车站的卫生间是一个不同寻常的过程："那位
工作人员是一个老太太，看到他们进入她那装饰着马赛克、
散发着消毒剂味道的'宫殿'，脸上没有流露出任何惊讶。
很显然，那个年岁的她看尽了柏林的世间沧桑。疲惫的脸上
再也显现不出任何惊诧。'可怜的孩子们！'她说。声音和面
容一样疲惫。她给我们打开了平时需要投币才能打开的卫生

间隔间。"然而，在地铁车厢里，那些乘坐地铁上下班的人刻意地与那些因为穿着条纹囚服和木底鞋而显得格外显眼的囚犯保持一定距离，后者轻轻地告诉旁边的其他乘客："我们是法国政治犯，不是刑事犯。"经过几站后，肯定是到了柏林动物园站。出了地铁站，这群人又看见一群外国工人在清理瓦砾。"后来知道他们是意大利人，很瘦，真的是很瘦！"德尔波说，"不过，没有那些被迁移的人瘦。"[8] 德国的囚犯和市民之间发生冲突是家常便饭，而且二者很少联系或交流。

不过，犹太人大多已经消失了。如果第三帝国的德国人打赢了那场战争，他们就再也看不到犹太人了。1942 年，对苏作战的德国士兵不再提及犹太人，大多数犹太人不是被杀害，就是设法逃到了苏联境内。在迁移犹太人的最初阶段，驻扎在波兰的德国军官仍旧能在犹太人隔离区内听到熟悉的德国南部施瓦本口音（schwäbisch）或柏林口音，因为数千名德国犹太人早已被"疏散"到卢布林或罗兹，不过他们比较幸运，没有被杀。等到 1942 年春季，一旦迁移即意味着灭绝之后，德国人就很少能看到犹太人了。身穿制服的士兵或警察偶尔还可以和德国犹太人说话，因为在灭绝营大多还没有完全投入使用的 1942 年春季和秋季，德国保安部调遣后备警察营负责迁移和杀害总督府地区的德国犹太人，所以，这两种情况是可能的：1942 年 7 月 13 日，波兰村庄约瑟夫乌（Jozefow）的某个来自汉堡的警察与来自卡塞尔的母女攀谈，某个警察将某个一战中获得勋章的不来梅老兵押到树林里枪决；1942 年 9 月，一位警察将考马洛克瓦（Komarowka）的犹太人迁移到缅济热茨（Miedzyrzec，德国警察称为 Menschenschreck，意为极度恐怖的地方）的中转隔离区（后来他们被送到特雷布林卡的死亡营）的过程中，他居然认出了过去在汉堡经营一个名叫"Millertor-Kino"的电影院的女老板。直到1942年底，犹太人从德国被迁移出去是经常可以看到的，甚至是公开的事件，引起了从震惊到满意的各种反应。不过，到了1943年中，德国在一定程度上已经看不到犹太人了。这个时候，"禁止犹太人使用公园长椅、电话亭、游泳池、餐馆的布告"已经显得多余，"逐渐被撕掉了"。[9]

在战争的最后两年里，犹太人似乎成了一种抽象的事物，成了一种编造出来用以解释盟军对德国城市进行狂轰滥炸的力量。因此，当战争的困境开始发挥影响，当德国人的记忆变得更为痛苦，当德国平民更倾向于将自己视为受害者而不是胜利者的时候，他们的犹太邻居就消失了。对于德国人来说，战争的恐怖并不包括犹太人遭受的苦难。1943年初的斯大林格勒战役结束，战场转移到德国境内之际，德国国内的犹太人已经不在了。

被囚禁在德国劳动营的莉莉·雅恩（Lilli Jahn）想尽办法想去看看自己的孩子。当初，她因为没有正确地在门口的卡片上标出自己的身份而在邻居告密后被捕。卡片上应该写"莉莉·萨拉·雅恩"（Lilli Sara Jahn），而她写的是"医学博士莉莉·雅恩"（Dr. med. Lilli Jahn）。1943年8月被捕后，一直被关在卡塞尔附近布雷特瑙（Breitenau）的劳动营里，虽然身体已经极度虚弱。丈夫一年前与她离婚，使她丧失了"特权婚姻"对一个犹太人的保护。她被逮捕之后，她的五个孩子无依无靠。最大的女儿，15岁的伊尔莎（Ilse）努力支撑家庭的重担。她一有时间就给母亲写信。就是伊尔莎，将1943年10月22日卡塞尔大轰炸的消息告诉了她：

　　我们的路线是这样的：班霍夫大街、选民街、集市广场、荷亨卓乐恩大街、太子大街、莫茨大街、居住营、路易斯大街、兴登堡广场、体育馆、哈勒斯豪瑟火车站，最后回到家里。没有一个商店还屹立着。卡塞尔已经不存在了。真的，一点不夸张。所有小街也都成了一堆堆砾石……好几万人死得好惨好惨。妈妈，在这一堆堆瓦砾中，我都不知道自己在哪里。

232　　纳粹只允许莉莉·雅恩每个月寄出一封信，但是她能偷偷地多寄出一些。空袭给卡塞尔造成的火灾、战场向德国国内转移为这位被囚禁的母亲与外面的女儿见面提供了潜在的机会。母亲在 1943 年 11 月 14 日的信中解释说：

　　听我说，亲爱的孩子们，千万不要告诉别人。因为炸弹袭击，他们找不到一节专门运送我们的敞篷车厢，所以我们必须和普通乘客一起坐在普通车厢里。如果事实真是如此，我们可以见一面……不过，到时候你必须等在站台上，这样别人才不会知道你我的关系。上车之后，我们就可以说话了。

　　这次母女相见很可能没有成功。后来的往来信件没有提到那次会面。1944 年 3 月 17 日，莉莉·雅恩被纳粹从布雷特瑙迁移到奥斯维辛，三个月后死在那里，享年 44 岁。[10]

　　犹太人莉莉和那位半犹太人女儿之间的交流在视角上截然不同。伊尔莎爱说话，到处走动，认真留意城市被破坏的程度，同情（"好惨好惨"）空袭中被炸死的德国人，而莉莉只是意外地发现自己是德国非犹太人，德国非犹太人圈子却不接受她。莉莉做事慎重，强调当时德国公共场所前所未有的危险。两个人的话里都有战争所带来的震惊。不过，伊尔莎的话体现了当时德国民众之间流传的关于德国被围攻的、围绕自身利益的那些伤感说法，而莉莉则竭力揭穿那些谎言："听我说，亲爱的孩子们。"两种叙述风格大不相同。但是，如果不是在莉莉被转送到奥斯维辛前，那个没有留下姓名的集中营卫兵偷偷将孩子们的所有信件交给莉莉，并在后来将这些信件交给她的家人，且她的后人后来在 1998 年发现了这些信，我们将无从知道 1943 年秋季伊尔莎与莉莉那令人心碎的书信往来。那些信件被遗忘了那么多年，说明一些令人痛苦的记忆可以多么有力地消除另外一些记忆，说明人们可能彻底地被某一种叙事蒙蔽。[11]

战争结束之际，德国的彻底失败甚至让一些犹太人从因禁状态中逃出来，冒充在空袭或东线疏散中丢失了身份证件的德国人。维克托·克伦佩雷尔在 1945 年 2 月 13 日盟军空袭德累斯顿一天前收到命令，要求他前往"工作队"报到，而第二天的大轰炸将整个城市炸成一片废墟，数千幸存者的身份文件、粮食供应卡被毁掉之后，克伦佩雷尔没有遵守命令，而是逃往乡下，在那里他登记的身份是"'维克托·克伦佩雷尔'，仅此而已"。"我去饭馆里吃饭，坐火车或有轨电车出行——对于第三帝国的犹太人，这都是死罪。"在苏军发动最后攻势期间逃向德国东部、1945 年冬末顺着公路成群结队进入柏林的数千名难民的到来，让英格·德施克伦（Inge Deutschkron）和她的母亲从柏林藏身的地方出来，冒充"雅利安人"混入人群。[12]

233

露特·克鲁格和她的母亲、另一个同行的人趁人不注意，以同样的方式溜出被押送的因犯队伍之后设法混入成群的难民。"你们那群难民超过了我们，"多年后她写信给一位德国读者，"我们跟在那群无家可归的人身后。他们因为自己的不幸痛不欲生，没有满腹狐疑地问这个或那个陌生人从哪里来。"就是这种死亡之旅，让德国人有最后一次机会一瞥集中营的因犯。这些因犯被迫长途跋涉，前往位于德国中部的拥挤不堪的布痕瓦尔德、贝尔根－贝尔森（Bergen-Belsen）集合点。在战争结束前的几个星期里，克鲁格去巴伐利亚的施特劳宾市办事时看到党卫军士兵押着一队因犯。不知道他们是不是犹太人——可能是从奥斯维辛前往达豪中转途中的犹太人——不过，克鲁格说："我还从来没有从局外人的角度看'我们'。当时，我们分开只有几个星期，之前我们在一起待了好多年。"克鲁格还有机会认真观察德国人看押着的犹太人。她在1992年的回忆录里写道：

> 他们在大白天从市中心穿过。两边的市民将头扭向一边，好像将自己的感官关闭起来，为的是什么也不去想。我们有自己的麻烦，不想再去考虑他们的麻烦。我们等在路边，直到运输这些"低于人类的"人的火车将他们拉走。几个星期之后，美军占领施特劳宾市，没有一个市民声称之前见到过那些犹太人。在某种程度上，他们确实没有看到过。因为对于那些你当时不想看、根本没有往心里去的事物，事后就是想不起来看到过。在这个意义上，只有我看到了他们。[13]

德国战败，犹太人回到德国，但他们并不是——除了个别情况——以先前的邻居和被驱逐者的身份回去的，而是作为二战历史的一部分回去的。他们经历的二战与德国人记忆中的二战完全不同。这是一段复杂的历史，在接下来的几十年里，德国人一定要弄明白它。然而，1943 年，德国人讲述犹太人经历的作品日渐减少，被越来越多的讲述他们自己经历的大部头覆盖，这些故事讲述斯大林格勒、德国城市经历的轰炸、对军事惨败和国家灭亡的极度担心、绝望的东部大疏散。1945 年，这些作品中几乎没有揭示反犹大屠杀的内容。

一方面，犹太人控诉自己命运的能力已经随着他们被送往死亡营而几乎彻底消失；另一方面，德国人继续目睹和书写他们自己的命运，颂扬奇迹。两个大灾难——一个是他们施加到犹太人身上的，另一个是他们施加在自己身上的——明显地相互关联，但同时二者程度不同，也不对等，每个灾难都从根本上塑造了战后现代人的记忆和叙事，但是在一开始，两种记忆和叙述就无法相互理解。

犹太证人

从 1941 年 9 月 19 日开始，犹太人外出时必须佩戴显示他们身份的黄星标志，这一命令让德国犹太人大为惊骇。用克伦佩雷尔的话说，那种黄星是"黄布上的黑色图案，中央是一个类似希伯来语'犹太人'的单词，要求佩戴在左胸位置。大小如同手掌"。"我感到极为震惊，心乱如麻。"几天内，克伦佩雷尔根本没有出门，虽然"外面风和日丽"。9 月 23 日，克伦佩雷尔在日记中写道，"昨天，我硬着头皮走过"有轨电车"前面的站台"，"去黑克特、帕舍基、京策尔等商店买东西"。当时的心情仍然"糟糕透顶，感觉非常丢人"。和他一起住在"犹太人之家"的同伴竭力安慰他："这是最后一幕——我也认为这是第五幕，不过有的戏……还有第六幕。"很多犹太人在目击叙述里表示，很多中间立场的德国人对他们很同情。有的人甚至专门找佩戴黄星的犹太人，对着他们批评政府。"这个标志不错，至少你知道你在和谁说话，站在你前面的是谁，你终于可以和他说心里话。"一辆有轨电车上的售票员这样说。[14]但也有小道消息说，有的犹太人不想让人看到他们的黄星，还有的犹太人故意展示自己身上的黄星。伊丽莎白·弗罗因德听说的一个故事反映了柏林的德国人对待佩戴犹太黄星截然相反的两种态度："一个母亲看到年龄很小的女儿身边坐的是一个犹太人说，'利舍，坐到这边来，不要挨着犹太人坐'。这时，一个雅利安工人站了起来：'可我不想挨着利舍坐。'"[15]没过一个月，1941 年 10 月 15 日，纳粹就开始迁移犹太人，执行希特勒不再等到战争结束再开始东部'安置'工作的决定。这个时候，大多数教堂会众开始疏远佩戴黄星的新教徒和天主教徒。没收教堂的大钟引起的反对超过了逮捕教徒的行为。因为佩戴黄星，德国犹太人在他们消失前的那段时间最为显眼。

政府的想法是将犹太人运到波兰或"东部"其他地区的劳动营，实现他们很久以来的政治目标：让德国"没有犹太人"，让犹太人为战时的德国提供低价劳动力。当然，纳粹领导人无意给犹太人留什么生路，甚至在 1941 年 10 月到 1942 年 6 月，他们几乎还没开始在犹太人一到达死亡营就杀掉后者时也是如此。1941 年 8 月，戈培尔这样描述他想象的犹太人的目的地："他们将在恶劣的气候下劳动。"[16]不过，至少

1941～1942 年的迁移谎言让相信了安置说法的犹太人从与非犹太邻居杂居的社区中走了出来。谎言让希望自己能够活下来的犹太人的迁移工作更加容易，让德高望重的犹太人愿意和他们合作，最终方便了纳粹剥夺犹太人的财物，因为他们事先将自己的物品都按照类别放好了。这种两面派做法在党卫军手里达到了登峰造极的地步，然而这些德国犹太人，以及他们的德国邻居，对于这些犹太人未来在东部的境况知道有多少呢？

　　犹太家庭经常收到警察或犹太社区的来信，讲述"东部迁移方案"。[17]"那种惊慌令人难以置信，"伊丽莎白·弗罗因德在 1941 年 10 月说起纳粹提出的即将到来的迁移行动时说，"那些人将来会怎么样？他们会被送到农村、兵营，还是波兰？"克伦佩雷尔竭力梳理预感犹太人迁移的消息，想从中知道他们到达终点后会发生什么情况："每天都能收到来自很多城市的消息，关于大规模迁移活动的启动、迁移活动的中止、重新启动，有人说其中有 60 岁的老年人，有人说没有，一时众说纷纭。慕尼黑、柏林、汉诺威、莱茵兰……部队需要火车，部队腾出了火车。"[18]即将被迁移的犹太人接到了通知，说是他们所有的家产和物品都已经被征用，要求他们保持房屋清洁，家里的东西要保持整齐，等待迁移时刻的到来。一张单子列出了他们可以随身携带的个人物品、衣服、工具，不过，这张单子很短：汤匙"（而不是刀或叉子）"，一个铁锅或提桶，也许还有一个长柄勺子和一些衣服，剩下的就很少了。[19]离家前的几个钟头让人痛苦。汉堡的英格丽德·韦克（Ingrid Wecker）回忆说："人们迫切地要带上所有的东西，要把所有东西都塞进手提箱——太糟糕了。自己想要带什么？亲戚的照片？转念一想，不用，又取出来。最好带一件暖和的外衣或围

237

巾。"[20]早上，那些犹太人关掉煤气和电，锁上前门，将房子的钥匙邮寄给当地有关部门或上交给集合点的警察。

在柏林，英格·德施克伦意外地见到了他的姑姑和姑父。他的姑父之前是斯潘道区（Spandau）的一个生意人，一天清早被警察逮捕。她的姑姑先从家里走出来，"背着一个硕大的帆布背包。她走得很急，似乎想赶紧做完一件讨厌的事情。我的姑父跟跄地跟在后面。那些人关上货车的后门时没有回头，一下也没回头"。那些犹太人（误）以为自己要被送到一个自力更生的劳动营。一些照片反映了犹太人抵达集合营的情景。他们带着大包衣服、捆扎严实的帆布背包，甚至还有床垫。"当时以为那里的条件很恶劣，我们要去那里从事繁重的体力劳动"，一位卡塞尔的幸存者说，但是我们没有发现"旅程的目标是毁灭我们肉体的证据"。[21]

有时候，犹太人要在集合营里待好几天。在那里，他们遭受了党卫军卫兵的肆意折磨。这和1938年11月大屠杀后被逮捕的那些男性犹太人的情况是一样的。纽伦堡一些被挑选出来的犹太人在露天体育场等待着被运走，他们一直等到纳粹开完党代会。卫兵故意将草袋子都拿走，让那些可怜的犹太人睡在裸露的土地上。早晨，党卫军强迫犹太人做羞辱性的体育活动"柔软体操"。有人拍摄了不少这方面的照片。负责将犹太人押上火车的党卫军士兵严令不许犹太人将行李带上车，为的是让车厢里多腾出一些地方站人。还有党卫军士兵在火车开动之前，让后面的行李车厢脱离。不过，1941年，这种做法可能并不普遍。当时，将犹太人安置到德国边界还没有成为屠杀犹太人的幌子。虽然如此，他们携带着个人物品进入罗兹或卢布林一带的犹太人隔离区时，还是引起了那里犹太人的嫉妒，虽然生活境遇都很可怜，只是后来加入其中的德国犹太人的条件相对好一些。[22]

同时，对那些仍然待在家里，或者越来越多地待在拥挤的"犹太人之家"的德国犹太人，纳粹的羞辱变得更加恐怖。虽然更多的犹太人被召入工厂，或被用作负重的牲畜，但是他们被禁止使用公共交通工具，除非按照内政部规定，劳工上班途中花费的时间超过 1 个钟头或步行距离超过 7 千米，学童走路上学超过 1 小时或 5 千米。1942 年 6 月底之前，所有面向犹太人的学校都关闭了。[23]要到柏林的任务小组集合地点，"南妮（Nanny）早晚必须走 5.5 千米路。也就是说，去的时候需要一个小时，回来需要一个半小时——不算很糟糕"，她的母亲塞尔玛·弗莱舍尔（Selma Fleischer）说，"早上提前一个小时起床，大约 5 点钟起来，晚一小时回家，大约是 7 点或 7 点半——如果幸运的话"。那些管理人员想尽办法不让他们享有一些小的便利条件，因此犹太人不许"买可以坐 12 次车的票，也不许买换乘票，只能买价格高的单程票"。[24]

因为，当时警察可以根据黄星来识别犹太人，于是他们采取了战争开始后针对所有犹太人实施的晚上 9 点钟（冬季是 8 点）开始宵禁的做法。1941 年，当局干脆禁止犹太人在圣诞节期间前往公共场所。从 12 月 24 日到 1 月 1 日，只允许他们下午用 3 ~ 4 个小时购物。从 1942 年开始，不准犹太人养宠物，因为犹太人养的动物也有"犹太因素"，所有动物必须杀掉，即使宠物的主人有非犹太人朋友愿意收养这些动物也不行。1942 年 5 月 19 日，克伦佩雷尔夫妇将家里养的公猫"马歇尔"（Musche）送到德累斯顿格鲁纳尔霍夫大家的兽医办公室时，伊娃看着那只猫被人注射了麻醉剂后入睡。"这只动物

239

不受罪，但是那只母猫会受罪的。"[25]

最糟糕的是没有东部的消息。"1 月份又运走了七批人，"塞尔玛·弗莱舍尔说，"第一批运走的人还没有开始写信呢。""还没有接到家人的来信，"柏林犹太人迁移开始的一年后她确认说，"所有人都活着吗？我开始担心他们了。"在这个大事小情都要写信告知的国家，没有来信是一个不祥的征兆。"他们已经从地球表面消失了。"[26]人们收到了从卢布林一带的犹太人隔离区寄出来的一些明信片。在 1941～1942 年最初的一批集中迁移活动中，数千名犹太人被迁移到那里。1941 年12 月罗兹暂时解除了禁止通信的禁令之后，人们购买了 2 万多张明信片。虽然人们写在明信片上的内容很少，但是能说明他们还活着。1942 年 1 月 5 日，通信禁令再次实施。一封信也不允许寄出明斯克。大多数犹太人被从德国运走之后就杳无音信。这种情况让尚未动身的人顿生疑窦，绝望地以为被运出德国的人们已经不在人世。另外，1942 年 3 月第二批集中迁移活动开始后，德国当局在对待这些未来殖民者时诚意大减：警方的暴力审问时有发生，允许携带的工具很少，能够随人到达的行李更少了。有关部门没收犹太人的结婚戒指和个人证件，进而将能够证明犹太人法律身份的最后一点实物也剥夺的事情屡见不鲜。[27]

同时，党卫军士兵还闯入"犹太人之家"。克伦佩雷尔详细记录了党卫军士兵如何劫掠犹太家庭，破坏宝贵的储备粮，朝他们脸上吐唾沫，强迫老年犹太人羞辱自己。（这些行为在 1942 年结束，当时犹太人迁移活动在很大程度上已经完成。）逐渐地，这些犹太人意识到，他们成了完全可以被丢弃的群体。克伦佩雷尔肯定不是唯一想到"死亡渐近"的人。他痛苦地发现，1942 年能够集中起来的犹太人越来越少，这让他觉得危险迫近，感觉迁移意味着死亡。[28]

在战争彻底结束之前，人们对于"最终解决方案"的了解一直是支离破碎的。不过，克伦佩雷尔消息非常灵通：他听到了 1940 年有关"马达加斯加计划"的传言，知道了娘子谷大屠杀和一年后在里加枪杀柏林犹太人的消息。不过，直到他在盟军那里获得自由之后，他才知道，1941 年之后的大多数迁移活动直接将犹太人送到了死亡营。即使他发现了战争期间大屠杀的证据，他还是认为那些被运往德累斯顿的邻居仍然活着。他虽然担心害怕，但仍然抱有希望。这可能主要因为，克伦佩雷尔和大多数观察人士一样，总是将犹太人的灾难与特定事件联系在一起。"基辅的屠杀……还有，还有，还有"，他在 1944 年 1 月写道。重大的事件或暴行塑造了他思考犹太人灾难的方式。"这个时候，"克伦佩雷尔在德军斯大林格勒战役失败之后说，"让人无法再认为犹太人会从波兰生还。德军在撤退前肯定会杀害他们。另外，一直有传言说，很多人都没有能活着到达波兰。他们中途在运牛卡车里就被毒气毒死了。"[29] 在他看来，大多数犹太人，也许是很多犹太人当时很可能还活着，会不会被杀是以后的事情。

随着纳粹德国的失败越来越明朗，仍然活着的犹太人一遍又一遍地问自己："波兰还有多少犹太人活着？"克伦佩雷尔自己很悲观，虽然他仍旧将杀害数百万犹太人，包括"被枪杀的和被毒气毒死的"，与陷入苏军包围的德国军队的报复行为联系在一起。"谁还活着？"之后是更为开放的问题："谁会活下来？"[30] 克伦佩雷尔没有想到，在战争期间，纳粹会蓄意在工业设施内大规模地屠杀犹太人。他无法理解，没有短期的原

241

因，比如说战败，怎么会出现如此恐怖的结果，就像他无法理解纳粹在欧洲各地的"安置"活动一样。越来越权威的大屠杀传闻（这些传闻是克伦佩雷尔的同事们从德国士兵、瑞士报纸、BBC 报道中过滤出来的）流传的时间——1944 年秋，让克伦佩雷尔对于屠杀犹太人事件的认知发生了偏差。他以为，德国屠杀犹太人发生在最近，当时，是德国绝望的军事形势使然，而不是为了打造一个基于种族的德意志帝国而发生在1942 ~ 1943 年。

1942 年春夏德国当局的残暴行为和无情迁移犹太人的节奏，没有让人们联想到大屠杀。那个恐怖年代，很多犹太人也在抑制内心的极大恐惧，为的是让待在德国的那段日子能熬得下去。"为了让父母放心，只要我在身边，就不让他们讨论波兰形势"，一个打算做地下工作的柏林青年这样说。给身处国外的家庭成员的最后几封信与其说是告知他们，倒不如说是安慰他们，虽然在一个不同寻常的例子里，埃里希·弗雷（Erich Frey）在信中向女儿详细讲述了自己遭受虐待和折磨的经过，为的是给身处美国的女儿们在战后因为父亲的死索要赔偿提供依据——他预计了自己的死亡，以及希特勒的死亡。[31]生活在大城市之外的大多数老年人信息更为闭塞，政府不许他们收听收音机或购买报纸。他们知道得更少。

1942 年，身在德国的大多数犹太人对于未来的心态是"不知道、知道、不想相信"的结合。不过，也有时候，"预示致命威胁的消息"会变成事实。[32]犹太人自杀率的急剧上升说明很多人不愿意死在纳粹的手里。因为纳粹的迫害，1933 年之后德国犹太人的自杀率已经很高了，达到了 1%，然而，在纳粹迁移犹太人期间，犹太人自杀率又在这个基础上翻了一番。在大多数犹太人仍然住在自己家里的柏林，1942～1943年的自杀率更高。他们的自杀方式大多数是服用叫作佛罗那（Veronal）的巴比妥类药物——克伦佩雷尔将佛罗那称为"犹太人的药水"。1942 年 9 月 1 日威斯巴登最后的 450 个犹太人被迁走之前的 5 天里，其他 30 个犹太人因为不愿意落在纳粹手中而结束了自己的生命。[33]柏林律师瓦尔特·辛德勒（Walter Schindler）描述了 1942 年初人们的压抑情绪："伯恩哈德公寓住着大约 40 名犹太人。六个星期里，其中大约 15 人结束了自己的生命。晚饭后，他们和其他人说再见，那口气就好像要出门一样。之后，他们上楼去自己的房间。第二天，我们听到救护车开过来，永远地带走了那些没有生命的躯体。"据劳尔·希尔伯格（Raul Hilberg）说，犹太熟人之间"经常问的问题"是"你是自己了结还是等着被带走"？[34]服用佛罗那的人中，有一个是 85 岁的玛莎·利伯曼（Martha Liebermann）。她是表现派画家马克斯·利伯曼（Max Liebermann）的妻子。她住在巴黎广场的一幢公寓里。1943 年 3 月，从家里的窗户，利伯曼看到党卫军带着担架过来，要将她抬走。

对于独自生活的人或者老年夫妇来说，自杀相对容易一些，如果和兄弟或父母住在一起，这就难免会有一番痛苦的讨论。约亨·克莱帕（Jochen Klepper）不是犹太人，他的妻子是犹太人。1941 年 10 月，就在第一批柏林犹太人被运走之后的那几天里，他和妻子汉妮（Hanni），以及妻子前一次婚姻的成年女儿雷娜特（Renate）开始谈论自杀的事情。约亨这位 1937 年出版过一本有关腓特烈二世的畅销小说的作家性格中有几分忧郁。他曾经想到过自杀。他在言语中一再赞成自杀。虽然汉妮态度犹豫，但她说，如果纳粹强迫她与丈夫离婚，将

243

她送到"国外"的话，她就自杀。相较而言，19 岁的雷娜特不想死。她显然被继父的忧郁想法搅得心烦意乱，因为，继父曾告诉她，如果她自杀的话，他和母亲也要随她而去。当时，雷娜特回答说，父母不应该"为了她"才活着，即使她被迁移走。很明显，这不是她最后的决定。虽然如此，约亨说，"雷娜特越来越坚决：如果无法移民国外或避免被迁移的命运，她就自杀，虽然她仍然心存希望"。让他们的交流变得尤为麻烦的是，如果雷娜特有机会在 1939 年 5 月陪姐姐前往英国的话，无论是父母还是雷娜特都不愿意单独离开。约亨请求阿道夫·艾希曼允许雷娜特移民瑞典的申请被驳回之后，三人在 1942 年 12 月 10 日夜里自杀身亡。[35] 在这种情况下，自杀成为一家人仍旧相守在一起的一种模棱两可的协议。

一些犹太人考虑怎样躲起来。有这种想法的大约有 1.5 万人。然而，没有配给卡和身份文件的话极难做到，因为这需要这些"潜水艇"（当时社会上用这个词指代他们）与所有亲戚断绝往来，只能以局外人的角度去关注亲戚的命运，就像德施克伦眼睁睁地看着姑姑和姑父被押走一样。在柏林那样的城市里，犹太人有资源有人脉，可以相对容易地四处走动，纳粹迁移犹太人的阻力很大。5000 ~ 7000 名柏林犹太人躲藏起来成为"潜水艇"，相当于 1943 年柏林犹太人的十二分之一。这些人中，后来至少有 1500 人幸存。显而易见，这些躲藏起来的德国犹太人之所以敢于这样做，完全是出于个人的勇气。他们不佩戴标志犹太人身份的黄星，有的"潜水艇"还"冒险光顾酒吧、剧院等地方"，捕捉到了东部大屠杀的消息。库尔特·林登贝格（Kurt Lindenberg）回忆说："我偶然会和士兵或平民交流。因为不知道我的身份，他们就跟我说起他们在德国占领区的所见所闻，被迁移到那边的犹太人怎样被暴力杀害，怎样落入精心策划的圈套而送命。我越来越频繁地听说这种事情。"[36]

　　在第一次集中迁移活动中，超过 5 万名犹太人被送到德国境外，这一迁移活动结束于 1942 年 1 月（2 月又进行了两次迁移）。到 1942 年底，纳粹又迁移了 5 万名犹太人，其中包括孩子。这一次主要是前往特莱西恩施塔特。这次迁移之后，德国境内的犹太人大约为 4 万人。虽然疾病导致了很高的死亡率，不过特莱西恩施塔特不是死亡营。它是一座四面有很高围墙，有驻军镇守的城市，是一个犹太人隔离区。从 1942 年 9 月开始，纳粹允许关押在那里的犹太人每月邮寄一次明信片。于是，人们小心翼翼地将好消息一点点地传回德国。在这些生命迹象的影响下，特莱西恩施塔特发生大屠杀的谣言不攻自破。然而，特莱西恩施塔特并不是纳粹委婉地称为"最终目的地"的地方。从 1943 年 1 月开始，一直到 1944 年 10 月，被送到特莱西恩施塔特的绝大多数犹太人被移送奥斯维辛后杀害。[37]

　　1943 年，纳粹迁走了德国剩余的犹太人。在 1~2 月的"工厂行动"中，盖世太保将重要战争行业的数千名犹太工人集中在一起。突然，一天早晨，"人们看到警车飞驰穿过柏林的街道"，德施克伦回忆说，"警车在一幢建筑前停了下来。穿制服的警察和便衣警察从车里出来，冲进那幢建筑里，不一会儿将一个人带出来，塞进车里，飞速赶往下一家……那些人被逮捕的时候，好像还穿着睡衣、围裙，没有穿外套"。柏林有 7000 人从工厂车间里被拖走，塞进"绿色明娜"（警察的巡逻车）然后秘密送到奥斯维辛。"再没有其他力量可以制约

245

盖世太保的权力",克伦佩雷尔说。他记录了蔡司－伊康（Zeiss-Ikon）公司工人多次怠工之后盖世太保的逮捕行为。该公司是德累斯顿的一家知名的光学产品生产企业。[38]

因为犹太人迁移工作步步出错，在党卫军设立在柏林齐默尔大街兴趣剧院（Clou theater，1927年，希特勒在柏林的第一次公开露面就在这里）的临时中转营工作的德国秘书吓得脸色发白，犹太囚犯认为自己必死无疑。[39]戈培尔多年以来一直不顾国防军的反对，坚持迁移有技术特长的劳动力，这时候他得意扬扬。"我相信，将柏林犹太人全部弄走，我已经完成了生平最伟大的政治任务之一，"他在1943年4月的日记中写道，"想到1926年我来时柏林的样子，和现在犹太人完全被运走后柏林的面貌，可以清楚地看到这方面的成就。"6月，德国"帝国犹太组织"的最后一批雇员接到了迁移通知。1944年，1.5万名德国幸存的犹太人中，几乎都拥有"特权婚姻"。很多人和克伦佩雷尔一样，生活在限制人身自由的"犹太人之家"里，干着没有技术性的活儿。对于这时候的犹太人来说，生命危险仍然存在，因为当地政府想办法在每次战争结束前将他们迁走。这方面，他们多少取得了一些成功。"特权婚姻"中的"特权"也会因为雅利安伴侣的去世而丧失。克伦佩雷尔讲过一件有关"雅利安人得癌症"和"犹太黄星"的事：医生建议，如果犹太人的雅利安丈夫得了癌症，犹太妻子就必须想尽一切办法减轻丈夫的痛苦，虽然她的任何努力都会加速自己作为犹太人寡妇被迁移时刻的到来。[40]自1939年以来，13.4万名德国人被迁移，因为《纽伦堡法令》认为他们是"种族犹太人"。大约7000人从纳粹的迫害中幸存。

在整个欧洲，中转营（犹太人被盖世太保送至死亡营之前的临时集中地点）为目击者了解消息提供了一个特殊平台，就像克伦佩雷尔在"犹太人之家"做的事情。然而，一旦迁移开始，这种证据收集就不得不结束。"一周又一周"，菲利普·梅凯尼克斯（Philip Mechanicus）在荷兰韦斯特博克看到"数千名犹太人被集中到类似运牛的火车车厢里，不知道被运到什么地方去了，从来没有一个犹太人回来告诉他们去哪儿了"。虽然 1942～1943 年，从特莱西恩施塔特，甚至从总督府地区犹太人隔离区传来了一些只言片语，[41] 但总的说来，被迁走的朋友或家人就像消失了，走进了某个未知的地方。有关这个地方的传言和怀疑让人们害怕，但可靠消息的缺失又让人茫然无绪。从"地狱前院"（Vorhof zur Hölle），从特莱西恩施塔特或其他中转营，从罗兹、华沙等地的犹太人隔离区，从不太保险的"特权婚姻"里，都可以目睹和记录吞噬无数欧洲犹太人的巨大灾难。在这些危险的地方，数千名犹太人扮演了日记书写者、历史记录者、档案保管者、历史学者的角色。钱姆·卡普兰（Chaim Kaplan）描述了他作为华沙犹太人隔离区里一个日记书写者的"特殊任务"。他说那个任务就像"囚禁在骨子里的火，在我体内燃烧，高喊道：写下来"！[42]

目击者记录了很多重复的东西，比如桑德拉·齐格勒（Sandra Ziegler）留下的文字：

> 到了营里，数字、铁丝网、点名、分类、运输、除虱、喷浴、汤、面包、疾病、天堂、地狱、心、眼睛、树、云、党卫军制服、钢盔、靴子、枪、狗、小汽车、列队行进、厉声命令、杯子、勺子、毒气室和焚化炉、百合花、沙子、火车道、"停错轨道的火车"、最后的目的地、

247

孩子、笑声、饥饿引起的肠胃痉挛、剃光头发的脑袋、兵营、运动、营地里的林荫路、名单、犹太警察、汤、面包、手提箱、劳动组、运输、推迟、柏林、海牙、阿姆斯特丹、美国、英国、盟军、命运、苦难经历、最终解决方案、上帝。[43]

在欧洲历史中的这个可怕的地方，犹太人讨论战争进程：当时苏联和美国共同抗击纳粹德国。一些人对战争进展持乐观态度，有人对盟国的道义观念及其及时打败德国解救犹太人的能力都持悲观态度。在华沙的犹太人隔离区，至少到 1942 年夏的"大迁移"之际，钱姆·卡普兰"描述了人们怎样将渺茫的希望扩大成巨大的希望"。[44]记日记的犹太人竭力揣测德国人的意图，思考自己所处的极端环境。在德意志帝国的集合点，这些被关押的犹太人就是否能回到家里，是否能够原谅德国人进行了激烈的讨论。直到 1942 年的大多数时间里，等待迁移的人们不相信纳粹会杀掉所有犹太人，甚至 BBC 从 1942 年 6 月开始报道大约 700000 名犹太人被杀后，他们也不相信。

阅读和写东西离不开某些条件。首先当然需要纸和笔，另外还需要一个存放个人物品的地方，一个纳粹看守不涉足的私密、安全的区域。中转营和"犹太人之家"具备这些条件，但是一旦那些历史的书写者被赶入货车车厢运往死亡营，他们就几乎不可能再写下去了。就在被运走的那一时刻，韦斯特博克的菲利普·梅凯尼克斯、埃蒂·希尔森（Etty Hillesum）的日记戛然而止，两人开始在死亡营里提心吊胆地度过每一天，而不是用亚历山德拉·加巴里尼（Alexandra Garbarini）的话说——记录屈指可数的日子。无法告诉外界针对犹太人、吉卜赛人、战俘的大屠杀，进而几乎肯定无法建立有关战后记忆的基础。最详细的记录，比如维克托·克伦佩雷尔为了"提供证据，提供准确证据"而记的日记，也无法记录下纳粹想要杀光欧洲所有犹太人的可怕结果。"留下了文字的，他们的名字将永远存在，"露特·克鲁格在不客气地评价自传文字（比如她自己写的）时说，"那些文字，最初用来证明当时的那种绝望无助，离开作者之后意外发展成了'逃生故事'。"[45]

　　在死亡营外，对反犹大屠杀了解得最清楚的犹太人可能是波兰隔离区里的犹太人。在从 1942 年 7 月 22 日到 9 月 12 日的"大迁移"过程中，德国人将华沙犹太人隔离区中 30 万名犹太人中的大约六分之五强行迁到特雷布林卡死亡营，每天有 2000～10000 名犹太人被集中到该隔离区边缘的乌姆什拉格广场（Umschlagplatz）。对幸存者来说显而易见的是，杀掉身体健康的劳工，就意味着要杀掉所有犹太人。"天啊！我们真的会一个不剩都被杀掉吗？"1942 年 8 月 28 日，亚伯拉罕·列文（Abraham Lewin）问道，"我们知道整个犹太群体已经从地球表面被抹去了，"他根据这一点做了一番痛苦的估算，"可以说，'总督府地区'的大约 200 万犹太人中，幸存下来大约 10%……波兰犹太人已经没有了，再也不存在了。"同时，列文还了解到，欧洲西部的犹太人也是在死亡营里被杀害的。在 1944 年夏天最后一次迁移活动到来之前，一直留在罗兹隔离区的大批犹太人也了解到有关大屠杀的消息。很多犹太人发现隔离区里发下来的衣服是被迁移的犹太人身上穿过的衣服。1942 年，不管是在华沙还是在罗兹，或者在营地之外的其他藏身处，"不止一个人在日记中得出结论，如果德国人连被确定为劳工的犹太人也要迁移的话，那么所有犹太人都要被迁移"。对于犹太人来说，"这场战争已经失败了"，玛格丽特·霍兰德（Margarete Holländer）说。[46]

这些日记能留存至今是一件不可思议的事情。其中一些信件是非犹太朋友保存下来的，其他是被偷带出营区或隐藏在阁楼上的。罗兹的一家人在暖炉顶上发现一本有几页被撕掉的日记。还有一本日记是在斯坦尼斯劳（Stanislau，又名Stanislaw）犹太人被押到偏远墓地执行枪决的路边发现的。就是从斯坦尼斯劳，1939 年一些德意志裔人被遣送回第三帝国，1942 年他们被安置到这里的新殖民地。今天可以看到的日记是一些证据的碎片。正如加巴里尼所说，这些日记证明，"只要记忆还存在，毁灭就不彻底"。[47]这些证据很能说明问题，因为纳粹竭力不让犹太人发声，他们要以凯旋的种族霸主身份替他们发声。然而，被杀害的犹太人留下的文字空白也显示出迁移活动强加给他们的沉默。伊雷妮·内米洛夫斯基（Irène Némirovsky）为她写的德国对法战争小说添加注释的时候（在1942 年 6 月的日记中，她提醒自己"重读托尔斯泰"），或者在 1942 年 7 月她被法国警察逮捕之后，她将信件从奥尔良（Orléans）附近皮蒂维耶（Pithiviers）的中转营偷寄给孩子。后来，她的女儿做了一个牌子，上面写着她们的名字，每天到巴黎东站（Gare de l'Est）出站口举着，想接母亲回来（从1945 年春末开始，集中营幸存者陆续到达巴黎东站）。中间这一段时间里发生的很多事情，我们无从得知（内米洛夫斯基被送往奥斯维辛是在 1943 年 7 月 17 日，她遇难是在 8 月 17日）。日记和小说都在灾难的边缘写就。消息不灵通，准确性更谈不上，结果也不清楚。但是，丹尼丝（Denise）和伊丽莎白最后一次从巴黎东站失望而归时，心中的痛苦和悲伤与先前

从皮蒂维耶等地被迁移到奥斯维辛等地方的数千名犹太人、吉 250
卜赛人是一样的。这条路是托尔斯泰无法给予任何指点的。[48]

德国证人

德国"雅利安人"谈到1941年发生在苏联的大规模枪决事件时，虽然是偷偷议论但很坦率。前线士兵寄回的家信，以及后来休假回家后的面对面交流，将相关的消息传遍了德国的千家万户。杀戮行动连女人、孩子也不放过，被枪决之前要脱光衣服，犹太人被杀后直接倒在挖开的墓坑里，这些事情给后方的德国民众的头脑中留下了强烈且惊恐的印象，以至于这些消息几乎覆盖了有关迁移犹太邻居以及那些邻居在东部命运的一切消息，直到战争彻底结束。露特·安德烈亚斯－弗里德里希在1944年的日记里记述的都是1941年到1942年的事情。"他们让他们给自己挖墓坑，"人们悄悄地说，"他们把他们的衣服拿走了——鞋、衬衫。他们弄死他们的时候，他们光着身子。"[49]相较而言，关于工业化屠杀流程的消息，如德国和欧洲其他地区的犹太人经由特莱西恩施塔特这样的集合营直接或间接送往杀人地点，在那里，纳粹用泵将毒气送入毒气室，将里面的人全部毒死等消息则不是很准确。有人说，受害者是在火车上或隧道里被毒死的（克伦佩雷尔听到过这些传言），但是人们几乎没有有关奥斯维辛的准确消息。奥斯维辛位于扩大后的德国版图之内，1942～1945年，超过100万犹太人在那里被杀害。大规模枪决、现成的沟壑、自己给自己挖的墓穴仍然是犹太囚犯能够联想到的主要画面。如果将这些迁移活动与奥斯维辛城的系统性毒杀联系在一起，就像奥斯维辛区号"2258"与德国电话网密切联系在一起，而不是将迁移和苏联

251　的枪决联系起来，那么，人们可以早一些弄清犹太人的命运。一个同情犹太人的观察者说："他们走了，好像走进了一片模模糊糊的黑暗中。"[50] 被关押在韦斯特博克或罗兹的犹太人自己使用了一种堕落的、数量庞大的有关疏散和安置的词语。

　　使用毒气杀害犹太人的消息被过滤掉了。第一，人种部门的管理者使用了一系列委婉语。"犹太人问题"的地区性解决方案让位于灭绝行动之后，他们继续使用带有讽刺意味的"迁移""安置""运输""劳动服务"等词语。第二，党卫军运用了残暴但仍然能起到混淆作用的词，如"处理"（verarbeiten）、"新来的"、"零件"、"货物"。[51] 纳粹很可能以为德国民众还没有做好接受系统性地杀害欧洲犹太人这一消息的心理准备。纳粹和其他德国人经常反省自己是否怀有不必要的同情或"廉价的怜悯"（Gefühlsduselei）。虽然他们用德国民众之前经历的种种痛苦来说服自己，让自己相信德国行为的正义性，但是，他们从来没有完全从先前"生命神圣"（sanctity of life）这一权威道德判断中走出来。这种矛盾心理让他们羞于公开谈论大屠杀。奥斯维辛仍然是第三帝国的一个讳莫如深的话题。即使在希姆莱公开讲到杀害犹太人的时候，比如，在 1943 年 10 月 6 日面对其他纳粹领导人发表的臭名昭著的波森演讲中，他也没有提到毒气室。不管对于德国人，还是犹太人，不管是在战争期间，还是在战争结束之后的几十年里，奥斯维辛集中营发生的事情让人们极难理解。真相"比我们最害怕的结果还要糟糕"，乌尔苏拉·冯·卡多夫（Ursula von Kardorff）在 1944 年 12 月 27 日写道。它在很多我们无法知道的方面仍旧如此。[52]

　　与日俱增的战争成本也左右着人们对"最终解决方案"

的了解程度。迁移活动的发生正值德国人开始将那场战争视为他们与俄国之间久拖不决的生存之战，他们开始面对自己面前的严峻问题。1941 年 7 月，希特勒同意大规模杀害犹太人，9 月同意迁移德国的犹太人。这时候，虽然希特勒仍旧在憧憬全面胜利，但德国民众看到的是 1941 年 11 月和 12 月迁移过程的开展，当时德军攻势已经受挫。另外，德国城市遭受的空袭（1941 年下半年变得更为猛烈，1942 年，尤其是 1943 年，空袭变得空前猛烈）经常被视为与犹太人被屠杀的程度一致，或者说是对屠杀犹太人的惩罚，是一种报复。斯大林格勒战役的几个月之后，随着第三帝国即将战败的形势越来越明朗，出于恐惧、愧疚、羞耻的结合，德国人设法将自己从"犹太人问题"中摘出来。战争即将结束之际，很多人有意不去打听有关犹太人、营区、杀害事件的消息。1941～1942 年的谈话主题到了 1943～1944 年已经大不一样。因此，为了让自己不会成为杀害犹太人的帮凶，德国人串通起来，一起肢解有关杀害犹太人的消息。战争的进程在影响德国人如何记忆、谈论和传递大屠杀信息方面，起到了很大的作用。

　　战争年代，我们很难听到普通德国人的声音。警察和盖世太保的报告都经过层层过滤，为的是在评估不同声音时体现出一致性。然而，两份都来自德国西部城市明斯特的非官方报告提供了德国平民关于迁移德国犹太人的对话的一些线索。在一本未公开出版的《战争编年史》中，一个姓名不详的历史学家留下了这份写于 1941 年 12 月的叙述：

　　　　今天，我和一些人尝试了另外两个酒馆的口味后又和他们混在酒吧里。在埃吉迪大街（Aegidistrasse）的第二

252

个酒馆，我和一些中层公务员、艺术家、商人站在一起时，听他们说，所有犹太人必须在本月 13 日之前离开明斯特。听说这一消息后，众人紧接着就是一番激烈的讨论。当时喝酒的人大多支持这一措施。应该将犹太人送到东部的大型劳动营里，让他们在那里劳动，还能给房子紧缺的明斯特腾出一些地方。听说住房短缺问题可以借此缓解之后，周围的人们不约而同地附和说好，挺好……在城里，连女人都对迁移犹太人的谣言津津乐道。[53]

这部编年史说明，迁移犹太人不仅是酒馆的男性，也是街头女性的日常谈资。虽然根据那位纳粹忠实者的描绘，德国社会的各个元素，即，"公务员、艺术家、商人"对迁移犹太人这件事"很满意"，然而，讨论还是"很激烈"，说明他们之间可能看法不一。另外，他们将犹太人迁移问题与住房问题联系在一起。自 1940 年以来，德国西部城市遭到了英军的轰炸，住房紧缺。住房紧缺问题成为汉堡迁移犹太人的借口。1941年夏，纳粹党政首长卡尔·考夫曼（Karl Kaufmann）一再督促柏林有关部门驱逐犹太人，将住房给德国人腾出来。[54]随着轰炸的加剧，德国人开始作为受害者发声。看到自己的痛苦后他们开始考虑犹太人的命运。最后，再说一说这些日记关于城市历史的记述。它一再试图将迁移犹太人这件事记入第三帝国"光荣历史"的档案中。在柏林，戈培尔希望拍摄一部反映迁移犹太人的电影。1941 年 11 月，斯图加特和纽伦堡当局拍摄了将犹太人集合在一起并送他们登上火车的电影。1942 年 4月 22 日，巴特诺伊施塔特（Bad Neustadt）的纳粹让一群年迈的、营养不良的犹太人站在市场的喷泉前，给他们拍摄照片。

他们甚至在押送那些曾经的邻居前往火车站开始迁移之行前，安排拍摄集体照。他们后来放大了那些照片，将它们放在市中心的展示橱窗里，以记录那次成功的行动。[55]

明斯特一家报纸的编辑保尔海茨·万岑（Paulheiz Wantzen）也在日记里留下了类似的记述。1941 年 11 月初，他在日记中提到了即将迁移犹太人的传言。几个星期之后，他在日记上写下"事后找一些相关的材料和细节"以提醒自己，因为纳粹迁移第一批犹太人时，他去过柏林。另外，他也将迁移犹太人与将他们的房子分配给房子在轰炸中被毁的人联系起来，虽然他从未明说："德国民众直到最近仍然有一种过于人道的同情心。在东部事件阴影的影响下，他们终于抛弃了这种同情心。我们永远地被治愈了。"这本日记还记录了 1942 年 7 月 30 日迁移明斯特最后一批犹太人的事情。这些犹太人大都是老年人，因为明斯特第一批被迁走的犹太人被限制在 65 岁以下。事后听说，一个先前的大学教授"手脚并用拼命抗拒迁移，其他人走的时候心甘情愿，还慷慨地给几个帮助他提重箱子的帝国保安部的人不少小费，因为他们要迁移走的犹太人里有几个胖得厉害。据说，德国保安部的一个人挣了 90 马克"。[56] 和他日记里记载的"听说的"有关给犹太人佩戴黄星的内容一样，万岑日记里记叙的内容只是当时流传的小道消息。日记用一种少施怜悯的笔调写成，万岑将怜悯描述成自己需要"治愈"的疾病。传言讲述了那位行为失当的教授和一些上当的、被吓得腿脚发软的犹太人。并不是所有人的反应都和万岑一样，不过有证据显示，他们在日常的信息交流里提到了犹太人的困境，但是丝毫不会同情他们。迁移活动并非总是很显眼，因为德国的很多犹太人已经被关押在城市边缘地带的集合营里

254

了。不过，在柏林和明斯特，邻居们在密切关注犹太人的离
开——"'二楼的那个？你说的是那个犹太女人，'门房说，'他
们过来把她带走了。前天的事情。哦，大约在6点钟'"——
还看着他们被押走。英格·德施克伦回忆起1943年2月柏林
"工厂行动"期间街上的行人："街上的人们站在原地，交头
接耳。很快就径自走自己的路了，回到家里安全的小天地
里。"德国人可能感觉转过脸去，视若无睹没有什么不对。在
迁移行动之后发表的那篇被广泛阅读（后来还被转载）、标题
为"犹太人是有罪的！"的文章里，戈培尔威胁那些和"犹太
人"交往的德国人。"任何继续和犹太人有深入接触的人，"
他写道，"都站在犹太人一边，都将被视同犹太人对待。"大
约在同时，克伦佩雷尔发现，非犹太熟人在电车上跟他讲话是
一件需要"勇气"的事情，因为人们听收音机里"明确反对
与犹太人有任何交往"。[57] 在1941年秋之后，与犹太邻居说过
好意的话或给犹太邻居送过食物的德国人开始谨慎起来。德
国人，不管是哪里的德国人看到警察带走他们的犹太邻居时，
反应大都是沉默。

然而，人们经常聚集在一起斥责党卫军，对迁移犹太人行
为发表激烈的看法。1942年7月，一份来自代特莫尔德的秘
密报告说：

> 经常可以看到，一大批老年同志聚集起来，一致批评
> 将犹太人迁移出德国的措施。他们有各种理由，不同程度
> 地公开反对迁移。有人说，那样做等于让德国犹太人都死
> 光……那些经过考验、具有国家社会主义信仰的同志，即
> 使对他们没有好处，也为犹太人说话。那些信仰宗教的人

255

们警告："总有一天，上帝的审判将降临在德国人身上。"
纳粹党的拥趸竭力向那些反对者解释，他们的行动是合
理、迫切、必要的。针对他们的解释，对方的回答是，那
些犹太老人不会再对我们造成任何伤害，因为他们"连
苍蝇都不伤害"。[58]

256

显而易见的是，在这种情况下，大多数旁观者反对老年人
占大多数的第二轮犹太人迁移活动。旁观者中的一些人用道德
上的理由来说服别人，这让告密者认为他们信仰宗教，感情用
事，有点思想老套，还有人提出有关犹太人死光的更为功利的
理由，这客观上很合纳粹拥趸的胃口。

当时反对反犹太行为的呼声肯定相当高，纳粹的安全部门
感到非常不安，不得不篡改新闻。比如，在比勒费尔德
（Bielefeld），他们将人们表现出来的"恐惧"改为"欣赏"。[59]
不过，也有一些报道说，一队队犹太人被押往火车站时，沿途
有人拍手称快。一些孩子对着他们叫骂——克伦佩雷尔说，最
能折磨他的人是希特勒青年团——不过成年人也向犹太人说一
些充满恶意的告别语："看看那些厚脸皮的犹太人！""他们要
被押送到隔离区里。""他们就是一群没用的寄生虫！"除了路
人这些充满恶意的话，还有德国政府的冷嘲热讽。将"萨拉
们和伊斯雷尔们"集中在一起的德国政府嘲笑那些"被拣选
的人"，将他们当作"人货"送走。弗兰克·巴约尔（Frank
Bajohr）认为，这些迁移在当地历史上是极不寻常的事件，它
允许市民逾越有关社会交往的正常规则。[60]然而，反犹情绪不
止于此。对犹太种族的言语攻击（race baiting）总能吸引第三
帝国的一些人加入，从纳粹政权上台后头几个星期对犹太人的

侮辱，到战争期间惩罚被指责与波兰人或其他所谓"劣等种族"的人睡觉的德国女人，再到谩骂被迁移的犹太人。即使在战争结束，大屠杀的残酷程度已经广为人知的时候，接受美国人调查的很多德国人仍然坚持他们先前的立场。虽然杀害犹太人是丑闻（Kulturschande），但慕尼黑的一个医学院学生说："我还是认为，在那场战争期间，将德国犹太人关起来没有什么错——否则，鉴于他们在战前受到的对待，他们自然要阻碍德国的战争行动。"换句话说，1941年对犹太人的迫害让1941年之后的犹太人迁移活动成为理所当然的事情。在肯普滕（Kempten）当过红十字会护士的一位女性说："你知道，大多数犹太人跟纳粹党做斗争。在战争期间，这是不能容忍的。"[61]

德国民众不仅仅是旁观者。克里斯托弗·布朗宁指出："财政部、外交部、运输部的最高层都不乏积极的参与者。在地方层次，小城市的市长确保当地为数不多的犹太人没有被落下，保洁女工收取加班费，对被迁移的女性进行脱衣搜查。"德国红十字会为押送犹太人的党卫军士兵提供食物和热饮。[62] 1941年11月29日，盖世太保、他们的秘书和保洁女工在一起举办了派对，庆祝首次成功迁移纽伦堡的1000名犹太人。派对用的酒水是当地一家酒馆老板提供的，而饭菜是从主人被迁移后的犹太人家里取来的。在派对上，他们还进行抽奖，奖品从征缴来的一袋子物品里抽取。他们随着手风琴曲子大跳波尔卡舞。[63]后来，那一批被迁走的犹太人中，只有63人在大屠杀中幸免于难。在代特莫尔德，政府人员更新了犹太人的档案，记录下被迁移走的犹太人的新邮寄地址："已离开，地址不详。""已迁往东部。"1942年，一个债务人的档案被注销，因为那位政府人员认为"施泰因韦格（Steinweg）不会回到代特莫尔德了"。[64]

令人更为惊讶的是针对被征用的德国犹太人财产的公开拍卖活动。有关这些拍卖活动的消息被严密封锁，直到过去的大约几十年里，历史学家才了解到这些拍卖活动的规模。根据1941 年 11 月"及时"颁布的《纽伦堡法令》，德国犹太人一旦越过德国国境线，他们的财产就属于国家，地方官员和联邦官员频繁通过书信交流，讨论应该征用犹太人的哪些财产供自己使用。例如，符腾堡的政府人员是这样安排突然到手的巴兴根镇（Baisingen）的大量物品的："施马尔的安乐椅不适合大办公室用，我建议不妨取用沃尔夫的长绒毛椅、埃伯特的躺椅，因为看上去很不错。"因为施马尔、沃尔夫、埃伯特的最好的家具已经被征走了，所以普通德国人只能争抢剩下的东西。一些居民甚至在犹太人被迁走之前"预定"他们的财产。1942 年 5 月 11 日，当巴兴根的犹太人还在家里居住时，财政局的官员就径自在一个挂着百叶窗的房子外面公开拍卖屋子里的各种物品，要求竞买人支付现金。因为在人们的眼里，犹太人屋子里的东西一般质量很高，德国民众虽然有钱但很少舍得在这上面花钱，所以城里的很多机构对拍卖感兴趣。这些拍卖活动让一些巴兴根人感到异常震惊。多年以后，一位女性回忆当年，她让母亲去看看即将被拍卖的那些上好的亚麻布床单。"她说不去，不去，那些东西她根本不想用，"这位女儿四十年后回忆说，"她说她绝不躺在那些床单上睡觉，躺在那上面根本睡不着。"[65]

仍然有一群又一群的人去围观那些拍卖品。"必须把家门锁好，"维克托·克伦佩雷尔在 1942 年 12 月说，"因为到处是想要拿犹太人物品的人。"雅各比（Jacoby）家的东西被堆

258

在那里，它们刚刚从"犹太人之家"被搬出去（克伦佩雷尔也住在那里）。德累斯顿雅各比家收藏的艺术品、古董只是德国官员征缴的所有物品中很小的一部分。将欧洲西部犹太人的物品运往德国，动用了30000节货车车厢。这些物品中的大多数被运往了遭受轰炸的城市。 《奥尔登堡国家报》（*Oldenburger Staatszeitung*）刊登了一则1943年7月25日（星期天）在施特兰格曼酒馆（Strangmann）举行拍卖会的广告："出售瓷器、珐琅器皿、床、亚麻制品。"房子在轰炸中被毁的人家在下午4点优先挑选，4点半轮到"大家庭和新婚夫妇"，其他人是5点。因为相当多征缴来的物品来自荷兰，奥尔登堡人将那些物品称为"荷兰家具"。[66]多少人参与了那次拍卖？据弗兰克·巴约尔估计，仅分给汉堡的100000个雅利安家庭，就征缴了德国和西部欧洲30000个犹太家庭的全部家产。[67]虽然不能说是大多数德国人，但相当数量的德国人惬意地使用着的椅子和床单先前属于他们的犹太邻居。

盟军空袭给予的严重打击让德国民众很容易找到处理犹太人财产的理由，他们认为犹太人应该为空袭承担一部分责任。拍卖给德国民众提供了一个在越来越严峻的战争形势下获得之前很难获得的高质量物品的机会，还让人们逐渐产生了一种占有犹太人财产理所应当的感觉。他们中还有些人认为，那些犹太人住的房子已经被炸弹炸毁。然而，即使德国人这样胡乱猜想，并且将犹太人粗略地视为种族刻板印象中的国际通敌者，他们内心里也清楚纳粹党的犹太人迁移活动和屠杀行为。同时，他们也知道，在这种混乱情况下，犹太人即将采取报复行为。

必须解除犹太人和盟军空袭之间的关系。1941年英国空军对一些德国西部城市的第一次轰炸造成的破坏相对较轻。这次轰炸成为一些人要求迁移犹太人的前提。到了半数以上犹太人已经被迁移走，针对汉堡和科隆的第一次大规模空袭已经开始的1942年中，相关逻辑被颠倒过来：将轰炸归咎于犹太人，轰炸进而成为剥夺犹太人财产、将他们迁移出去的理由或依据。然而，有趣的是，当政府宣传机构将责任归咎于国际犹太群体时，街头巷尾的交流却走得更远，他们责怪犹太人利用其海外势力，就他们遭受的虐待进行报复。还有人说，盟军在惩罚德国，或者说上天在报应德国，因为德国迫害犹太人。关于这种报应的说法，公众舆论将犹太人的遭遇和德国人的遭遇联系了起来。甚至有传言说，维尔茨堡这样的城市之所以没有遭到轰炸，是因为1938年那里的犹太教堂没有遭到破坏（这不是事实：在那年的屠杀中，维尔茨堡所有的七座教堂都遭到了不同程度的破坏）。还有人说，那个城市的最后一个被迁走的犹太人在临走时说，一旦他离开，整个城市可能马上就会遭到空袭。[68]城里的这些传言可能——事实上也确实如此——意味着人们开始从根本上批评对犹太人的迁移活动。即使随着空袭活动造成的破坏越来越大，德国民众也认为，被他们含蓄地与盟军轰炸联系在一起的德国罪行，已经严重到让盟军的这种"罪行"持续到战争结束的程度。即使在那种严峻形势下，也从来没有德国人说犹太人对德国的惩罚过分了。然而，如果空袭让人们对迫害犹太人心怀愧疚的话，头脑中迫害犹太人与被轰炸之间的因果联系就会缓解他们的这种愧疚，因为他们也成了受害者。说到迫害犹太人，很多德国人认为盟军的轰炸让他们变得问心无愧。

还有一些其他看法：德国人责怪犹太人不应该直接和他们对抗，将犹太人想象成一股非常强大的力量，仿佛他们有纳粹

260

有关犹太人的世界阴谋漫画中显示的那么强大。在他们"告别"第三世界的"告别采访"中，德国民众中的受访者一再提到犹太资本的力量。一位被美国采访者标识为"反纳粹者"的汉堡家庭主妇说："德国战败的原因是迫害犹太人……犹太人有资本。这是人人皆知的事情。"[69] 最后那句话是第三帝国的创造。"我们没有打赢这场战争"，一位慕尼黑的木匠说，接下来开始列举他总结出来的原因。首先，"德国迫害犹太人，让世界上所有犹太人都站在了我们的对立面"。一位自称纳粹的家庭主妇说，纳粹犯了策略上的错误："你认为一直和犹太人亲密无间的美国人如果知道这里有犹太人，还会轰炸德国城市吗？"[70] 她的言外之意是，德国应该将德国城市里的犹太人当作人质。这一看法在战争期间始终很有市场。然而，即使犯了那么多错误，纳粹仍然成功地给民众灌输了很多人种思想，因为在无数德国平民看来，德国犹太人俨然成了一支强大的、跨国的、几乎美国化的力量。那些犹太邻居成为一个危险的、恐怖的抽象概念"犹太人"。这种认知一直是纳粹孜孜以求的目标。存储在马里兰大学帕克分校的数百次采访记录中，谈到某个具体犹太人时口气最为亲切的被访人是一个名叫罗斯柴尔德（Rothschild）的男子。他承认他同情犹太人，因为他经常被误认为犹太人："因为有这些经历，我得以慢慢地深切同情犹太人曾经遭遇的痛苦。"[71]

德国犹太人被迁移，家里物品被拍卖一空，他们在很大程度上立刻就被忘记了，除非有时被当作"幽灵"与空袭联系起来。1943 年之后，政府的反犹宣传有所减少，这是因为"犹太人问题"已经在很大程度上被解决了。只有为数很少的人尝试像柏林的露特·安德烈亚斯－弗里德里希那样去想象或调查昔日邻居的命运。她想要弄清楚昔日朋友具体下落的真诚愿望变成了理解纳粹罪行的"真诚的无力"。"那种恐怖让人难以想象，以至于我们无法相信它是事实。"1944 年 2 月，她写道：

> 某种线索在这里中断了。某些结论没法得出。他们送入毒气室的不是海因里希·穆萨姆（Heinrich Muehsam）。在某个遥远的荒凉地方，在党卫军的皮鞭下挖墓穴的不是安娜·莱曼（Anna Lehmann）、玛戈·罗森塔尔（Margot Rosenthal）、彼得·塔尔诺夫斯基（Peter Tarnowsky），也不是因为在四岁时吃过梨而骄傲的小埃费琳（Evelyne）。不，埃费琳的死与那些饱受折磨的人不一样。她死得还算人道，也相对来说容易理解，容易想到。[72]

如果这里有一个"不"的话，这篇日记就和任何非犹太人描述的"最终解决方案"的实际实施情况一样清楚了。露特·安德烈亚斯－弗里德里希直接提到了毒气室，而不是毒气货车或毒气隧道。不过，她也将这一消息与挖墓穴联系在一起，进而与野外或树林里的大规模枪决联系在一起。1941 年夏秋东线的消息和 1941 年 11 月在里加屠杀柏林犹太人的传言左右了大多数德国人对 1945 年之前的反犹大屠杀的认知。他们想象的反犹大屠杀是娘子谷，而不是奥斯维辛，虽然 BBC 在 1942 年 6 月和 1944 年 6 月两次直接提到了死亡营（卡尔·杜克费尔登是个例外：因为他的姐夫跟他讲了 1941 年发生在苏联的大屠杀，而且希特勒本人也在 1942 年说过"灭绝"犹太人，所以他相信 BBC 有关毒气室的报道）。[73]这种思维模式让反犹行为与具体事件或孤立的屠杀事件联系在一起，而不是与长时间的、从上而下有计划的灭绝行动联系在一起。

即使是消息灵通，对政府犯罪极为警觉，与反抗组织圈子联系密切的新闻记者乌尔苏拉·冯·卡多夫，很长一段时间也没有听说过奥斯维辛。直到1944年12月，她才从《日内瓦日报》（Journal de Genève）获知大屠杀的凶残程度。她将自己反锁在洗手间里，一遍又一遍地念着那个陌生的名字："他们说那个营区在一个叫'奥斯维辛'的地方。"详细地分析相关的证据后，她写道："那篇文章看上去是严肃的，不像是关于纳粹如何残暴的夸大宣传。"她当时看到的是根据两个捷克犹太人，即鲁道夫·弗尔巴（Rudolf Vrba）、阿尔弗雷德·韦茨勒（Alfred Wetzler）的证词写的二手报道。1944年4月，两个人从奥斯维辛逃出来，也带出了灭绝过程的详尽内容和一个"齐克隆－B"（Zyklon B）毒气罐上的标签。虽然奥斯维辛集中营里关押的犹太人预测盟军会在1944年春夏解救他们（"两人逃跑将近一个月后"）——这也从侧面证实了弗尔巴和韦茨勒确实完成了任务——但是相关报道直到6月才抵达瑞士的世界犹太人大会（World Jewish Congress）和国际红十字会。6个月之后，卡多夫在柏林看到的那份瑞士报纸提供了具体的细节（1944年6月BBC的报道提供的是一份内容摘要）："显而易见，犹太人正在那里遭受系统性的毒气杀戮。他们被领进一个很大的浴室，说是要他们淋浴，然后用压力泵将毒气通过不显眼的管道注入其中。直到里面的所有人都被毒死。接下来，尸体被焚烧。"卡多夫后来在日记中写道："我该不该相信这个可怕的说法？"[74]她的评论虽然奇怪，但也具有德国人的典型特点。卡多夫接下来似乎在考虑有关奥斯维辛的消息会对自己有什么影响——也许是自己作为德国人的影响。即使对这一反对纳粹的人来说，一想到要重新审视自己在日记中记述的经历、弟弟的兵役、自己有名望的家族的历史以及整个国家，她就恐慌不已（这种心理困境最终产生了这种逻辑：德国人将永远不会因为奥斯维辛原谅犹太人）。

1944年秋穿越德国的勒内·申德勒感觉到德国人产生了一种越来越强烈的耻辱感。他不仅将这种耻辱感归因于德国的军事失败，还归因于国外广播电台关于欧洲犹太人命运的报道。然而，这种耻辱感被各种各样的辩解冲洗掉了。"在一次又一次关于这个主题的讨论中，讨论重点都被放在纳粹党的领导作用上，"申德勒评论说，"例如，人们对党卫军、保安部和盖世太保的看法……截然不同于对国防军的看法。"[75]即使在战争结束之前，有人就用国防军和纳粹党之间、善良的德国人与邪恶的纳粹之间、光明正大的爱国行动和"深夜和浓雾"中偷偷摸摸的行动之间的区别来回答关于"共谋"的追问。这些区别虽然根本站不住脚，但可以洗刷良心上的愧疚。有关反犹大屠杀的说法被视为对德国形象的直接诋毁。

总的来说，犹太人迁移的基本消息来自在苏联枪杀手无寸铁平民的广为流传的一手报道。结果，人们对大屠杀的认识局限于军事前线的大规模杀戮。20世纪40年代初，很多德国人知道一些残酷的事实：被无辜杀害的犹太人行列中有女性和孩子；屠杀过程中要让受害者赤裸身子站在大坑边上；屠杀活动的规模很大，比如娘子谷事件。人们还知道，不少"普通德国人"在杀戮事件发生时在国防军中服役，也卷入了屠杀。在没有深入了解奥斯维辛集中营之前，这些杀戮事件很可能被看作孤立的事件或插曲、激烈战斗中伤亡巨大的爆炸。这些杀

264

戮不具备系统性或模式性灭绝活动的特点，可能会让很多被迁移的犹太人得以幸存。在波兰之外，当时的犹太观察者倾向于将杀害犹太人的行为视为种族大屠杀。长达数个世纪的种族迫害史证明，这些种族屠杀可以毁灭一个群体，但无法毁灭一种文明。即使维克托·克伦佩雷尔也没有得出肯定的结论：纳粹将犹太人从德累斯顿迁走就是为了杀掉他们。有关毒气的传言含混不清，无法改变存在于人们头脑中的东部偏远地区枪决犹太人这一主导画面。

此外，也许大多数德国人反对迁移他们的犹太邻居，但是这种反对被恰逢德国军事失利和盟军空袭让德国人忧虑不堪之际出现的这一抽象印象覆盖：犹太人是一股庞大的危险力量。其结果是，德国人对犹太人的命运越来越不关心。1941 年后战事的不顺利也让德国平民更容易参与犹太人家庭物品的拍卖活动，因为他们将自己视为一场犹太人很可能扮演了某种邪恶角色的战争的受害者。在战争期间，有关犹太人的观点很可能发生了变化，1941 年一度反对上街逮捕犹太邻居的德国人，在 1943 年后盟军空袭开始给德国造成严重破坏之际，很可能开始接受陈腐的人种刻板印象，甚至支持迁移犹太人。战争结束之后，调查显示，相当数量的德国人曾经认可德国犹太政策的基本前提。[76]

1942 年 6 月瓦尔特·卡斯勒从苏联战场休假回到位于策勒的家时，他针对前线目睹的大屠杀行动表达了一大堆相互矛盾的看法。"瓦尔特一再强调，'我们可以庆幸自己不是犹太人'。"这是打了胜仗的战士虚张声势的口气，但是卡斯勒现在在家里和妹妹、妹夫讲话，似乎应该提供一点道德上的解释。"开始时，我不明白，"他解释说，"不过，现在，我知道，这是一个事关生死存亡的问题。"他的妹夫，老社会民主党人卡尔·杜克费尔登坚持说："可那是杀害无辜。"当然，其他所有人都会认为枪杀平民是杀害无辜。这话让卡斯勒匆匆地从敌人的角度上考虑了德军的行为。他对卡尔说："事情已经到了这种地步，如果我们战败，他们肯定会像我们对待他们那样对待我们。"[77]这位参与作恶的人在考虑自己失败的瞬间意识到自己犯下的罪行。他必须让自己努力打赢那场战争，这样他犯下的罪过就不会被揭露出来，他就不会遭受惩罚。

在某种程度上，就是这种决心，导致了德国士兵在最后最为艰难的几年里极不寻常的坚忍的出现。斯大林格勒战役之后，戈培尔也得出同样的结论。杀害那么多犹太人意味着他们没有退路："这是一件好事。经验证明，相较于那些仍然可以撤退的运动和民族，断绝了退路的运动和民族就会决心百倍地投入战斗。"[78]换句话说，对犹太人犯下的罪行为德国人提供了赢得胜利的决心。英国宣传部门在一个有关"快乐创造力量"运动的戏剧里巧妙地将这一点描述为"恐惧创造力量"。纳粹强化反犹大屠杀的消息，为的是让德国大众认识到，自己背后的退路已经被烧断，除了战斗到底，没有其他的选择。

作恶者和受害者

"我们德国面临着什么样的命运？？？会不会被再次彻底打败？上天会允许我们毁灭吗？？？上帝不可能让这样一个有信仰且勇敢的民族失败的——即使我们犯了错误，但别人也犯错误……从来没有一个民族能够取得这么大的成就，我们不会被打败的。我们和其他民族一样有生存的权利。为什么单单我们会失败？"[79]1942 年 11 月底，23 岁的洛尔·瓦尔布在日记里倾

266

诉她的绝望。当时北非德军放弃了托布鲁克（Tobruk），斯大林格勒城下的德军陷入了苏军的包围。她担心的失败不是被迁移的犹太人面临的肉体上的消灭，虽然后者也曾经自问为什么会被判死刑，为什么不能活下去。让她痛苦不堪的是，整个国家失败后的命运。瓦尔布回忆了德国从 1918 年降临的灾难走出来（纳粹认为当时德国国内已经被压垮），在国家社会主义党带领下实现复兴的经过。类似 1918 年，1942 年的德国既是一个被围攻的受害者，也是从自己历史里的受害者认知中解脱出来的国家。在 1918 年战败的巨大震惊之中，瓦尔布和其他数百万德国人不顾一切地想让德国避免当年灾难性结果的重演，因为这种危险正不断地向他们逼近。

267　　曾经驻扎法国的德军士兵海因里希·伯尔十年后成为一个才华横溢的小说家。当时，他也做出了类似的判断。1942 年 12 月，在斯大林格勒战斗的阴影中写给妻子安娜玛丽（Annemarie）的信中，他没有提及斯大林格勒："战争越来越表现出灰色、残酷的形式，不再节节胜利……也不像开始时那样令人兴奋，开始变得困难重重。"和很多其他士兵一样，接下来，他开始说失败后怎么办。他希望"但愿一切能好起来。如果一切都徒劳无功的话……那就太糟糕了。如果从纯粹的政治意义来讲，对我们民众来说没有什么意义。自从签订《凡尔赛和约》以来，我们至少度过了 20 个拮据、不快乐的年头"。伯尔不是纳粹党员，但是他热爱德国，不能想象失去纳粹为德国争取到的"自由"："自由，我们已经享受过了……但是和平，和平还没有享受过。"斯大林格勒战役之后，他有一种可怕的感觉，怕再次成为法国人眼中的失败者。他沉浸在自己的绝望和痛苦中。"法国想出了一个阴险的诡计，"他说，

"我第一次知道的时候，仿佛挨了当头一棒！那种感觉真是让人吃惊。他们干脆在墙上写了'1918'，就是几个数字，其他一个字也没有，就是让人感到格外沉重的小数字：1918。"[80]

从上述表述中不难看出，虽然纳粹和德国人不是一回事，但是纳粹确实是给国家带来复兴的群体。这种复兴一直是人们关心和渴望的事情。因此，1918年的失败和当今形势之间的差别意味着1933年的民族革命和它开启的"新时代"具有基本的合理性。士兵们想要结束战争，平民表达了对纳粹统治的很多不满，但不论是士兵还是平民，都没有想过他们曾经相信会复兴的德国会战败。1918年意味的不仅仅是军事上的失败，还意味着政治和道德上的彻底混乱，以及集体民族生活（collective national life）的终结。相较而言，1933年意味着通过纪律、思想统一、权威实现整体社会运转的正常化。换句话说，经过数年的战争，1939年之前的几年慢慢被视为繁荣的、正常的、真正属于德国人的国家，因此1942年的人们能够热爱第三帝国，但是鄙视纳粹。这样，对德国的认知已经被悄悄地雅利安化和纳粹化。大多数德国人倾向于打赢那场战争，留住纳粹，而不是宣布投降，并让纳粹下台。很少有德国人希望德国失败。[柏林的一个粗俗裁缝胡戈·B（Hugo B）是一个例外："每天都是这个德行。没吃的，没饮料，没高度酒，没香烟，没什么乐事，没有任何变化。战争没完没了……非要杀掉好几百万人这帮愚蠢的人类才能明白道理。第一次世界大战时期就是这样。先将自己杀掉吧。真见鬼！"神学家迪特里希·邦赫费尔（Dietrich Bonhoeffer）是另一个例子："我祈祷我的国家失败。"他在1944年写道。][81]

在痛惜哀叹中，洛尔·瓦尔布提到了"错误"。因为在日

268

记中，她从来没有提到"犹太人"，所以不清楚她这里说的
"错误"指的是什么。不过，很难相信她提到的错误指的是除
了迁移德国犹太人、对待占领区人口之外的事情。"错误"一
词是在她坚定地认为德国"不会被打败"时提到的。洛尔·
瓦尔布想象，在神灵主持的历史法庭上，虽然德国人犯了错
误，但是他们不应该被打败。换句话说，她认可这个国家，认
可她听说的德国犯下的罪行。在过去的几年战争岁月里，很多
德国人开始意识到德国犯下了严重的罪行——他们比瓦尔布更
清楚这一点——他们担心如果德国被打败的话，是因为他们犯
下的这种罪行被打败。从这一点上说，德国人不想看到德国被
打败（很少人希望德国被打败），他们选择容忍德国，容忍他
们所了解的德国犯下的那些罪行。在这方面，瓦尔布肯定不是
孤身一人：在第三帝国，在与纳粹签订的"自传契约"
[autobiographical pact，语自尼登的苏珊（Susanne zur Nieden）]
里，人们在日记里大都避开犹太人这个话题。[82] 如果"集体责
任"这个词仍然适用的话，那么，我认为我们逃避得太快了。
集体责任之所以适用，并不是因为所有或大多数德国人是作恶
者，而是因为，在失败的震惊中，德国人想要掩饰德国曾对波
兰人、俄国人、犹太人、吉卜赛人犯下的罪行，为的是让纳粹
德国存活下去。羞耻感压倒了愧疚感。

　　失败的震惊不是因为军事失败这一事实本身——1945 年 5
月，德国的军事失败是绝对的、无条件的——而是因为在
1941 年秋的一连串闪电战的胜利被终结之后，意识到德国可
能输掉这场战争并成为一片废墟。当时，对这种震惊的体验因
人而异。瓦尔布早在 1941 年 12 月就开始担心，当时德军在莫
斯科城下的攻势陷入停滞。"我仍旧相信德国会取胜，胜利将

269

属于我们，因为它必须属于我们。因为我们一定要活下去！"[83]
对于大多数德国人来说，这种震惊来自斯大林格勒战役。在
1943 年冬季的那场战役中，德国第 6 军被歼灭，9 万名士兵被
俘。从那时起，德国人开始考虑失败的可能性，开始反思对希
特勒的忠诚。有人认为希特勒的头脑已经不如以前灵光。1943
年夏，形势每况愈下：盟军在西西里岛登陆，墨索里尼被推
翻，英美空军联合对德国城市展开无情轰炸。政府已经无法阻
止有关"戈培尔自杀""戈林下台"传言的疯狂蔓延。[84]到了
1944 年夏，苏联军队已抵达德意志帝国的东部边境线，英美
军队接近了西部边界，德国民众陷入极度悲观。1945 年 1 月
12 日苏联发动最后攻势之后，民众对德国能够幸免于失败的
信心迅速且彻底地丧失。然而，面对重重困境，直到战争结
束，德国几乎没有出现一个针对纳粹政权的反对派。德国民众
想不到一个能够取代纳粹党的理想政党。斯大林格勒战役之后
悲观、乐观的不间断的明显波动记录了人们情绪的变化，但是
没有破坏大多数人对战争的支持。不但如此，一旦他们接受了
全面战争的极端要求之后，大多数德国人前所未有地更加陷入
这一体系中。他们选择让纳粹德国生存下来，掩饰那些杀戮的
消息，烧掉道德和心智之桥。

270

　　1944 年冬和第二年春，当疯狂的纳粹要求民众奋战到死
以便让不屈的德国留名青史时，民众继续作战绝不投降的决心
最终动摇。不过，除了这种不想再成为受害者的自杀式自我牺
牲之外，德国人作为一个整体，在战争中表现出对国家社会主
义思想的极深信仰。就连军队最高层对那套思想的不满——可
以明显地从 1944 年 7 月 20 日暗杀希特勒的行动中看出这一
点——也没有破坏纳粹政权在人们心目中的合理性。实际上，

暗杀阴谋给纳粹政权带来的好处超过了不良影响。德国人、纳粹这两大群体被死死地捆在一起，以至于战争结束之后，普通德国民众从来没有给那次暗杀活动赋予任何荣耀，也没有将当地那些罪大恶极的纳粹官员清除出他们的社区。大多数德国人赦免了自己。社会各个层次的人们认为"那些行凶者就是'我们'"，这一现象解释了为什么在20世纪50年代德国联邦议院的投票中，压倒性多数支持法庭赦免那些行凶者，也解释了为什么那部赦免法得到了德国公众那么广泛的支持。毕竟，对于战争期间给孩子写信说"你们要相信爸爸。他一直在想念你们，不会无节制地开枪"，战后被遣返回家里的父亲，家里人会怎样做？[85]战后对除了极少数高级纳粹罪犯之外的所有纳粹行凶者进行大规模赦免之际，当年前线老兵带回来的那些骇人听闻的所见所闻似乎是"有毒"的。

271　　当德国民众最终不再认可希特勒、纳粹党和第三帝国时，他们并非出于对那场战争不可能胜利的理性判断，后者在1944年对于大多数人来说已经非常明显。他们不再认可它们，主要是因为他们感觉自己被背叛了。在1945年春夏美国人对德国民众进行的"告别采访"中，德国受访者用两种方式大致地讲述了他们与纳粹的关系。纳粹政权的反对者，尤其是年长的工人和天主教徒，直言不讳地说出了他们与纳粹党在意识形态方面的分歧。毫无疑问，这些分歧在1945年比1940年更为明显。他们的话经常带有讽刺意味。很明显，他们深入地思考过困扰了他们很长时间的那些问题。"现在倒是没有600万的失业人口了，因为死了大约1300万人"，目光敏锐的弗朗茨·戈尔说道。[86]另外，接受美国人采访的德国人还抱怨纳粹领袖之前背叛了他们，纳粹宣传机构的谎言和诡计误导了他们。这些话含混不清，极度夸张，几乎是歇斯底里，讲这些话的人都是先前占据德国人口大多数的忠诚纳粹。他们有这种被欺骗的感觉，是因为纳粹无力稳固战线，保卫国家，无力用优势武器报复盟军空袭；也没有能力在战争最后阶段采用任何新的东西，只有被动员进入人民冲锋队和党卫军的，由小孩子和老人拼凑起来进行抵抗的一群乌合之众，这些人一直坚定地和纳粹站在一起，这一点暴露无疑。对纳粹坚持所谓德国事业不可战胜这一做法的愤怒，解释了为什么那么多德国人可以支持那个体系那么久，以及突然，大约在1945年3、4、5月的某个时候，拒绝了纳粹的领导。结果，德国人逐渐将自己看作一段残暴历史的受害者。在这段历史中，从斯大林格勒战役到对德国城市的空袭，再到数百万人被外国军队从德国东部赶到德国占领区，一系列灾难性事件结合在一起，突然闯入了德国民众的日常生活。

觉得自己完全被欺骗和利用的这种被背叛的感觉让德国人后来很难反思1918～1945年的自己，因为很难让一个觉得自己是被骗了的人承认自己是共谋犯。他们将对自己的批评指向数量相对较少的高级纳粹"罪犯"，也就是幕后操纵他人的人，用以洗白自己，即被操纵的人。被背叛的感觉还可以解释为什么战后对纳粹成就（从公路到"快乐创造力量"）的肯定所持续的时间超过了对戈培尔、戈林、希姆莱等纳粹领袖个人的忠诚（可能除了希特勒之外，这些人对德国民众毫不关心。不过，美国和英国的历史爱好者不同意这个看法）。1945年4月，16岁的莉泽洛特（Lieselotte）诅咒那些纳粹，"应该让他们下地狱，那些战争罪犯和杀害犹太人的凶手"，但是她不相信所有斗争都毫无意义。"即使是我们的失败，也不能是德国

272

的失败。"和很多其他人一样，她指责纳粹党毁掉了纳粹思想。正如一个美国情报官员所说："人们指责希特勒打输了那场战争，而不是发动那场战争。"[87]最后，甚至当人们从希特勒的领袖魅力中走出来后，他们仍然为他们曾经用行动和渴望推动建立的国家社会主义感到惋惜和难过。要分析德国人从胜利者到受害者之间的转化，我们还需要最后一次回到1941年底之前的东线。

期盼战争结束

希特勒当初以为，1941年发动的对苏联的军事攻势可以在四个月内结束。因为纳粹没有将对苏作战当作长期战争来规划，所以，高级军事参谋没有做那场战争会持续到冬天的准备。这些规划上的失误给德军士兵带来了双重打击。他们在1941~1942年冬天被困在前线，面对越来越顽强的苏联部队，没有足够的给养装备应对意料之外的严寒天气。11月，德军对莫斯科的最后一轮攻势被阻挡住了。"俄国人一步也不后退。"[88]巨大的伤亡撕裂了德军的指挥链条。第185步兵团参谋格哈特·林克（Gerhardt Linke）中尉在日记里提到了"我们的人"，说他们"情绪极度低落。很多人已经不能打仗了，一方面是因为受伤，另一方面是因为疾病。没有兵员可以补充。我们的战斗力一天天地下降。两个星期前，我们连有70人，今天只剩下40人，明天可能只剩下35人了……新任命的连长没受过什么训练，完成不了交给他的棘手任务"。后来，在1941年12月初，苏军发动了第一次反攻，他们动员了德军无法匹敌的后备兵员。到了1945年1月，德国部队储备即将耗尽，风险和1941年12月一样严重。[89]

德军士兵逐渐意识到，他们面对的并非孱弱之师。1941年11月，一名德军步兵提出了一个问题："为什么那些俄国兵总是和我们血战到底？我们经常问自己这个问题。为什么那么多人愿意为布尔什维克思想牺牲生命？那种思想肯定有巨大的力量。"[90]一个曾经将无数苏联游击队员送上不归路的士兵也提出了类似的问题。"到底是什么，"他问自己，"让他们能够这样？对国家的热爱？还是共产主义进了他们的血液，充满了整个身体？肯定是这样的，不然他们中的一些人，尤其是女孩，不会在遭受毒打时不掉一滴眼泪，走上刑场时毫不畏惧。"显而易见，德国指挥官之前用以分析战争进展的人种或性别视角误导了他们，或者说是限制了他们。斯大林格勒战役结束很久，苏联发动第一次反攻大约两年后，戈培尔一直无法理解其中原因。"每个从东线下来的士兵都说自己比布尔什维克士兵优秀很多"，为什么德国军队还是"一退再退"。[91]最后，他推测苏联军队中可能拥有更优秀的纳粹党员。他承认，苏军元帅"是信仰坚定的布尔什维克，精力极为充沛……从他们的面部就可以看出来，他们出身于良好的家庭。他们大都是工人、皮匠、农民的子弟"。戈培尔认为他们的出身属于纳粹思想的根基阶层。"要是这样，"他的结论是，"我们不得不得出这一令人痛苦的结论：苏联军队领导层所在的阶层比我们更好。"[92]

考虑到这些问题，这一人种方案内部的唯一答案是补充更优秀的德国人，好打一场残酷的全面战争。"人们不再谈论战争什么时候结束了，"戈培尔说起1941年底柏林的气氛，"因为人们都知道那是很久以后的事情。"同时，与苏联持久作战和纳粹主张的思想一致，即，国家的生存就意味着不断的斗

争；种族的优越性取决于坚持不懈、勇于牺牲的决心。战争
"被视为一个民族'对生存的最强烈的表达'和一个国家生存
的唯一机会"。[93]因为处于民族生死存亡的关头，所以全面战争
要动用所有必要的手段。祖国安全的唯一保障是彻底消灭敌
人，占领其生存空间。全面战争就是纳粹思想的彻底具体化。

　　1941 年 12 月和 1942 年 1 月，德国军队的指挥官们要求付
出最大努力，不惜一切代价坚守阵地。为此，他们颁布了极为
严苛的军纪。1942 年初，曾经是杜伊斯堡银行雇员的 21 岁的
威利·里斯透露了前线士兵中弥漫的绝望情绪。"一个晕倒在
干草堆里，睡着的哨兵被送到军事法庭审判后枪决了。另一个
士兵在黑夜里迷了路"，结果"因为临阵退缩被判死刑"。在
战争中，尤其是在 1944 ~ 1945 年，至少有 1.5 万名德军士兵
被枪决。这种版本的军事审判控制住了士兵。事实上，苏联那
边也没有多大不同。在这种情形下，里斯感到自己"完全不
知所措"。他后来再也没有找回先前的自己。此后，他一直在
痛苦和悔恨中寻找失去的自己，直到 1944 年 6 月战死。然而，
他慢慢地接受了战士这种让人畏怯和恐怖的新身份。"我们是
战争的化身，"他写道，"因为我们是当兵的。"[94]德国人四处点
起的战火变得对他们越来越不利。1942 年，游击队对德军的
袭击愈演愈烈。尤其是在白俄罗斯，到了 10 月份，四分之三
的森林地带被牢牢地掌握在小股游击队的手里。戈培尔用
"不可思议"一词描述游击队的活动。在他们经过的地区，德
军士兵惊恐地发现到处是"游击队的藏身处、营地、碉堡"，
他们想方设法用焦土政策夺回这些地方的控制权，但都失败
了。到了 1944 年底，国防军毁掉了 5000 多个村庄，杀死了
220 万平民，这相当于白俄罗斯人口的四分之一。[95]

1943 年，威利·里斯写了一首题为《狂欢》的诗。在诗中，他祖露了自己的残暴行为和自己的心理变化。诗歌开头就是众多德国兵肯定亲自做过或目睹过的事情：

> 枪杀犹太人，
>
> 挺进苏联，
>
> 像一群咆哮的野兽，
>
> 蹂躏那里的人民，
>
> 将他们砍倒在血泊中，
>
> 在一个小丑的带领下，
>
> 血流成河，
>
> 人人都知道，
>
> 我们做了些什么。

里斯感受到极大的心理冲击，不过他已经是一名士兵了。"我不再和那些不可避免的事情抗争"，他在 1943 年写给家里的信中说。[96] 对于旧躯壳里新的自我，其他士兵也一样直白。瓦尔特·卡斯勒早已意识到，"现在，我知道，这是一件事关国家生死存亡的事情"。1942 年 3 月，列兵阿尔弗雷德·G.（Alfred G.）表达了同样的不妥协："这是两种世界观的斗争：不是我们赢，就是犹太人赢。"战场上离不开生存的新技能。"必须等待，耐心坐着，盘算清楚，然后做糟糕的事情，"哈里·米勒特（Harry Mielert）在 1943 年 3 月说，"行动时什么也不要想，下手要狠，面对那些野蛮人不能眨眼睛。"[97] 大多数士兵努力获得全面空间争夺战新近强加给他们的新的自我，虽然他们也渴望探亲假早日到来。

276

日记的私人空间揭示了德国士兵竭力应对上述挑战，接受战争的严酷条件，远离有关作战指挥的担忧和最终胜利的疑虑。正如书写能让个人排遣关于纳粹思想的不确定之处，同时也能给他们提供坚定决心，强化对国家和元首忠诚的机会。例如，洛尔·瓦尔布在日记里监督自己，让自己振作起来（"！！！"）。其他观察人士将自己的兄弟、儿子、父亲树为自己的榜样："前线男性的所作所为常常成为后方女性效仿的榜样。"[98]

全面战争让人们释放出巨大的能量。1941～1942 年的"越冬救助"项目进入高潮，支持"东线"士兵为国作战。在动员声明中，戈培尔呼吁德国民众为前线捐出一些基本的生活用品，如手套、羊毛衫、袜子。这些物品让公众清楚地意识到前线的军事行动遇到了多么严重的困难。1 月中旬，200 万名志愿者从全国各地募集到超过 6700 万件各种物品。[99]第二年，在斯大林格勒战役的阴影下，募捐活动规模更为宏大。1942 年春，戈培尔领导的宣传部组织了一场大型展览，让人们知道德国人面对的敌人是什么样。1942 年 5 月 8 日，展览在柏林市中心的卢斯特公园开幕。这场命名为"苏联人的天堂"的展览用巨幅照片和各种令人毛骨悚然的材料描绘了苏联的贫穷和苏联的政治。在第一个月里，75 万多人（相当于五分之一的柏林市民）参观了这一展览。虽然有的参观者可能会心生疑窦，为什么德国战胜不了这样一个能力低下、自我毁灭的政权，但大多数人可能想去看看这场战争的意义何在：他们是"朋友"还是"敌人"，跟自己是不是一样的人。另外，对于反对纳粹的人来说，全面战争是纳粹力量衰减的第一个信号。莉莉·哈恩因为母亲是犹太人而对德国种族歧视尤为警觉。

听说领袖讲话的口气有了变化，她无法控制言语中的讽刺："面临被灭绝的危险？我们？这可是头一次从元首口中说出这样的话！他之前私下说过不然就会怎样的话吗？他不是一直在说德国是世界上最强大的国家，所向披靡，天下无敌吗？"到了战争即将结束之际，"不然就会怎样"就成了"消灭他们，否则他们就会消灭我们"（Friss，oder du wirst gefressen）。[100]

纳粹自己也不知道他们的压力能让德国民众走多远。1918年的幽灵——当时有人说德国被犹太人和社会主义者"背后捅刀"——影响着所有重大政治决策。"再小心也不过分"，希特勒警告说。总的来说，纳粹始终在用比盟军对手给民众提供的配给数量更为丰富的供应来讨好本国民众。对中产阶级的低税率、提供给士兵及其家人的慷慨补贴让后方的人们很满意。第三帝国里听不到一战期间店铺外面排队时妇女和孩子对政治腐败的抱怨。美国军方在战争结束之际做的调查显示，大多数德国民众认为配给体系很公平。普通德国民众清楚得很，他们之所以能够避免 1916、1917 年恶劣的战时生活条件，是因为 1943 ~ 1944 年的第三帝国将那种生活条件强加给了欧洲其他国家的所有民众。1945 年 7 月，明登（Münden）的一位业务经理一针见血地说："食物，从其他国家抢来的食物数量丰富。"[101]

来自德国各个政治派别的观察人士一再从德国民众中寻找不满的迹象，即类似 1918 年的情绪。他们很难穿透德国政府竭力打造的表面上的万众一心。在公众场合人们的举止是一回事，心里怎么想是另一回事。这种可能的表里不一也伴随着人们在打招呼时高喊"希特勒万岁"。虽然如此，这种努力寻找

278

人们内心不满情绪的倾向本身很说明问题，因为它反映出一战战败给德国留下的长期影响。和当时的很多德国人一样，克伦佩雷尔深入研究了报纸上刊登的讣告的措辞。在对苏作战期间，他发现报纸上讣告里"'为了元首和祖国'这种标准说法越来越少"。后来，在 1942 年 3 月他纠正说，当时那种措辞"不频繁，不，只是不如先前那么频繁，绝没有到罕见的地步"。在明斯特，编辑保尔海茨·万岑也注意到了这一趋势，说读者将带有宗教色彩的讣告，或者里面含有"为了人民和祖国"的讣告看作对政府政策的不满。在大空袭之后，纳粹认真研究了工人阶层社区的情绪。万岑怀疑，战争开始后在盟军轰炸中受严重破坏的鲁尔区是否能够坚持住。在柏林，戈培尔多次莅临劳工婚礼，鼓舞民众士气。他每次都觉得民众情绪不错。[102] 民众士气上的裂缝不难预见到，不过最初的焦虑往往被全国团结一心的种种表现缓解。这在戈培尔、万岑看来是一件令人满意的事情，而对于维克托·克伦佩雷尔、莉莉·哈恩来说则是绝望。

斯大林格勒战役改变了第二次世界大战的面貌。1943 年 2 月初第 6 军被打败之后，德国部队始终没有恢复先前的战略攻势。与世界为敌，德国无论如何也不可能打赢第二次世界大战，但盟军肯定能取得胜利的形势变得明朗起来却是斯大林格勒之后的事情。即使如此，因为德军殊死作战，战争又过了两年多才宣告结束。虽然德军在 1942 年夏挺进高加索地区过程中占领了大片土地，但是供给线和部队延伸在数百千米长的战线上。1942 年 11 月底，经过争夺斯大林格勒的激烈战斗之后，苏联动用预备部队将德军第 6 军包抄、分割，将他们包围并装入所谓"铁锅"（Kessel）里。希特勒自信能够像前一年那样从冬季危机中走出来，同时也想向盟友证明德国可以打赢这场战争，他一再向前线重申不许撤退的命令，结果注定了斯大林格勒城下德军的悲惨命运。他们在空前恶劣的条件下苦战，最终，在1943年1月31日和2月2日之间，被苏军打得七零八落，分割包围的德军投降。

斯大林格勒战役的失败之后是德军突尼斯战役的失败（25万名德军士兵在这场战役中被俘，波兰爱国者用他们自制的"突尼斯特加"来庆祝"突尼斯格勒"战役胜利）和盟军登陆西西里岛。"我们再也走不出这些危机了"，戈培尔承认。1943年底，"我回忆过去……看到的只有失败"。德军曾经争夺的斯大林格勒在德军眼中成了"斯大林坟墓"（Stalingrab），因为在那场战役中，德军战死将近15万人，9万人被俘。在72天的战斗中，苏联红军损失了将近50万名士兵。如果德军取得那场战役的胜利，结果将是一场更大的浩劫，因为希特勒打算将那个城市的平民全部杀光。[103] 因为德军的巨大伤亡，对于德国，战争的所有含义已经开始发生转变。不管是士兵还是平民，他们越来越将自己看作针对苏联的德国的保卫者、针对社会主义暴政的欧洲文化的捍卫者，而不是大德意志帝国的先锋。入侵他国的德国侵略者更多地将自己视为被压迫者，是一场破坏德国历史使命的大灾难的受害者。结果，德国倾向于使用被动语态来描述那场意外降临在他们身上的大灾难。他们个人的悲剧因为整个国家潜在的灭亡命运而被放大，又因为给逝者的牺牲赋予了意义的那些交错的记忆而平添了一些渲染的成分。所以，虽然斯大林格勒战役腐蚀了德军的士气，提出了有关德国领导层的疑问，但也强化了"命运共同体"内的民族团结情绪。

280

　　虽然在斯大林格勒战役紧张进行时德国政府的言语一直很谨慎，但是在失败之后，他们开始发表长篇大论。纳粹竭力将当时的严峻形势包装成一部史诗剧。在这一史诗剧中，国防军的拼命苦战代表了德国顽强的生命力。希特勒和戈培尔非常清楚斯大林格勒的情况。"部队没有吃的，没有弹药、没有枪炮"，戈培尔会见了一个从"铁锅"中突围出来的年轻少校后总结说。接着，戈培尔后退一步说："真正的、经典的壮烈场面。"这正是戈林第一次郑重公开回应斯大林格勒时描绘的图景，他发表这场演讲时正值 1943 年 1 月 30 日，纳粹掌权的十周年纪念日。在那场斯大林格勒城下的士兵听起来像是他们的"葬礼演说"的演讲中，戈林将在伏尔加河地区作战的德国士兵比作拼死守卫温泉关并让斯巴达名留青史的斯巴达战士。米歇尔·盖尔（Michael Geyer）认为："斯大林格勒将因为失败的壮烈而进入人们的记忆，它将失败者铭刻在史书里。一场殊死苦战——这就是纳粹宣传部门为什么要让斯大林格勒城下的士兵死亡，为什么戈林在那些士兵投降前夕公开宣布他们的死讯——可以让那些参加斯大林格勒战役的德国士兵永垂不朽。"[104]《人民观察家报》的大标题是"他们的死将换来德国的生"。虽然投降的德军士兵多达 10 万人，但是纳粹从来不承认他们的存在，而是通过广播向民众宣传那场战役的"史诗版本"，说他们打光了"最后一发子弹"。在接下来的几个月里，纳粹派人截获了众多德军战俘的信件，不让他们还活着的消息戳穿纳粹编造的、他们已经壮烈牺牲的谎言（虽然消息后来还是泄露了）。戈培尔看不起保卢斯元帅。希特勒在最后一分钟晋升他为陆军元帅透露了一个明确的信号：希望他要么继续战斗，要么选择自杀。他们可以选择"要么再活 15 年或 20 年，要么立刻让自己永垂不朽数千年"。[105]后来，弗里德里希·保卢斯（Friedrich Paulus）做了东德的一名警察，最后死于 1957 年。

关于斯大林格勒的谎言几乎承认德国不会打赢那场战争，但同时也意味着这种战斗的榜样将保证这个国家的未来，不像 1918 年的停战协议。即使在第三帝国即将垮台之际，在 1945 年 4 月的一次不同寻常的演讲上，戈培尔也用史诗般的语言描述了打赢这场战争的困难之处。"先生们，"他在一片废墟的柏林向宣传部的部下讲话：

> 一百年后，他们将上映另一部反映我们目前苦难日子的优秀彩色电影。你不想在这部电影里扮演一个角色，不想在一百年后重获新生？当下，每个人都有机会选择在那部一百年后放映的电影里扮演的角色……现在坚持住，这样，一百年后，当你出现在屏幕上的时候，观众不会发出嘘声或吹口哨。[106]

为了拯救纳粹眼中的德国历史，为了避免一战那样的战败污点，希特勒根本不考虑一些军事幕僚提出的与苏联谈判的建议，而是命令德军士兵继续战斗。1945 年 3 月，在德国受伤的英军士兵保罗·富塞尔（Paul Fussell）回忆说："让我们极为失望的是德国人的冥顽不化，简直是自寻失败。"[107]

这一史诗剧的代价是数百万士兵和平民的生命。大多数德国人没有参与希特勒和戈培尔勾勒的那个史诗。当败局已定后，他们没有牺牲自己，而是选择了投降，虽然在 1945 年 4～5 月，数千名纳粹死忠杀死了自己和家人，因为他们不想

282

目睹德国的失败。[108]虽然如此，在最后与纳粹政权决裂之前，德国人开展了一场声势很大的继续坚持先前事业的运动，要求德国士兵继续为国献身。斯大林格勒战役和其他战役失败的消息传来，纳粹的忠诚者在心理和身体上都备受打击：他们身患疾病，无法集中精力，有人甚至自杀。[109]在1943年那个让德国人意志消沉的秋天，15岁的柏林女学生莉泽洛特·G.在思考德国是否能取得最后的胜利。她在日记里写道，如果答案是肯定的，"也许更好——可以避免另外几千人死亡，避免更多的不幸降临德国，不是挺好吗——不行，绝对不能这样。我眼前似乎看到了所有阵亡的战士。如果我们都战死的话，至少就不会有第二个1918年了。希特勒，我相信你，相信德国能取胜"。莉泽洛特一开始想到了投降，但是她后来改变了主意。和其他数千人一样，至少在这个时刻，她选择和世界对抗，不愿意让两次世界大战中阵亡的德国士兵完全被遗忘。[110]斯大林格勒战役让人们产生了激烈的思想矛盾。

1945年过去很久之后，斯大林格勒让德国恢复了声誉，原因是，很多人认为那支由普通的、痛苦不堪的德国伤兵组成的军队基本上算是一支可敬的军队。那场战役同时人化和神化了他们。战后记忆将德国军队"从犯罪者变成了拯救者，从仇恨和恐惧的对象变成了被同情和怜悯的对象，从施暴者变成了受害者"。[111]关于1941年夏秋第6军进入苏联过程中大肆屠杀平民的事情，1941年9月娘子谷大屠杀发生时他们就在基辅的事实，完全被18个月之后发生在斯大林格勒的灾难叙事冲淡。至于历史开始追问那支军队怎样、为什么会出现在斯大林格勒城下，则是很久之后的事情了。[112]

对大多数德国人来说，比为史诗般战争牺牲一切的召唤更

有感染力的是戈培尔在 1943 年 2 月 18 日那篇有名的体育宫
（Sportpalast）演讲中提出的全面战争宣言。面对柏林 10000 名
纳粹的忠诚者（新闻片拍摄人员慢慢移动镜头，在人群中捕
捉重要人物，如演员海因里希·乔治），戈培尔设法根据斯大
林格勒战役之后出现的艰难形势来调整战争投入。全面战争的
前提是战争失败后可能出现的结果。关于这一点，戈培尔进行
了描述，他将先前德国人对犹太人、波兰和苏联的平民做的一
切投射到战败后的德国人可能面临的情形。"杀光知识精英和
政治精英"，"强迫德国人去西伯利亚冻土地带的劳动营里做
工"，"犹太人将组织灭绝突击队"。只有彻底运用意志的力
量，动员全社会，德国才可以避免这种命运。德国人要想取得
胜利，还必须采用"斯巴达的生活方式"，同意军工行业征募
"数百万优秀的德意志女性"。依托高效的民粹语言，戈培尔
以"民族共同体"的名义抨击了特权精英和反应迟钝的官僚。
在演讲中，他将头脑清醒、态度谦虚、愿意为国牺牲的人们紧
紧地凝聚在一起。他直接煽情地对听众说："我们都是人民的
孩子。我们紧密团结在一起。"他一再问道："你们同意吗？"
"你们准备好了吗？"台下支持全面战争的震耳欲聋的欢呼声
给出了答案。

那次演讲之后，是一连串密集的"请求、指示、法令、
演讲、会议和出版"。1400 万册《你是否想要全面战争？》
（*Do You Want Total War?*）被分发到各地的纳粹办公室。[113]视听
空间也描绘了眼前的严峻形势。1943 年秋，瑞士记者康拉
德·沃纳（Konrad Warner）描述了公共场所张贴的大幅图片：
"在教堂残骸、孤儿、血流成河的前线组成的背景里，头戴高
顶帽、手握钱袋子的犹太人从镰刀锤头、米字旗、星条旗后面

284

探出头来窥视。"他的同事勒内·申德勒也讲述了同样的情况："每座德国城市墙上的巨幅海报上都是'胜利，或者布尔什维克的混乱！'"[114]收音机里的"特别播报"和胜利乐曲被没完没了的套话"艰难的战争，顽强的人们"取代。

阵阵大合唱、零星的歌声和不间断的掌声从观众席上传来，戈培尔的"全面战争"演讲往往被看作一场纯粹的表演。观众中确实有不少忠诚的纳粹党员，不过，戈培尔演讲的一些基本前提确实在德国公众中产生了共鸣：军事失败的可怕后果（社会、政治崩溃可能比1918年更为严重）、盟军对德国领土的直接占领和德国社会的"布尔什维克化"，因此面对逆转的形势必须不惜一切代价继续战斗。最后，他呼吁人们支持有助于平等分摊战争成本的政策。对战争指挥失误的批评仍然很激烈。德国民众鄙视地方纳粹官员，因为他们不去前线打仗。他们仍然对政府招募和征召大量非德国人在第三帝国的工厂工作的做法感到不满。虽然如此，对纳粹政策的大多数批评是以民族共同体的名义发出的。人们并没有质疑纳粹政权的合理性和他们目标的正确性。

全面战争让德国社会惨遭战火蹂躏。数百次空袭给平民带来重大伤亡，毁掉了他们的房屋。同时，纳粹当局在工厂里实施了严厉的惩罚制度，传播失败言论者被判处死刑。1939年之前的民事法庭很少出现这种情况。纳粹机构"人民法庭"的严厉判决，尤其是在1944~1945年，结果取决于公民是否愿意告发邻居买卖黑市商品、收听外国电台广播或违反种族交往法律的行为。越来越多的人用纳粹的种族歧视词语表达了他们的恐惧和实施报复的渴望。即使批评纳粹政府的德国民众也将空袭的责任归咎于英美"财阀"，以及虽然势力雄厚但语焉不详的犹太"资本",希望政府出兵进行报复。民众还将愤怒发泄到外国劳工身上。后者恶劣的工作条件又因为周围人们的恐惧和憎恶雪上加霜。尼古拉斯·斯塔加特（Nicholas Stargardt）指出："虽然纳粹政权的目标是改变公民的价值观，但是它军事上的失败，而不是成功，在改变公民价值观过程中起了决定性作用。"[115]

在全面战争的形势下，随着越来越多的德国人逐渐意识到这场战争是一场天启式的斗争，德国不成功，就会被灭亡，纳粹的言论开始变得现实起来。不过，"不是我们活，就是他们活"，"不是全有就是全没有"这种两点论之所以令人瞩目，不仅仅是因为形势发展似乎印证了这一普遍看法——这场战争就是一场重要的生存之战，还因为人们清楚地意识到德国之前犯下了严重的罪行。纳粹理论家阿尔弗雷德·罗森贝格曾前往纳粹党办公室，向当地纳粹领导人介绍这一情况。1943 年 5 月 8 日，明斯特的编辑保尔海茨·万岑参加了在特里尔（Trier）举行的一次类似会议。人们在会上的发言很直白。罗森贝格说，将欧洲人从"犹太人的麻风病"中解放出来，"不是残暴行为，而是干净的、生物学意义上的人道主义。让 800 万犹太人消失比让 8000 万德意志人消失更好。我们身后的桥已经断掉，我们不再有退路。"[116]1943 年 10 月初，希姆莱在波森召开的不同集会上向党卫军军官和纳粹领导人讲话时，虽然他提到"德国历史上没有记录，也永远不会记录的光荣的一页"，但其目的不是保守秘密，而是毫不避讳地承认了灭绝犹太人的事实。"现在你们知道了"，他最后说。换句话说，"希姆莱不想给纳粹党政领袖留下任何'借口'"。[117]1943 年 11 月，戈培尔将"桥被烧断"的形势公之于众。"对于我们来说，"他在发行量为 140 万份的《帝国报》上说，"我们已经将身后的桥烧断。我们无路可退，我们也不再想后退。我们将名垂青史，不是以最伟大的政治家的身份，就是以臭名昭著的罪犯的身份。"[118]

纳粹想通过将国家社会主义者描绘成罪犯，进一步让德国人认识到德国曾经实施大屠杀的事实。他们营造出一种军民合作、共谋杀人的感觉，让人无法佯装不知而置身事外。很明显，纳粹想要操纵，而不是完全隐瞒反犹大屠杀的事实。1941～1942 年，他们运用一种独特的"纳粹良心"的说法怂恿人们杀人，为自己的屠杀行为辩护；而现在，他们又用传统的道德理念让德国人从盟军的角度来审视自己的行为。为了达到"恐惧创造力量"的目的，纳粹宣传部门唤醒了民众认识犯罪性质的能力，让他们战斗到底，以逃避最后的道德大清算。

1943 年夏，对科隆和汉堡的大规模空袭开始后，战火已经烧到了德国本土。英美军事家原以为，对德国城市狂轰滥炸很快会让德国经济陷于停滞或重挫德国人的士气。然而，他们想错了。实际上，空袭验证了纳粹所谓盟军意欲毁灭德国的说法，一度强化而不是削弱了德国民众同仇敌忾的决心。将近 10 万名英美飞行员丧生，他们大多数死于空战初期，超过 60 万名德国平民死亡，大多数是女性和儿童，而且大多数伤亡发生在战争将近结束之际，从这一点可以看出，盟军的死亡比例很高。战后，《美国战略轰炸调查》（ *U. S. Strategic Bombing Survey* ）发现，大轰炸期间，德国人的士气依然很高，甚至纳粹还因为英美轰炸机飞走后能够立即提供社会救助受到了公众的赞扬。希特勒也认为，对德国本土的大规模攻击将让德国民众更加紧密地与政府团结在一起。在很多方面，这确实是事实。[119]然而，最后，轰炸确实摧毁了战争经济的脊梁，让德国人意识到他们真的输掉了那场战争。虽然这一结果成为盟军实施空袭最有说服力的理由，但是炸弹并没有催生柏林城内部的叛乱。由于城市被毁，纳粹的反对者轻蔑地回忆起 1933 年希特勒那句著名的竞选承诺"四年后，你将认不出德国"。一些人因为重提这句话而被盖世太保逮捕，而其他笑话则显示了柏林人的极大韧性。例如，夏洛滕堡区被戏称为"没用的城市"（Klamottenburg）。施泰格利茨（Steglitz）成了"都倒下了"（Steht-Nichts）。第三帝国还有一帮职业喜剧家专门靠讲大轰炸笑话谋生，直到后来，他们的房屋也在大轰炸中成为废墟，再也讲不出什么笑话了。[120]这些有趣的人算是纳粹的受害者还是拥护者？

那些天，人们都在不厌其烦地谈论轰炸，因为对于 1942年的城区居民来说，轰炸已经成了他们最主要的战争经历。人们一回忆起那场战争，就会想到大轰炸以及德国平民遭受的苦难。有关那场战争的口述历史学家都清楚这一点。在数量众多的德国人的战争回忆中，二战期间，他们好像一直待在防空洞里。但是，让他们印象最为深刻的不是在闷热的防空洞里担惊受怕几小时，焦急地等待盟军飞机离开，而是人们在聊天，交流内心恐惧，相互慰藉，打听有关空袭的最新预测过程中形成的一种"在一起"的感觉。盖尔提到了"年轻人美德的暴政"（tyranny of young virtue）①。他看到年轻的士兵、防空值守人、

①　"年轻人美德的暴政"指的是年轻人身上表现出来的，按照陈规教条式地做事情的行为。——译者注

287

市政工人和其他公民"在被炸成一片废墟的城市里依旧保持着先前的官僚作风和工作方式"。在战争电影里，包括《伟大的爱》这部电影都赞扬了人们迫于形势在防空洞里形成的"命运共同体"。电影中的陪衬情节还特意将普通大众广泛的合作精神与个别吹毛求疵的中产做了对比。所有德国人都在"同一条船里"。每个防空洞都形成一个"地窖群体"，有自己的笑话、禁忌和娱乐。面包店主、丈夫在战斗中失踪的年轻妻子、柯尼斯堡来的逃难女孩、上了年纪的布店老板、住在马路那边的卖书人、国务委员以及他剩下一条腿的从部队复员的儿子、化学家、门房看门人以及他的两个女儿，一个失去了家人的外孙——通过一个个像柏林一幢公寓中地下防空洞里这样背景各异的人组成的群体，德国民众设法很好地度过了那段时间。他们遵守防空值守人的指令，依靠公民福利协会。不管他们是否支持纳粹，都采用政府宣传部门的"空中恐怖""恐怖袭击"等词来描述盟军的轰炸。[121] 相较而言，战争期间隐姓埋名混在其他民众中的犹太人很少提及他们经历的轰炸，他们不认为自己是被包围的德国人的一部分。[122] 像战后几个美国人在成为废墟的卡塞尔意外遇到的那个看门人的情况很少。后来那几个美国人发现看门人是纳粹党员。他回忆说，他"他保存了几年前报纸报道伦敦轰炸时的一张照片。被轰炸后，朋友们说起盟军多么可恶时，我就把那张照片拿给他们看"。这个人不是"很聪明"，那位采访他的美国人说，不过他身上有一种"对自我欺骗加以限制的直白的客观性"。[123] 相较而言，大多数（聪明的）德国人都会说自己是盟军空袭的无辜受害者。

平民还扮演了战斗人员的角色。从他们的信件和日记中可以看出，士兵和平民都用相当篇幅谈论政府准备用来杀伤英国

288

平民的"复仇火箭弹"。不管在想象中，还是真的看到那些火箭弹从他们头顶上飞过，不管怎么样，他们怀着莫大的期望。德国公众和希特勒自己极为相信这些武器的射程和杀伤力。这一点在1944年看得很清楚。当时，人们认识到了德国的困难形势，但相信这最后一轮攻势可以扭转战败命运。然而，"大众可能大大高估了德国复仇的能力"，戈培尔在1944年1月承认说。[124]纳粹那次对英国报复失败的一个结果是，1945年，德国民众广泛认为纳粹完全误导了自己。虽然如此，公民福利协会的施粥厨房、有关夏洛滕堡区的戏谑之语、规模盛大的游行，从拉莉·安德森（Lale Andersen）的《莉莉玛莲》（*Lili Marleen*）哀伤的歌词到萨拉·莱安德在《我相信奇迹总会发生》（*I know one day a miracle will happen*）、《这不是世界末日》（*It's not the end of the world*）抚慰的曲调，从1942年打破票房纪录的电影《伟大的爱》到朝气蓬勃的空袭主题歌曲《柏林柏林我爱你，即使是在黑夜里》等大受欢迎的作品，复仇的渴望、对奇迹的期盼、牺牲的故事，在逃避、鼓励、坚忍之间不断游移的长篇累牍的宣传——这一切都显示着，民族共同体一直在发挥作用。战争催生了流行文化，而反犹大屠杀没有。

1943年和1944年，两个瑞士记者，康拉德·沃纳和勒内·申德勒采访了德国很多地方。受访者的回答确认了人们大都艰难地接受了全面战争的前提。在柏林，坐在一个桌子周围的老顾客，其中包括国防军军官、科学家、工程师，"愉快地"批评纳粹党。不过，最后，他们开始反省自己。这种交谈"没有什么意义"，因为"谁都不知道……改变形势的出路"。盟军提出的无条件投降是无法想象的。有人说："苏联人开进来，会把我们怎么样？到时候失去一切也比现在后退强……那么多德国士兵牺牲了，他们不能白死。我们必须取胜！"一个商人低声说，"千年帝国"只是一个"宣传噱头"。虽然如此，"英国一点也不会退让。东线的战事说明，我们必须消除苏联这一危险。没有其他选择，胜利是唯一目标"。在这个人看来，德国是被迫应战。一个休假中的士兵高声说，面前的选择有两个，一个是胜利，一个是被驱逐到苏联，国内就会出现"新的通胀，新的饥饿"，就像一战后的停战协议带来的那种情况。另一个人说："我们不会，也不能让 1918 年重演！"盖尔说，非常多德国人"只想结束战争，别的什么都不想"，不过"另外非常多的人……无法接受战败后的生活"。在战争最后一年坚持作战是后者。1944～1945 年人们挂在嘴边的那个令人哀伤的玩笑很好地反映了人们的普遍情绪："孩子们，享受战争吧！天知道将来和平是个什么样子！"[125]（"孩子们"复制了"unter uns"的效果。）

290

人们对 1944 年 7 月 20 日暗杀希特勒事件失败的反应也说明公众认可纳粹政权，并决心继续将战争持续下去。人们普遍用 1918 年德国的失败来解读那个阴谋，说那是另一起蓄意的"背后捅刀"事件，只不过策划者是反动军官，而不是革命工人。全国各地爆发了一系列支持希特勒的大游行，让人联想到 1933 年公民直接投票的热烈场面。在维也纳，在暗杀事件发生的第二天晚上，35 万人聚集在黑山广场（Schwarzenberg Square）声援希特勒。汉堡、斯图加特、卡塞尔、魏玛、布雷斯劳、明斯特和法兰克福等地出现了人们自发的户外集会。这些城市中的相当一部分之前遭受过猛烈轰炸。据说，在帕德博恩（Paderborn），20% 的人口参加了声援希特勒的集会。"在

很多方面，形势不同于 1918 年，"柏林的高级外交官员汉斯 -
格奥尔格·施图德尼茨（Hans-Georg Studnitz，此人不是希特
勒的朋友）两个星期后回忆说，"尽管遭受了空袭，但是后方
的士气仍然一点不受影响。"[126] 前线士兵来信的内容（长官并
没有对信件内容做统一要求）表现出几乎对元首的一致支
持。[127] 事实是，在 1944 年夏，大多数德国人无法想象一个没有
希特勒的未来。

　　1943 年之后的全面战争的确给德苏双方带来了惨重代价。
1945 年 1～3 月，苏联红军在大反攻阶段进入德国过程中遭受
了巨大损失，80 万士兵战死或被俘，30 万人在最后攻占柏林
时牺牲。总的来说，苏军伤亡主要发生在 1943～1945 年三
年。[128] 1944～1945 年，美军和英军也在战场上伤亡惨重。在诺
曼底登陆和欧洲胜利日之间，超过 13.5 万人阵亡，其中包括
在 1944 年 12 月至 1945 年 1 月西线突出部之役（Battle of the
Bulge，即阿登战役）期间牺牲的 19000 人，那是美国历史上
伤亡人数最多的一场战役。

　　纳粹德国的负隅顽抗也导致了德国军队和平民死伤惨重。
让国防军彻底覆灭的不是斯大林格勒，而是在对 1918 年惨败
的恐惧驱使下发生在 1944～1945 年的最后决战。盖尔说："总
的来说，死于 1944 年 7 月 20 日……至 1945 年 5 月 8 日（第
三帝国投降日）之间的军事行动的德国士兵人数超过了战争
前 5 年的德军伤亡总人数。1945 年 1～2 月是整个二战期间伤
亡最为惨重的两个月。"[129] 仅在 1945 年战争最后 94 天里就有
140 万德军战死，大约每天有 1.4 万人战死。另外，空袭对平
民造成的伤亡主要发生在 1945 年。为了全力逼迫德国投降，
英美空军炸毁了德国的一座又一座城市。英美空军投下炸弹最

多的月份是 1945 年 3 月。在 1944 年的空袭中，平均每天有
127 名德国平民被炸死，而到了 1945 年，这个数字超过了
1000 人。[130] 这些数字值得我们深思。从 1944 年开始，每次与
盟军交火，被征入人民冲锋队的半大男孩和老年人都死伤惨
重。德国东部的平民在逃避迅速推进的苏军部队的过程中，暴
力事件继续发生。苏军追上德国平民逃难步伐之后，他们疯狂
的报复一直持续到德国投降。在这个过程中，苏军强奸了数以
万计的德国女性。轰炸、强奸、疏散——这是德国人头脑中的
可怕记忆，虽然他们常常忘记了大约一年前或更早，也就是
1943 年夏或 1944 年秋，面对疑虑和恐惧他们负隅顽抗的事
情。在他们的记忆中，那场战争就是当炸弹开始从空中落下之
时，或大量难民因为城市里的房屋被炸弹夷为平地而拥入之
际，或盟军出现在眼前时，一系列突然发生的撕裂社区和平秩
序的大灾难。[131]

　　德国人没有认真思考纳粹官员针对他们认为涉嫌阴谋破
坏、抢劫、开小差的那些公民进行的无情迫害。在战争持续的
最后几个星期里，因为拒绝作战命令而被枪决或绞死的德军士
兵的尸体随处可见。这种情况——有人不无讥讽地说，"阿道
夫甚至对我们也宣战了"——成为德国民众最终抵制纳粹党
的一个原因（虽然他们不一定抵制纳粹思想）。虽然 1945 年
发生了那么多针对平民的暴力事件，但是德国投降之后，民众
对纳粹铁杆分子的报复事件却少得可怜，这截然不同于战后法
国民众对 10000 多名通敌分子的无情杀戮。[132] 然而，身在德国
的外国劳工却越来越被视为潜在敌人组成的"第五纵队"，经
常遭受极端的对待。在德军最后撤退之前，纳粹士兵杀害了关
在拘禁营里的外国劳工和卫星劳动营里的奴隶劳工。一个骇人

听闻的事件是，1945 年 3 月，在一场公开进行的绞刑中，德国当局处决了 200 多人，其中大多数是意大利人，原因是他们擅自在被炸成废墟的希尔德斯海姆（Hildesheim）搜寻粮食。类似这种规模的屠杀发生在半公开状态下，德国公民经常不得不成为目击者。战后历史中很少能看到这些屠杀事件的踪迹。[133]

1945 年 1 月，仍幸存于德意志帝国数百个集中营和劳动营中的 70 多万囚犯意识到，自己被解放的时刻终于越来越接近了。早在 1945 年 1 月 17 日，奥斯维辛里关押的囚犯已经能听到隆隆的苏军炮声了。然而，让那些战犯，波兰、法国、德国的政治犯，被监禁起来做奴隶劳工的犹太人迟迟无法获得自由的原因是，纳粹想要将尽可能多的人拘押在第三帝国收缩得越来越小的版图里做人质。德国当局为什么耗费巨大精力保留集中营，人们尚不清楚。下级党卫军军官的动机不尽相同。当然，其中的一个原因是，他们不相信第三帝国终将失败，想继续利用奴隶劳工。同时，他们也不想让苏联红军发现"最终解决方案"的证据，因为，万一战争向有利于德国的方面发生大逆转，那些证据将让德国将来与附庸国、中立国之间的关系复杂化。然而，奥斯维辛的幸存者提供的是德国人有罪的证词。因为纳粹将犹太人看作危险分子，因此一定不能让他们落在盟军手中，虽然他们的这一看法与那些憔悴、虚弱的幸存者并不相符。在一次规模巨大但协调欠缺的行动里，希姆莱的保安部将数千名囚犯从奥斯维辛及其卫星营、其他营地转移到位于德国中部的布痕瓦尔德、贝尔根－贝尔森，使得后者人满为患，拥挤不堪。疾病和饥饿在囚犯中间肆虐，每天有数百人死亡，一直持续到被解放的那一刻。1944 年秋，因为大量囚犯

293

被转送到奥斯维辛而致使牢房在很大程度上被腾空后，又有不少囚犯被送回特莱西恩施塔特。

例如，1945 年 1 月，15 岁的安妮·弗兰克被从奥斯维辛转移到贝尔根 - 贝尔森后，在英国军队解放那个营区的几个星期前，和她和妹妹玛格特死于 3 月的斑疹伤寒（1934 年，当时还很小的安妮逃离法兰克福。1944 年，她在阿姆斯特丹的藏身处被德国安全警察发现之后，被送到奥斯维辛）。1 月，她的母亲埃迪特（Edith）死于奥斯维辛。和弗兰克一起躲藏起来的犹太人中，赫尔曼·范·佩尔特（Hermann van Pelt）因为受伤不能干活，于 1944 年 10 月被送入毒气室。他的妻子奥古斯特（Auguste）被运到奥斯维辛，后来转到贝尔根 - 贝尔森，最后死于特莱西恩施塔特。他们的儿子彼得（Peter），也是安妮心里喜欢的人，1945 年 5 月在从奥斯维辛出发的一次"死亡行军"之后死于毛特豪森。牙医弗里茨·普费弗（Fritz Pfeffer）被送到奥斯维辛，之后被转送到萨克森豪森、诺因加默两个集中营。在那里，他于 1944 年 12 月底被饿死。在 1944 年 8 月 4 日的"秘密后院"里被捕的 8 名德国犹太人中，只有安妮的父亲奥托·弗兰克（Otto Frank）幸存。他后来发现了安妮的日记。

所谓"死亡行军"，是数千名囚犯赤足行走在路上，这一次是去西部苦难之地。这就是南部德国民众和露特·克鲁格在 1945 年 3 ~ 4 月无意中看到的一队队难民。迁移、押送、屠杀犹太人的整个过程直到 5 月底才结束。最终，"死亡行军"让大约 25 万人丧命，其中大多数可能是犹太人。[134]

在战争的最后几个星期里，纳粹又随意地将"特权婚姻"中的半犹太人和犹太人组织在一起，进行了几次迁移活动。特莱西恩施塔特的囚犯记述了 1945 年 4 月 25 日被送到那里的几批囚犯："早上是 230 个来自德累斯顿的女性，下午是来自德累斯顿、波兰、匈牙利的男性。"德累斯顿在很大程度上毁于 2 月中旬的空袭，然而 2 个月后，纳粹明显地恢复了对犹太人的迁移。1945 年 4 月 29 日，也就是希特勒在柏林自杀的前一天，"大约 650 个匈牙利和斯洛伐克女性"抵达这个营区。这个时候，甚至还有几批从奥斯维辛转道布痕瓦尔德，最后被送到德累斯顿的囚犯。1945 年 4 月 23 日，伊娃·金佐娃（Eva Ginzova）记录了第一批囚犯抵达的情景："我径直跑向隔离区（当时我们在外面干活），跑向火车站。他们刚下火车——如果那也叫下火车的话。很少有人能站起来（骨头外面只剩下一层皮），其他人精疲力竭地躺在地上。他们在路上折腾了两个星期，几乎粒米未进。他们从布痕瓦尔德、奥斯维辛来……大多数是匈牙利人和波兰人。我难过万分，感觉自己要崩溃了。"就在那一刻，特莱西恩施塔特的幸存者们第一次明白了"最终解决方案庞大的、可怕的规模"。1944 年，金佐娃解释了她听说的那个营区的运作方式，当时那里仍然处于正常运转状态："每一批被运到比克瑙的人，他们随身携带的东西立刻被拿走，之后进行分类处理。14 岁以下的孩子、50 岁以上的老人被直接送入毒气室，之后尸体被焚化。另外，纳粹还经常从剩下的人中再挑选一些送入毒气室。吃得非常差。"第二天，也就是 4 月 24 日，艾丽丝·埃尔曼（Alice Ehrmann）写道："这些消息像一股从天而落的瀑布一样砸下来，让人绝望地想要抓住一切。我不顾一切急不可耐地往下写，就像因为恐惧和绝望而口吃一样。关键词：奥斯维辛——也叫比克瑙劳动营（奥斯维辛集中营、国际屠宰场、筛选地）。"[135] 在特莱西恩

295

施塔特，伴随着漫长两个星期之后到来的最后解放是人们对死亡情况的全面了解。

战争的结束让关于 1939 年以来，德国人造成的这场巨大浩劫的完整报道的出现成为可能：人们痛苦地意识到，犹太幸存者在战争之前长大，后来记忆深刻的那些社区，他们深爱的孩子、父母、朋友，长期存在的忠诚、信任和记忆的纽带已经被彻底毁掉了。人们发现，德国人在 1944 年占领匈牙利和斯洛伐克，后者被迫成为三心二意的盟友之后，被德国人逮捕的当地犹太人是最后被德国人驱赶和杀害的民族群体。在这个过程中，被德国人杀害的还有希腊、意大利、波兰、法国、荷兰、德国、奥地利、捷克和苏联等国的犹太人，以及欧洲各国的数万名吉卜赛人、波兰爱国者和战犯。虽然这些信息中相当一部分在战争期间就已为人所知，但是盟军并没有"及时将信息变成知识"。[136]总的来说，第二次世界大战不是耸人听闻的屠杀和暴力的背景，而是某种更为恐怖的东西：它是纳粹发动的一场生存战，其目的是肉体上消灭欧洲犹太人，消灭东欧所有非德意志国家后，在培养健康的德意志机体基础上建立一个崭新的人种新秩序。我们所说的反犹大屠杀让第二次世界大战可怕地与众不同，它破坏了如同之前的战争那样，人们想要在胜利者和失败者之间建立"道德对称"的企图。

解读灾难

了解战争的一个办法是构思一个理论，将战争所体现的这种灾难看作一个大的趋势或模式的实例。对理论的渴望就是对洞察、慰藉、谅解的渴望。这是一种寻找替代纳粹关于那场战争解释的一种尝试。然而，通过构思平行的理论或进行比较，理论往往会让人们更难以理解怎样，以及为什么纳粹要将生与死联系在一起，而不是相反。理论将作恶者的主动动词变成了受害者的被动语态。

似乎，在二战突降德国人身上之际，他们中的相当一部分人在阅读恩斯特·荣格尔（Ernst Jünger）的书——他最出名的书是根据第一次世界大战的日记撰写的小说《钢铁风暴》（Storm of Steel）。荣格尔的那些书里交错混杂着技术、大自然、虚构等多种主题。虽然读者读他的书出于各种原因，但都有一种想要弄清楚那场世界大战的冲动。他们得出的看法不一定完全与纳粹的说法一致。荣格尔提供了一种关于现代性（modernity）的与众不同的解读。根据他的现代性理论，纳粹思想是广泛的宇宙重组的一种征兆。理解荣格尔的过程，也就是将那场战争看成从存在主义角度表述的"史诗级悲剧"。阅读荣格尔著作的士兵发现，荣格尔意识到了他们正在进行的那场战争的冷酷性质，为他们接受战斗的残酷赋予了勇气。"他从想象的工人视角中看到的一切都已经变成了事实"，威利·里斯说，东线上的他竭力让自己顺从作为士兵兼工人的双重命运的安排。"我弄到了很多有关战争的书"，26 岁的海因里希·伯尔在写给妻子的信中说，"宾丁（Bingding）、维歇特（Wiechert）、博伊梅尔堡（Beumelburg）这些人的书"，但是荣格尔的《钢铁风暴》让他印象最深。在伯尔看来，荣格尔明确无误地传递了一种步兵的视角："真实、理性，充满了一个用热情和苦难看待和体验一切事情的人所具有的热情。"伯尔将"战争的困难"与他意识到的"战斗中的男人所具有的自然的性感"相结合，验证了荣格尔的正确性。荣格尔诠释了当下"自然的"、无法改变的境遇。"从荣格尔身上，人们发现了从冰或铁上刻下的真相"，伯尔解释说。他承认，这是那些有权有势的人的精神禀赋。最后，伯尔很认同陀思妥耶夫斯基代言的"完全贫困和无助的"人们。"我们属于哪个部分，这是显而易见的事情"，他坚定地对安娜玛丽说［他在战后小说《九点半钟的台球》（Billiards at Half-Past Nine）中预测了纳粹水牛和反纳粹羔羊之间的不同］。虽然如此，伯尔感受到了荣格尔的魅力，并在家信中反复提到荣格尔。他之所以喜欢荣格尔，不是因为荣格尔的观点接近自己的。"我不相信他了解人类的狂喜、关于酒的狂喜、关于爱的狂喜、表达的狂喜。"另外，荣格尔描述了所处的和他不得不接受的环境。这位士兵对妻子说："这真是一个令人极其难以接受和理解的神秘规则，即使平时最为谦和的人，一旦这规则提出要求，也会动手杀人！战争绝非天堂。"[137]

　　事实证明，荣格尔和陀思妥耶夫斯基的"非天堂"和无助的结合之所以能够引起人们的关注，是因为它不但允许人们用道德立场来看待战争，还解释了为什么道德判断不能转化成修复性的行为。它安慰了那些被迫像强者那样开枪杀戮的弱者。虽然他对战争的这种解读与纳粹号召士兵和平民进行的那场独特的德意志控制权战争并不一致，但是同时，他描述战争所采用的那种存在主义语言回避了对责任、被美化的无助与无奈的追问。它为伯尔和其他人提供了一个哲学上的借口。最后，德国士兵的这种"荣格尔主义"追随者的身份让战争摆脱了国家社会主义的具体背景。读者从大自然角度诠释战争，将战争看成冰和钢铁这两种自然元素，认为战争中没有作恶者和受害者之分。每个人都是受害者，因为每个人都被战争赋予了作恶者的角色。在这个可怕的世界里，我们无法识别纳粹及其身上的制服，因为一切都混杂在这一现代社会跳跃的各种可怕力量中。

　　莉莎·德·布尔是一个四十几岁的新闻记者。我们在本章开篇处引用过她在火车上看到的一幕。她也读过荣格尔的书。她一再被她所排斥的东西吸引，她观察到的身边形势对她构成了巨大诱惑，要求她屈从于它。1942 年 6 月，她在报纸上评论说："《花园与小巷：日记选摘，1939 ～ 1941》（*Gardens and Alleys：Pages from a Diary*, *1939 – 1941*，恩斯特·荣格尔著），这是我最近读过的最好的作品。"月底，荣格尔的《在大理石峭壁上》（*On the Marble Cliffs*）中"令人着迷的悲怆"给她留下了很深印象，不过，几天后，她产生了某些距离感："就像有一种冰冷的'不合基督教义'的风在吹，感觉不到人性的温暖，书名中的'大理石峭壁'倒是合适得很。"1942 年 10 月，马尔堡停电了，德·布尔借着蜡烛的光，阅读"恩斯特·荣格尔《冒险的心》（*The Adventurous Heart*），一本文字冰冷的书"。1944 年 1 月，她沉浸于荣格尔的《劳动者》（*The Worker*）和书中描述的那些"超越人类力量、恶魔般的超凡存在"。他们完全是不守基督教义的生物体，即使这样，也一点不影响他们的强大力量和吸引力。他所说的冰的魅力在哪里？在某种程度上，它在没有纳粹的全面战争、没有希特勒的德国纳粹所蕴含的美之中。德·布尔生动诠释了她自己的无奈（passivity），为的是接受全面战争的必然性和可能失败的残酷。[138]

　　接下来，德·布尔引用了被称为"恩斯特·荣格尔的同志"的格哈德·内贝尔（Gerhard Nebel）的文字。后者准备好与民众一起舍生赴死："夏天要优于春天，也是因为面对死

亡的勇气比一时的激动更有价值。"1944 年 5 月，乌尔苏拉·
冯·卡多夫产生了同样的离愁。这一次，她引用了《在大理
石峭壁上》的句子："你们都知道当我们想起过去快乐时光时
袭来的那种莫大的伤感。那些快乐时光再也回不来了，我们之
间被比距离更为无情的东西割断了。"和诺萨克所说的"深
渊"一样，在那里，一场破坏力极强的莫名的灾难将历史席
卷而去，困住了幸存者。荣格尔看到，逐渐下沉的"泰坦尼
克号"为理解"我们的时代"提供了钥匙。这种对过去的毁
灭是一种对国家社会主义思想的疏远。从此德国将不再与种
族、主权或德国人的自由有任何内在联系。然而，这股毁灭性
力量完全没有来源——在德·布尔看来，它"既非源于犹太
人，也非源于共济会、犹太人"。[139]荣格尔的读者逐渐将灾难
看成正常的、自然发生的事情，不再区别灾难的主角或犯罪
者，不再区别犹太人、纳粹或苏联人。这些德国读者看到的是
人群四处逃散或海难的整体情形，他们认为具有新观念的当代
人都持这种看法。

从纳粹的受害者留下的文字里可以看到非常相近的段落和
解释。例如，陀思妥耶夫斯基不仅吸引了荣格尔、伯尔，也吸
引了埃蒂·希尔森——被关在荷兰韦斯特博克中转营的一个犹
太人。希尔森的日记先后写于阿姆斯特丹和韦斯特博克，她留
意观察到很多人被送往奥斯维辛，导致她所在营区被关押人数
大减的情况。在她的日记里，她将德国人称为作恶者，将犹太
人称为受害者。虽然如此，她尝试用存在主义观点来认识发生
在身边的事情。她一再将德国人和犹太人置于更为广泛的命运
之中："一会儿是希特勒，一会儿是伊凡四世；一会儿是顺
从，一会儿是战争、瘟疫、地震、饥荒。"希尔森用第一人称

讨论了这一新的普世主题。"上帝没有责任向我们解释人类之间无情的相互戕害，"她对自己说，"我们有责任向他解释！"这是她对 1942 年 6 月 BBC 播出的纳粹杀害欧洲东部数万犹太人一事的回应。[140] 就好像那种彻底的无力感如此巨大，以至于从受害者的角度来看，它似乎吸收了作恶者的能动性。

那些观察人士想象的，发生在 1945 年吸引了全世界目光的那场划时代变化让人们想起了纳粹党 1933 年上台后，决心要打造一个持续千年的"新时代"的事情。在那个过程中，关于是选择纳粹党还是选择社会民主党的问题，在迫切需要"改天换地"，建立全新的政权、体系和政府的形势面前消失得无影无踪，因为先前的共和制度面目可憎，早已过时。[141] 划时代思维（epochal thinking）回顾性地解释了 1933 年纳粹掌权的经过。这种思维还对 20 世纪各国政权进行了各种比较。根据比较结果，20 世纪的政权大同小异，因为他们都是极权政权，已经在管理大众过程中消除了个性，已经证明在管理事务和管理做事技巧方面极为熟练。

这种对灾难的"文明式"解读在 20 世纪五六十年代变得越来越具有权威性。美国观察人士用这种解读方式来分析个人相对于地域广大的战场上周密的运筹帷幄的从属作用。他们的这种分析方法似乎让我们联想到现代战争的范例。美国对日本投下原子弹之后，人们经常将发生在奥斯维辛的灾难与发生在广岛的灾难相提并论，生造出一个叫作"奥斯维辛－广岛"的威胁，这种"孪生"威胁会对未来世界文明的存在构成隐患。从这个角度上，纳粹思想或反犹大屠杀的历史独特性从属于技术专家治国形势，以及第二次世界大战集中体现出来现代社会史诗级的全球范围军事运筹作战能力。短时间内发生的两

300

次世界大战体现出来的持续性起到了同样的效果。[142] 将 1914～
1945 年发生的事情讲述成一场规模巨大的、自我毁灭式的三
十年战争或内战，还会抹杀第二次世界大战的政治意义，忽视
纳粹残酷的、不切实际的野心。这种观点抹去了战争双方的正
义与非正义之分，最终会忽视第三帝国的种族主义和反犹主义
在那场战争中的中心作用。不管这些解读方式有什么可取之
处，它们能让战后的德国人（和其他国家的人）将纳粹思想
看作整个欧洲和美国的各种长期政治进程的一部分。这些解读
促使战后的人们为未来行为寻找更多人性的、合作的政治机
制，不过，这些解读并没有总是让人们就最近做出的政治选择
和判断提出严肃的追问。人们又用其他群体，例如游击队员、
幸存者、政府官员来解释战后的权力阶层问题。这同样能起到
解释有关意识形态忠诚问题的效果。对纳粹思想等进行结构分
析，将它看作极权体制，或将反犹大屠杀看作现代社会的极端
案例（modernist triage），同样讲得通。[143] 1945 年在德国阅读荣
格尔既是一件可怕的事情，也是一件令人获得安慰的事情。

　　1945 年之后的德国人也开始从特定的历史角度来解释纳
粹思想所带来的灾难。他们越来越将自己看成一些政治上狂热
的少数人强行发动的残酷战争的受害者。这些少数人误导和背
叛了爱国的大多数，别有用心地利用了大多数德国人在一战后
经受的苦难。德国人对战争的结束方式，而不是对它的发动方
式深恶痛绝。他们将关注的焦点放在斯大林格勒和苏联、德累
斯顿的德国战俘、对平民的轰炸、1945 年进行的对欧洲东部
德国人的驱逐行为上。很显然，他们的视角在政治上是取巧
的，因为这种看法不但弱化了德国人主动参与纳粹犯罪的事
实，还首先将德国人变成了受害者。虽然这种视角可能承认德

国人参与了共谋，但它认为德国人参与这种共谋是因为道德上
的虚弱，而不是因为他们具有主观上的犯罪动机。受害者形象
还让战后的德国人重新获得了一个"可用的过去"（usable
past）。德国人认为，纳粹没有彻底篡改历史和德国文化。因
此，他们大多认为国防军是"干净的"，希特勒进攻苏联的战
争在性质上完全不同于德国对波兰的常规战争（理由是为了
夺回波兰走廊和但泽），甚至不同于对法国的战争（理由是德
法之间有世仇）。虽然这种版本的历史是不全面的，但是它的
反法西斯方向是正确的。我想从一个独特的角度分析他们为什
么要竭力为德国历史叙事辩解，其目的是强调他们对"可用
的过去"的巨大渴望。我的例子来自 1944 年 1 月维克托·克
伦佩雷尔在日记里讲述的一个真实的故事。我从这个故事外推
德国记忆在战后 25 年里的广泛影响。[144]

斯大林格勒战役开始一年后，克伦佩雷尔开始考虑，一旦
战场战争结束，人们该怎样记述它。他将有关霍斯特·魏格曼
（Horst Weigmann）的媒体报道写入日记里。1944 年 1 月 19
日，当地报纸刊登了魏格曼的讣告，"在讣告旁边的照片里，
纳粹党徽被放在铁十字勋章里"。那篇讣告说："命中注定，
我唯一挚爱的儿子，化学专业的学生，一等兵霍斯特－西格弗
里德·魏格曼，志愿兵，铁十字勋章获得者，二等公民，曾参
加对波兰和法国的战争，在学习期间突然意外身亡。享年 24
岁。"讣告的落款处是"极度悲伤"的音乐家父亲布鲁诺·魏
格曼（Bruno Weigmann）。事后发现，克伦佩雷尔的几个朋友
认识那家人，"他的母亲是一个犹太人，事发之前，她与丈夫
离婚了"。她就是克伦佩雷尔所说的"最后一次行动"中被逮
捕的一个人。之前，霍斯特因为是半犹太人被勒令复员。不

过，很显然，因为在军队中表现优异，他获得了一项例外：可以进入大学学习。他发现母亲被捕之后，就乔装盖世太保，打算将母亲从监狱里带出来后躲起来。"据说，城市里躲藏着很多德国人，尤其是在柏林"，克伦佩雷尔说。然而，在监狱的大门口，这一对母子意外地碰上了一个认识魏格曼的军官，结果计划就此失败。德累斯顿的纳粹将那位母亲送往特莱西恩施塔特，儿子在监狱里上吊自杀。克伦佩雷尔继续将他的自杀与铁十字勋章相提并论，他说，魏格曼倒在"角斗场"，表现出"比战场上的士兵更大的勇气"。这一勇敢行为的典范，克伦佩雷尔最后说，"无疑将载入历史和文学作品"。魏格曼"将成为戏剧和小说里的主人公"。[145]

克伦佩雷尔的人物刻画相当出色。如果他来写这个戏剧，会是什么样子？虽然克伦佩雷尔在担忧自己是否能活下来，但他也在考虑"戏剧和小说"怎样诠释第三帝国、东线、战后德国犹太人的命运。从日记可以看出，克伦佩雷尔根本不清楚纳粹对德国人影响力的性质。他密切关注着他在德累斯顿街上听到的舆论。不过，借助魏格曼故事的细节，他将事情的缘由推回到纳粹上台之前。德累斯顿和德国的大多数犹太人被杀害之后，克伦佩雷尔所能想象的无非就是一个关于民族和解的戏剧。在这个戏剧里，自杀的半犹太人魏格曼将成为刚被修复的德国民众内部关系的中心，即使他的母亲没有得救，这种关系上的修复也能恢复犹太人与基督徒之间的婚姻传统。这个故事否定了他的父亲，因为我们几乎可以确定，他与犹太妻子离婚是为了获得政治上的好处。剧中的主人公死了，母亲被送到其他地方，而"雅利安"父亲活了下来，这种情节与战争时期的社会现实相吻合：数量庞大的人被送走、杀戮。虽然如此，

儿子的牺牲换来了这种可能性：对德国犹太人施加的伤害可能
会被治愈。在战后的小说和戏剧里，半犹太人往往是主人公，
深受德国公众爱戴和尊敬。魏格曼不像他父亲所说的那样是被
命运强迫的，他的行为是发自内心的，是在道德上值得称赞
的。即使监狱门口意外被识破让故事发生逆转，其他地方
（藏身处）由其他人（他们会帮助犹太人）把守的暗示说明了
确实存在一个非纳粹的德国。那个儿子的正义行为本身也说
明，确实存在这样一个未被纳粹污染的空间。然而，民族和
解的成本是对这位父亲的否定。克伦佩雷尔想象的这个戏剧
很有创意，因为它将那位父亲的堕落与母亲的被送走联系在
一起。数千名德国犹太人丧命，不过德国尚武的国家主义的
结果也是如此。

　　需要指出的是，克伦佩雷尔并不排斥战争服务本身，相
反，他在作品中使用了他服兵役的记忆。作为一个倡导民族和
解的戏剧，这个故事没有质疑侵略法国、波兰的德军士兵的荣
誉，而是讽刺了那位父亲代表的那一类人。虚伪的不是作为士
兵和儿子的那个角色，而是将纳粹党的党徽错误地放在铁十字
勋章里的那位平民父亲。实际上，如果去掉那位父亲多余的说
明文字的话，铁十字勋章和儿子为救母亲而牺牲的事迹可以极
好地起到相辅相成的作用。被克伦佩雷尔这个优秀文学作品吸
引的战后读者是被铁十字勋章和这种犹太人的勇敢的完美结合
打动的。德意志–犹太人结合的半犹太人霍斯特–西格弗里
德·魏格曼成了德国新的象征。

　　克伦佩雷尔虽然了解里加、基辅等地发生的那些屠杀事
件，但还是希望能够实现和解，并且在 1944 年设法去推动和
解。他采用了一种民族叙事和具有凝聚性的历史叙事的方

304

式——魏格曼的事迹应该"名垂青史"。实际上，他将那篇日记记述的内容注释为"威廉时期的闹剧"（Köpenickiade）。[146] 纳粹的无情和残暴是显而易见的。然而，那位父亲的卑鄙行为就像一个避雷针一样，吸走了关于普通人共谋的宏大追问。这位父亲的罪恶阻止了那些追问。克伦佩雷尔想象德国公众会接受魏格曼的事迹，并进一步强调了大多数人的本性是好的。在克伦佩雷尔看来，战后的德国人肯定会将魏格曼视为英雄，认为他的父亲不配做德国人。虽然母亲和儿子都死了，但是戏剧假设的是，如果他们活着，战后的观众将接受他们，并欢迎母子生活在他们中间。这是克伦佩雷尔愿意生活的战后世界。在那个世界里，德国文化没有完全被污染，德国历史的连续性也没有完全被纳粹破坏。

战后，数百万德国人都有和克伦佩雷尔一样的愿望，他们创作了自己的修复性戏剧。在这些戏剧里，好的德国人截然不同于坏的纳粹，"干净"的国防军截然不同于犯了罪的党卫军，儿子截然不同于父亲。1943 年之后的德国历史——斯大林格勒战役之后的德国历史，战争中大量死去的德国人，被炸毁的城市，苏联的战俘，1945 ~ 1947 年从波兰、捷克斯洛伐克被逐出的德国人——解释了德国人在战争期间经受的，最终形成战后的民族集体记忆基础的创伤。关于集体困难的那些广为流传的故事——如同克伦佩雷尔的想象版本——没有给犹太人留下空间。那些故事里根本没有犹太人。实际上，战后的文字往往建立在对有关犹太人命运及其德国传统进行压制的基础上。然而，历史确实将战后德国想象成一个洗心革面的、修复了的国家，类似那位父亲的残酷都已被否定的、一个过去的军国主义国家。这从根本上不同于一战后的那种复仇记忆：1945

年的德国人从来没有说过为了赢得谈判优势要将那场战争继续
打下去。他们想做的事情是书写一页新的历史，然后将其添加
到先前史书上。

　　经常可以不经意地看到流传较广、带有偏见的关于德国困
难的叙述。有关城市被焚毁的描述往往让人联想到犹太教堂被
纵火焚烧。德国人遭受的暴力并不能抹杀德国人自己给其他人
施加的暴力，虽然德国人承认各方遭受了暴力，这似乎往往说
明他们认为在战争结束之际，道义上的欠账已经还清。愧疚的
痕迹只是在德国人急于为自己辩解，说他们没有参与或根本不
知道反犹活动时才会流露出来。"我们不知道"是世故的敷
衍，因为它回避了完全可以猜测到的事情，甚至纳粹明确告知
了他们的事情。20 世纪五六十年代出现的一些苗头最终成为
以批评性的视角看待过去的基础，成为理性深入探索从当今德
国身上看到的共谋因素这一努力的基础。[147]

　　迫切地将责任归咎于现代社会的某种莫名的恶魔般的力
量，或者是急于得出合乎逻辑的结论，都暴露出关于战争、纳
粹种族屠杀或反犹大屠杀的确定知识的不足。对灾难的解读被
有意地引向了错误的方向。那些解读向民众强调当下的危险，
却回避了历史叙事中的沉默和缺位。当年的杀人者和被杀者都
有统计数字，但是具体名字很少被提到。即使克伦佩雷尔关于
魏格曼的戏剧，德国演出的关于斯大林格勒、德累斯顿、"威
廉古斯特洛夫"号邮轮（Wilhelm Gustoff，一艘挤满德国难民
的轮船，1945 年 1 月被苏联水雷击沉）的戏剧也回避了反犹
大屠杀。然而，用以获得"可知性"（comprehensibility）付出
的巨大努力却无意识地催生了让很多幸存者感受到的基本的
"不可知性"（incomprehensibility）。伴随犹太人有力证词的是

306

这个世界不知道他们在说什么的恐惧，以及他们的措辞是否能够正确表达他们想要说的事情、他们经历过的事情的疑虑。艾丽丝·埃尔曼用极为激动和急切的语气反映了她的震惊。她的表达虽然效果有限，但简要地揭示了夏洛特·德尔波所说的"无法认知的世界"和后来历史学家所说的"表达的制约"（limits of representation）。[148] 反犹大屠杀颠覆了人们对这个世界运行方式的认知。这种大屠杀前有古人，也可能后有来者，但是纳粹的反犹大屠杀真的起到了上述作用。很多年之后，一个犹太幸存者回忆说："在我看来，希特勒将这个世界分成了两半，在其中一半里开辟了灭绝区、折磨区、屠杀区，嗯，就像其中的一半是正常的——所谓的'正常'，我们的生活其实并不正常——还有另外那半个星球，我们从这半个星球被赶到那半个星球，然后再赶回来。"[149] 理论和叙事竭力将这些生命推入一个可理解的轨道上，然而真相经常超越人们的理解，让人们恐惧。在很长时间内，关于第三帝国生与死的诠释都将是不完整的。

注　释

以下为注释部分使用的缩写:

BAB（Bundesarchiv Berlin）柏林联邦档案馆

NARA（National Archives and Record Administration）美国国家档案文件署,位于马里兰大学帕克分校

RG（Record Group）文件组

USSBS（U. S. Strategic Bombing Survey）《美国战略轰炸调查》

引言

1. Edwin Erich Dwinger, *Der Tod in Polen* (Jena, 1940), pp. 36 - 37, 69, 90, 123, 136, 153. Jürgen Matthäus, "Die 'Judenfrage' als Schulungsthema von SS und Polizei: 'Inneres Erlebnis' und Handlungs-legitimation," in Matthäus, Konrad Kwiet, Jürgen Föster, and Richard Breitman, eds., *Ausbildungsziel Judenmord? "Weltanschauliche Erziehung" von SS, Polizei, und Waffen-SS im Rahmen der "Endlösung"* (Frankfurt, 2003), p. 85. 两年后,有人要求德国媒体考虑报道苏联在罗乌（即伦贝格）的暴行,说那"几乎是犹太 - 布尔什维克统治下的常态［*Normalzustand*］。" Quoted in Peter Longerich, "*Davon haben wir nichts gewusst! Die Deutschen und die Judenverfolgung 1933 - 1945* (Berlin, 2006), p. 159. 关于暴行的政治角色,参见 John Horne and Alan Kramer, *German Atrocities, 1914: A History of Denial* (New Haven, 2004); and Isabel Hull, *Absolute Destruction: Military Culture and the Practices of War in Imperial Germany* (Ithaca, 2004)。

2. Dwinger, *Der Tod in Polen*, pp. 113 - 115.

3. Jeffrey Herf, *The Jewish Enemy: Nazi Propaganda during World War II*

and the Holocaust (Cambridge, 2006) , pp. 79 , 113.

4. Vegas Gabriel Liulevicius, *War Land on the Eastern Front: Culture, National Identity, and German Occupation in World War I* (Cambridge, Eng. , 2000) , p. 8.

5. Zygmunt Bauman, *Modernity and the Holocaust* (Ithaca, 1989) ; Peter Fritzsche, "Nazi Modern," *Modernism/Modernity 3* (January 1996) , pp. 1 – 21.

6. Thomas Childers, *The Nazi Voter: The Social Foundations of Fascism in Germany, 1919 – 1933* (Chapel Hill, 1983) ; Richard J. Evans, *The Third Reich in Power, 1933 – 1939* (New York, 2005) ; Ian Kershaw, *Popular Opinion and Political Dissent in the Third Reich: Bavaria 1933 – 1945* (Oxford, 1983) ; and Kershaw, *The "Hitler Myth": Image and Reality in the Third Reich* (Oxford, 1987) .

7. Hannah Arendt, *The Origins of Totalitarianism* (New York, 1973) ; Detlev Peukert, *Inside Nazi Germany: Conformity, Opposition, and Racism in Everyday Life* (New Haven, 1989) .

8. Norbert Frei, *1945 und Wir: Das Dritte Reich im Bewusstsein der Deutschen* (Munich, 2005) ; *Saul Friedländer, Nazi Germany and the Jews: The Years of Persecution, 1933 – 1939* (New York, 1997) ; Robert Gellately, *Backing Hitler: Consent and Coercion in Nazi Germany* (New York, 2001) ; Ludolf Herbst, *Das nationalsozialistische Deutschland 1933 – 1945* (Frankfurt, 1996) ; Claudia Koonz, *The Nazi Conscience* (Cambridge, 2003) .

9. Daniel Jonah Goldhagen, *Hitler's Willing Executioners* (New York, 1996) .

10. Lothar Bluhm, *Das Tagebuch zum Dritten Reich: Zeugnisse der Inneren Emigration* (Bonn, 1991) ; Gustav René Hocke, *Das europäische Tagebuch* (Wiesbaden, 1963) ; and also Ursula von Kardorff, "Vom Tagebuch," *Deutsche Allgemeine Zeitung*, no. 535, 8 Nov. 1942.

11. Tim Mason, *Social Policy in the Third Reich: The Working Class and the "National Community"* (Oxford, 1993) .

12. Entry for 24 April 1941 in Victor Klemperer, *I Will Bear Witness, 1933 – 1941: A Diary of the Nazi Years* (New York, 1998) , p. 383.

13. Irmgard Keun, *Nach Mitternacht* (Amsterdam, 1937) , p. 92.

14. Theodore Abel, *Why Hitler Came to Power* (New York, 1938) , p. 1.

15. Hans Erich Nossack, *The End: Hamburg 1943* (Chicago, 2004) , p. 61.

16. Ibid. , p. 55.

17. David Schoenbaum, *Hitler's Social Revolution: Class and Status in Nazi Germany, 1933 – 1939* (New York, 1966) , p. 72.

18. See Peter Fritzsche, *Germans into Nazis* (Cambridge, 1998).

第一章　民族复兴

1. Entry for 11 Sept. 1938 in Victor Klemperer, *I Will Bear Witness, 1933 – 1941: A Diary of the Nazi Years* (New York, 1998) , pp. 267 – 268.

2. Lieselotte G. , diary entry for 22 April 1945, in Ingrid Hammer and Susanne zur Nieden, eds. , *Sehr selten habe ich geweint: Briefe und Tagebücher aus dem Zweiten Weltkrieg von Menschen in Berlin* (Zurich, 1992) , p. 311; entry for 28 July 1933, Klemperer, *I Will Bear Witness*, p. 27; Erika Mann, *School for Barbarians* (New York, 1938) , p. 21. On the greeting in daily life in general, see Andrew Bergerson, *Ordinary Germans in Extraordinary Times: The Nazi Revolution in Hildesheim* (Bloomington, Ind. , 2004).

3. Entries for 8 July and 30 Oct. 1933 in Erich Ebermayer, *Denn heute gehört uns Deutschland. . .* (Hamburg, 1959) , pp. 155, 195 – 196; Klaus P. Fischer, *Nazi Germany: A New History* (New York, 1995) , p. 343; entry for 6 May 1933 in Karl Windschild, *Mit Finger vor dem Mund: Ballenstedter Tagebuch des Pfarrers Karl Fr. E. Windschild, 1931 – 1944*, ed. Günther Windschild and Helmut Schmid (Dessau, 1999) , p. 75.

4. Entry for 10 April 1933, Klemperer, *I Will Bear Witness*, p. 13.

5. Ian Kershaw, *The "Hitler Myth": Image and Reality in the Third Reich* (Oxford, 1987) , pp. 75, 202; entry for 25 Oct. 1940 in William L. Shirer, *Berlin Diary, 1934 – 1941* (New York, 1942) , p. 436.

6. Entries for 2 Sept. 1941 and 17 March 1940, Klemperer, *I Will Bear Witness*, pp. 428, 329; entry for 19 February 1944, "Tagebuch Nr. 8, 18. Nov. 1943 – 7. April 1945," Nachlass Franz von Göll, Landesarchiv Berlin, E Rep. 200 – 43, Acc. 3221, Nr. 8.

7. Diary entries for 24 and 26 June 1934 in Theodore Abel, *The Columbia Circle of Scholars: Selections from the Journal (1930 – 1957)*, ed. Elzbieta Halas (Frankfurt, 2001) , pp. 178, 181.

8. Diary entry for 12 June 1935, ibid. , p. 226; Theodore Abel, *Why*

Hitler Came to Power (New York, 1938), p. 174.

9. Elisabeth Gebensleben to Irmgard Brester, 15 Sept. 1930 and 3 Feb. 1933, in Hedda Kalshoven, ed. , *Ich denk so viel an Euch: Ein deutsch holländischer Briefwechsel, 1920 – 1949* (Munich, 1995), pp. 99, 160.

10. Elisabeth Gebensleben to Irmgard Brester, 3 Feb. and 2, 10, and 22 March 1933, ibid. , pp. 160 – 161, 168 – 169, 184.

11. Elisabeth Gebensleben to Irmgard Brester, 22 March and 4 May 1933, ibid. , pp. 182, 197.

12. Eberhard Gebensleben to Karl Gebensleben, 15 March 1933; Irmgard Brester to Elisabeth Gebensleben, 3 April 1933; and Elisabeth Geben-sleben to Irmgard Brester, 14 March and 6 April 1933, ibid. , pp. 175 – 178, 188, 190 – 191.

13. Minna von Alten to Irmgard Brester, 29 Aug. 1940; Irmgard Brester to Minna von Alten, 5 Sept. 1940; and Chef der Kanzlei to Eberhard Gebensleben, 25 Feb. 1944, ibid. , pp. 353 – 354, 421.

14. Entries for 20 March, 20 and 28 April, and 21 May 1933 in Karl Dürkefälden, " *Schreiben wie es wirklich war...* " *Aufzeichungen Karl Duerkefaeldens aus den Jahren 1933 – 1945*, ed. Herbert and Sibylle Obenaus (Hanover, 1985), pp. 37 – 38, 43, 52. Karl Windschild's diaries, *Mit Finger vor dem Mund*, reach similar conclusions for Ballenstedt.

15. Entry for 2 May 1933, Dürkefälden, "*Schreiben wie es wirklich war,*" p. 46.

16. Entries for 24 April, 24 and 29 May, 1 and 26 June, and 18 July 1933; and "Januar bis zum 7. Februar 1934," ibid. , pp. 42, 44, 53 – 54, 57, 64, 70, 77 – 78.

17. Entries for 30 Jan. , 9 May, and 18 July 1933, 10 Sept. 1934, and 15 Sept. 1935, Ebermayer, *Denn heute gehört uns Deutschland*, pp. 14, 75, 155, 382 – 83, 595.

18. Entry for 4 April 1934, ibid. , pp. 288 – 289.

19. Entries for 20 and 21 March 1933, ibid. , pp. 44, 47; entry for 9 March 1938 in Erich Ebermayer, . . . *Und morgen die ganze Welt: Erinnerungen an Deutschlands dunkle Zeit* (Bayreuth, 1966), p. 244.

20. See Karl-Heinz Reuband, "Das NS-Regime zwischen Akzeptanz und Ablehunung. Eine retrospektive Analyse von Bevölkerungseinstel-lungen im

Dritten Reich auf der Basis von Umfragedaten," *Geschichte und Gesellschaft 32* (2006) , pp. 315 - 344.

21. Hans Fallada, *Little Man, What Now?* (1933; reprint, Chicago, 1992) ; entry for 23 April 1933, Dürkefälden, "*Schreiben wie es wirklich war*," p. 40.

22. André François-Poncet, *The Fateful Years*: *Memoirs of a French Ambassador in Berlin, 1931 - 1938*, trans. Jacques LeClerq (New York, 1949) , p. 48; Melita Maschmann, *Account Rendered*: *A Dossier on My Former Self*, ed. Geoffrey Strachan (London, 1964) , pp. 10 - 14.

23. Berel Lang, " The Nazi as Criminal," in *Post-Holocaust*: *Interpretation, Misinterpretation, and the Claims of History* (Bloomington, Ind. , 2005) , p. 13.

24. Ralf Georg Reuth, *Goebbels*, trans. Krishna Winston (New York, 1993) , p. 164.

25. Entry for 2 May 1943 in Joseph Goebbels, *Die Tagebücher von Joseph Goebbels. Sämtliche Fragmente*, ed. Elke Fröhlich (Munich, 1994) , pt. II, vol. 8, p. 197.

26. Michael Schneider, *Unterm Hakenkreuz*: *Arbeiter und Arbeiterbewegung 1933 bis 1939* (Bonn, 1999) , p. 92; Hans Wendt, *Der Tag der Nationalen Arbeit. Die Feier des 1. Mai 1933* (Berlin, 1933) , p. 11.

27. Peter Fritzsche, *A Nation of Fliers*: *German Aviation and the Popular Imagination* (Cambridge, 1992) , pp. 162 - 170.

28. *Berliner Morgenpost*, no. 104, 2 May 1933. See also Reinhard Döhl, *Das Hörspiel zur NS-Zeit*: *Geschichte und Typologie des Hörspiels* (Darmstadt, 1992) , pp. 132 - 133.

29. Eberhard Heuel, *Der umworbene Stand*: *Die ideologische Integration der Arbeiter im Nationalsozialismus 1933 - 1935* (Frankfurt, 1989) .

30. "Wolfgang Diewerge," Berlin Document Center, A2242 SS - 153, NARA; Eugen Hadamovsky, *Hilfsarbeiter Nr. 50, 000* (Berlin, 1938) .

31. "Nach dem 21. Juli bis zum 14. September 1933 ," in Dürkefälden, "*Schreiben wie es wirklich war*," pp. 64 - 66.

32. Detlef Schmiechen-Ackermann, *Nationalsozialismus und Arbeitermilieus*: *Der nationalsozialistische Angriff auf die proleatrischen Wohnquartiere und die Reaktion in den sozialistischen Vereinen* (Bonn, 1998) , pp. 487 - 491, 536 - 537.

33. Hans-Ulrich Thamer, *Verführung und Gewalt: Deutschland 1933 – 1945* (Berlin, 1986), p. 233. See also Vernon L. Lidtke, *The Alternative Culture: Socialist Labor in Imperial Germany* (New York, 1985).

34. Hans-Ulrich Thamer, *Der Nationalsozialismus* (Stuttgart, 2002), p. 14.

35. Robert N. Proctor, *The Nazi War on Cancer* (Princeton, 1999), pp. 7 – 8, 114; Detlef Peukert, *Max Webers Diagnose der Moderne* (Göttingen, 1989), pp. 69, 110 – 111. See also Claudia Koonz, *The Nazi Conscience* (Cambridge, 2003).

36. Elisabeth Gebensleben to Irmgard Brester, 15 Sept. 1933, Kalshoven, *Ich denk so viel an Euch*, p. 208.

37. Heinrich Hauser, *Battle against Time: A Survey of Germany of 1919 from the Inside* (New York, 1939), pp. 11 – 12.

38. No. 61074, 17 June 1945, Schedule B interviews, USSBS, RG 243, box 536, folder 21, NARA.

39. Entry for 4 Sept. 1943, Goebbels, *Die Tagebücher*, pt. II, vol. 9, p. 421; Herwart Vorländer, *Die NSV: Darstellung und Dokumentation einer nationalsozialistischen Organisation* (Boppard, 1988), pp. 51, 59.

40. *The Times* (London), 10 Dec. 1934, quoted in Thomas E. de Witt, " 'The Struggle against Hunger and Cold': Winter Relief in Nazi Germany, 1933 – 1939," *Canadian Journal of History 12* (1978), p. 369, 给出了绝佳的概述。Völkischer Beobachter, no. 334, 30 Nov. 1938; and *BZ am Mittag*, no. 298, 3 Dec. 1938, both in R43II/564a/86 – 88, BAB.

41. Hauser, Battle against Time, pp. 11 – 12; Eva Sternheim-Peters, *Die Zeit der grossen Täuschungen. Mädchenleben im Faschismus* (Bielefeld, 1987), p. 86; Vorländer, *Die NSV*, p. 54; Hans Dieter Schäfer, *Das Gespaltenes Bewusstsein: Über deutsche Kultur und Lebenswirklichkeit 1933 – 1945* (Munich, 1984), pp. 140 – 141.

42. Clifford Kirkpatrick, *Nazi Germany: Its Women and Family Life* (Indianapolis, 1938), p. 26. In general, Peter Fritzsche, "Machine Dreams: Airmindedness and the Reinvention of Germany," *American Historical Review 98* (1993), pp. 685 – 709.

43. Victor Klemperer, *The Language of the Third Reich: LTI, Lingua Tertii Imperii. A Philologist's Notebook*, trans. Martin Brady (1957; reprint,

Somerset, N. J. , 2000）, pp. 5, 226 - 227.

44. Diary entry for 28 Sept. 1938, Ebermayer, *Und morgen die ganze Welt*, p. 299. See also entry for 9 Aug. 1939, ibid. , p. 405. 克肖在一篇有关国防军 1938 年 9 月活动的报告中也提到了这件事。*Popular Opinion and Political Dissent in the Third Reich: Bavaria 1933 - 1945* （Oxford, 1983）, pp. 151 - 152。

45. Norbert Frei, "People's Community and War: Hitler's Popular Support," in Hans Mommsen, ed. , *The Third Reich between Vision and Reality: New Perspectives on German History, 1918 - 1945* （Oxford, 2001）, p. 64.

46. Kershaw, Popular Opinion, p. 108. The figures are from Schneider, *Unterm Hakenkreuz*, p. 284.

47. Ludolf Herbst, *Das nationalsozialistische Deutschland 1933 - 1945* （Frankfurt, 1996）, p. 90; entry for 24 Nov. 1936, Klemperer, *I Will Bear Witness*, p. 201. 女性就业数字参见 Jill Stephenson, *Women in Nazi Germany* （London, 2001）, p. 54。

48. Norbert Frei, *National Socialist Rule in Germany: The Führer State, 1933 - 1945 （1987）*, trans. Simon B. Steyne （Oxford, 1993 ［1987］）, p. 78. See also Thamer, *Verfolgung und Gewalt*, p. 489.

49. Wolfgang König, *Volkswagen, Volksempfänger, Volksgemeinschaft: "Volksprodukte" im Dritten Reich. Vom Scheitern einer nationalsozi-alistischen Konsumgesellschaft* （Paderborn, 2004）, p. 137.

50. Adam Tooze, *The Wages of Destruction: The Making and Breaking of the Nazi Economy* （New York, 2007）, p. 135; Richard J. Evans, *The Third Reich in Power, 1933 - 1939* （New York, 2005）, p. 327.

51. König, *Volkswagen, Volksempfänger, Volksgemeinschaft*, pp. 18, 178.

52. Ian Kershaw, *Hitler 1936 - 1945: Nemesis* （New York, 2000）, p. 434.

53. Entry for 25 June 1943, Goebbels, *Die Tagebücher*, pt. II, vol. 8, p. 528. See also the entry for 25 Jan. 1944, ibid. , vol. 11, p. 166.

54. Tim Mason, *Social Policy in the Third Reich: The Working Class and the "National Community"* （Oxford, 1993）, p. 159.

55. Franz Janka, *Die braune Gesellschaft: Ein Volk wird formatiert* （Stuttgart, 1997）, p. 380.

56. Bernd Stöver, *Volksgemeinschaft im Dritten Reich. Die Konsens-beretischaft der Deutschen aus der Sicht sozialistischer Exilberichte* (Düsseldorf, 1993) , p. 271.

57. König, *Volkswagen, Volksempfänger, Volksgemeinschaft*, p. 206.

58. Shelley Baranowski, *Strength through Joy: Consumerism and Mass Tourism in the Third Reich* (Cambridge, Eng. , 2004) , p. 177.

59. Kristin Semmens, *Seeing Hitler's Germany: Tourism in the Third Reich* (New York, 2005) , pp. 120, 46 – 47, 68; Joshua Hagen, "The Most German of Towns: Creating an Ideal Nazi Community in Rothenburg ob der Tauber," *Annals of the Association of American Geographers 94* (2004) , pp. 207 – 227. 关于相册，参见 Nachlass Franz von Göll, Landesarchiv Berlin, E Rep. 200 – 43, Acc. 3221, Nr. 89。

60. Tooze, *The Wages of Destruction*, p. 163; "Dezember/Januar—Bericht über die Lage in Deutschland (Abgeschlossen am 21 Januar 1935) ," in Bernd Stöver, ed. , *Berichte über die Lage in Deutschland. Die Meldungen der Gruppe Neu Beginnen aus dem Dritten Reich 1933 – 1936* (Bonn, 1996) , p. 335.

61. Entry for 17 Jan. 1935 in Lore Walb, *Ich, die Alte, ich, die Junge: Konfrontation mit meinem Tagebüchern 1933 – 1945* (Berlin, 1997) , p. 51.

62. "April [1935] Bericht über die Lage in Deutschland," in Stöver, *Berichte über die Lage in Deutschland*, pp. 429 – 430; Tooze, *The Wages of Destruction*, p. 165.

63. Albert Speer, *Inside the Third Reich*, trans. Richard and Clara Winston (New York, 1970) , p. 86; Götz Aly, ed. , *Volkes Stimme. Skepsis und Führervertrauen im Nationalsozialismus* (Frankfurt, 2006) ; Norbert Frei, *1945 und Wir: Das Dritte Reich im Bewusstsein der Deutschen* (Munich, 2005) , pp. 116 – 117.

64. Letter dated 7 June 1943, quoted in Joachim Dollwet, "Menschen im Krieg, Bejahung-und Widerstand?" *Jahrbuch für westdeutsche Landesgeschichte 13* (1987) , p. 289; Stöver, *Volksgemeinschaft im Dritten Reich*, p. 125.

65. Klaus-Michael Mallmann and Gerhard Paul, *Herrschaft und Alltag: Ein Industrierevier im Dritten Reich* (Bonn, 1991) , p. 162. See also David Schoenbaum, *Hitler's Social Revolution: Class and Status in Nazi Germany, 1933 – 1939* (New York, 1965) , pp. 77, 286 – 288.

66. Entry for 8 March 1936, Klemperer, *I Will Bear Witness*, p. 155.

67. Kirkpatrick, Nazi Germany, p. 26; Leni Riefenstahl, *Hinter den Kulissen des Reichsparteitagfilms* (Munich, 1935).

68. Broadcast from France, 17 June 1940, in William L. Shirer, *"This Is Berlin"*: *Radio Broadcasts from Nazi Germany, 1938–40* (New York, 1999), p. 328. See also Gustave Flocher, *Marching to Captivity*: *The War Diaries of a French Peasant 1939–45*, ed. Christopher Hill (London, 1996), p. 128.

69. Schäfer, *Das Gespaltenes Bewusstsein*, p. 84; *Illustrierter Beobachter*, 6 July 1939; Klaus Hesse and Philippe Springer, *Vor alle Augen*: *Fotodokumente des nationalsozialistischen Terrors in der Provinz* (Essen, 2002), p. 15.

70. Peter Reichel, *Der schöne Schein des Dritten Reiches*: *Faszination und Gewalt des Faschismus* (Munich, 1991), p. 189.

71. Eric Rentschler, *The Ministry of Illusion*: *Nazi Cinema and Its Afterlife* (Cambridge, 1996), p. 1.

72. König, *Volkswagen, Volksempfänger, Volksgemeinschaft*, pp. 83–85; Heinz Pohle, *Der Rundfunk als Instrument der Politik* (Hamburg, 1955), p. 249.

73. Hans Richter, "Neuland des Hörspiels," *Rufer und Hörer* 3 (1933), quoted in Döhl, *Das Hörspiel zur NS-Zeit*, p. 137; Kate Lacey, *Feminine Frequencies*: *Gender, German Radio, and the Public Sphere, 1923–1945* (Ann Arbor, 1996), pp. 97–98.

74. Goebbels in König, *Volkswagen, Volksempfänger, Volksgemeinschaft*, p. 82; Ortwin Buchbender and Reinhold Sterz, eds., *Das andere Gesicht des Krieges*: *Deutsche Feldpostbriefe 1939–1945* (Munich, 1982), p. 47.

75. Entry for 17 Aug. 1937, Klemperer, *I Will Bear Witness*, p. 233. See also his *Curriculum Vitae* (Berlin, 1989), p. 247. 戈培尔也使用了这一说法。See Saul Friedländer, *Nazi Germany and the Jews*: *The Years of Persecution, 1933–1939* (New York, 1997), p. 143.

76. Adelheid von Saldern, Inge Marssolek, Uta C. Schmidt, Monika Pater, and Daniela Münkel, "Zur politischen und kulturellen Polyvalenz des Radios: Ergebnisse und Ausblicke," in Inge Marssolek and Adelheid von Saldern, eds., *Zuhören und Gehörtwerden I. Radio im National-sozialismus* (Tübingen, 1998), p. 370.

77. See the excellent analysis of Monika Pater, "Rundfun-kangebote," in Marssolek and von Saldern, *Zuhören und Gehörtwerden I*, pp. 143 – 146, 185 – 186.

78. Quoted in Uta C. Schmidt, "Authentizitätsstrategien im national-sozialistischen Spielfilm 'Wunschkonzert,'" in Daniela Münkel and Jutta Schwarzkopf, eds. , *Geschichte als Experiment* (Frankfurt, 2004). See also Hans-Jörg Koch, *Das Wunschkonzert im NS-Rundfunk* (Cologne, 2003), p. 172.

79. Pater, "Rundfunkangebote", pp. 225 – 238.

80. Goebbels' diary entry for 15 Dec. 1941, quoted in Gerd Albrecht, *Nationalsozialistische Filmpolitik* (Munich, 1982), p. 469.

81. "Meldungen aus dem Reich," 8 March 1940, in Heinz Boberach, ed. , *Meldungen aus dem Reich 1938 – 1945* (Munich, 1986), vol. 3, p. 856; Foerster, "Kriegsgeschichte der EWZ" (1941), R69/40/41, BAB. See also the monthly reports prepared by the Gaupropaganda-leitung Ostpreussen, NS18/996, BAB.

82. David Welch, *Propaganda and German Cinema, 1933 – 1945* (New York, 1983), p. 31. 20 世纪 30 年代,英国每周观影人数从 1900 万增加到 3000 万。当时英国人口大约为 4400 万。在人口为 1.3 亿的美国,战时每周观影人数达到 9000 万。相较而言,在人口大约为 7000 万的德国,每周观影人数从未超过 2000 万。

第二章　种族修饰

1. "雅利安人"是一个荒谬的种族名称。虽然我用引号指出了这一事实,但是因为这一名称给德国社会制造了巨大的鸿沟,因此"雅利安人"确实存在。为了说明种族身份在纳粹德国多么普遍,我决定一般情况下给这个词加上引号。

2. Oscar Robert Achenbach, "Eine Viertelstunde Familien-forschung," *Illustrierter Beobachter* 9 (19 May 1934), pp. 812, 814.

3. Udo R. Fischer, "Familienforschung. Ein Gebot der Stunde," Neues Volk 1 (July 1933), pp. 20 – 21; Herbert Fuhst to Reichsstelle für Sippenforschung, 8 Jan. 1937, R1509/565a, BAB. See also the problems surveyed by Andrej Angrick, *Besetzungspolitik und Massenmord. Die*

Einsatzgruppe D in der südlichen Sowjetunion 1941 – 1943 (Hamburg, 2003), pp. 440 – 441.

4. See Nachlass Walter Helfenstein, Landesarchiv Berlin, E. Rep. 200 – 48/6/108; and *Das Schwarze Korps*, writing against attempts to apply racial principles to dogs, "Grenzen der Kunst, zu organisieren," 28 Sept. 1940.

5. "Anfragen beim Kusteramt," *Neues Volk* 4 (July 1936); "Gedanken um den Ahnenpass," *Völkischer Beobachter*, no. 176, 24 June 1936. 关于犹太祖母，参见 Barbara Sevin, "Mein Leben in Deutschland vor und nach dem 30. January 1933" (1940), p. 158, "My Life in Germany," Houghton Library, bms Ger 91, Harvard University。

6. Christa Wolf, *Patterns of Childhood* (New York, 1980), pp. 57 – 58, 60.

7. Entry for 28 Sept. 1934 in "Tagebuch 16 Jan 1933 – 12 März 1938, 4. Buch," Nachlass Franz von Göll, Landesarchiv Berlin, E Rep. 200 – 43, Acc. 3221, Nr. 4. See also the entries for 30 July 1933 and 11 and 15 Nov. 1934.

8. "Ahnenpässe," Sammlung F Rep. 240/1, Landesarchiv Berlin.

9. Entries for 29 June 1938, 21 and 22 May 1940 and 4 and 7 December 1941 in Victor Klemperer, *I Will Bear Witness, 1933 – 1941: A Diary of the Nazi Years* (New York, 1998), pp. 260, 338 – 339, 447 – 449.

10. "Dienstleistungen für die Standesbeamten und ihre Aufsichtsbehörden" (1938), Reichsministerium des Innern, R1501/127452, BAB. See also Nancy R. Reagin, *Sweeping the German Nation: Domesticity and National Identity in Germany, 1870 – 1945* (Cambridge, Eng. , 2007), p. 117.

11. Renate Bridenthal, Atina Grossmann, and Marion Kaplan, eds. , *When Biology Became Destiny: Women in Weimar and Nazi Germany* (New York, 1984).

12. 依据是 1935 ~ 1939 年公共卫生部门组织的 "遗传生物学同行评审" 的次数。See Johannes Vossen, *Gesundheitsämter im Nationalsozialismus. Rassenhygiene und öffentliche Gesundheitsfürsorge in Westfalen 1900 – 1950* (Essen, 2001), p. 226; Gisela Bock, *Zwangssterilisation im Nationalsozialismus. Studien zur Rassenpolitik und Frauenpolitik* (Opladen, 1986), p. 192.

13. Richard Overy, *The Dictators: Hitler's Germany, Stalin's Russia* (New York, 2004), p. 209.

14. Ulrich Herbert, *Best: Biographische Studien über Radikalismus, Weltanschauung und Vernunft 1903 – 1989* (Bonn, 2001), p. 69; Michael Wildt, *Generation des Unbedingten: Das Führungskorps des Reichssicherheitshauptamtes* (Hamburg, 2002), p. 45; Götz Aly, *Hitlers Volksstaat: Raub, Rassenkrieg, und nationaler Sozialismus* (Frankfurt, 2005), p. 14.

15. Vossen, *Gesundheitsämter im Nationalsozialismus*, p. 209; Asmus Nitschke, *Die "Erbpolizei" im Nationalsozialismus: zur Alltagsge-schichte der Gesundheitsämter im Dritten Reich. Das Beispiel Bremen* (Wiesbaden, 1999), p. 84; Bock, *Zwangssterilisation im Nationalsozialismus*, p. 94.

16. Claudia Koonz, *The Nazi Conscience* (Cambridge, 2003), pp. 43 – 44; Reagin, *Sweeping the German Nation.*

17. Sebastian Haffner, *Geschichte eines Deutschen* (Stuttgart, 2000), p. 138.

18. Wilhelm Frick, *Bevölkerungs-und Rassenpolitik* (Langensalza, 1933), p. 16; Koonz, *The Nazi Conscience*, p. 104.

19. Bock, *Zwangssterilisation im Nationalsozialismus*, pp. 79, 89.

20. *Neues Volk* 1 (July 1933); Walter Gross, "Von der äusseren zur inneren Revolution," *Neues Volk* 2 (August 1934).

21. 例子参见 Ludolf Herbst, *Das nationalsozialistische Deutschland 1933 – 1945* (Frankfurt, 1996), p. 111。

22. *Völkischer Beobachter*, no. 189 (8 July 1933); Koonz, *The Nazi Conscience*, pp. 84 – 85.

23. *Völkischer Beobachter*, no. 184 (3 July 1933).

24. Entries for 2 and 6 Nov. 1933 in Erich Ebermayer, *Denn heute gehört uns Deutschland. . .* (Hamburg, 1959), pp. 197 – 198, 200. See also *Völkischer Beobachter*, nos. 307 (3 Nov. 1933) and 310 (6 Nov. 1933).

25. Karl Ludwig Rost, *Sterilisation und Euthanasie im Film des "Dritten Reiches"* (Husum, 1987), p. 43.

26. Christoph Zuschlag, "*Entartete Kunst*": *Ausstellungen im Nazi-Deutschland* (Worms, 1995), pp. 313, 329; Joshua Hagen, "The Most German of Towns: Creating an Ideal Nazi Community in Rothenburg ob der

Tauber," *Annals of the Association of American Geographers 94* (2004), p. 219; entry for 1 Sept. 1937 in Joseph Goebbels, *Die Tagebücher von Joseph Goebbels. Sämtliche Fragmente*, ed. Elke Fröhlich (Munich, 1994), pt. I, vol. 3, p. 251.

27. Gross, "Von der äusseren zur inneren Revolution"; Walter Gross, *Volk und Rasse* (Berlin, 1936), p. 333; Helmut Hübsch, "Kein Grund zum Verzagen," *Neues Volk* 2 (January 1934). On "Erkenne dich selbst," see also Hans F. K. Günther in Charlotte Köhn-Behrens, *Was ist Rasse?* (Munich, 1934), p. 83.

28. Rost, *Sterilisation und Euthanasie*, pp. 42 – 43, 40, 45; Koonz, *The Nazi Conscience*, pp. 125 – 126.

29. Entry for 24 May 1936, Klemperer, *I Will Bear Witness*, p. 166; "*Deutschland-Bericht der Sopade*" (Jan. 1936), in *Deutschland-Berichte der Sozialdemokratischen Partei Deutschlands (Sopade) 1934 – 1940. Dritter Jahrgang 1936* (Frankfurt, 1980), p. 26. See also report for Oct. 1936, ibid., p. 1248.

30. Marion Kaplan, *Between Dignity and Despair: Jewish Life in Nazi Germany* (New York, 1998), p. 37; entry for 20 March 1938, Klemperer, *I Will Bear Witness*, p. 252. 有关德国士兵对苏联的印象，参阅 Stephen G. Fritz, Frontsoldaten: *The German Soldier in World War II* (Lexington, Ky., 1995), pp. 196, 199 – 200。

31. Elisabeth Brasch, "Mein Leben in Deutschland vor und nach dem 30. January 1933" (1940), "My Life in Germany," Houghton Library, bms Ger 91, no. 35, Harvard University. See also Hans Bender, "Willst du nicht beitreten?" in Marcel Reich-Ranicki, ed., *Meine Schulzeit im Dritten Reich: Erinnerungen deutscher Schriftsteller* (Munich, 1984), pp. 37 – 38.

32. Wilhelm Möller-Crivitz in Rudolf Benze and Gustav Gräfer, eds., *Erziehungsmächte und Erziehungshoheit im Grossdeutschen Reich als gestaltende Kräfte im Leben des Deutschen* (Leipzig, 1940), p. 43; Brasch, "Mein Leben in Deutschland vor und nach dem 30. January 1933." See also Bender, "Willst du nicht beitreten?" pp. 37 – 38.

33. "Mutterhände," *Neues Volk* 2 (Feb. 1934), pp. 30 – 31; on Hitler, entry for 20 April 1939, Klemperer, *I Will Bear Witness*, p. 299.

34. Albrecht Erich Günther, "Das Lager," *Deutsches Volkstum* (1934),

p. 810. Overy 著 *The Dictators* 第 14 章标题就是 "集体营（Camps）帝国"。集体营指的是集中营，而不是集体社区或兵营。See also Robert Gellately, *Backing Hitler: Consent and Coercion in Nazi Germany* (New York, 2001), pp. 58, 62, 65.

35. Günther, "Das Lager," p. 809; Mertens quoted in Jürgen Schiedeck and Martin Stahlmann, "Die Inzenierung 'totalen Erlebens': Lagerer-ziehung im Nationalsozialismus," in Hans-Uwe Otto and Heinz Sünker, eds., *Politische Formierung und soziale Erziehung im Nationalsozialismus* (Frankfurt, 1991), p. 173.

36. Jutta Rüdiger, ed., *Die Hitler-Jugend und ihr Selbstverständnis im Spiegel ihrer Aufgabengebiete* (Lindhorst, 1983), p. 150; Manfred Seifert, *Kulturarbeit im Reichsarbeitsdienst. Theorie und Praxis nationalsozialistischer Kulturpflege* (Münster, 1996), p. 120.

37. Schiedeck and Stahlmann, "Die Inzenierung 'totalen Erlebens,'" p. 194.

38. Hans-Ulrich Thamer, *Verfolgung und Gewalt. Deutschland 1933 – 1945* (Berlin, 1986), pp. 407 – 408.

39. 1938 Sopade report, quoted in Richard J. Evans, *The Third Reich in Power, 1933 – 1939* (New York, 2005), p. 277; Thamer, *Verfolgung und Gewalt*, p. 407; entry for 2 July 1936, Goebbels, *Die Tagebücher*, pt. I, vol. 2, p. 636.

40. Konrad Warner, *Schicksalswende Europas? Ich sprach mit dem deutschen Volk. . .* (Rheinfelden, 1944), p. 41.

41. Hartmut Lohmann, *"Hier war doch alles nicht so schlimm": Der Landkreis Stade in der Zeit des Nationalsozialismus* (Stade, 1991), p. 198. See also Dieter Rossmeissl, *"Ganz Deutschland wird zum Führer halten": Zur politischen Erziehung in den Schules des Dritten Reiches* (Frankfurt, 1985), p. 68.

42. Adolf Mertens, *Schulungslager und Lagererziehung* (Berlin, 1937), pp. 62 – 63; Reagin, *Sweeping the German Nation*, p. 123.

43. Kiran Klaus Patel, *"Soldaten der Arbeit": Arbeitsdienste in Deutschland und den USA* (Göttingen, 2003), p. 220.

44. Hellmut Petersen, *Die Erziehung der deutschen Jungmannschaft im Reichsarbeitsdienst* (Berlin, 1938), pp. 51, 59. See also Paul Seipp,

Formung und Auslese im Reichsarbeitsdienst. Das Ergebnis des Diensthalbjahrs 1934 (Berlin, 1935), pp. 30, 97.

45. Petersen, *Die Erziehung der deutschen Jungmannschaft im Reichsarbeitsdienst*, pp. 53 – 54.

46. Exit surveys quoted in Seipp, *Formung und Auslese im Reichsarbeitsdienst*, pp. 61 – 62.

47. Brasch, "*Mein Leben in Deutschland vor und nach dem 30. January 1933*," pp. 55 – 62, 71. See also Oskar Rummel, ". . . *Kein held!*" *Tagebuch Aufzeichnungen 1939 – 1947* (Würzburg, 1996), pp. 3 – 24, on his strenuous service in 1939.

48. On *Lager und Kolonne*, see Hans-Ulrich Thamer, *Der Nationalsozialismus* (Stuttgart, 2002), pp. 266 – 267; and Peter Dudek, "Nationalsozialistische Jugendpolitik und Arbeitserziehung: Das Arbeitslager als Instrument sozialer Disziplinierung," in Otto and Sünker, *Politische Formierung und soziale Erziehung*, p. 152.

49. Entries for 17 June 1933 and 5 Feb. 1937, Klemperer, *I Will Bear Witness*, pp. 19, 212. See also Bock, *Zwangssterilisation im Nationalsozialismus*, pp. 196 – 197; Koonz, *The Nazi Conscience*, pp. 115, 123; Evans, *The Third Reich in Power*, p. 444; and Vossen, *Gesundheitsämter im Nationalsozialismus*, p. 258.

50. Alfred Mierzejewski, *The Most Valuable Asset of the Reich: A History of the German National Railway*, vol. 2 (Chapel Hill, 2000), p. 37; Rüdiger, *Die Hitler-Jugend und ihr Selbstverständnis*, p. 147.

51. Entry for 6 Feb. 1936 in Lore Walb, *Ich, die Alte, ich, die Junge: Konfrontation mit meinem Tagebüchern 1933 – 1945* (Berlin, 1997), p. 58. See also Gerhard Remper, *Hitler's Children: The Hitler Youth and the SS* (Chapel Hill, 1989), p. 67; Michael Kater, *Hitler Youth* (Cambridge, 2004); and Melita Maschmann, *Account Rendered: A Dossier on My Former Self*, ed. Geoffrey Strachan (London, 1964), pp. 5758.

52. See the following articles in *Das Schwarze Korps*: "Frauen sind keine Männer," 12 March 1935; "Hier steht die deutsche Frau!" 9 July 1936; "Vom Umgang mit Frauen," 23 Dec. 1937; "Wir wollen uns kennenlernen," 3 March 1938; "Aus Alt nach Neu," 26 Jan. 1939; and "Ist das unmännlich?" 10 Aug. 1939, 上面有党卫军士兵给婴儿换尿布、喂食、推

婴儿车的照片。See also Gudrun Schwarz, *Eine Frau an seiner Seite*: *Ehefrauen in der "SS-Sippengemeinschaft"* (Hamburg, 1997).

53. Entry for 23 May 1933, Walb, *Ich, die Alte, ich, die Junge*, p. 31. In general, Irene Guenther, *Nazi Chic*: *Fashioning Women in the Third Reich* (Oxford, 2004).

54. Andrew Bergerson, *Ordinary Germans in Extraordinary Times*: *The Nazi Revolution in Hildesheim* (Bloomington, Ind., 2004), pp. 40 – 43. See also Günter Gaus, "Der Eigensinn der Erinnerungen," in Reich-Ranicki, *Meine Schulzeit im Dritten Reich*, p. 260; Eva Sternheim-Peters, *Die Zeit der grossen Täuschungen. Mädchenerleben im Faschismus* (Bielefeld, 1987), p. 99.

55. Jill Stephenson, *Women in Nazi Germany* (London, 2001), pp. 24, 32; Kater, *Hitler Youth*, pp. 107 – 111; and Gisela Miller-Kipp, ed., "*Auch Du gehörst dem Führer*": *Die Geschichte des Bundes Deutscher Mädel (BDM) in Quellen und Dokumenten* (Weinheim, 2001), p. 12.

56. Gisela Otmar, "Ich will mich jetzt nicht davon freisprechen, aber ich habe mich eigentlich wirlich hauptsächlich sportlich betätigt," in Gabriele Rosenthal, ed., *Die Hitlerjugend Generation*: *Biographische Thematisierung als Vergangenheitsbe-wältigung* (Essen, 1986), p. 111.

57. Sternheim-Peters, *Die Zeit der grossen Täuschungen*, p. 52; Wolfgang Ayass, "*Asoziale*" *im Nationalsozialismus* (Stuttgart, 1995), p. 39.

58. Henry Friedlander, *The Origins of Nazi Genocide*: *From Euthanasia to the Final Solution* (Chapel Hill, 1995), p. 20.

59. Herbert, *Best*, pp. 167, 175.

60. Ayass, "*Asoziale*" *im Nationalsozialismus*, p. 41; Günter Grass, *Peeling the Onion*, trans. Michael Henry Heim (New York, 2007), p. 92. 对于同性恋，参阅戈培尔在自己 1944 年 3 月 4 日的日记里对希特勒观点的描述，Goebbels, *Die Tagebücher*, pt. II, vol. 11, p. 408。

61. Ayass, "*Asoziale*" *im Nationalsozialismus*, pp. 65, 69, 46.

62. Evans, *The Third Reich in Power*, p. 96. See also Aly, *Hitlers Volksstaat*, p. 27; Ayass, "*Asoziale*" *im Nationalsozialismus*, p. 62.

63. Holger Berschel, *Bürokratie und Terror. Das Judenreferat der Gestapo Düsseldorf 1935 – 1945* (Essen, 2001), p. 147; Tim Mason, *Social Policy in the Third Reich*: *The Working Class and the "National Community"* (Oxford,

1993）, pp. 26 – 27. See also Robert Gellately, *The Gestapo and German Society*: *Enforcing Racial Policy*, *1933 – 1945* (Oxford, 1990).

64. Michael Burleigh, *The Third Reich*: *A New History* (New York, 2000), p. 382.

65. Uwe Mai, "*Rasse und Raum*": *Agrarpolitik, Sozial-und Raumplanung im NS-Staat* (Paderborn, 2002), p. 57. See also Christopher Dipper, "20 July and the 'Jewish Question,'" in David Bankier, ed., *Probing the Depths of German Antisemitism*: *German Society and the Persecution of the Jews*, *1933 – 1941* (New York, 2000), p. 497.

66. Bock, *Zwangssterilisation im Nationalsozialismus*, pp. 189 – 190.

67. Vossen, *Gesundheitsämter im Nationalsozialismus*, pp. 286 – 303.

68. 同上书, pp. 423, 448, 334。Stephenson, *Women in Nazi Germany*, p. 34, 将这些数据错看成柏林的数据, 以为禁止结婚的比例是 50%, 而不是 5%。

69. No. 62203, 10 July 1945, Schedule B interviews, USSBS, RG 243, box 505, folder 9, NARA; Johannes Vossen, "Das staatliche Gesundheitsamit im Dienst der Rassenpolitik," in Hermann Niebuhr and Andreas Ruppert, eds., *Nationalsozialismus in Detmold*: *Dokumentation eines stadtgeschichtlichen Projekts* (Bielefeld, 1998), p. 358.

70. Bock, *Zwangssterilisation im Nationalsozialismus*, pp. 216 – 219, 281.

71. 同上书, pp. 285, 209。关于受害者和行凶者的讨论, 参见 Gisela Bock, "Claudia Koonz: *Mothers in the Fatherland*," *Bulletin* (German Historical Institute, London) 2 (1989), pp. 16 – 24; Atina Grossmann, "Feminist Debates about Women and National Socialism," *Gender and History* 3 (1991), pp. 350 – 358.

72. Friedlander, *The Origins of Nazi Genocide*, pp. xi – xii, 54, 107, 110, 188.

73. Entry for 4 Nov. 1941, Göll, "Tagebuch 17. Febr. 1940 – 5. Juli 1942, 6. Buch," Landesarchiv Berlin, E Rep. 200 – 43, Acc. 3221, Nr. 6. See also entry for 21 Oct. 1941 in Lisa de Boor, *Tagebuchblätter. Aus den Jahren 1938 – 1945* (Munich, 1963), p. 88.

74. Letter to Annemarie Böll, 29 April 1943, in Heinrich Böll, *Briefe aus dem Krieg 1939 – 1945*, ed. Jochen Schubert (Cologne, 2001), p. 735.

75. Saul Friedländer, *The Years of Extermination*: *Nazi Germany and the*

Jews, *1939 – 1945* (New York, 2007), p. 202. See also Jill Stephenson, *Hitler's Home Front*: *Württemberg under the Nazis* (London, 2006), p. 149.

76. Saul Friedländer, *Nazi Germany and the Jews*: *The Years of Persecution*, *1933 – 1939* (New York, 1997), p. 3; Koonz, *The Nazi Conscience*, p. 10; Friedländer, *The Years of Extermination*, p. xix.

77. Victor Klemperer, *The Language of the Third Reich*: *LTI*, *Lingua Tertii Imperii. A Philologist's Notebook*, trans. Martin Brady (1957; reprint, Somerset, N. J. , 2000), p. 105; Koonz, *The Nazi Conscience*, pp. 55 – 60.

78. See letters from Hegrebe, 4 April 1934, and Elisabeth Sextrohs, 25 Sept. 1933, in the papers of Paula Tobias, "My Life in Germany," Houghton Library, bms Ger 91, no. 235, Harvard University.

79. Entry for 18 July 1933, Ebermayer, *Denn heute gehört uns Deutschland*, p. 155; Michael Wildt, "Violence against Jews in Germany, 1933 – 1939," in Bankier, *Probing the Depths of German Anti-semitism*, p. 181.

80. Günter von Roden, *Geschichte der Duisburger Juden* (Duisburg, 1986), p. 797; Fritz Stern, *Five Germanys I Have Known* (New York, 2006), p. 94.

81. Raul Hilberg quoted in Koonz, *The Nazi Conscience*, pp. 10 – 11; Frank Bajohr, *"Aryanisation" in Hamburg*: *The Economic Exclusion of Jews and the Confiscation of Their Property in Nazi Germany* (New York, 2002), pp. 22 – 24. See advertisements in *Illustrieter Beobachter*, 27 May, 24 June, and 26 Aug. 1933.

82. Entry for 23 May 1933, Walb, *Ich*, *die Alte*, *ich*, *die Junge*, p. 31. In general, Guenther, *Nazi Chic*.

83. Frances Henry, *Victims and Neighbors*: *A Small Town in Germany Remembered* (South Hadley, Mass. , 1984), p. 56; Kaplan, *Between Dignity and Despair*, p. 37; Friedländer, *Nazi Germany and the Jews*: *Persecution*, p. 38.

84. Kaplan, *Between Dignity and Despair*, p. 40; Friedländer, *Nazi Germany and the Jews*: *Persecution*, p. 38; entry for 27 May 1933 in Karl Windschild, *Mit Finger vor dem Mund*: *Ballenstedter Tagebuch desPfarrers Karl Fr. E. Windschild*, *1931 – 1944*, ed. Günther Windschild and Helmut Schmid (Dessau, 1999), p. 81.

85. " Deutschland-Bericht der Sopade " (July 1935), in *Deutschland*

Berichte der Sozialdemokratischen Partei Deutschlands（Sopade）*1934 - 1940.*
Zweiter Jahrgang 1935（Frankfurt，1980），p. 812.

86. 这一说法来自《泰晤士报》（伦敦）1935 年 11 月 8 日评论《纽
伦堡法令》的文章。引自 Gellately，Backing Hitler，p. 122。约亨·克莱帕
在事件发生后的几周里说这一事件是"无声的屠杀"。See entry for 27
March 1933 in Jochen Klepper，*Unter dem Schatten Deiner Flügel*：*Aus den
Tagebüchern der Jahre 1932 - 1942*（Stuttgart，1955），p. 45.

87. Entry for 9 May 1944，Klemperer，*I Will Bear Witness*，p. 312；
Joseph Goebbels，"Die Juden sind schuld！"*Das Reich*，16 Nov. 1941.

88. Entry for 2 Aug. 1935，Klepper，*Unter dem Schatten Deiner Flügel*，
p. 273. See also Friedländer，*Nazi Germany and the Jews*：*Persecution*，pp.
122，138；Bajohr，"*Aryanisation*"*in Hamburg*，p. 85；Inge Deutschkron，*Ich
trug den gelben Stern*（Munich，1985），p. 24.

89. Entries for 30 March 1933 and 21 July 1935，Klemperer，*I Will Bear
Witness*，pp. 9，129；Kaplan，*Between Dignity and Despair*，pp. 5 - 6.

90. Valentin Senger，*No. 12 Kaiserhofstrasse*，trans. Ralph Manheim
（New York，1980），p. 73；Peter Longerich，*Politik der Vernichtung*：*Eine
Gesamtdarstellung der nationalsozialistischen Judenverfolgung*（Munich，
1998），p. 53；"Lagebericht des hannoverschen Regierungspräsidenten an den
Reichsminister des Innern für die Monate Dezember 1934/January 1935，" 4
Feb. 1935，in Klaus Mlynek，ed.，*Gestapo Hannover meldet . . .*：*Polizei-
und Regierungsberichte für das mittlere und südliche Niedersachsen zwischen
1933 und 1937*（Hildesheim，1986），p. 315.

91. Entries for 12，19，and 26 Aug. 1935，Windschild，*Mit Finger vor
dem Mund*，pp. 267 - 273.

92. Koonz，*The Nazi Conscience*，p. 185. 关于其背后的法律和种族理
论的全面叙述，参见 Cornelia Essner，*Die "Nürnberger Gesetze" oder die
Verwaltung des Rassenwahns 1933 - 1945*（Paderborn，2002）。

93. David Bankier，*The Germans and the Final Solution*：*Public Opinion
under Nazism*（Oxford，1992），pp. 76 - 77；Longerich，*Politik der
Vernichtung*，pp. 106 - 110. See also the entry for 15 Sept. 1935，
Windschild，*Mit Finger vor dem Mund*，p. 279.

94. Yehuda Bauer，"Overall Explanations，German Society，and the Jews
or：Some Thoughts about Context，" in Bankier，*Probing the Depths of German*

Antisemitism, p. 16；Kaplan, *Between Dignity and Despair*, p. 24.

95. Friedländer, *Nazi Germany and the Jews：Persecution*, p. 184.

96. Entry for 30 Jan. 1937, Klepper, *Unter dem Schatten Deiner Flügel*, p. 419.

97. Sternheim-Peters, *Die Zeit der grossen Täuschungen*, p. 20, on her brother. 根据柏林文献中心的党卫军人事档案，23 个党卫军军官的姓是 "Israel"。

98. "Wohin mit den Juden?" *Das Schwarze Korps*, 10 Feb. 1938.

99. Karl Schlögel, *Im Raume Lesen wir die Zeit* (Munich, 2003), p. 127.

100. Entry for 11 Sept. 1938, Klemperer, *I Will Bear Witness*, p. 268；Jonny Moser, "Depriving Jews of Their Legal Rights in the Third Reich," in Walter H. Pehle, ed., *November 1938：From "Reichskristallnacht" to Genocide*, trans. William Templer (Oxford, 1991), p. 128.

101. 关于这个词的俗语源 Dieter Obst, *"Reichskristallnacht"：Ursachen und Verlauf des antisemitischen Pogroms vom November 1938* (Frankfurt, 1991), p. 1。

102. 关于报应 (karma) see the entry for 28 Dec. 1941, de Boor, *Tagebuchblätter*, p. 94。

103. Goebbels quoted in Hermann Graml, *Anti-Semitism in the Third Reich*, trans. Tim Kirk (Oxford, 1992), p. 120；and in Friedländer, *Nazi Germany and the Jews：Persecution*, p. 274. 最近又找到了 11 月 10 日、11 日写的日记。

104. Heinemann Stern, quoted in Hans Dieter Schäfer, *Das Gespaltenes Bewusstsein：Über deutsche Kultur und Lebenswirklichkeit 1933 - 1945* (Munich, 1984), p. 146.

105. Swiss consul quoted in Friedländer, *Nazi Germany and the Jews：Persecution*, p. 277；on "Sonderburg," Kaplan, *Between Dignity and Despair*, pp. 124 - 125；and Henry, *Victims and Neighbors*, p. 117；on Teuchtlingen, Wildt, "Violence against Jews in Germany, 1933 - 1939," pp. 197 - 198, 200.

106. 细节参见 Obst, "Reichskristallnacht"。

107. Friedländer, *Nazi Germany and the Jews：Persecution*, p. 277.

108. Georg Hensel, "Der Sack überm Kopf," in Reich-Ranicki, *Meine*

Schulzeit im Dritten Reich, p. 120.

109. Diary entry for 9 Nov. 1938 in Ruth Andreas-Friedrich, *Berlin Under ground*, *1938 – 1945* (New York, 1947), p. 22. 不过，这篇日记似乎是拼凑之作，也许是在 1938 年 10 月 10 日之后完成的。In general, Wolf-Arno Kropat, "*Reichskristallnacht*": *Der Judenpogrom vom 7 – 10 November 1938 – Urheber, Täter, Hintergründe* (Wiesbaden, 1997), pp. 156 – 165.

110. Entry for 22 Jan. 1939 in Karl Dürkefälden, "*Schreiben wie es wirklich war . . .*": *Aufzeichnungen Karl Dürkefäldens aus den Jahren 1933 – 1945*, ed. Herbert Obenaus and Sibylle Obenaus (Hanover, 1985), pp. 88 – 91. 关于大屠杀经过的流传故事，另请参阅 entries for 18 Nov. and 6 and 16 Dec. 1938, Windschild, *Mit Finger vor dem Mund*, pp. 459 – 465。

111. Stern, *Five Germanys I Have Known*, p. 135.

112. On Saarbrücken, Wildt, "Violence against Jews in Germany, 1933 – 1939," p. 201; on Kiel, entry for 22 Jan. 1939, Dürkefälden, "*Schreiben wie es wirklich war*," p. 92; on Erfurt, Wolfgang Benz, "The Relapse into Barbarism," in Pehle, *November 1938*, p. 30.

113. See the accounts of Hans Berger, "Erinnerungen an die Kristallnacht und meine Erlebnisse im KZ Buchenwald" (1939 ms.), in Monika Richarz, ed. , *Jüdisches Leben in Deutschland. Selbstzeugnisse zur Sozialgeschichte 1918 – 1945* (Stuttgart, 1982), pp. 323 – 335; 关于 Annemarie Wolfram 丈夫的经历，参阅她写的《在 1933 年 1 月 30 日前后我在德国的生活》(1940), Houghton Library, bms Ger 91, no. 247, Harvard University.

114. Wildt, "Violence against Jews in Germany, 1933 – 1939," p. 204.

115. Aly, *Hitlers Volksstaat*, p. 61.

116. See "Eine kleine Auswahl," *Das Schwarze Korps*, 24 Nov. 1938; "Zweite Auswahl," 8 Dec. 1938; "Dritte Auswahl," 15 Dec. 1938. See also Eric Rentschler, *The Ministry of Illusion*: *Nazi Cinema and Its Afterlife* (Cambridge, 1996), p. 160.

117. "Juden was nun?" *Das Schwarze Korps*, 24 Nov. 1938.

118. Friedländer, *Nazi Germany and the Jews*: *Persecution*, p. 282.

119. Jürgen Hartmann, "Die Deportation Detmolder Juden 1941 – 1945," in Niebuhr and Ruppert, *Nationalsozialismus in Detmold*, p. 661.

120. Ian Kershaw, *Hitler 1936 – 1945*: *Nemesis* (New York, 2000),

p. 153.

121. Diary entries for 16 Jan. and 2 Feb. 1939, Andreas-Friedrich, *Berlin Underground*, pp. 35 – 36. See also Deutschkron, *Ich trug den gelben Stern*, p. 45.

122. Quoted in Kaplan, *Between Dignity and Despair*, p. 117. 这一短语来自 1937 年 2 月 6 日 Kurt Rosenberg 写给 Grete、Rudolf Eichenberg 的信。See Oliver Doetzer, *"Aus Menschen werden Briefe"*: *Die Korresondenz einer jüdischen Familie zwischen Verfolgung und Emigration 1933 – 1947* (Cologne, 2002), p. 1.

123. Hans Winterfeldt, "Deutschland. Ein Zeitbild 1920 – 1945" (1969 ms.), excerpts in Richarz, *Jüdisches Leben in Deutschland*, pp. 344 – 345.

第三章 毁灭一切的帝国

1. Elsa Morante, *History*: *A Novel* (New York, 1977), pp. 261, 268 – 269, 272.

2. Paul Salitter, "Bericht über die Evakuierung von Juden nach Riga vom 11. 12 – 17. 12. 1941," 26 Dec. 1941, reprinted in Günter von Roden, *Geschichte der Duisburger Juden*, vol. 2 (Duisburg, 1986), p. 872; Hans G. Adler, *Der verwaltete Mensch. Studien zur Deportation der Juden aus Deutschland* (Tübingen, 1974), pp. 581 – 582.

3. Entry for 14 Aug. 1944 in Victor Klemperer, *I Will Bear Witness 1942 – 1945*: *A Diary of the Nazi Years* (New York, 1998), p. 344; photo reproduced in Doris L. Bergen, *War and Genocide*: *A Concise History of the Holocaust* (Lanham, Md., 2003), p. 177. See also Samuel D. Kassow, *Who Will Write Our History? Emmanuel Ringelblum*, *the Warsaw Ghetto*, *and the Oyneg Shabes Archive* (Bloomington, Ind., 2007).

4. Ruth Andreas-Friedrich, *Berlin Underground*, *1938 – 1945* (New York, 1947). 这些信件实际上都被找到并寄出去了。埃蒂·希尔森记叙说，她和难友"唱着歌"前往奥斯维辛。参见 Etty Hillesum, *An Interrupted Life*: *The Diaries of Etty Hillesum*, *1941 – 1943* (New York, 1983), p. 13; 有人在特莱西恩施塔特和奥斯维辛之间的铁路旁拾到了艾丽丝·利希特（Alice Licht）的信。参见 Inge Deutschkron, *Ich trug den gelben Stern* (Munich, 1985), p. 131。

5. Martin Humburg, *Das Gesicht des Krieges. Feldpostbriefe von Wehrmachtssoldaten aus der Sowjetunion 1941 – 1944* (Opladen, 1998), pp. 18, 88.

6. Ortwin Buchbender and Reinhold Sterz, eds., *Das andere Gesicht des Krieges: Deutsche Feldpostbriefe 1939 – 1945* (Munich, 1982), p. 13; Christian Gerlach, *Kalkulierte Morde: Die deutsche Wirtschafts-und Vernichtungspolitik in Weissrussland 1941 bis 1944* (Hamburg, 2000), p. 33 n. 89; Walter Bähr and Hans W. Bähr, eds., *Kriegsbriefe gefallener Studenten 1939 – 1945* (Tübingen, 1952).

7. Albert Neuhaus to Agnes Neuhaus, 8 Sept. 1941 and 9 Feb. 1942, in Karl Reddemann, ed., *Zwischen Front und Heimat: Der Briefwechsel des Münsterischen Ehepaares Agnes und Albert Neuhaus 1940 – 1944* (Münster, 1996), pp. 304, 409.

8. Letter of A. N., Görlitz, 27 June 1940, quoted in Buchbender and Sterz, *Das andere Gesicht des Krieges*, p. 62; entry for 24 June 1941 in Paulheinz Wantzen, *Das Leben im Krieg. Ein Tagebuch* (Bad Homburg, 2000), p. 407; Klaus Latzel, *Deutsche Soldaten—nationalsozialistischer Krieg? Kriegserlebnis—Kriegserfahrung 1939 – 1945* (Paderborn, 1998), p. 297.

9. Letter of A. N., Görlitz, 27 June 1940, quoted in Buchbender and Sterz, *Das andere Gesicht des Krieges*, p. 62.

10. Albert Neuhaus to Agnes Neuhaus, 25 Sept. and 30 Nov. 1941 and 1 March 1942, Reddemann, *Zwischen Front und Heimat*, pp. 323, 362 – 363, 433.

11. Latzel, *Deutsche Soldaten—nationalsozialistischer Krieg?* p. 134. See also letter of 12 July 1940 in Marlies Tremper, ed., *Briefe des Soldaten Helmut N., 1939 – 1945* (Berlin, 1988), p. 70.

12. Letter of 12 April 1941, quoted in Latzel, *Deutsche Soldaten – nationalsozialistischer Krieg?* p. 46; ibid., p. 177.

13. Letters of 9 and 10 July 1941, Buchbender and Sterz, *Das andere Gesicht des Krieges*, pp. 73 – 74. See also Stephen G. Fritz, *Front-soldaten: The German Soldier in World War II* (Lexington, Ky., 1995), pp. 199 – 200.

14. Buchbender and Sterz, *Das andere Gesicht des Krieges*, p. 26. See also Klara Löffler, *Aufgehoben: Soldatenbriefe aus dem Zweiten Weltkrieg. Eine*

Studie zur subjektiven Wirklichkeit des Krieges (Bamberg, 1992), p. 61.

15. Entry for 12 Dec. 1941 in Joseph Goebbels, *Die Tagebücher von Joseph Goebbels. Sämtliche Fragmente*, ed. Elke Fröhlich (Munich, 1994), pt. II, vol. 2, p. 483; *Mitteilungen für die Truppe*, quoted in Marlis G. Steinert, *Hitler's War and the Germans: Public Mood and Attitude during the Second World War*, ed. and trans. Thomas E. J. de Witt (Athens, Ohio, 1977), p. 152.

16. Hans Olte (pseud.), letter of 26 Feb. 1942, Latzel, *Deutsche Soldaten - nationalsozialistischer Krieg?* p. 92; Albert Neuhaus to Agnes Neuhaus, 4 April and 11 Aug. 1942 and 23 May 1943, Reddemann, *Zwischen Front und Heimat*, pp. 485, 759, 851.

17. Latzel, *Deutsche Soldaten—nationalsozialistischer Krieg?* pp. 273, 90.

18. Hannes Heer, "How Amorality Became Normality: Reflections on the Mentality of German Soldiers on the Eastern Front," in Heer and Klaus Naumann, eds. , *War of Extermination: The German Military in World War II, 1941 - 44* (New York, 2000), pp. 331 - 332; Kleo Pleyer, *Volk im Feld* (Hamburg, 1943), p. 227; July 1941 letter quoted in Omer Bartov, *Hitler's Army: Soldiers, Nazis, and the War in the Third Reich* (New York, 1991), p. 26; and Hanns Wiedmann, *Landser, Tod, und Teufel: Aufzeichnungen aus dem Feldzug im Osten* (Munich, 1942), p. 11.

19. Joseph Goebbels, "Gespräche mit Frontsoldaten," *Das Reich*, 26 July 1942.

20. Notes dated 23 April and 24 June 1942, Reddemann, *Zwischen Front und Heimat*, pp. 500 - 501, 548 - 549.

21. Janina Struck, "My Duty Was to Take Pictures," *The Guardian*, 28 July 2005. See also Dieter Reifarth and Viktoria Schmidt-Linsenhoff, "Die Kamera der Täter," in Hannes Heer and Klaus Naumann, eds. , *Vernichtungskrieg: Verbrechen der Wehrmacht 1941 - 1944* (Hamburg, 1995); Wendy Lower, *Nazi Empire-Building and the Holocaust in Ukraine* (Chapel Hill, 2005), pp. 79 - 82.

22. Letter of 28 Sept. 1941, quoted in Sven Oliver Müller, "Nationalismus in der deutschen Kriegsgesellschaft 1939 bis 1945," in Jörg Echternkamp, ed. , *Die Deutsche Kriegsgesellschaft 1939 bis 1945*, 2 vols. (Munich, 2004), 2: 84.

23. Entry for 26 Nov. 1941 in Anna Haag, "Kriegstagebuch," in *Leben und gelebt werden* (Tübingen, 2003), pp. 252 – 253. See also David Bankier, *The Germans and the Final Solution: Public Opinion under Nazism* (Oxford, 1992), pp. 108 – 111, 115; Hans Mommsen, "What Did the Germans Know about the Genocide of the Jews?" in Walter H. Pehle, ed., *November 1938: From "Reichskristallnacht" to Genocide*, trans. William Templer (Oxford, 1991), pp. 187 – 221.

24. Walter Kempowski, *Das Echolot: Ein kollektives Tagebuch 16. 228. 2. 1943* (Munich, 1997), pp. 271, 127; Uwe Timm, *In My Brother's Shadow: A Life and Death in the SS*, trans. Anthea Bell (New York, 2005), p. 25.

25. On Austerlitz, Jean-Marc Dreyfus, " 'Almost Camps' in Paris: The Difficult Description of Three Annexes of Drancy—Austerlitz, Lévitan, and Bassano, July 1943 to August 1944," in Jonathan Petropoulos and John K. Roth, eds., *Gray Zones: Ambiguity and Compromise in the Holocaust and Its Aftermath* (New York, 2005), p. 228.

26. Alexander Rossino, *Hitler Strikes Poland: Blitzkrieg, Ideology and Atrocity* (Lawrence, Kans., 2003), pp. 2 – 9; Lower, *Nazi Empire-Building and the Holocaust*, pp. 3, 6.

27. A. J. P. Taylor, *The Origins of the Second World War* (New York, 1996); Gerhard L. Weinberg, *A World at Arms: A Global History of World War II* (Cambridge, Eng., 1994), especially pp. 54 – 55, 176 – 181.

28. Norman Goda, *Tomorrow the World: Hitler, Northwest Africa, and the Path toward America* (College Station, Tex., 1998).

29. Rossino, *Hitler Strikes Poland*, pp. 9 – 10.

30. Entry for 5 Sept. 1939 in the war diary of Gerhard M., in Heinrich Breloer, ed., *Mein Tagebuch: Geschichten vom Überleben 1939 – 1947* (Cologne, 1984), p. 34; Rossino, *Hitler Strikes Poland*.

31. Peter Longerich, *"Davon haben wir nichts gewusst!" Die Deutschen und die Judenverfolgung 1933 – 1945* (Berlin, 2006), p. 149, on *Der Angriff*, 24 and 26 Oct. 1939; Rossino, *Hitler Strikes Poland*, pp. 72, 154 – 169; Christopher R. Browning, *The Origins of the Final Solution: The Evolution of Nazi Jewish Policy, September 1939 – March 1942* (Lincoln, Neb., 2004), p. 17. Edwin Erich Dwinger 著 *Der Tod in Polen: Eine*

volksdeutsche Passion（Jena, 1940）被广泛用作培训手册，是纳粹进行欺骗宣传的重要证据。

32. Melita Maschmann, *Account Rendered: A Dossier on My Former Self*, ed. Geoffrey Strachan（London, 1964）, p. 59; Rossino, *Hitler Strikes Poland*, p. 202.

33. Quote from Alvensleben, Ian Kershaw, *Hitler 1936 – 1945: Nemesis*（New York, 2000）, pp. 242 – 243; instructions quoted in Elizabeth Harvey, *Women and the East: Agents and Witnesses of Germanization*（New Haven, 2003）, p. 80; entries for 14, 15, and 16 Oct. 1939 in Zygmunt Klukowski, *Diary of the Years of Occupation 1939 – 44*（Urbana, 1993）, pp. 40 – 42. See also entries for 12 Sept. and 3 and 4 Oct. 1939 in Alan Adelson, ed., *The Diary of David Siera kowiak: Five Notebooks from the Łodz Ghetto*（New York, 1996）, pp. 37, 46 – 47.

34. Entry for 19 Sept. 1939 in Franz Halder, *The Halder War Diary, 1939 – 1942*, ed. Charles Burdick and Hans-Adolf Jacobsen（Morato, Calif., 1988）, p. 57; Alvensleben quoted in Richard Breitman, *The Architect of Genocide: Himmler and the Final Solution*（New York, 1991）, p. 95; Martin Cüppers, *Wegbereiter der Shoah: Die Waffen SS, der Kommandostab Reichsführer – SS und die Judenvernichtung*（Darmstadt, 2005）, p. 53; Czeslaw Madajczyk, *Die Okkupationspolitik Nazideutschlands in Polen 1939 – 1945*（Berlin, 1987）, p. 15.

35. Browning, *Origins of the Final Solution*, p. 69.

36. Entry for 5 Nov. 1940, Goebbels, *Die Tagebücher*, pt. I, vol. 4, p. 387; and Goebbels *in Das Reich*, 5 Jan. 1941. See also Michael Wildt, *Generation des Unbedingten: Das Führungskorps des Reichssicher-heitshauptamtes*（Hamburg, 2002）.

37. Untitled document, probably from early 1940, R49/3073/21, BAB; Browning, *Origins of the Final Solution*, p. 13.

38. Hanns Johst, *Ruf des Reiches, Echo des Volkes*（Munich, 1940）, pp. 8, 24, 33, 37, 61 – 63, 68 – 69; Pohl to Brandt, 23 Nov. 1944, file for Hanns Johst, Berlin Document Center, A3343, SSO – 140A, NARA.

39. Entry for 5 Nov. 1940, Goebbels, *Die Tagebücher*, pt. I, vol. 4, p. 387.

40. Karl Schlögel, *Im Raume Lesen Wir die Zeit*（Munich, 2003）, p. 54;

Götz Aly and Susanne Heim, *Architects of Annihilation*: *Auschwitz and the Logic of Destruction* (1991; reprint, Princeton, 2002), p. 81.

41. Merkblatt für den Polizeibeamten zur Durchführung der Evakuierungen von polnischen Hofbesitzern," 9 May 1940, R75/3/7, BAB; "Verlauf der Evakuierung und Ansiedlung am 30. 3. 40," R75/3/ 5, BAB. 参阅一位曾在波兹南给一个来自里加的家庭当仆人的波兰女性的恐怖回忆: "Franziska F.," in Annekatrein Mandel, *Zwangsarbeit im Kinderzimmer*: *"Ostarbeiterinnen" in deutschen Familien von 1939 bis 1945* (Frankfurt, 1994), pp. 20 – 21。

42. Isabel Heinemann, *"Rasse, Siedlung, deutsches Blut"*: *Das Rasse-und Siedlungshauptamt der SS und die rassenpolitische Neuordnung Europas* (Göttingen, 2003), p. 289.

43. Memorandum prepared by the Reichsführer SS and Reichskommissar für die Festigung deutschen Volkstums, 16 Feb. 1942, R5/6774, BAB; Harvey, *Women and the East*, p. 84.

44. Madajczyk, *Die Okkupationspolitik Nazideutschlands*, pp. 77 – 78, 80; Sophie Jaki, "Unsere letzten Tagen in Stanislau," R69/161/15 – 18, BAB. In general, see Mechthild Rössler and Sabine Schleiermacher, eds. , *Der "Generalplan Ost"*: *Hauptlinien der nationalsozialisten Planungs-und Vernichtungspolitik* (Berlin, 1993).

45. Himmler quoted in Aly and Heim, *Architects of Annihilation*, pp. 86, 82 – 83; Harvey, *Women and the East*, p. 239.

46. Götz Aly, *"Final Solution"*: *Nazi Population Policy and the Murder of the European Jews* (London, 1999), pp. 76, 123; "Auszüge aus Briefen und Karten baltendeutscher Rückwanderer," R69/1223/12 – 18, BAB.

47. Aly and Heim, *Architects of Annihilation*, p. 89.

48. Aly, *"Final Solution,"* pp. 207 – 208.

49. Harvey, *Women and the East*, pp. 90, 155.

50. Ibid. , pp. 31, 190; and generally R49/3046, /3057, /3062, BAB. See also Martha Wegmann, "Allgemeine Stimmung der Siedler," Kreis Grätz, 9 Nov. 1942, R49/3062/4, BAB, as well as reports from Kreis Samter by Hermine Bungerberg, 2 Sept. 1942, R49/3062/11; from Ostrowo by Else Reichert, January 1943, R49/3062/12; and from Kreis Litzmannstadt-Land by Erna Berg, 1 March 1943, R49/3062/111. See also "In der neuen Heimat," *Der Arbeitsmann*, 20 Dec. 1941, NS5VI/19298, BAB.

51. "Eine moderne Völkerwanderung," *Der Neue Tag* (Prague), 27 May 1940, quoted in Adler, *Der verwaltete Mensch*, p. 171.

52. Irene Körner, "Bericht über meine Kindergartenarbeit im Kreise Leslau Warthegau" (1940); and Anni Klingel and Annerose Eberhardt, "Bericht über die Tätigkeit im Kindergarten zu Krosniewice" (1941?), R49/3051/1 – 11, /109 – 110, BAB; Wilhelm Hess, "Erlebnisbericht für die Kriegsgeschichte der EWZ," 25 May 1942, R69/40/60, BAB.

53. Helmut Koschorke, *Polizei greift ein!* *Kriegsberichte aus Ost, West, und Nord* (Berlin, 1941), p. 30; Harvey, *Women and the East*, p. 245.

54. Körner, "Bericht über meine Kindergartenarbeit"; Walter Hebenbrock, *Mit der NSV nach Polen* (Berlin, 1940), pp. 23 – 24.

55. Harvey, *Women and the East*, pp. 131 – 132.

56. Entries for 13 July and 20 July 1943 in Annemarie Landenberger, *Als Hamburger Lehrerin in der Kinderlandverschic-kung: Tagebuch 1943* (Hamburg, 1992), pp. 42, 46.

57. *Das Generalgouvernement: Reisehandbuch von Karl Baedeker* (Leipzig, 1943), pp. 50, 129; entry for 10 Jan. 1943 in Liselotte Orgel-Purper, *Willst Du meine Witwe werden? Eine deutsche Liebe im Krieg* (Berlin, 1995), p. 65.

58. Teacher from Thüringen quoted in Harvey, *Women and the East*, p. 278; Lower, *Nazi Empire-Building and the Holocaust*, p. 201; Andrej Angrick, *Besatzungspolitik und Massenmord: Die Einsatzgruppe D in der südlichen Sowjetunion 1941 – 1943* (Hamburg, 2003), p. 292.

59. Entry for 8 March 1945, Goebbels, *Die Tagebücher*, pt. II, vol. 15, p. 450.

60. Entries for 2 and 22 June 1940, ibid., pt. I, vol. 4, pp. 187, 213; "Eine neue Gründerzeit?" *Das Schwarze Korps*, 25 July 1940.

61. Ulrich Herbert, *Hitler's Foreign Workers: Enforced Foreign Labor in Germany under the Third Reich*, trans. William Templer (Cambridge, Eng., 1997), p. 107; entry for 30 Nov. 1941, Goebbels, *Die Tagebücher*, pt. II, vol. 2, p. 402.

62. Entry for 13 Dec. 1940, ibid., pt. I, vol. 4, p. 431; entry for 7 Oct. 1940, Wantzen, *Das Leben im Krieg*, p. 269; and Hans Hoeschen, *Zwischen Weichsel und Volga* (Gütersloh, 1943), p. 8.

63. No. 62792, 25 July 1945, Schedule B interviews, USSBS, RG 243,

box 512, folder 32, NARA; Norbert Frei, *1945 und Wir*: *Das Dritte Reich im Bewusstsein der Deutschen* (Munich, 2005), p. 118.

64. Kershaw, *Hitler 1936 – 1945*, pp. 345, 335.

65. Entry for 25 Feb. 1944, Goebbels, *Die Tagebücher*, pt. II, vol. 11, p. 348.

66. Adam Tooze, *The Wages of Destruction*: *The Making and Breaking of the Nazi Economy* (New York, 2007), pp. 476 – 480. See also Gerlach, *Kalkulierte Morde*, pp. 49 – 50.

67. Jörg Echternkamp, "Im Kampf an der inneren und äusseren Front. Grundzüge der deutschen Gesellschaft im Zweiten Weltkrieg," in Echternkamp, *Die Deutsche Kriegsgesellschaft*, 1: 58.

68. Peter Longerich, *Politik der Vernichtung*: *Eine Gesamtdars-tellung der nationalsozialistischen Judenverfolgung* (Munich, 1998), pp. 299 – 301.

69. Entry for 22 June 1941, Goebbels, *Die Tagebücher*, pt. I, vol. 4, pp. 710 – 711, 719 – 720. 电影参见 entry for 30 July 1940, ibid., p. 259; and "'Vom Winde verweht,'" *Das Reich*, 29 Oct. 1944。德国人的反应参见 USSBS, RG 243, NARA 中收集的采访内容。

70. Dölker-Rehder and A. N. diary excerpts for 22 June 1941, Kempowski, *Das Echolot*, pp. 20 – 21, 46; Agnes to Albert Neuhaus, 6 July 1941, Reddemann, *Zwischen Front und Heimat*, p. 253.

71. Entry for 22 June 1941, Klemperer, *I Will Bear Witness*, p. 390. See also Angrick, *Besetzungspolitik und Massenmord*, p. 37.

72. Entry for 29 June 1941, Andreas-Friedrich, *Berlin Underground*, p. 69. On Dietrich, see Aristotle A. Kallis, "Der Niedergang der Deutungsmacht. Nationalsozialistische Propaganda im Kriegsverlauf," in Echternkamp, *Die Deutsche Kriegsgesellschaft*, 2: 209.

73. Christa Wolf, *Patterns of Childhood* (New York, 1980), p. 172. On *Erlebnisgemeinschaft*, see Birthe Kundrus, "Totale Unterhaltung? Die kulturelle Kriegführung 1939 bis 1945 im Film, Rundfunk und Theater," in Echternkamp, *Die Deutsche Kriegsgesellschaft*, 2: 116.

74. Entry for 16 June 1941, Goebbels, *Die Tagebücher*, pt. I, vol. 4, p. 695; Smith quoted in Ernest K. Bramsted, *Geobbels and National Socialist Propaganda*, *1925 – 1945* (East Lansing, 1965), p. 246.

75. Entries for 17 Aug. and 8 Sept. 1941 in Lore Walb, *Ich, die Alte,*

ich, *die Junge*: *Konfrontation mit meinem Tagebüchern 1933 – 1945* (Berlin, 1997), pp. 227 – 228; Harry W. Flannery, *Assignment to Berlin* (New York, 1942), p. 380; entry for 11 Aug. 1941, Halder, *War Diary*, p. 506. 德国人经常用"我们正在自己打死自己"(wir siegen uns todt) 描述他们在俄国的困境。参阅战后采访 USSBS, RG 243, NARA。

76. Speech quoted in Ian Kershaw, *The "Hitler Myth": Image and Reality in the Third Reich* (Oxford, 1987), p. 174; Howard K. Smith, *Last Train from Berlin* (New York, 1942), pp. 88 – 90.

77. *Völkischer Beobachter*, 10 Oct. 1941; entry for 9 Oct. 1941, Klemperer, *I Will Bear Witness*, p. 439. See also entry for 24 Sept. 1941, Goebbels, *Die Tagebücher*, pt. II, vol. 1, p. 481.

78. Entry for 1 Jan. 1942 in Lili Hahn, . . . *bis alles in Scherben fällt. Tagebuchblätter 1933 – 1945* (Cologne, 1979), p. 430; Goebbels quoted in *Völkischer Beobachter*, 21 Dec. 1941.

79. Göring quoted in Jost Dülffer, *Deutsche Geschichte 1933 – 1945: Führerglaube und Vernichtungskrieg* (Stuttgart, 1992), p. 125.

80. Longerich, *Politik der Vernichtung*, p. 269.

81. Aly, "*Final Solution*," p. 59. See also Wolf Gruner, "Von der Kollektivausweisung zur Deportation der Juden aus Deutschland (1938 – 1945): Neue Perspektiven und Dokumente," in Birthe Kundrus and Beate Meyer, eds., *Deportation der Juden aus Deutschland: Pläne, Praxis, Reaktionen 1938 – 1945* (Göttingen, 2004), pp. 39, 40.

82. Browning, *Origins of the Final Solution*, pp. 69, 83.

83. Aly, "*Final Solution*," p. 92; Browning, *Origins of the Final Solution*, pp. 85 – 86.

84. Longerich, *Politik der Vernichtung*, p. 274.

85. Aly, "*Final Solution*," pp. 109, 125.

86. Longerich, *Politik der Vernichtung*, pp. 324, 342 – 343; Gerlach, *Kalkulierte Morde*, pp. 536 – 537.

87. Longerich, "*Davon haben wir nichts gewusst!*" pp. 159 – 160.

88. Himmler quoted in Lower, *Nazi Empire-Building and the Holocaust*, pp. 8, 76; Wendy Lower, " ' Anticipatory Obedience ' and the Nazi Implementation of the Holocaust in the Ukraine: A Case Study of Central and Peripheral Forces in the Generalbezirk Zhytomyr, 1941 – 144," *Holocaust and*

Genocide Studies 16 (spring 2002), pp. 1 – 22.

89. Browning, *Origins of the Final Solution*, p. 309; Kershaw, *Hitler 1936 – 1945*, p. 400; entry for 5 July 1941 in H. R. Trevor-Roper, ed., *Hitler's Secret Conversations*, 1941 – 1944 (New York, 1972), p. 4.

90. Longerich, *Politik der Vernichtung*, p. 372; Saul Friedländer, *The Years of Extermination: Nazi Germany and the Jews 1939 – 1945* (New York, 2007), pp. 238 – 239.

91. Longerich, *Politik der Vernichtung*, p. 385.

92. Gerlach, *Kalkulierte Morde*, p. 574.

93. Kershaw, *Hitler 1936 – 1945*, p. 468. See also Wolfgang Scheffler, "Die Einsatzgruppe A 1941/42," in Peter Klein, ed., *Die Einsatzgruppen in der besetzten Sowjetunion 1941/42. Die Tätigkeits-und Lageberichte des Chefs der Sicherheitspolizei und des SD* (Berlin, 1997), p. 35; Christian Gerlach, "Die Einsatzgruppe B 1941/42," ibid., pp. 58 – 59.

94. Sybille Steinbacher, "In the Shadow of Auschwitz: The Murder of the Jews of East Upper Silesia," in Ulrich Herbert, ed., *Nationalsocialist Extermination Policies: Contemporary German Perspectives and Controversies* (New York, 2000), pp. 287 – 288.

95. Longerich, *Politik der Vernichtung*, p. 391; G. F. Krivosheev, *Soviet Casualties and Combat Losses in the Twentieth Century* (London, 1997), p. 96.

96. See also John Garrard and Carol Garrard, *The Bones of Berdichev: The Life and Fate of Vasily Grossman* (New York, 1996).

97. Hartmut Rüss, "Wer war verantwortlich für das Massaker von Babij Jar?" *Militärgeschichtliche Mitteilungen 57* (1998), pp. 483 – 508; "Operational Situation Report USSR No. 97," entry for 28 Sept. 1941, in Yitzchak Arad, Shmuel Krakowski, and Shmuel Spector, eds., *The Einsatzgruppen Reports: Selections from the Dispatches of the Nazi Death Squads' Campaign against the Jews*, *July 1941 – January 1943* (New York, 1989), p. 165.

98. 这实际上明确地说出了 1941 年 9 月底党卫军讨论的与游击队作战的前提条件。See Gerlach, *Kalkulierte Morde*, p. 566.

99. Quoted in Wolfram Wette, *The Wehrmacht: History*, *Myth*, *Reality*, trans. Deborah Lucas Schneider (Cambridge, 2006), pp. 117 – 118.

100. Testimony of the driver Höfer in Michael Berenbaum, ed. , *Witness to the Holocaust* (New York, 1997), pp. 138 – 139.

101. Longerich, *Politik der Vernichtung*, pp. 378, 377.

102. Entry for 11 Oct. 1941 in Willy Cohn, *Als Jude in Breslau 1941*, ed. Joseph Walk (Gerlingen, 1984), p. 106; Karl Dürkefälden, " *Schreiben wie es wirklich war . . .* " *Aufzeichungen Karl Dürkefäldens aus den Jahren 1933 – 1945*, ed. Herbert Obenaus and Sibylle Obenaus (Hanover, 1985), pp. 107, 110; entry for 19 April 1942, Klemperer, *I Will Bear Witness*, p. 41; Wette, *The Wehrmacht*, p. 112.

103. Entries for 23 July 1941 and 5 April 1943 in Kazimierz Sakowicz, *Ponary Diary 1941 – 1943 : A Bystander's Account of a Mass Murder* (New Haven, 2005), pp. 13, 81. See also Christopher R. Browning, *Ordinary Men : Reserve Police Battalion 101 and the Final Solution in Poland* (New York, 1992), p. 152; Scheffler, " Die Einsatzgruppe A 1941/42 , " p. 36.

104. *True to Type : A Selection from Letters and Diaries of German Soldiers and Civilians Collected on the Soviet-German Front* (London, n. d. [1943]), p. 29.

105. Bernd Boll and Hans Safrian, " On the Way to Stalingrad : The 6th Army in 1941 – 42 , " in Heer and Naumann, *War of Extermination*, p. 249; Hannes Heer, " Killing Fields : The Wehrmacht and the Holocaust in Belorussia, 1941 – 42 , " ibid. , p. 66; Erich Mirek, " Enthüllung Faschistischer Grausamkeiten, " in *In den Wäldern Belorusslands : Erinnerungen sowjetischer Partisanen und deutscher Antifaschisten* (Berlin, 1977), p. 126.

106. Jürgen Matthäus, " Operation Barbarossa and the Onset of the Holocaust, June-December 1941 , " in Browning, *Origins of the Final Solution*, p. 297.

107. Heydenrich quoted in *True to Type*, p. 31; company commander quoted in Heer, " Killing Fields, " p. 62; Thomas Kühne, *Kameradschaft : Die Soldaten des nationalsozialistischen Krieges und das 20. Jahrhundert* (Göttingen, 2006), p. 174. In addition, see Browning, *Ordinary Men.*

108. Angrick, *Besatzungspolitik und Massenmord*, pp. 79 – 80; Scheffler, " Der Einsatzgruppe A 1941/42 , " p. 30; Longerich, *Politik der Vernichtung*, pp. 304 – 310; Rossino, *Hitler Strikes Poland*, pp. 27 – 57; and Jürgen Matthäus, Konrad Kwiet, and Jürgen Förster, eds. , *Ausbildungsziel*

Judenmord? "Weltanschauliche Erziehung" von SS, Polizei, und Waffen-SS im Rahmen der "Endlösung" (Frankfurt, 2003).

109. Harald Welzer, Täter: Wie aus ganz normalen Menschen Massenmörder werden (Frankfurt, 2005), p. 40.

110. Fritz Jacob to Rudolf Quener, 5 May and 21 June 1942, quoted and discussed in Frank Bajohr, " '. . . dann bitte keine Gefühlsduseleien. ' Die Hamburger und die Deportationen," in Forschungsstelle für Zeitgeschichte, Hamburg, ed., Die Deportationen der Hamburger Juden 1941 – 1945 (Hamburg, 2002), pp. 20 – 21.

111. Kempowski, Das Echolot, p. 88. Generally, Hannes Heer, Tote Zonen: Die deutsche Wehrmacht an der Ostfront (Hamburg, 1999), pp. 120 – 123.

112. Goebbels' diary entry for 19 Aug. 1941, quoted in Christopher R. Browning, Nazi Policy, Jewish Workers, German Killers (Cambridge, Eng. , 2000), p. 35.

113. Himmler to Greiser, 18 Sept. 1941, NS19/2655, BAB. See Tobias Jersak, "Entscheidungen zu Mord und Lüge. Die deutsche Kriegsgesellschaft und der Holocaust," in Echternkamp, Die Deutsche Kriegsgesellschaft, 1: 304 – 310; Philippe Burrin, Hitler and the Jews: The Genesis of the Holocaust (London, 1994); Peter Witte, "Two Decisions concerning the Final Solution to the Jewish Question," Holocaust and Genocide Studies 9 (1995), p. 330.

114. Browning, Origins of the Final Solution, p. 371; Witte, "Two Decisions concerning the Final Solution," pp. 321, 329.

115. Himmler quoted in Browning, Origins of the Final Solution, p. 325; Himmler to Uebelhoer, 9 Oct. 1941, NS19/2655/38 – 39, BAB.

116. The opening line in Adler, Der verwaltete Mensch, p. 3.

117. Gustavo Corni, Hitler's Ghettos: Voices from a Beleaguered Society, 1939 – 1944 (London, 2002), pp. 35, 37; Max Kaufmann, Churbn Lettland. Die Vernichtung der Juden Lettlands (1947; reprint, Konstanz, 1999), pp. 93 – 116.

118. Christian Gerlach, "The Wannsee Conference, the Fate of German Jews, and Hitler's Decision in Principle to Exterminate All European Jews," Journal of Modern History 70 (1998), pp. 769 – 771; Browning, Origins of the Final Solution, p. 399; Jersak, "Entscheidungen zu Mord und Lüge,"

pp. 335 – 337.

119. Gerlach, "The Wannsee Conference, the Fate of German Jews," p. 798; Longerich, *Politik der Vernichtung*, pp. 467 – 471. See also entry for 30 May 1942, Goebbels, *Die Tagebücher*, pt. II, vol. 4, p. 406.

120. Raul Hilberg, *The Destruction of the European Jews* (New Haven, 2003), pp. 448, 628; Eichmann quoted in Aly, "*Final Solution*," p. 265.

121. Ruth Kluger, *Still Alive: A Holocaust Girlhood Remembered* (New York, 2001), p. 70. See also Sybille Steinbacher, *Auschwitz: A History* (New York, 2005), p. 109.

122. Browning, *Origins of the Final Solution*, p. 370.

123. Entry for 13 Dec. 1941, Goebbels, *Die Tagebücher*, pt. II, vol. 2, pp. 498 – 499; *Browning, Origins of the Final Solution*, pp. 407 – 409.

124. Elisabeth Freund, "Zwangsarbeit Berlin 1941" (ms. dated Havana, December 1941), in Monika Richarz, ed. , *Jüdisches Leben in Deutschland. Selbstzeugnisse zur Sozialgeschichte 1918 – 1945* (Stuttgart, 1982), p. 381; Smith, *Last Train from Berlin*, p. 197. See also Jeffrey Herf, *The Jewish Enemy: Nazi Propaganda during World War II and the Holocaust* (Cambridge, 2006).

125. Goebbels, "Die Juden sind schuld!" *Das Reich*, 16 Nov. 1941.

126. Ibid. ; entry for 28 Oct. 1941, Goebbels, *Die Tagebücher*, pt. II, vol. 2, pp. 193 – 195.

127. Newspaper quoted in entry for 3 Oct. 1941, Haag, *Leben und gelebt werden*, p. 245.

128. Entries for 25 and 28 Sept. and 19 Oct. 1941, Wantzen, *Das Leben im Krieg*, pp. 551, 567, 594; Ursel, letter of 23 Sept. 1941 in Jürgen Reulecke and Anatoly Golovchansky, eds. , "*Ich will raus aus diesem Wahnsinn*": *Deutsche Briefe von der Ostfront 1941 – 1945* (Wuppertal, 1991), p. 35. 根据 Longerich 著 *Davon haben wir nichts gewusst!* 第 197 页，明登（Minden）也流传着类似的流言。这一"地方消息"很快成为纳粹宣传的内容之一。See Maurer, "Wie sich die Juden tarnen," *Der Stürmer*, 20 Nov. 1941.

129. Entries for 24 Jan. , 13 Feb. , and 24 March 1942, Goebbels, *Die Tagebücher*, pt. II, vol. 3, pp. 177 – 178, 298, 535; and entries for 2 and 17 April and 14 May 1942, ibid. , vol. 4, pp. 40 – 41, 117 – 18, 288. See

alse Georges Bonnet, *Dans la tourmente 1938 - 1948* (Paris, 1971), pp. 241 - 243; Ron Roizen, "Herschel Grynszpan: The Fate of a Forgotten Assassin," *Holocaust and Genocide Studies* 1 (1986), pp. 217 - 228; and Gerald Schwab, *The Day the Holocaust Began: The Odyssey of Herschel Grynszpan* (New York, 1990).

130. Entry for 10 May 1943, Goebbels, *Die Tagebücher*, pt. II, vol. 8, p. 261. In general, Herf, *The Jewish Enemy*.

131. Heinrich Himmler, "Rede des Reichsführer-SS bei der Gruppen-führertag in Posen am 4. Oktober 1943," NS19/4010, BAB.

132. Hilberg, *Destruction of the European Jews*, p. 423.

133. "Hitler and the Beginning of the Systematic Murder of European Jewry in Spring 1942," "Holocaust Denial on Trial," http://www.hdot.org/evidence/pl118.asp; Wolf to Ganzmüller, 13 Aug. 1942, NS19/2655/64, BAB.

134. Browning, *Nazi Policy*, *Jewish Workers*, p. 57; Longerich, *Politik der Vernichtung*, pp. 488 - 489; Charlotte Delbo, *Auschwitz and After*, trans. Rosette C. Lamont (New Haven, 1995), p. 4.

135. Longerich, *Politik der Vernichtung*, pp. 497, 508; Danuta Czech, *Auschwitz Chronicle*, *1939 - 1945* (New York, 1990), pp. 198 - 199.

136. Himmler to Chef des SS-Wirtschafts-Verwaltungshauptamtes Obergruppenführer Pohl and Chef des Hauptamtes Volksdeutsche Mittelstelle SS - Obergruppenführer Lorenz, 24.10.42, NS19/1801/ 175, BAB; Steinbacher, *Auschwitz*, p. 128; Andrezj Strzelecki, "The Plunder of Victims and Their Corpses," in Yisrael Gutman and Michael Berenbaum, *Anatomy of the Auschwitz Death Camp* (Bloomington, Ind. , 1994), p. 256.

137. Sybille Steinbacher, "*Musterstadt*" *Auschwitz: German-isierungspolitik und Judenmord in Ostoberschlesien* (Munich, 2000), p. 240, and also pp. 185 - 187, 242, 245; Gudrun Schwarz, *Eine Frau an seiner Seite: Ehefrauen in der "SS-Sippengemeinschaft"* (Hamburg, 1997). See also *Das Generalgouvernement*, p. 10.

138. Norbert Frei, "Auschwitz und die Deutschen," in *1945 und Wir*, p. 157, quoting Marianne B's diary entry and its original emphasis from September 1943.

139. Himmler quoted in Longerich, *Politik der Vernichtung*, p. 506.

140. Christian Gerlach and Götz Aly, *Das letzte Kapitel: Realpolitik, Ideologie, und der Mord an den ungarischen Juden 1944/45* (Stuttgart, 2002). On the hotline, Tooze, *The Wages of Destruction*, p. 671.

141. Peter Steinberg, *Journey to Oblivion: The End of the East European Yiddish and German Worlds in the Mirror of Literature* (Toronto, 1991), pp. 9 – 10.

142. Vegas Gabriel Liulevicius, *War Land on the Eastern Front: Culture, National Identity, and German Occupation in World War I* (Cambridge, Eng. , 2000), p. 8.

143. Tony Judt, "From the House of the Dead," in *Postwar: A History of Europe since 1945* (New York, 2005).

144. See Wolfgang Benz, ed. , *Dimensionen des Völkermordes: Die Zahl der jüdischen Opfer des Nationalsozialismus* (Munich, 1991).

第四章　洞察

1. Entry for 10 March 1943 in Lisa de Boor, *Tagebuchblätter. Aus den Jahren 1938 – 1945* (Munich, 1963), p. 135.

2. Willy Peter Reese, *A Stranger to Myself. The Inhumanity of War: Russia, 1941 – 1944*, trans. Michael Hofmann (New York, 2005), p. 108; entry for 6 Sept. 1943 in Joseph Goebbels, *Die Tagebücher von Joseph Goebbels. Sämtliche Fragmente*, ed. Elke Fröhlich (Munich, 1994), pt. II, vol. 9, p. 435.

3. Entry for 1 – 3 Jan. 1943, de Boor, *Tagebuchblätter*, p. 127. See also entry for 30 Nov. 1944 in Ursula von Kardorff, *Berliner Aufzeichnungen: Aus den Jahren 1942 bis 1945*, ed. Peter Hartl (1962; reprint, Munich, 1992), p. 264; and entries for 11 Sept. 1943 and 30 Nov. 1944 in "Tagebuch 6. Juli 1942 – 17. Nov. 1943. 7. Buch," Nachlass Franz von Göll, Landesarchiv Berlin, E Rep. 200 – 43, Acc. 3221, Nrs. 7, 8. 外国劳工参见 Ulrich Herbert, *Hitler's Foreign Workers: Enforced Foreign Labor in Germany under the Third Reich*, trans. William Templer (Cambridge, Eng. , 1997)。

4. Alfred Mierzejewski, *The Most Valuable Asset of the Reich: A History of the German National Railway*, 2 vols. (Chapel Hill, 2000), 2: 127; Primo Levi, *The Drowned and the Saved* (New York, 1988), p. 107.

5. Hanns Johst, *Ruf des Reiches*, *Echo des Volkes*（Munich, 1940）, pp. 5 - 6.

6. Entry for 2 - 5 Feb. 1941, de Boor, *Tagebuchblätter*, p. 70; René Schindler, *Ein Schweizer erlebt das geheime Deutschland*（Zurich, 1945）, pp. 7 - 8; entries for 27 - 30 July and "End of August" 1943, de Boor, *Tagebuchblätter*, pp. 149, 152.

7. Karola Fings, "Sklaven für die 'Heimatfront.' Kriegsgesellschaft und Konzentrationslager," in Jörg Echternkamp, ed., *Die Deutsche Kriegsgesellschaft 1939 bis 1945*, 2 vols.（Munich, 2004）, 1: 220, 248, 260; Gerald Reitlinger, *The Final Solution*（New York, 1953）, p. 486; Adam Tooze, *The Wages of Destruction*: *The Making and Breaking of the Nazi Economy*（New York, 2007）, p. 519.

8. Charlotte Delbo, *Auschwitz and After*, trans. Rosette C. Lamont（New Haven, 1995）, pp. 182 - 184.

9. Christopher Browning, *Ordinary Men*: *Reserve Police Battalion 101 and the Final Solution in Poland*（New York, 1992）, pp. 67, 105; Marlis G. Steinert, *Hitler's War and the Germans*: *Public Mood and Attitude during the Second World War*, ed. and trans. Thomas E. J. de Witt（Athens, Ohio, 1977）, p. 145.

10. Martin Doerry, "*Mein verwundetes Herz*": *Das Leben der Lilli Jahn 1900 - 1944*（Stuttgart, 2002）, pp. 156, 216, 242 - 243.

11. 这件事的另一个版本是赫塔·法伊纳（Hertha Feiner）竭力劝说登记为基督徒的半犹太人女儿，让她们理解，只有从瑞士的寄宿学校回到柏林，她们和母亲才能构成不同宗教信仰的"混合家庭"，才能挽救她们的犹太母亲。See letter of 19 June 1942 in Hertha Feiner, *Vor der Deportation. Briefe an die Töchter Januar 1939 - Dezember 1942*（Frankfurt, 1993）, p. 114. In Pawels Briefe. 在 *Eine Familiengeschichte*（Frankfurt, 1999）中，莫妮卡·马隆（Monika Maron）表达了对家人那么快在世纪之交就忘了自己波兰犹太人出身、忘记了1939~1942年给被迁移的父母的那些悲伤的信件，以及1933年之前在柏林贫困的租房生活的惊讶。

12. "Piskowitz, February 19, Monday afternoon," in Victor Klemperer, *I Will Bear Witness 1942 - 1945*: *A Diary of the Nazi Years*（New York, 1998）, p. 415; Inge Deutschkron, *Ich trug den gelben Stern*（Munich, 1985）.

13. Ruth Kluger, *Weiter leben* (Gottingen, 1992), p. 171; idem, *Still Alive: A Holocaust Girlhood Remembered* (New York, 2001), p. 146.

14. Entries for 15, 18, 22, 23, and 25 Sept. 1941, Klemperer, *I Will Bear Witness*, pp. 429, 433, 435 – 436.

15. Elisabeth Freund, "Zwangsarbeit Berlin 1941," in Monika Richarz, ed., *Jüdisches Leben in Deutschland. Selbstzeugnisse zur Sozialgeschichte 1918 – 1945* (Stuttgart, 1982), p. 381. 乌尔苏拉·冯·卡多夫从 1943 年 3 月 3 日开始的经历也类似。她讲到她遇到的一个工人。"他在电车上给一个犹太人让座：'坐下吧，你这个流星。'① 当一个纳粹党员表示不满时，他说：'我有权决定自己的屁股放在哪里。'" See *Berliner Aufzeichnungen*, p. 72.

16. Entry for 19 Aug. 1941, Goebbels, *Die Tagebücher*, pt. II, vol. 1, p. 266.

17. 这一语义含糊的话引自 1941 年 11 月总部位于符腾堡的犹太社区联盟（Union of Jewish Communities）发布的文件。See Karl Heinz Mistele, *The End of the Community: The Destruction of the Jews of Bamberg, Germany 1938 – 1942*, trans. Jacob Feuchtwanger (Hoboken, 1995), pp. 116 – 117.

18. Freund, "Zwangsarbeit Berlin 1941," p. 383; entry for 28 Nov. 1941, Klemperer, *I Will Bear Witness*, p. 446.

19. 引自一份未标日期的备忘录（大约写于 1942 年），该备忘录出自柏林的犹太群体之手。In Hans G. Adler, *Der verwaltete Mensch. Studien zur Deportation der Juden aus Deutschland* (Tübingen, 1974), p. 403. See also p. 399.

20. Angelika Eder, "Die Deportationen im Spiegel lebens-geschichtlicher Interviews," in Forschungsstelle fur Zeitgeschichte, Hamburg, ed., *Die Deportationen der Hamburger Juden 1941 – 1945* (Hamburg, 2002), p. 48.

21. Deutschkron, *Ich trug den gelben Stern*, pp. 99 – 100; Alfred Kaufmann quoted in Monica Kingreen, "'Wir werden darüber hinweg kommen': Letzte Lebenszeichen deportierter hessischer Juden. Eine dokumentarische Annäherung," in Birthe Kundrus and Beate Meyer, eds.,

---

① 流星，源自"sternschnuppe"，是对犹太人的戏谑称呼。——译者注

Deportation der Juden aus Deutschland: Pläne, Praxis, Reaktionen 1938 – 1945 (Göttingen, 2004), p. 99.

22. Beate Meyer, "Handlungsspielräume regionaler jüdischer Repräsentanten (1941 – 1945): Die Reichsvereinigung der Juden in Deutschland und die Deportationen," in Kundrus and Meyer, *Deportation der Juden aus Deutschland*, pp. 76 – 77; entries for 16, 17, and 19 Oct. 1941 in David Sierakowiak, *The Diary of David Sierakowiak: Five Notebooks from the Łódź Ghetto* (New York, 1996), pp. 141 – 142; Saul Friedländer, *The Years of Extermination: Nazi Germany and the Jews 1939 – 1945* (New York, 2007), p. 312.

23. Ministry of the Interior, Schnellbrief to all Staatspolizei (leit) stellen, 24 March 1942, R58/276/332, BAB.

24. Letter of Selma Fleischer, 27 April 1942, in Hanne Hiob and Gerd Keller, eds., *"Wir verreisen . . ." In die Vernichtung. Briefe 1937 – 1944* (Hamburg, 1993), p. 81; entry for 26 June 1942, Klemperer, *I Will Bear Witness*, p. 87.

25. Entries for 22 Dec. 1941 and 19 May 1942, Klemperer, *I Will Bear Witness*, pp. 451, 55.

26. Letters of Selma Fleischer, 7 Dec. 1941 and 18 Aug. 1942, and letter of Nanny Fleischer, 14 Oct. 1941, in Hiob and Keller, *"Wir verreisen,"* pp. 68, 96, 100.

27. Kingreen, "'Wir werden darüber hinweg kommen,'" pp. 87 – 88, 95; Alexandra Garbarini, *Numbered Days: Diaries and the Holocaust* (New Haven, 2006), p. 65; for Leipzig, Marion Kaplan, *Between Dignity and Despair: Jewish Life in Nazi Germany* (New York, 1998), p. 187; Adler, *Der verwaltete Mensch*, pp. 408, 581.

28. 例子参见 entries for 23 May and 11 June 1942, Klemperer, *I Will Bear Witness*, pp. 57 – 58, 73; and entry for 16 Oct. 1942, 同上书, p. 155。

29. Entries for 17 Jan. 1944 and 27 Feb. 1943, ibid., pp. 290, 203 – 204.

30. Entries for 15 Sept. and 24 Oct. 1944, ibid., pp. 358, 371.

31. Kurt Lindenberg quoted in Beate Kosmala, "Zwischen Ahnen und Wissen: Flucht vor der Deportation (1941 – 1943)," in Kundrus and Meyer, *Deportation der Juden aus Deutschland*, p. 154; Garbarini, *Numbered Days*,

p. 114.

32. Kosmala, "Zwischen Ahnen und Wissen," p. 136.

33. Kaplan, *Between Dignity and Despair*, pp. 180, 184; Lothar Bembenek and Horst Dickel, *Ich bin kein deutscher Patriot mehr*, *jetzt bin ich Jude*: *Die Vertreibung jüdischer Bürger aus Wiesbaden* (*1933 – 1947*) (Wiesbaden, 1991), p. 128. See also Monika Richarz, "Einführung," in Richarz, *Jüdisches Leben in Deutschland*, p. 65.

34. Schindler quoted in Kosmala, "Zwischen Ahnen und Wissen," p. 142; Raul Hilberg, *The Destruction of the European Jews* (New Haven, 2003), p. 483.

35. See entries for 20 Oct. and 25 Nov. 1941 and 25 Jan. and 10 Dec. 1942 in Jochen Klepper, *Unter dem Schatten Deiner Flügel*: *Aus den Tagebüchern der Jahre 1932 – 1942* (Stuttgart, 1955), pp. 969 – 970, 992, 1029, 1133.

36. Kosmala, "Zwischen Ahnen und Wissen," pp. 138 – 139; Lindenberg quoted in ibid., p. 150.

37. Kingreen, "'Wir werden darüber hinweg kommen,'" p. 109. 1943 年底，丹麦犹太人被迁移到特莱西恩施塔特后，瑞典、瑞士和丹麦开始质疑纳粹的反犹政策。1944 年 6 月 23 日，这三个国家的代表和国际红十字会官员被带到一个经过精心收拾的营区。调查人员相信了纳粹的谎言，以为特莱西恩施塔特是被迁移犹太人的目的地，而不是中转营。看到"幼儿园"里孩子们玩耍的情景，调查人员拍了照片，"兴致勃勃"地走了。他们谢绝了德国人请他们参观专门设在奥斯维辛－比克瑙"家庭营"的机会。在那个家庭营里，被关押的犹太人不许向外界提及毒气室和奴隶劳动的事情。他们可以写信和收信（地址是："Birkenau, bei Neuberun, Ost Oberschlesien)。这个家庭营显然是用来欺骗特莱西恩施塔特居民的。那些居民与外面的世界接触较多，知道犹太人被迁移到奥斯维辛的真相。那个家庭营很可能是专门为应付国际调查而建立的。1944 年 7 月 7 日，第二个"家庭营"完成了它的使命之后，它就被拆掉，先前关着的囚犯被送到毒气室。See the correspondence in R58/89, BAB, and especially the 27 June 1944 report by Dr. Rossel, R58/89/24. 关于家庭营，参见 Nili Keren, "The Family Camp," in Yisrael Gutman and Michael Berenbaum, eds., *Anatomy of the Auschwitz Death Camp* (Bloomington, Ind., 1994); and Mark Roseman, *A Past in Hiding*: *Memory and Survival in Nazi*

Germany（New York，2000）。关于地址，参见 Martin Gilbert，"What Was Known and When，" in Gutman and Berenbaum，*Anatomy*，p. 548。

38. Deutschkron，*Ich trug den gelben Stern*，p. 119；entry for 17 Jan. 1943，Klemperer，*I Will Bear Witness*，p. 117.

39. 关于抱怨，参见 Rissen to Brandt，4 March 1943，NS19/3492/6，BAB。

40. Entry for 18 April 1943，见 Goebbels，*Die Tagebücher*，pt. II，vol. 8，p. 126；entry for 26 April 1943 in Victor Klemperer，*Ich will Zeugnis ablegen bis zum letzten. Tagebücher 1942 – 1945*（Berlin，1995），p. 361.

41. See the remarkable document written by Ernst Krombach，dated 22 Aug. 1942，discussed and quoted in Roseman，*A Past in Hiding*，pp. 182 – 196.

42. Quoted in Sandra Ziegler，*Gedächtnis und Identität der KZErfahrung. Niederländische und deutsche Augenzeugenberichte des Holocaust*（Würzburg，2006），p. 38.

43. 同上书，p. 214。

44. Garbarini，*Numbered Days*，p. 84. See also David Engel，" 'Will They Dare？'：Perceptions of Threat in Diaries from the Warsaw Ghetto，" in Robert Moses Shapiro，ed. ，*Holocaust Chronicles：Individualizing the Holocaust through Diaries and Other Contemporaneous Personal Accounts*（Hoboken，1999），pp. 78 – 79.

45. Entry for 27 May 1943，Klemperer，*I Will Bear Witness*，p. 61；Klüger，*Weiter leben*，p. 139.

46. See entries for 28 Aug. ，21 Sept. ，and 1 Nov. 1942 in Abraham Lewin，*A Cup of Tears：A Diary of the Warsaw Ghetto*（Oxford，1988），pp. 171，184，197，and also 38 – 40；Margarete Holländer quoted in Garbarini，*Numbered Days*，p. 91.

47. Garbarini，*Numbered Days*，p. 2；Alexandra Zapruder，ed. ，*Salvaged Pages：Young Writers' Diaries of the Holocaust*（New Haven，2002），p. 306.

48. See the appendices and preface to Irène Némirovsky，*Suite Française*，trans. Sandra Smith（New York，2006），pp. 351，394.

49. Entry for 4 Feb. 1944 in Ruth Andreas-Friedrich，*Berlin Underground，1938 – 1945*（New York，1947），p. 116.

50. Christel Beilmann quoted in Tobias Jersak, "Eintscheidungen zu Mord und Lüge. Die deutsche Kriegsgesellschaft und der Holocaust," in Echternkamp, *Die Deutsche Kriegsgesellschaft*, p. 349. See also Sybille Steinbacher, "*Musterstadt*" *Auschwitz*: *Germanisierungspolitik und Judenmord in Ostoberschlesien* (Munich, 2000), p. 190.

51. 关于"处理",参见 Hellmuth von Moltke, quoted in Peter Longerich, "*Davon haben wir nichts gewusst!*" *Die Deutschen und die Judenverfolgung 1933 – 1945* (Berlin, 2006), p. 229; 关于"零件",参见 Primo Levi, *Survival in Auschwitz* (New York, 1986), p. 16; 关于"货物",参见 Gitta Sereny, *Into That Darkness* (New York, 1974), p. 201。

52. Entry for 27 Dec. 1944, von Kardorff, *Berliner Aufzeichnungen*, p. 272.

53. Quoted in Longerich, "*Davon haben wir nichts gewusst!*" pp. 195 – 196.

54. Frank Bajohr, " '. . . dann bitte keine Gefühlsduseleien.' Die Hamburger und die Deportationen," in Forschungsstelle fur Zeitgeschichte, Hamburg, *Die Deportationen der Hamburger Juden*, pp. 15 – 16; Götz Aly, *Hitlers Volksstaat*: *Raub*, *Rassenkrieg*, *und nationaler Sozialismus* (Frankfurt, 2005), pp. 139 – 140.

55. Entry for 27 April 1942, Goebbels, *Die Tagebücher*, pt. II, vol. 4, p. 184; 关于纽伦堡,参见 Meyer, "Handlungsspielräume regionaler jüdischer Repräsentanten," p. 77; 关于斯图加特,参见 Roland Müller, *Stuttgart zur Zeit des Nationalsozialismus* (Stuttgart, 1988), p. 405; 关于巴特诺伊施塔特,参见 Herbert Schultheis, *Juden in Mainfranken 1933 – 1945* (Bad Neustadt, 1980), pp. 467 – 468。

56. Entries for 6 and 23 Nov. and 15 Dec. 1941 and 8 Aug. 1942 in Paulheinz Wantzen, *Das Leben im Krieg. Ein Tagebuch* (Bad Homburg, 2000), pp. 610, 639, 651 – 652, 916.

57. Entry for 8 Dec. 1941, Andreas-Friedrich, *Berlin Underground*, p. 75; Deutschkron, *Ich trug den gelben Stern*, pp. 99 – 100, 119; Longerich, "*Davon haben wir nichts gewusst!*" pp. 190 – 191.

58. Quoted in ibid., pp. 219 – 220. See also Adler, *Der verwaltete Mensch*, p. 332.

59. Frank Bajohr, "Über die Entwicklung eines schlechten Gewissens: Die

deutsche Bevölkerung und die Deportationen 1941 – 1945," in Kundrus and Meyer, *Deportation der Juden aus Deutschland*, p. 190.

60. Düsseldorf Gestapo officer Hermann Waldbillig quoted in Holger Berschel, *Bürokratie und Terror. Das Judenreferat der Gestapo Düsseldorf 1935 – 1945* (Essen, 2001), p. 119; Bajohr, "Über die Entwicklung eines schlechten Gewissens," p. 184. 关于巴特诺伊施塔特的语言攻击，参见 Schultheis, *Juden in Mainfranken 1933 – 1945*, p. 467。

61. No. 62147, 4 July 1945, Schedule B interviews, USSBS, RG 243, box 505, folder 11, NARA; no. 62136, 11 July 1945, ibid., folder 9.

62. Christopher Browning, *The Origins of the Final Solution: The Evolution of Nazi Jewish Policy, September 1939 – March 1942* (Lincoln, Neb., 2004), p. 387; Paul Salitter, "Bericht über die Evakuierung von Juden nach Riga vom 11. 12 – 17. 12. 1941" (26 Dec. 1941), in Günter von Roden, *Geschichte der Duisburger Juden* (Duisburg, 1986), pp. 872 – 873.

63. Meyer, "Handlungsspielräume regionaler jüdischer Repräsentanten," p. 77; Arnd Müller, *Geschichte der Juden in Nürnberg* (Nuremberg, 1968), pp. 247 – 248.

64. Jürgen Hartmann, "Die Deportation Detmolder Juden 1941 – 1945," in Hermann Niebuhr and Andreas Ruppert, eds., *National sozialismus in Detmold: Dokumentation eines stadtgeschichtlichen Projekts* (Bielefeld, 1998), p. 668.

65. Franziska Becker, *Gewalt und Gedächtnis: Erinnerungen an die nationalsozialistische Verfolgung einer jüdischen landgemeinde* (Göttingen, 1994), pp. 77 – 78, 83.

66. Entry for 11 Dec. 1942, Klemperer, *I Will Bear Witness*, p. 173; Aly, *Hitlers Volksstaat*, p. 150. See also Jean-Marc Dreyfus, " 'Almost Camps' in Paris: The Difficult Description of Three Annexes of Drancy—Austerlitz, Lévitan, and Bassano, July 1943 to August 1944," in Jonathan Petropoulos and John K. Roth, eds., *Gray Zones: Ambiguity and Compromise in the Holocaust and Its Aftermath* (New York, 2005), pp. 224 – 225.

67. Frank Bajohr, *"Aryanisation" in Hamburg: The Economic Exclusion of Jews and the Confiscation of Their Property in Nazi Germany* (New York, 2002), p. 279.

68. Longerich, *"Davon haben wir nichts gewusst!"* pp. 284 – 285.

69. No. 70, Schedule B interviews, USSBS, RG 243, box 502, folder 2, NARA.

70. No. 62040, 3 July 1945, ibid. , box 506, folder 14; 28 April 1945, ibid. , box 509, folder 29.

71. No. 60355, 11 June 1945, ibid. , box 533, folder 105.

72. Entry for 4 Feb. 1944, Andreas-Friedrich, *Berlin Underground*, p. 117.

73. Karl Dürkefälden, "*Schreiben wie es wirklich war. . .*" *Aufzeichnungen Karl Dürkefäldens aus den Jahren 1933 – 1945*, ed. Herbert Obenaus and Sibylle Obenaus (Hanover, 1985), pp. 108 – 111.

74. Entry for 27 Dec. 1944, von Kardorff, *Berliner Aufzeichnungen*, p. 272; Filip Müller, *Eyewitness Auschwitz: Three Years in the Gas Chambers* (New York, 1979), p. 129. See also Nicholas Stargardt, *Witnesses of War: The Third Reich through Children's Eyes* (London, 2004), p. 221.

75. Schindler, *Ein Schweizer erlebt das geheime Deutschland*, p. 57.

76. Frank Stern, *The Whitewashing of the Yellow Badge: Antisemitism and Philosemitism in Postwar Germany* (New York, 1992), pp. 117 – 118, 121.

77. Dürkefälden, "*Schreiben wie es wirklich war*," p. 110. See also Browning, *Ordinary Men*, p. 58.

78. Goebbels' diary entry for 2 March 1943, quoted in Bajohr, "Über die Entwicklung eines schlechten Gewissens," p. 194.

79. Entry for 29 Nov. 1942 in Lore Walb, *Ich, die Alte, ich, die Junge: Konfrontation mit meinem Tagebüchern 1933 – 1945* (Berlin, 1997), p. 253.

80. Böll to Annemarie, 14 Dec. 1942 and 29 Jan. 1943, in Heinrich Böll, *Briefe aus dem Krieg 1939 – 1945*, ed. Jochen Schubert (Cologne, 2001), pp. 573 – 574, 599.

81. Hugo B. , diary entry for 27 Sept. 1942, in Ingrid Hammer and Susanne zur Nieden, eds. , *Sehr selten habe ich geweint: Briefe und Tagebücher aus dem Zweiten Weltkrieg von Menschen in Berlin* (Zurich, 1992), p. 333; Jay Winter, *Dreams of Peace and Freedom: Utopian Moments in the Twentieth Century* (New Haven, 2006), p. 142. In general, Michael Geyer, "Endkampf 1918 and 1945: German Nationalism, Annihilation, and Self-Destruction," in Alf Lüdtke and Bernd Weisbrod, eds. , *No Man's Land of Violence: Extreme Wars in the Twentieth Century* (Göttingen, 2006), p. 44.

82. Susanne zur Nieden, *Alltag im Ausnahmezustand. Frauen-tagebücher im zerstörten Deutschland 1943 – 1945* (Berlin, 1993), p. 199. See also Norbert Frei, "Auschwitz und die Deutschen," in *1945 und Wir: Das Dritte Reich im Beuwsstein der Deutschen* (Munich, 2005), p. 158.

83. Entry for 27 Dec. 1941, Walb, *Ich, die Alte, ich, die Junge*, p. 238.

84. Letter of 6 Aug. 1943 in Marlies Tremper, ed. , *Briefe des Soldaten Helmut N. , 1939 – 1945* (Berlin, 1988), pp. 171 – 172; and entry for 28 July 1943, Goebbels, *Die Tagebücher*, pt. II, vol. 9, p. 186.

85. Karl Kretschmer to his wife and children, 15 Oct. 1942, reprinted in Ernst Klee, Willi Dressen, and Volker Riess, eds. , *"The Good Old Days": The Holocaust as Seen by Its Perpetrators and Bystanders*, trans. Deborah Burnstone (New York, 1991), pp. 167 – 168.

86. Entry for 27 Jan. 1945, "Tagebuch Nr. 8, 18. Nov. 1943 – 7. April 1945," Nachlass Franz von Göll, Landesarchiv Berlin, E Rep. 200 – 43, Acc. 3221, Nr. 8.

87. Lieselotte G. , diary entry for 12 April 1945, in Hammer and zur Nieden, *Sehr selten habe ich geweint*, p. 309. See also Saul Padover, *Experiment in Germany: The Story of an American Intelligence Officer* (New York, 1946), pp. 111 – 118; and Karl-Heinz Reuband, "Das NS-Regime zwischen Akzeptanz und Ablehunung. Eine retrospektive Analyse von Bevölkerungseinste-llungen im Dritten Reich auf der Basis von Umfragedaten," *Geschichte und Gesellschaft 32* (2006), pp. 315 – 344.

88. Reese, *A Stranger to Myself*, p. 46.

89. Entry for 24 Nov. 1941, excerpted in *True to Type: A Selection from Letters and Diaries of German Soldiers and Civilians Collected on the Soviet-German Front* (London, n. d. [1943]), p. 35. See also Christoph Rass, "Das Sozialprofil von Kampfverbänden," in Echternkamp, *Die Deutsche Kriegsgesell schaft*, 1: 664.

90. Letter of 19 Nov. 1941, quoted in Ortwin Buchbender and Reinhold Sterz, eds. , *Das andere Gesicht des Krieges: Deutsche Feldpostbriefe 1939 – 1945* (Munich, 1982), p. 87.

91. Entry for 9 March 1942, diary of Friedrich Schmidt, secretary for the secret field police, 626th Group, 1st Tank Army, in *True to Type*, p. 51;

entry for 20 Sept. 1943, Goebbels, *Die Tagebücher*, pt. II, vol. 9, p. 542.

92. Diary entry for 16 March 1945, quoted in Wolfram Wette, " Das Russlandbild in der NS-Propaganda: Ein Problemaufriss," in HansErich Volkmann, ed. , *Das Russlandbild im Dritten Reich* (Cologne, 1994), p. 72.

93. Goebbels diary entry for 20 Dec. 1941, quoted in Walter Kempowski, *Das Echolot: Barbarossa ' 41* (Munich, 2002), p. 540; "Introduction," in Hannes Heer and Klaus Naumann, eds. , *War of Extermination: The German Military in World War II, 1941 – 44* (New York, 2000), p. 3.

94. Reese, *A Stranger to Myself*, pp. xv, 53; Omer Bartov, *Hitler's Army: Soldiers, Nazis, and War in the Third Reich* (New York, 1992), p. 6.

95. Entry for 3 July 1942, Goebbels, *Die Tagebücher*, pt. II, vol. 5, p. 47; Wolfram Wette, *Die Wehrmacht: Feindbilder, Vernichtungskrieg, Legenden* (Frankfurt, 2002), p. 130; Hans-Heinrich Nolte, " Partisan War in Belorussia, 1941 – 1944," in Roger Chickering, Stig Förster, and Bernd Greiner, eds. , *A World at Total War: Global Conflict and the Politics of Destruction, 1937 – 1945* (Cambridge, Eng. , 2005), p. 275. Generally, Christian Gerlach, *Kalkulierte Morde: Die deutsche Wirtschafts-und Vernichtungspolitik in Weissrussland 1941 bis 1944* (Hamburg, 2000).

96. Quoted in Stefan Schmitz, " ' Wir wohnten im Verfall der Seele. ' Um Umgang mit Leid und Schuld," in Willy Peter Reese, *Mir selbser seltsam fremd. Die Unmenschlichkeit des Krieges. Russland 1941 – 44* (Munich, 2003), pp. 242 – 244. For more on Reese, see Harald Welzer, *Täter: Wie aus ganz normalen Menschen Massenmörder warden* (Frankfurt, 2005).

97. Private Alfred G. quoted in Müller, "Nationalismus in der deutschen Kriegsgesellschaft," p. 57; Mielert quoted in Stephen G. Fritz, *Frontsoldaten: The German Soldier in World War II* (Lexington, Ky. , 1995), p. 189.

98. Zur Nieden, *Alltag im Ausnahmezustand*, pp. 86 and 149, 200.

99. Ernest K. Bramsted, *Goebbels and National Socialist Propaganda, 1925 – 1945* (East Lansing, 1965), p. 250.

100. Entry for 3 Oct. 1942 in Lili Hahn, . . . *bis alles in Scherben fällt. Tagebuchblätter 1933 – 1945* (Cologne, 1979), p. 467; *Das Schwarze Korps*, 22 Feb. 1945.

101. Albert Speer relating Hitler's views, *Inside the Third Reich*, trans. Richard and Clara Winston (New York, 1970), p. 256; no. 62959, 28 July

1945, Schedule B interviews, USSBS, RG 243, box 506, folder 30, NARA.

102. Entries for 13 July 1941 and 27 March 1942, Klemperer, *I Will Bear Witness*, pp. 419, 34; entries for 9 Jan. , 11 and 29 Aug. , and 3 Sept. 1941, and 9 July 1942, Wantzen, *Das Leben im Krieg*, pp. 331, 477, 496, 526, 891 – 893; entry for 6 Sept. 1943, Goebbels, *Die Tagebücher*, pt. II, vol. 9, p. 434; and entry for 29 Nov. 1943, ibid. , vol. 10, pp. 381 – 382. See also Ian Kershaw, *The "Hitler Myth": Image and Reality in the Third Reich* (Oxford, 1987), pp. 188 – 189.

103. Entry for 23 March 1943, Goebbels, *Die Tagebücher*, pt. II, vol. 7, p. 631; entry for 24 Dec. 1943, ibid. , vol. 10, p. 542. On the vodka, entry for 13 May 1943 in *Zygmunt Klukowski, Diary of the Years of Occupation, 1939 – 44* (Urbana, 1993), p. 252. See also Ian Kershaw, *Hitler 1936 – 1945: Nemesis* (New York, 2000), p. 534.

104. Entry for 23 Jan. 1943, Goebbels, *Die Tagebücher*, pt. II, vol. 7, pp. 174 – 175; Geyer, "Endkampf 1918 and 1945," pp. 52 – 53.

105. Entry for 2 Feb. 1943, Goebbels, *Die Tagebücher*, pt. II, vol. 7, p. 240; Frank Biess, *Homecomings: Returning POWs and the Legacies of Defeat in Postwar Germany* (Princeton, 2006), p. 27.

106. Bramsted, *Goebbels and National Socialist Propaganda*, p. 229.

107. Paul Fussell, quoted in Thomas Childers, " ' *Facilis descensus averni est*': The Allied Bombing of Germany and the Issue of German Suffering," *Central European History 38* (2005), pp. 103 – 104. See also Stephen G. Fritz, *Endkampf: Soldiers, Civilians, and the Death of the Third Reich* (Lexington, Ky. , 2004).

108. 关于自杀，参见 Richard Bessel, "The War to End All Wars: The Shock of Violence in 1945 and Its Aftermath in Germany," in Lüdtke and Weisbrod, *No Man's Land of Violence*, p. 78。See also Lieselotte G. , diary entry for 29 April 1945, in Hammer and zur Nieden, *Sehr selten habe ich geweint*, p. 312.

109. Tooze, *The Wages of Destruction*, pp. 603 – 604.

110. Entry for 8 Nov. 1943, zur Nieden, *Alltag im Ausnahmezustand*, p. 148.

111. Bartov, *Hitler's Army*, p. 9. See also Joseph B. Perry, "The Madonna of Stalingrad: The (Christmas) Past and West German National

Identity after World War II," *Radical History Review* 83 (2002), pp. 7 – 27.

112. Bernd Boll and Hans Safrian, "On the Way to Stalingrad: The 6th Army in 1941 – 42," in Heer and Naumann, *War of Extermination*.

113. Günter Moltmann, "Goebbels' Rede zum Totalen Krieg am 18. Februar 1943," *Vierteljahrshefte für Zeitgeschichte* 12 (1964), p. 22; Jeffrey Herf, *The Jewish Enemy: Nazi Propaganda during World War II and the Holocaust* (Cambridge, 2006), p. 192.

114. Konrad Warner, *Schicksalswende Europas? Ich sprach mit dem deutschen Volk. . .* (Rheinfelden, 1944), pp. 23 – 24; Schindler, *Ein Schweizer erlebt das geheime Deutschland*, p. 63.

115. Nicholas Stargardt, "Opfer der Bomben und der Vergeltung," in Lothar Kettenacker, ed., *Ein Volk von Opfern? Die neue Debatte um den Bombenkrieg 1940 – 45* (Berlin, 2003), p. 69. See also Holger Schlüter, "Terrorinstanz Volksgerichtshof," in Götz Aly, ed., *Volkes Stimme. Skepsis und Führervertrauen im Nationalsozialismus* (Frankfurt, 2006), pp. 88 – 90.

116. Entry for 9 May 1943, Wantzen, *Das Leben im Krieg*, p. 1093.

117. Tooze, *The Wages of Destruction*, pp. 608 – 609; Heinrich Himmler, "Rede vor den Reichs-und Gauleitern in Posen am 6. 10. 1943," in Bradley F. Smith and Agnes F. Peterson, eds., *Heinrich Himmler. Geheimreden 1933 bis 1945* (Frankfurt, 1974), p. 170.

118. Quoted in Hans-Ulrich Thamer, *Verfolgung und Gewalt: Deutschland 1933 – 1945* (Berlin, 1986), p. 679. 反应参见 Ludolf Herbst, *Das nationalsozialistische Deutschland 1933 – 1945* (Frankfurt, 1996), p. 453; 图兹对参加 1943 年 10 月在波兹南举行的纳粹党政首长会议的施佩尔、希姆莱的分析，见 *The Wages of Destruction*, pp. 605 – 611。

119. Entry for 25 Jan. 1944, Goebbels, *Die Tagebücher*, pt. II, vol. 11, p. 166.

120. No. 62859, 7 July 1945, Schedule B interviews, USSBS, RG 243, box 509, folder 32, NARA.

121. Geyer, "Endkampf 1918 and 1945," pp. 57, 60; Erhard Schütz, "Flieger-Helden und Trümmer-Kultur. Luftwaffe und Bombenkrieg im nationalsozialistischen Spiel-und Dokumentarfilm," in Manuel Köppen and Schütz, eds., *Kunst der Propaganda. Der Film im Dritten Reich* (Bern, 2007), p. 129. 关于柏林群体，参见 entry for 20 April 1945, in Anonyma:

Eine Frau in Berlin. Tagebuchaufzeichnungen vom 20. April bis zum 22. Juni 1945. (Berlin, 2002), pp. 14 – 17。关于反纳粹之间的"恐怖",参见 entries for 6 and 31 Jan. 1945, Göll, "Tagebuch Nr. 8, 18. Nov. 1943 – 7. April 1945"; entry for 27 – 30 July 1943, de Boor, *Tagebuchblätter*, p. 149; entries for 18 Sept. 1944 and 12 April 1945 in Emilie Braach, *Wenn meine Briefe Dich erreichen könnten. Aufzeichnungen aus den Jahren 1939 – 1945*, ed. Bergit Forchhammer (Frankfurt, 1987), pp. 199, 226。

122. 参见 Marianne Strauss 的事例, Roseman, *A Past in Hiding*; as well as Ralph Giordano, "Ein Volk von Opfern?" in Lothar Kettancker, ed. , *Ein Volk von Opfern? Die neue Debatte um den Bombenkrieg 1940 – 1945* (Berlin, 2003), pp. 166 – 168。

123. No. 60898, 21 June 1945, Schedule B interviews, USSBS, RG 243, box 537, folder 26, NARA.

124. Entry for 1 Jan. 1944, Goebbels, *Die Tagebücher*, pt. II, vol. 11, pp. 33 – 34. 关于希特勒的高估, 参见 entry for 7 July 1944, ibid. , vol. 13, p. 56; also Speer, *Inside the Third Reich*, pp. 485 – 486。See also Hans Fritsch, 14 Jan. 1945, quoted in Walter Kempowski, *Das Echolot: Fuga Furiosa. Ein kollektives Tagebuch*, *Winter 1945* (Munich, 1999), p. 145.

125. Warner, *Schicksalswende Europas?* pp. 46, 93 – 94; Schindler, *Ein Schweizer erlebt das geheime Deutschland*, pp. 34, 65 – 66; Geyer, "Endkampf 1918 and 1945," pp. 40 – 41.

126. Entry for 8 Aug. 1944 in Hans-Georg Studnitz, *Als Berlin brannte. Diarium der Jahre 1943 – 1945* (Stuttgart, 1963), p. 192. See also Jay W. Baird, *The Mythical World of Nazi War Propaganda* (Minneapolis, 1974), pp. 233 – 235.

127. Müller, "Nationalismus in der deutschen Kriegsgese llschaft," p. 44. See also Kershaw, *Hitler 1936 – 1945*, p. 699; and Bartov, *Hitler's Army*, pp. 144, 172 – 173.

128. G. F. Krivosheev, *Soviet Casualties and Combat Losses in the Twentieth Century* (London, 1997), p. 96.

129. Geyer, "Endkampf 1918 and 1945," p. 37.

130. Tooze, *The Wages of Destruction*, pp. 649 – 650; Jörg Friedrich, *The Fire: The Bombing of Germany, 1940 – 1945* (New York, 2006), p. 144.

131. Klaus Naumann, *Der Krieg als Text: Das Jahr 1945 im kulturellen Gedächtnis der Presse* (Hamburg, 1998).

132. Entry for 23 April 1945, "Tagebuch Nr. 9, 8 Apr. 1945 – 3 Okt. 1946," Nachlass Franz von Göll, Landesarchiv Berlin, E Rep. 200 – 43, Acc. 3221, Nr. 9; entry for 1 Feb. 1945, Studnitz, *Als Berlin brannte*, p. 243. See also Herbert R. Lottman, *The Purge: The Purification of the French Collaborators after World War II* (New York, 1986).

133. Robert Gellately, *Backing Hitler: Consent and Coercion in Nazi Germany* (New York, 2001), p. 239. See also Herbert, *Hitler's Foreign Workers*, pp. 361 – 362.

134. Yehuda Bauer, "The Death Marches, January-May 1945," *Modern Judaism* 3 (Feb. 1983), pp. 1 – 21.

135. Zapruder, *Salvaged Pages*, pp. 187, 416 – 417.

136. Bauer, "The Death Marches, January-May 1945," p. 13.

137. Reese, *A Stranger to Myself*, p. 70; Böll to Annemarie, 19 July 1944 and 18 March, 28 April, and 14 Feb. 1943, in Böll, *Briefe aus dem Krieg*, pp. 1091 – 92, 653, 733, 616.

138. Entries for mid-June, late June, and 10 Oct. 1942, 11 – 12 Sept. 1943, and 8 – 15 Jan. 1944, de Boor, *Tagebuchblätter*, pp. 110 – 111, 119, 154, 167.

139. Entry for 10 May 1944, von Kardorff, *Berliner Aufzeichnungen*, p. 186; entry for 7 Feb. 1945 in Ernst Jünger, *Strahlungen* (Munich, 1955), p. 471; entry for 8 – 15 Jan. 1944, de Boor, *Tagebuchblätter*, p. 167. See also Thomas Nevin, *Ernst Jünger and Germany: Into the Abyss, 1914 – 1945* (Durham, N. C., 1996), pp. 198, 204.

140. Entries for 10 July and 29 June 1942 in Etty Hillesum, *An Interrupted Life: The Diaries of Etty Hillesum 1941 – 1943* (New York, 1983), pp. 146, 127. See also entry for 24 May 1942, "Frieda and Max Reinach Diary," RG – 10. 249, Acc. 1999. A. 0215, U. S. Holocaust Memorial Museum, Washington, D. C.

141. Edmund Schultz and Ernst Jünger, eds. , *Die veränderte Welt: Eine Bilderfibel unserer Zeit* (Breslau, 1933).

142. Enzo Traverso, *À feu et à sang: De la guerre civile européenne 1914 – 1945* (Paris, 2007); Dan Diner, "The Destruction of Narrativity: The

Holocaust in Historical Discourse," in Moishe Postone and Eric Santner, eds. ,
Catastrophe and Meaning: The Holocaust and the Twentieth Century (Chicago,
2003), pp. 69, 72.

143. Eva Horn, " '*Waldgänger*,' Traitor, Partisan: Figures of Political
Irregularity in West German Postwar Thought," *New Centennial Review* 4
(2004), pp. 125 – 143; *Zygmunt Bauman, Modernity and the Holocaust*
(Ithaca, 1989).

144. See Peter Fritzsche, "What Exactly Is *Vergangenheitsbewältigung*?
Narrative and Its Insufficiency in Postwar Germany," in Anne Fuchs, Mary
Cosgrove, and Georg Grote, eds. , *German Memory Contests: The Quest for
Identity in Literature, Film, and Discourse since 1990* (Rochester, N. Y. ,
2006), pp. 25 – 40.

145. Entry for 23 Jan. 1944, Klemperer, *I Will Bear Witness*, pp. 291 –
292. On half-Jewish Wehrmacht soldiers, see Bryan Mark Rigg, *Hitler's Jewish
Soldiers: The Untold Story of Nazi Racial Laws and the Men of Jewish Descent in
the German Military* (Lawrence, Kans. , 2002). 战后对德累斯顿警察的审
判披露了有关这件事的更多细节。1944 年 1 月 8 日，魏格曼确实假冒了
党卫军军官，但是在见到他母亲之前就被识破了。第二天，他就死了，
很可能是因为被毒打而死。后来，他的母亲托尼·魏格曼（Toni
Weigmann）被送到特莱西恩施塔特，最后幸存了下来。See http: //
www1. jur. uva. nl/junsv/Excerpts/ddr1003004. htm.

146. Klemperer, *Ich will Zeugnis ablegen bis zum letzten*, p. 447.

147. Bernd Weisbrod, "Der 8. Mai in der deutsche Erinnerung,"
Werkstatt Geschichte 13 (1996), pp. 72 – 81; Longerich, "*Davon haben wir
nichts gewusst*!"

148. Delbo, *Auschwitz and After*, pp. 230 – 231; Saul Friedländer, ed. ,
Probing the Limits of Representation: Nazism and the "Final Solution"
(Cambridge, 1992).

149. Quoted in Lawrence L. Langer, *Holocaust Testimonies: The Ruins of
Memory* (New Haven, 1991), pp. 53 – 54.

索　引

（索引页码为英文原书页码，即本书页边码。）

图书在版编目（CIP）数据

第三帝国的生与死 /（美）彼得·弗里切
（Peter Fritzsche）著；屈喜林译. -- 北京：社会科
学文献出版社，2021.12
书名原文：Life and Death in the Third Reich
ISBN 978 - 7 - 5201 - 7880 - 8

Ⅰ. ①第…　Ⅱ. ①彼…　②屈…　Ⅲ. ①德意志第三帝
国 - 研究　　Ⅳ. ①K516.44
中国版本图书馆 CIP 数据核字（2021）第 222467 号

第三帝国的生与死

著　　者 /〔美〕彼得·弗里切（Peter Fritzsche）
译　　者 / 屈喜林

出 版 人 / 王利民
组稿编辑 / 董风云
责任编辑 / 张　骋　成　琳
责任印制 / 王京美

出　　版 / 社会科学文献出版社·甲骨文工作室（分社）（010）59366527
　　　　　地址：北京市北三环中路甲 29 号院华龙大厦　邮编：100029
　　　　　网址：www.ssap.com.cn
发　　行 / 市场营销中心（010）59367081　59367083
印　　装 / 南京爱德印刷有限公司

规　　格 / 开　本：889mm × 1194mm　1/32
　　　　　印　张：12.375　字　数：284 千字
版　　次 / 2021 年 12 月第 1 版　2021 年 12 月第 1 次印刷
书　　号 / ISBN 978 - 7 - 5201 - 7880 - 8
著作权合同
登 记 号 / 图字 01 - 2017 - 4123 号
定　　价 / 79.00 元